거인의 어깨에서
인간과 삶을 묻다

거인의 어깨에서
인간과 삶을 묻다

벤진 리드 지음

크리슈나에서 보스트롬까지
57 거인의 사유를 깊이 있게 만나다

ON THE SHOULDERS OF GIANTS: ASKING ABOUT HUMAN AND LIFE

자이언톡

· 간행사 ·

거인의 어깨 너머,
디지털 불멸의 지혜를 향하여

  2022년 11월 30일 … 오픈AI에서는 ChatGPT를 베타 형식으로 일반 사용자에게 공개하였다. 그 당시 나는 내가 창업하였던 디지털 휴먼 기업 클레온Klleon의 본사를 미국으로 옮기기 위한 작업으로 샌프란시스코만 건너편, 산호세의 낯선 거리를 헤매고 있었다. 실리콘밸리의 심장부에서 마주한 ChatGPT는 나에게 커다란 충격과 함께 깊은 영감을 안겨주었다. 생각했던 것보다 훨씬 빠른 속도로, 인간의 지능을 닮아가는 범용 인공지능(AGI)이 우리의 삶 속으로 파고들고 있었던 것이다.

  범용 인공지능은 마치 인류가 쌓아 올린 모든 지식과 지혜를 집어삼키는 거대한 블랙홀처럼 느껴졌다. 어떻게 질문을 던지는가에 따라 그 블랙홀은 놀랍도록 정교하고 심오한 답을 내놓기도 하였고, 때로는 맥락을 벗어난 터무니없는 거짓이나 편견을 쏟아내기도 하였다. 그 무한한 가능성과 명백한 위험성 앞에서, 나는 클레온의 핵심 기술인 디지털 휴먼 '클론(klone)'과 범용 인공지능의 결합을 떠올렸다. 어쩌면 우리는 이 기술을 통해 소크라테스에서 아인슈타인까지, 공자에서 마리 퀴리까지, 인류 역사를 수놓았던 위대한 사유와 행동의 거인들을 디지털 세상 속에서 생생하게 되살려내고, 그들의 지혜와 직접 대화할 수 있지 않을까? 하는 담대한 상상이었다.

프로젝트 이름을 '자이언톡Giantalk'으로 명명하고, 이 가능성을 현실로 만들기 위한 여정을 시작했다. 내부적으로 팀을 꾸려 기술적, 내용적 타당성을 검토한 결과, 이 꿈을 상용화 수준으로 구현하기까지는 최소 5년 이상의 시간과 막대한 자금이 필요할 것으로 예측되었다. 무엇보다도, 위대한 거인들의 사상과 삶을 깊이 있게 이해하고 디지털 휴먼으로 재현하기 위한 방대하고도 신뢰할 수 있는 인문학적 콘텐츠 구축이 선행되어야 했다. 기술만으로는 영혼 없는 껍데기를 만들 뿐, 진정한 지혜의 부활은 불가능하기 때문이다.

우리는 '자이언톡'이라는 이름 아래, 이 꿈의 씨앗을 뿌리고 지식의 토양을 다지기 위한 첫걸음으로 출판사를 설립하게 되었다. 인류 지성의 위대한 유산을 체계적으로 정리하고 대중과 공유하는 동시에, 미래의 디지털 휴먼 메타버스를 위한 핵심 콘텐츠를 확보하기 위함이다. 철학, 실천, 문학과 예술, 학문, 역사 분야에 걸친 방대한 시리즈를 기획하였고, 그 대장정의 서막을 여는 것이 바로 이 '철학 3부작', 『거인의 어깨에서 존재와 참을 묻다』, 『거인의 어깨에서 사회와 힘을 묻다』, 『거인의 어깨에서 인간과 삶을 묻다』이다.

왜 철학에서 시작하는가? 존재와 참, 사회와 힘, 인간과 삶에 대한 근본적인 물음이야말로 인류 사유의 뿌리이자 줄기이며, 우리가 마주한 현재와 미래의 복잡한 문제들을 헤쳐 나갈 지혜의 원천이라고 믿기 때문이다. 우리는 동서고금의 철학자, 종교가, 과학자 등 179명의 사상가들을 엄선하여, 그들의 핵심적인 사유와 생애를 깊이 있게 탐구하고 현대적인 의미를 조명하고자 노력했다.

  이 책들의 집필 과정은 그 자체로 새로운 시대의 실험이었다. 각 분야의 인간 전문가들과 나를 포함한 기획팀, 그리고 챗지피티, 제미니, 딥시크 등 다양한 인공지능 모델들이 하나의 팀처럼 협업했다. 인공지능은 방대한 자료 조사와 초기 논점 정리에서 놀라운 효율성을 보여주었다. 하지만 인공지능이 쏟아내는 정보의 파편들을 꿰어 의미 있는 맥락을 만들고, 사상의 깊이를 탐색하며, 비판적 시각으로 오류를 걸러내고, 최종적으로 독자들이 이해하기 쉬운 언어로 재구성하는 것은 여전히 인간 전문가들의 몫이었다. 이 과정은 인공지능이라는 거대한 지식의 블랙홀에서 빛나는 성찰의 조각들을 길어 올리고, 그것들을 조심스럽게 엮어 독자들에게 전달하는 여정이었고 인공지능과 인간의 지적 협력의 모범적 사례였다.

  독자 여러분들이 이 책들을 통해 인류 지성사를 빛낸 거인들의 어깨 위에 서서, 시공을 초월한 그들의 사유와 마주하는 지적 희열을 경험할 수 있기를 기대한다. 그리고 조만간 이 책 속의 거인들이 우리의 디지털 휴먼 기술과 인공지능을 통해 여러분 앞에 생생한 모습으로 다가와 직접 대화를 건넬 그날도 기대해 주길 바란다.

  이 방대하고 의미 있는 여정에 기꺼이 동참해주신 인간 저자 및 연구자분들, 그리고 보이지 않는 곳에서 묵묵히 데이터를 처리하고 가능성을 열어준 인공지능을 포함한 '자이언톡' 집필팀 모두에게 깊은 감사의 말씀을 전한다. 우리의 이 작은 노력이 과거의 지혜와 미래의 기술을 잇는 다리가 되어, 독자 여러분의 삶과 사유를 더욱 풍요롭게 만들 수 있기를 소망한다.

기획자 겸 발행인 진승혁 드림

· 머리말 ·

전환과 도약의 시대,
우리에게 필요한 것은 '거인의 어깨'

　우리는 사랑하고, 고통받고, 희망을 품으며 살아간다. 때로는 신을 찾고, 때로는 스스로를 의심하며, 때로는 사회 속에서 자신의 역할을 고민한다. 우리는 개인이지만 동시에 집단의 일부이며, 자연 속에서 태어나 문명을 이루었다. 그러니 인간으로 산다는 것은 무엇을 의미하는가? 우리는 스스로 삶의 의미를 결정할 수 있는가, 아니면 그것은 외부에서 주어진 것인가?
　인간은 지금 거대한 전환과 도약의 시대에 서 있다. 기술은 인간을 뛰어넘으려 하고, 인간은 자신과 모든 타자와의 관계를 새롭게 정립하고 있다. 가상과 현실의 경계가 무너지고, 인간성과 기계성의 차이가 희미해진다. 기후 위기는 삶의 조건을 위협하고, 정신 건강과 존재의 불안은 개인의 일상 속으로 깊숙이 파고든다. 관계는 얕아지고, 자아는 분열되며, 삶의 목적은 쉽게 피로해진다.
　한편으로는 제도와 질서 속에 억눌려왔던 인간의 다양한 욕망과 욕구가 자유롭게 풀려나기도 하고, 인간과 비인간 존재의 통섭을 통해 불멸과 전지의 신적인 존재로서의 인간 도약을 꿈꾸기도 한다. 삶의 방식은 다양해졌고, '삶이란 무엇인가'라는 질문은 더 치열해졌다.

이 책은 『거인의 어깨에서 묻다』라는 제목의 철학 3부작 중 하나로 '인간과 삶'이라는 본질적인 문제를 다룬다. 인간은 사회적 존재일 뿐 아니라, 감정하고 고민하고 실존하는 존재다. 이 책은 인류가 삶의 의미를 묻기 시작한 순간부터, 인간과 자연, 정체성, 기계, 의식, 미래에 이르기까지 인간 존재의 여러 층위를 따라가며 총 16장의 '생각덩어리'로 구성되어 있다. 각 장은 시간적 흐름에 따라 나열되었지만, 동시에 인간에 관한 '본질적 질문들'을 중심으로 구성되었다.

상세하게 정리하면 오히려 쉬워진다는 사실을 이 작업을 통해 다시 확인했다. 철학이 어렵게 느껴지는 이유는 그것을 쉽게 설명한다고 하면서 오히려 피상적으로 접근하기 때문이다. 철학을 어렵지 않으면서도 깊이 있게 사유하는 방식은 가능하다. 이 책은 그 가능성을 현실화하고자 한다.

사유는 삶의 근육이다

삶을 선택할 수 있다고 믿지만, 실은 많은 부분을 설명할 수 없는 힘들이 결정한다. 유전, 무의식, 감정, 시대, 언어, 문화, 기술, 생태… 이 모든 보이지 않는 요소들이 우리의 욕망을 만들고, 신념을 구성하고, 삶을 이끌어간다.

종종 '삶의 의미' 같은 건 철학자나 예술가나 종교인이 고민할 문제라고 생각하지만, 실은 그 반대다. 가장 현실적인 문제는 삶 그 자체다. 매일의 선택 앞에서 어떤 삶을 살 것인지, 어떤 인간이 될 것인지를 선택한다. 이 모든 사소한 선택이 결국 '삶의 방향'을 결정한다.

지금 우리는 인공지능, 포스트휴먼, 감정노동, 정체성, 불안, 혐오, 생명 윤리, 종말 담론, 초월 욕망 같은 문제들과 마주하고 있다. 기술의 발전과 사회의 변화 속에서 인간다운 삶은 어떤 모습이어야 할까? 빠르게 변화하는 환경 속에서 불안은 일상이 되었다. 인공지능이 노동을 대체하고, 플랫폼이 생활을 지배하는 시대에 인간의 가치와 삶의 의미는 어디에서 찾을 수 있을까?

이 책 『거인의 어깨에서 인간과 삶을 묻다』는 인간이 지켜야 할 삶의 본질을 탐색하고, 지혜의 빛을 통해 길을 찾아가고자 한다. 아이작 뉴턴의 말처럼, 인류는 과거의 위대한 사유를 발판 삼아 오늘을 살아간다. 살아가는 힘을 채우기 위한 삶의 근육을 거인의 어깨에서 질문하는 것을 통해 키워보고자 한다.

유희(遊戲, Play)로서의 '생각'

호이징가(1872~1945)의 '호모 루덴스'에 따르면 '놀이'는 인간 문화의 본질적 요소이다. 인류 역사에서 가장 즐거운 놀이는 '생각'을 가지고 노는 것이었다. '생각'을 읽고, '생각'을 토론하고, '생각'으로 논쟁하고, '생각'을 쓰는 일은 생각보다 즐거운 일이다. 니체(1844~1900)는 '유희적 사유' 개념을 통해 진리를 너무 무겁게 받아들이지 말고, 다양한 시각에서 탐색하고 실험해야 한다고 주장하였다.

이 책은 거인들의 생애나 생각, 업적 등을 평면적으로 다루는 것이 아니고, 일련의 생각덩어리 속에 거인들의 사유를 배치하여 사유와 사유가 충돌하고 사유와 사유가 조화하면서 쉽고 재미있으면서 오래도록 기억될 수 있도록 구성되어 있다. 각 생각덩어리에는 2~7명의 사상가들이 배치되고, 독자들에게는 마치 역사적 천재들과 카페에서 수다를 나누는 듯한 경험을 선사한다.

디지털 시대의 자극적이고 현란하지만 감각적이고 단편적인 콘텐츠를 잠시 밀어두고, 진정한 유희로서의 '생각'을 즐겨 보길 바란다.

멀리 가기 위한 지도와 나침반

몇 권의 책을 읽었다고 인생의 긴 여정에 필요한 '삶의 근육'이 완전해질 수는 없다. 우리는 끊임없이 앞으로 가야한다. 더 깊게 생각해야 하고, 더 넓게 봐야 하고, 더 멀리 가야한다.

우리에게 필요한 지식과 지혜는 이미 상상하기 어려울 정도로 방대하고 깊이있게 쌓여있고 바로 우리의 손이 닿은 곳에 존재한다. 인류의 모든 지혜와 지식과 정보가 인터넷과 인공지능에 저장되어 있다. 우리에게 필요한 것은 우리 스스로에게 '무엇'이 필요한지에 대한 자각 뿐이다.

이 책은 우리가 스스로의 삶에 '무엇'이 필요한지를 몰라 방황할 때나 혹은 그 '무엇'을 적극적으로 찾고자 할 때, 그 '무엇'이 '무엇'인지를 알려주는 지도와 나침반이 될 수 있다.

교양은 사치가 아니라 생존의 도구

무엇보다도 이 책은 빠르고 효율적으로 21세기 교양의 탄탄한 토대를 만들어줄 것이다. 인류 역사의 사유 중에서도 '존재와 참', '사회와 힘', '인간과 삶'은 가장 본질적이고 기초적인 사유이다. 그 위에서 인류는 학문과 실용 지식을 만들어왔다.

살아가면서 글을 쓰거나, 대화를 하거나, 언어를 통해 설득해야 할 때 이 책은 친근하면서도 강력한 무기가 되어 줄 것이다.

혼돈의 시대에 길을 잃은 이들에게는 나침반과 지도가 되어 줄 것이고, 교양을 갈구하지만 어디서 시작할지 모르는 이들에게는 거인들의 사유가 체계적인 로드맵을 제시한다.

지적 허영을 넘어서 진정한 성찰을 원하는 이들에게 이 책은 우리는 어떻게 무엇을 생각해야 하는가라는 질문으로 실마리를 제공한다.

이 책은 인류의 거대한 생각의 숲으로 들어갈 수 있는 열쇠가 될 것이다. 거인들이 남긴 발자국을 따라 생각의 숲을 거닐다 보면, 어느새 자신만의 길을 개척하고 있을 것이고, 스스로가 거인이 되어 있음을 알게 될 것이다.

자이언톡 팀을 대표하여 벤진 리드

차례

간행사 ·4
머리말 ·8

제1장 종교: 신의 목소리를 찾아서 ·17
   01 크리슈나 | 모크샤는 어떻게 도달할 수 있는가? ·18
   02 석가모니 | 고통에서 벗어나는 길은 무엇인가? ·25
   03 예수 | 사랑과 용서는 어떻게 인간을 구원하는가? ·33
   04 무함마드 | 타후히드를 이루려면 어떻게 해야 하나? ·39

제2장 인간과 사회와 자연: 조화와 행복 ·49
   05 공자 | 덕은 인간과 사회를 어떻게 완성시키는가? ·50
   06 노자 | 자연의 질서와 삶은 어떤 관계인가? ·58
   07 소크라테스 | 지혜는 무지를 깨닫는 데서 시작되는가? ·64
   08 세네카 | 절제와 평정은 어떻게 가능한가? ·71

제3장 신과 인간: 신 안에서의 삶 ·77
   09 안셀무스 | 자유의지는 책임을 수반하는가? ·78
   10 알 가잘리 | 진정한 삶은 어떻게 완성되는가? ·85
   11 루터 | 개인은 어떻게 신 앞에 서는가? ·90

제4장 권력의 무게: 그 도덕적 책무 · 95

- 12 알 파라비 | 철인왕은 어떻게 살아야 하는가? · 96
- 13 솔즈베리 | 기사는 어떤 존재인가? · 102
- 14 왕양명 | 지식과 행동은 하나인가? · 109
- 15 소코 | 평화의 시기 무사는 어떻게 살아야 하는가? · 115
- 16 프랭클린 | 시민의 삶은 어떠해야 하나? · 122

제5장 개인의 탄생: 자아와 자유를 찾아서 · 129

- 17 볼테르 | 이성과 관용은 인간을 어떻게 구할 것인가? · 130
- 18 흄 | 나는 존재하는가 아니면 구성되는 것인가? · 135
- 19 피히테 | 자아는 어떻게 세계를 구성하고, 자유를 확립하는가? · 145
- 20 쇼펜하우어 | 고통은 의지로부터 기원하고 필연적인가? · 152
- 21 소로 | 진정한 삶은 자연에서 이뤄지는가? · 159

제6장 철학적 인간학: 인간에 대한 본격적 연구 · 165

- 22 헤르더 | 인간은 어떻게 인간이 되는가? · 166
- 23 셸러 | 인간은 우주의 완전성에 어떻게 기여하는가? · 174

제7장 실존과 자유: 자기 자신이 되는 길 · 189

- 24 키에르케고르 | 철학은 실존에 어떤 답을 줄 수 있는가? · 190
- 25 니체 | 초인은 어떻게 가능해지는가? · 198
- 26 야스퍼스 | 실존은 초월을 통해 완성되는가? · 205
- 27 사르트르 | 자유는 연대이고 책임인가? · 212

제8장 욕망과 동기: 무의식과 대타자 ・221

- 28 프로이트 | 자아는 마음의 주인인가? ・222
- 29 융 | 자기 실현은 어떻게 이뤄지는가? ・230
- 30 아들러 | 열등감은 어떻게 삶을 이끄는가? ・237
- 31 매슬로우 | 인간의 욕구는 계층성을 갖는가? ・244
- 32 라캉 | 욕망의 원천은 대타자의 시선인가? ・249

제9장 유전자와 환경: 진화와 생명의 시선 ・257

- 33 다윈 | 인간은 어떻게 인간으로 되었는가? ・258
- 34 도킨스 | 모든 것은 유전자로부터 시작되는가? ・264
- 35 굴드 | 진화는 우연과 다양성을 향하는가? ・273
- 36 켈러 | 생명은 복잡계인가? ・279

제10장 관계와 책임: 나와 너, 그리고 인간됨 ・287

- 37 부버 | 인간은 타자와의 관계 속에서 완성되는가? ・288
- 38 프랭클 | 고난 속에서도 삶의 의미를 찾을 수 있는가? ・293
- 39 프롬 | 사랑은 인간을 자유롭게 하는가? ・300
- 40 레비나스 | 타자의 얼굴은 나에게 책임을 묻는가? ・308

제11장 자연과 윤리: 인간 너머의 시선 ・315

- 41 레오폴드 | 인간은 땅의 주인인가? ・316
- 42 후쿠오카 | 간소한 삶은 자연과 어떻게 조화하는가? ・322
- 43 윌슨 | 인간은 자연의 주인인가? 아니면 관리자인가? ・327
- 44 플럼우드 | 자연은 배경인가? 주체인가? ・334

제12장 몸과 정체성: 완전한 존재로서의 인간 · 339

- 45 울스턴크래프트 | 여성은 인간인가? · 340
- 46 보부아르 | 여성은 어떻게 인간이 되는가?? · 345
- 47 세지윅 | 사랑은 성을 뛰어넘는가? · 351

제13장 저항과 실천: 바꾸는 인간 · 361

- 48 마르쿠제 | 억압적 관용에 순응할 것인가? · 362
- 49 체 게바라 | 새로운 인간은 어떻게 태어나는가? · 370
- 50 싱어 | 사회적 책임은 어디까지 확장되어야 하는가? · 377

제14장 의식과 자아: 주관과 객관 · 385

- 51 데닛 | 의식은 두뇌가 만들어낸 '설명'인가? · 386
- 52 차머스 | 무엇을 느끼는 것의 본질은? · 394

제15장 변화하는 존재: 포스트 휴먼 · 401

- 53 슬로터다이크 | 인간은 스스로를 만들어가는 존재인가? · 402
- 54 해러웨이 | 인간은 비인간 존재와 어떻게 공진화하고 있는가? · 412
- 55 브라이도티 | 포스트휴먼의 시대가 오고 있는가? · 419

제16장 기술과 미래: 인간의 경계를 다시 그리다 · 427

- 56 커즈와일 | 특이점 이후 인간과 AI는 어떻게 융합될 것인가? · 428
- 57 보스트롬 | 슈퍼인텔리전스는 인간과 동행할 것인가? · 434

일러두기

1. 이 책은 거인의 어깨에서 묻다 시리즈 '철학' 편 총 3권 중 하나로 '인간과 삶'을 다루고 있다.

2. 인명은 필요한 곳에서 영문 혹은 한문을 병기하고 생몰년도를 표기하였다.

3. 서명, 주요 개념 등은 영문 혹은 한문을 병기하였다. 일부 꼭 필요한 경우에는 라틴어나 독일어 불어를 병기한 경우도 있다. 반복되는 개념의 경우는 필요한 곳 외에는 병기를 생략하였다.

4. 강조(개념 등)의 필요가 있을 때는 따옴표를 둘렀고, 인용문은 겹따옴표를 둘렀다.

5. 색인은 따로 제공하지 않았다. 이 책의 성격이 엄밀한 학술서가 아니고, 일정한 순서와 체계 속에서 사유를 제공하는 방식으로 목차만으로 원하는 정보를 얻을 수 있다고 보았다.

PART
1

종교:
신의 목소리를 찾아서

우리가 세계의 의미를 찾고 삶의 목적을 고민하며 죽음 너머의 세계를 상상할 때, 신의 존재는 우리 의식 속에 자리 잡았다.

초기 인류는 자연과 우주 속에서 신의 흔적을 찾았다. 그리고 신은 도덕과 질서를 부여하는 존재가 되었다. 신을 통해 인간은 삶의 의미를 구했고, 신의 뜻을 따르는 것이 곧 올바른 삶이라 여겼다.

크리슈나(BC 3228경~3102 경)의 '모크샤', 석가모니(BC 563경~483경)의 '해탈', 예수(BC 4경~기원후 30경)의 '사랑과 용서와 참회', 무함마드(570~632)의 '타후히드'… 이들은 신의 존재를 설명하고, 인간에게 깨달음과 구원의 길을 제시한 사상가이자 예언자들이었다.

그들의 가르침을 통해 인간과 삶에 대한 탐구를 시작해본다.

01 | 크리슈나 BC 3228경~3102경
모크샤는 어떻게 도달할 수 있는가?

"진정한 요기란, 모든 행위를 결과에 대한 집착 없이 수행하는 자다. 그는 냉정하고, 집착하지 않으며, 모든 행위의 성공과 실패를 동등하게 받아들인다. 결과를 바라지 않기에 그의 정신은 고요하고, 그는 자유롭다. 그는 신에 대한 헌신을 통해 고통에서 벗어나 해탈에 이른다."

―『바가바드 기타』, BC 3000 경

크리슈나(Krishna, BC 3228경~3102 경)는 힌두교의 중요한 신 중 하나로, 실존 인물에 근거한다. 그는 힌두교 비슈누 신의 여덟 번째 화신(아바타)으로 여겨지며, 신성, 사랑, 지혜, 그리고 초월적 힘을 상징한다. 그의 생애는 주로 고대 인도 서사시인『마하바라타』와 이를 바탕으로 한『바가바타 푸라나』같은 경전들에 기록되어 있다.

크리슈나의 생애는 사랑과 정의, 인간적 감정과 신성한 지혜를 모두 아우르는 이야기로서, 힌두교 신앙과 인도 문화 전반에 심대한 영향을 끼쳤다. 그는 신의 화신이자 인간 존재의 깊은 비밀과 해방을 상징하는 인물로 존경받고 있다.

크리슈나를 대표로 하는 힌두교는 수천 년간 축적된 철학과 종교적 전통을 통해 인간 삶의 목적과 존재의 의미를 탐구해 왔다. 힌두교 인생관은 '카르마Karma', '다르마Dharma', '아르타Artha', '카마Kama', '모크샤Moksha'라는 다섯 가지 목표, 즉 '파나차타마五大目'로 요약된다. 이 중에서도 '모크샤'는 인간 삶의 궁극적 목표로, 윤회의 고리를 벗어나 완전한 영적 해방에 도달하는 것을 뜻한다.

힌두교의 인생관: 파나차타마五大目

힌두교에서 '카르마', '다르마', '아르타', '카마', '모크샤'는 인간 삶의 다양한 측면을 포괄하며, 개인이 세속적 삶과 영적 삶을 조화롭게 이룰 수 있도록 안내한다. 특히 '모크샤'는 이 모든 목표가 통합적으로 실현될 때 도달할 수 있는 궁극적인 상태로, 영적 완성과 우주의 본질적 진리를 깨닫는 해방을 의미한다.

'카르마'는 인간 행위와 그 결과 간의 원인과 결과의 법칙을 가리킨다. 이는 물리적 세계의 인과관계처럼, 윤리적·영적 세계에서도 모든 행동이 결과를 낳는다는 믿음이다. 선한 행위는 긍정적인 결과를 초래하며, 삶의 질을 향상시키고 더 나은 윤회의 조건을 만든다. 악한 행위는 부정적인 결과를 초래하며, 고통이나 불행한 윤회로 이어진다.

'다르마'는 힌두교 인생관의 윤리적 중심축으로, 개인이 맡은 사회적·도덕적 의무를 수행하며 조화로운 삶을 이루는 것을 의미한다. '다르마'는 사회적 역할과 생애 단계에 따라 달라지며, 각 개인의 삶에서 지켜야 할 도리와 책임을 규정한다. 힌두 철학에서 '다르마'는 개인의 영적 진보와 사회적 조화의 기초로 여겨진다.

'아르타'는 물질적 번영과 세속적 성공을 뜻한다. 이는 삶에서 경제적 안정과 사회적 성공을 통해 삶의 기본적 필요를 충족하고, 더 나아가 가족과 공동체의 안녕을 증진시키는 것을 목표로 한다. '아르타'는 '다르마'에 기반을 두고 이루어져야 하며, '카르마'의 법칙을 존중해야 한다.

'카마'는 인간의 정서적·육체적 욕망과 쾌락을 충족시키는 것을 의미하며, 사랑, 예술, 미학, 감각적 즐거움을 포함한다. 힌두교는 욕망 자체를 부정하지 않으며, 오히려 이를 인간 삶의 자연스러운 부분으로 간주한다. 카마수트라 같은 힌두경전에서 '카마'는 쾌락과 욕망을 통해 삶을 즐기는 것이 인간의 권리임을 강조한다. 그러나 이러한 욕망은 '다르마'와 '카르마'의 기준 내에서 조절되어야 한다.

'모크샤'는 윤회의 고리를 벗어나 영원한 해방을 얻는 것으로, 힌두교에서 인간 존재의 궁극적인 목표다. 이는 '자아Atman'가 '절대자Brahman'와 하나가 되는 상태를 뜻하며, 모든 고통과 욕망에서 벗어난 완전한 자유와 평화를 상징한다.

브라만과 아트만

힌두교의 철학적 사유는 그 심오함으로 수천 년간 인류의 지적·영적 탐구를 풍요롭게 해왔다. 이 철학의 중심에는 '브라만Brahman'과 '아트만Ātman'이라는 두 개념이 자리 잡고 있다. 이들은 각각 우주의 궁극적 실재와 개인의 영적 본질을 가리키며, 힌두교의 세계관과 인생관을 이해하는 핵심 열쇠가 된다. '브라만'과 '아트만'의 개념은 힌두교 철학의 심장부에 위치하며, 인간과 우주에 대한 심오한 통찰을 제공한다. '브라만'은 우주의 본질적 실재로, '아트만'은 그 실재의 개별적 표현으로 이해되며, 이 둘의 일치를 깨닫는 것이 '모크샤'를 실현하는 핵심이다.

"브라만은 변치 않는 실재이다. 모든 존재는 그것을 근원으로 태어난다"
– 브라만은 힌두교에서 우주의 궁극적 실체이자 모든 존재의 근원으로 여

겨진다. 브라만은 창조와 유지, 파괴라는 우주의 모든 활동을 포괄하며, 시간과 공간을 초월한 영원한 실재로 간주된다. 이 개념은 이원적 구분을 초월하며, 우주적 통합의 상징으로 기능한다. 브라만은 어떤 특정한 형상이나 속성을 가지지 않는 '무형성 Nirguna'으로 묘사되기도 하며, 때로는 특정한 형상과 성질을 지닌 '유형성 Saguna'으로 설명되기도 한다. 이는 브라만이 모든 존재와 현상의 본질적 근원이자, 궁극적 영적 목표로 작용함을 시사한다.

"지혜로운 자는 아트만을 모든 존재 속에서 보고, 모든 존재를 아트만 속에서 본다. 그는 결코 자신을 고립된 존재로 보지 않는다" – 아트만은 개인의 영혼 또는 내면적 자아를 의미한다. 이는 인간 존재의 본질로, 외부 세계의 변화와 분리된 영원하고 불변하는 실체이다. 아트만은 물질적 세계에 얽매이지 않는 순수한 영적 본질로, 개별적 존재가 지닌 고유성과 동시에 모든 생명체가 공유하는 통합적 속성을 지닌다. 힌두교 철학은 이 아트만이 궁극적으로 브라만과 동일하다는 깨달음을 추구하며, 이를 통해 인간이 자신의 내면에서 영적 해방, 즉 모크샤에 이를 수 있다고 본다.

모크샤에 도달하는 3가지 요가

힌두교는 수천 년에 걸쳐 발전해 온 복잡하고 다층적인 종교 체계로, 그 중심 철학 중 하나인 '요가 Yoga'는 인간의 영적 성장과 궁극적인 해방으로서의 '모크샤'를 추구하는 실천적·철학적 방법론을 의미한다. 힌두교에서 '요가'는 '결합하다', '연결하다', '통합하다'라는 뜻을 가진다. 요가는 아트만과 브라만의 일치를 이루는 과정을 의미하며, 이를 통해 영적 해방과 내적 평화를 추구한다. 요가는 신체적, 정신적, 영적 측면에서의 조화를 이루기 위한 다양한 실천과 철학을 포함한다. 힌두교에서는 여러 가지 요가 경로가 존재하며, 각 경로는 다른 접근 방식과 실천법을 통해 영적 해방을 추구한다. 특히 크리슈나는 '카르마 요가Karma Yoga', '바크티 요가Bhakti Yoga', '지니아 요가Jnana Yoga'라는 세 가지 주요 경로를 통해 모크샤에 도달하는 가능성을 제시하며, 삶의 방향성과 영적 목적을 동시에 담아낸다.

"너는 행위에 대한 권리는 있지만, 그 결과에 대한 권리는 없다. 결과에 얽매이지 말고, 행위 자체에 집중하라. 너의 의무를 수행하되, 욕망을 품지 말라" – '카르마 요가'는 행동과 실천의 요가로 '행위'를 통해 자아를 초월하고 영적 해방을 이루는 길이다. 다르마를 수행하면서, 그 행위에 대한 집착을 버리고, 결과에 대한 기대를 내려놓는 것을 목표로 한다. 자기 이익이나 욕망 없이, 순수한 마음으로 의무를 수행하며, 이를 통해 내적 평화를 찾고 영적 성장을 추구한다. 크리슈나의 가르침에서 중요한 점은 '카르마 요가'가 삶의 의무를 다하면서도 결과에 대한 집착을 버리라고 요구한다는 점이다. 이는 인간이 행위를 수행함에 있어 개인적 이익이나 보상에 얽매이지 않도록 하며, 모든 행위를 더 큰 목적에 헌신하도록 이끈다.

"그가 나에게 모든 것을 바치고, 나만을 바라보며, 나를 사랑하고, 나에게 헌신하면, 나는 반드시 그를 해방으로 인도하겠다" – '바크티 요가'는 '헌신'의 요가로 신에 대한 무조건적인 사랑과 헌신을 통해 영적 해방을 이루는 길이다. 신과의 개인적이고 감정적인 관계를 형성하며, 신의 은총을 통해 영적 성장을 이루는 것을 목표로 한다. 기도, 찬양, 의식적인 헌신, 신에 대한 사랑을 표현하는 다양한 의식과 예배 활동을 포함한다. 크리슈나는 인간이 신과 깊은 정서적 유대를 형성하고, 자신을 신의 도구로 여기며 모든 것을 신에게 맡길 때, 내적 안정과 해방을 얻을 수 있다고 강조한다. 특히 '바크티 요가'는 신앙과 정서의 결합을 통해 인간이 자신의 한계를 초월하고, 신의 은총을 경험하게 한다. 사랑과 헌신을 통해 인간은 고립감을 극복하고, 더 큰 존재와의 연결 속에서 정서적 회복과 성장을 경험할 수 있다.

"지혜로운 자는 아트만과 브라만이 하나임을 깨닫는다. 그는 자신이 우주 만물과 연결되어 있음을 보고, 두려움에서 벗어난다" – '지니아 요가'는 지식의 요가로 지식과 통찰을 통해 아트만과 브라만의 일치를 인식하는 길이다. 이성적 사고와 명상을 통해 진정한 자아를 깨닫고, 궁극적인 해방을 이루는 것을 목표로 한다. 철학적 연구, 명상, 자기 성찰을 통해 영적 진리를 탐구하고, 무지를 극복한다. 이는 자아의 본질적 본성과 우주의 궁극적 실체에 대한 깊은 이해를 통해 가능하다. 이를 통해 인간은 모든 욕망과 고통의 근원을 초월하게 된다.

"진정한 요기는 세속과 욕망을 넘어서, 고요한 마음으로 나와 하나가 되는 자다. 그는 삶과 죽음, 기쁨과 슬픔, 이득과 손실을 초월한 균형된 자아며, 그는 곧 해탈에 이른다" – '카르마 요가', '바크티 요가', '지니아 요가'는 각각 인간의 다양한 성향과 능력에 맞춘 경로를 제공하며, 이 세 가지 경로는 상호보완적으로 작용한다. 예를 들어, '카르마 요가'가 삶의 실천적 측면에 초점을 맞춘다면, '바크티 요가'는 정서적 연결과 영적 헌신을 강조하고, '지니아 요가'는 지식과 깨달음을 통한 본질적 이해를 제안한다. 이 경로들은 각각 개별적으로 수행될 수도 있지만, 종종 한 개인의 삶에서 통합적으로 작용해 모크샤를 실현하는 데 도움을 준다.

크리슈나의 가르침과 파나차타마의 인생 목표, 그리고 요가의 철학적 실천은 오늘날에는 종교적 교리를 넘어 삶의 통합적 지혜를 제공하며 다양한 방식으로 활용되고 있다. 힌두교는 인간이 욕망과 책임, 물질과 영성 사이에서 균형을 이루며 살아갈 수 있도록 안내하며, 그 끝에는 모든 고통과 집착을 초월한 모크샤의 가능성을 제시한다. 지금으로부터 5천년이 넘는 아득한 고대의 철학적 사유가 복잡하고 다면적인 현대인의 삶 속에서 심리적 평화와 존재론적 통찰을 제공해주는 지적·영적 자원이 되고 있다는 점은 참으로 경이롭다.

🖋 주요 경전

- **베다**(Vedas, BC 1500~1000경/박지명, 2022) | 힌두교의 가장 오래된 경전으로, 네 가지 주요 베다가 존재한다. 리그베다는 주로 찬송가와 의식을 다룬다. 삼베다는 리그베다의 찬송가를 음악적으로 배열한 경전이다. 야주르베다는 의식 수행을 위한 주문과 의식 절차를 담고 있다. 아타르바베다는 주술, 약초, 의학 등을 다루는 경전이다.

- **우파니샤드**(Upanishads/BC 800~500경/김영, 2025) | 베다의 철학적 해석서로, 아트만과 브라만의 일치를 탐구한다. 우파니샤드는 브리어려운 아르야냐카, 첸도갸 등이 있다.

- **마하바라타**(Mahabharata, BC 400~AD400경/박종인, 2008) | 힌두교의 대서사시로, 판다바와 카우라바 간의 전쟁을 중심으로 다양한 인물과 사건을 다룬다. 마하바라타에는 크리슈나가 중요한 역할을 하며, 그 안에 포함된 바가바드 기타는 힌두교 철학의 핵심 텍스트이다.

- **바가바드 기타**(Bhagavad Gita, AD 200경/오동석, 2022) | 마하바라타의 일부분이다. 카르마 요가, 바크티 요가, 지니아 요가 등 다양한 요가의 실천 방법을 제시하며, 모크샤에 이르는 길을 설명한다.

02 | 석가모니 BC 6~4세기
고통에서 벗어나는 길은 무엇인가?

"모든 것은 무상하다. 모든 것은 괴로움이다. 모든 것은 무아이다. 모든 존재는 변화하고, 집착은 고통을 낳는다. 지혜로운 자는 집착을 내려놓고 해탈을 구한다."

— 『법구경』, BC 300경

석가모니(釋迦牟尼, Śākyamuni, BC 6~4세기)는 고통에서 벗어나는 길은 무엇인가라는 질문을 중심으로, 인간 고통의 본질과 이를 초월하는 방법을 탐구했다. 그는 고통의 원인과 해결책을 명확히 제시하며, 이를 통해 인간이 평화와 자유를 누릴 수 있다고 가르쳤다.

고대 인도는 바라문교(베다 전통), 제의 중심의 브라마니즘, 다양한 수행 전통(요가, 금욕주의) 등이 혼재하던 시대로, 불평등한 계급제도와 영적 갈등이 심화되고 있었다. 석가모니는 당대 여러 스승의 가르침을 탐구했으나 만족스럽지 못했고, 스스로 깨달음의 길을 찾아내어 '고苦의 소멸'을 핵심 주제로 삼았다. 석가모니 불교는 제의 · 계급 · 신의 권위에 의존하는 기존 전통과 달리, 개인의 '내적 통찰'과 '수행'을 중시하는 독자적 사상체계를 마련한다. 석가모니의 핵심 가르침은 '사성제四聖諦', '팔정도八正道', '중도中道'라는 세 가지 축으로 구성된다.

고통의 시작과 끝: 사성제

석가모니는 인간 삶의 본질을 '고통(dukkha, 두카)'으로 규정하며, 이 고통의 원인과 해결책을 가르쳤다. 그는 고통을 피하지 말고 직면하며, 그 원인을 이해하고 이를 초월하는 실천적 방법을 따를 것을 강조했다. 석가모니는 고통을 '사성제'를 통해 설명했다. '사성제'는 삶의 고통을 이해하고 이를 극복하기 위한 체계적 접근법으로, '고집멸도苦集滅道'로 표현된다.

"출생은 고통이며, 노화도 고통이다. 병도 고통이고 죽음도 고통이다" – '고제苦諦'는 고통이 피할 수 없는 삶의 본질임을 의미한다. 인간은 태어나는 순간부터 생로병사, 사랑하는 사람과의 이별, 원하는 것을 얻지 못하는 좌절 등의 고통을 경험한다. 석가모니는 고통이 인간 삶의 필연적 부분임을 직시하도록 가르쳤다.

"갈망이 고통의 원인이다. 존재를 지속하려는 갈망, 쾌락을 추구하려는 갈망, 존재를 소멸시키려는 갈망이 고통을 만들어낸다" – '집제集諦'는 집착과 갈망이다. 인간의 고통은 욕망과 집착에서 비롯된다. 예를 들어, 물질적 풍요에 대한 집착은 채워지지 않을 때 고통을 초래한다. 또한, 무지는 욕망을 부추기며 인간을 고통에 빠뜨린다. 고통은 단지 운명이 아니라, 욕망(갈망)에 뿌리를 둔 인간 존재에서부터 원인을 갖는 필연이다.

"갈망이 소멸되면, 고통도 함께 사라진다. 남김없이 버림, 놓아버림, 집착 없음이 바로 열반이다" – '멸제滅諦'는 고통은 소멸될 수 있다는 가르침이다. 고통은 열반에 도달함으로써 사라질 수 있다. 열반은 집착과 욕망을 끊어낸 상태로, 마음의 완전한 평화와 자유를 의미한다.

"여덟 가지의 올바른 길, 즉 팔정도는 고통에서 벗어나는 길이다" – '도제道諦'는 고통에서 벗어나는 실천적 길을 말한다. 석가모니는 '팔정도'라는 구체적인 실천법을 통해 고통에서 벗어날 수 있음을 가르쳤다.

실천으로서의 팔정도, 그리고 중도

'팔정도'는 해탈로 이끌고 고통을 극복하기 위한 도덕적, 지혜적, 명상적 실천법으로 구성된다. 팔정도는 모든 고통의 근원인 집착을 제거하기 위해, 삶의 전 영역에서 '바른 방식'을 지향하는 실천 윤리이다. 석가모니는 팔정도를 통해 지혜와 자비를 기르고, 깨달음(해탈)으로 나아갈 수 있다고 주장하였다. 팔정도는 해탈을 향한 여덟 갈래의 길이지만, 이 여덟 가지는 따로 떨어진 것이 아니라 서로 긴밀히 연결되어 있으며, 하나의 통합된 삶의 방식이다.

- 정견正見: 삶의 진리와 고통의 본질을 올바르게 이해하는 것.
- 정사유正思惟: 해탈을 향한 올바른 결심과 생각을 가지는 것.
- 정어正語: 진실되고 해를 끼치지 않는 말을 하는 것.
- 정업正業: 올바른 행동으로, 타인과 자연에 해를 끼치지 않는 삶을 사는 것.
- 정명正命: 윤리적이고 올바른 생계를 유지하는 것.
- 정정진正精進: 깨달음을 향해 끊임없이 노력하는 것.
- 정념正念: 현재의 순간에 집중하며 명확히 인식하는 것.
- 정정正定: 명상을 통해 마음의 평화를 얻고 내적 성찰을 깊게 하는 것.

팔정도는 구체적이고 실천적인 삶의 방식이며, 존재의 근원적인 고통에서 벗어나기 위한 삶 전체의 전환을 요구한다. 팔정도 중 정견(올바르게 보는 것)과 정사(바른 생각)은 지혜般若에 해당하며, 정어(바른 말), 정업(바른 행위), 정명(바른 생계)은 도덕戒에, 정정진(선을 향한 노력), 정념(마음챙김), 정정(바른 선정)은 수행定에 해당한다. 팔정도의 각 단계는 서로를 지탱하며, 전체적으로는 마음의 자유와 궁극적인 해탈로 이끄는 하나의 길이다. 석가모니는 그 길을 걸어 깨달음을 이루셨고, 그 길은 오늘날의 우리에게도 여전히 유효하다. 고통은 시대를 막론하고 인간의 본질에 깃들어 있지만, 그 고통을 넘어서려는 노력 또한 우리의 본성 안에 있다. 팔정도는 그 노력에 대한 가장 치밀하고 자비로운 안내서이다.

"쾌락에 탐닉하는 삶도 아니고, 고통에 집착하는 삶도 아닌, 이 두 가지 사이의 중도를 따라 지혜와 해탈의 길을 걷는다" – 팔정도의 핵심 원리는 '중도(中道, Madhyamā-pratipad, 마디야마 프라티파드)'에 있다. 석가모니는 깨달음을 얻기 전 극단적 수행을 실천했으나 고행으로는 해탈을 얻을 수 없음을 확인하였다. 그는 육현금을 너무 조이면 끊어지고, 너무 풀면 제대로 소리가 나지 않는 것처럼, 과도함과 결핍의 극단을 벗어난 균형 잡힌 길(중도)을 강조했다. 이 원리는 수행뿐 아니라 일상 생활에서도 균형과 조화를 추구하는 태도를 함축한다.

'중도'는 삶의 균형을 유지하며, 지나친 욕망이나 지나친 자제의 극단에 빠지지 않게 해준다. 현대적으로 보면, 과도한 스트레스나 나태함을 피하고 균형 잡힌 삶을 지향하는 방식으로 이해할 수 있다.

소승불교: 개인 해탈의 길

소승불교小乘佛敎, 즉 테라와다Theravāda 불교는 석가모니 부처의 원래 가르침에 가장 가깝다고 여겨지는 불교 전통 중 하나이다. 이 전통은 부처의 열반 이후 약 100년경에 있었던 교단 내 분열로부터 시작되어, 보수적이고 엄격한 수행 원칙을 고수한 상좌부上座部에서 기원하였다. 소승이라는 명칭은 '작은 수레'라는 뜻을 갖지만, 이는 대승불교 쪽에서 붙인 명칭으로, 테라와다 전통에서는 스스로를 '부처의 원전原典을 따르는 전통'이라 여긴다.

소승불교의 중심 교리는 사성제四聖諦와 팔정도八正道이다. 인간 삶의 본질을 고통으로 보고, 그 원인을 탐욕과 집착에서 찾으며, 이를 제거함으로써 열반에 도달하는 것이 수행의 목표이다. 여기서 중요한 것은 '개인의 해탈'을 중시한다는 점이다. 수행자는 번뇌를 끊고 윤회에서 벗어나 '아라한(阿羅漢, Arhat, 아라하트)'의 경지에 도달하는 것을 이상으로 삼는다. 이러한 관점은 대승불교의 보살행과는 뚜렷이 구별된다.

소승불교 전통에서는 '아라한'을 수행자의 최종 이상으로 설정한다. 이는 석가모니 부처의 가르침을 충실히 따르는 과정에서 얻어지는 열매로 여겨지며, 부처의 제자 중 다수도 '아라한'에 도달한 인물로 묘사된다. 아라한은 번뇌가 없는 상태일 뿐 아니라, 마음의 평온과 지혜, 윤리적 완성까지 겸비한 존재로 이해된다. 이러한 아라한의 길은 출가 수행자뿐 아니라 재가 신자에게도 열려 있으며, 각자의 업에 따라 길고 긴 생사윤회의 흐름 속에서 점진적으로 이 목표에 접근해간다.

아라한과 붓다는 모두 해탈에 이른 존재라는 점에서 동일하지만, 둘 사이에는 중요한 차이가 있다. 붓다는 스스로 깨달음을 얻은 자, 즉 스승 없이 스스로 진리를 발견하고 그것을 중생에게 설한 존재이다. 반면 아라한은 부처의 가르침을 따라 수행하여 열반에 이른 자다. 다시 말해, 붓다는 '길을 개척한 자'이고, 아라한은 '그 길을 걸어가 끝에 도달한 자'라고도 비유할 수 있다. 이 차이는 불교 사상 내에서 붓다에 대한 특별한 존경의 근거이기도 하다.

소승불교는 경전을 팔리어Pāli로 기록한 팔리 삼장三藏에 의존하며, 이를 정통 교리로 간주한다. 이 경전 체계는 경經, 율律, 논論의 세 가지 범주로 나뉘며, 오랜 시간 구술 전승을 거쳐 체계화되었다. 그만큼 이 전통은 문자적 보존성과 교리의 순수성을 중시한다. 부처가 실제로 설법했던 방식, 그리고 초기 승가의 윤리와 규범을 고스란히 계승하고자 하는 것이 이 전통의 본질이다.

오늘날 소승불교는 스리랑카, 미얀마, 태국, 라오스, 캄보디아 등 동남아시아 지역에서 광범위하게 신봉되고 있으며, 남방불교Nikāya Buddhism라는 이름으로도 불린다. 이들 지역에서는 출가 수행자뿐 아니라 재가 신자들도 활발히 불교 의례에 참여하며, 수행을 통해 업을 정화하고 내세에 유리한 조건을 만드는 데 집중한다. 이는 세속과 출가의 조화를 추구하는 방식이기도 하다.

대승불교: 모든 중생을 위한 깨달음

불교는 시대의 흐름과 수행자의 욕구, 사회적 조건에 따라 다양하게 변화하고 확장되었다. 가장 큰 전환점은 대승불교(大乘佛敎, Mahāyāna Buddhism)의 등장이다. 대승불교는 기원후 1세기경 인도 북부에서 출현하여, 기존의 출가자 중심 수행 전통을 넘어서 모든 중생의 해탈과 자비를 중시하는 새로운 길을 제시하였다.

대승이라는 말은 '큰 수레'라는 뜻을 가진다. 이는 더 많은 이들을 깨달음의 길에 태우겠다는 은유이다. 대승불교는 스스로를 더 넓은 자비와 지혜의 이상을 구현하는 불교라고 규정하면서, 기존의 수행 중심 전통, 즉 상좌부 계열의 불교를 '소승小乘', 작은 수레로 부르며 차별화하였다.

대승불교의 중심에는 '보살(菩薩, Bodhisattva, 보디사트바)'이라는 이상적 존재가 있다. '보살'은 스스로 열반에 들 수 있음에도 불구하고 모든 중생이 깨달음에 이를 때까지 해탈을 미루며 중생을 돕는 존재이다. 이들의 핵심 서원은 중생이 다 구제되기 전까지는 나 또한 열반에 들지 않겠다는 것으로, 이는 '자비'와 '지혜'의 완전한 조화를 상징한다. 대승불교에서 자비는 단순히 연민의 감정에 그치지 않고, 지혜와 결합된다. 반야의 지혜는 모든 존재가 '공空'하다는 실상을 깨닫게 하며, 자비는 이를 바탕으로 중생을 돕는 적극적인 실천으로 이어진다. 이 결합은 자신과 타인의 경계를 허물고, 모든 중생과 함께 깨달음에 이르겠다는 대승불교의 핵심 정신을 반영한다.

대승불교는 방대한 경전 문헌을 통해 자신들의 교의를 정당화하고 체계화했다. 대표적인 경전으로는 『법화경』, 『화엄경』, 『유마경』, 『반야경』 등이 있으며, 이들 경전은 가르침의 수단을 넘어, 문학적·철학적 깊이를 가진 거대한 사상 체계를 형성한다. 특히 '공(空, śūnyatā)'의 사상은 모든 존재가 독립적 실체 없이 연기적으로 존재한다는 불교의 근본 철학을 한층 심화시켰으며, 중관학파(나가르주나)와 유식학파(세친, 무착)와 같은 뛰어난 철학자들에 의해 체계화되었다.

역사적으로 대승불교는 인도에서 출발하여 중국, 한국, 일본, 베트남 등 동아시아 지역에 널리 퍼졌으며, 각 지역의 문화와 결합하여 선종, 정토종, 천태종, 화엄종 등의 다양한 형태로 전개되었다. 대승불교는 출가자뿐 아니라 재가 신자들의 신앙적 참여를 독려하였고, 사찰 중심의 공동체 형성과 예배 문화, 신앙적 수행 등을 통해 불교가 일반 민중의 삶과 깊이 연결되는 데 기여했다.

석가모니 철학의 핵심은 '고통'의 불가피성을 인정하면서도, 이를 극복할 수 있는 길을 제시했다는 점에 있다. 그의 가르침은 인간이 스스로 자신의 고통을 이해하고 초월할 수 있는 힘을 가지고 있음을 일깨운다. 또한, 실천적이고 구체적인 방법을 통해 개인적 평화뿐만 아니라 사회적 조화와 윤리적 삶을 추구하도록 돕는다. 이는 오늘날까지도 인류의 삶에 깊은 교훈과 실천적 지침을 제공하고 있다.

✒ 주요 저술

석가모니 부처는 구술(口述)로 가르침을 전했다고 알려져 있다. 석가모니 열반 후 수십 년이 흐른 뒤, 제자들과 승단이 '결집(結集)'이라는 형태로 부처의 가르침을 모아 구술로 정리하고, 이를 장기간 유지·전승했다. 본격적으로 문헌화가 이루어진 것은 BC 1세기~AD 1세기 무렵(학자마다 편차 있음)으로 추정된다.

- **팔리어 경전(팔리 삼장, Pāli Canon, 부처 입멸 후~BC 3세기)** | 경장(經, 부처의 말씀), 율장(律, 계율), 논장(論, 불교 교학을 정리)으로 위 세 가지를 합쳐 '삼장(Tripiṭaka)'이라 부른다. 초기불교의 가장 오래된 문헌 전승이다.

- **한역 아함경(阿含經, BC 3세기~AD 4세기)** | 중국으로 전래된 초기 경전 번역물로, 장아함(長阿含), 중아함(中阿含), 잡아함(雜阿含), 증일아함(增一阿含) 등이 있다. 팔리어 경전과 내용적·구조적으로 대응되는 부분이 많다.

- **대승경전(大乘經典, BC 1세기 경~AD 5세기)** | 부처 열반 후 수세기가 지나면서, '대승불교' 경전(예: 반야경, 화엄경, 법화경, 유마경, 금강경 등)이 성립되었다. 대승경전은 보살행과 자비, 공(空)의 철학 등을 더 강조하고, 지역적·시대적·문화적 상황에 따라 부처의 가르침이 해석·재구성되었다고 여겨진다.

- **티베트 불교 경전(7~14세기)** | 티베트로 불교가 전래되면서, 산스크리트어·인도 불교 전통 경전이 티베트어로 번역·편찬된 간주르(Kangyur), 단주르(Tengyur) 등의 방대한 문헌이 형성되었다. 이는 대승과 금강승(密敎, 바즈라야나)의 요소가 어우러진 형태로 발전하였다.

03 | 예수 BC 4년경?~AD 30/33년경
사랑과 용서는 어떻게 인간을 구원하는가?

"너희 원수를 사랑하며 너희를 박해하는 자를 위하여 기도하라. 이같이 한즉 하늘에 계신 너희 아버지의 아들이 되리니, 이는 하나님이 그 해를 악인과 선인에게 비추시며, 비를 의로운 자와 불의한 자에게 내리우심이니라."

— 『마태복음』, 80~90경

예수(Jesus of Nazareth, BC 4년경?~AD 30/33년경)는 인류 역사에서 가장 영향력 있는 인물 중 하나로, 그의 가르침은 기독교의 기초를 형성했을 뿐 아니라 인간의 윤리와 문화 전반에 깊은 흔적을 남겼다.

예수의 사상에서 두드러진 핵심은 '사랑(Agapē, 아가페)'과 '용서(Aphiemi, 아피에미)'이며, 이는 개인의 내적 구원뿐 아니라, 사회적 화합과 관계 회복의 기반이 되는 메시지로 해석된다.

혼란 속의 메시지

예수는 로마제국의 지배 아래 있던 유대에서 활동했다. 당시 유대 사회는 헤롯 가문을 통한 간접 통치와 이후 로마의 직접 지배로 인해 정치적 혼란과 종교적 긴장이 극심했다. 유대 민족은 이러한 억압 속에서 '메시아

Messiah', 즉 자신들을 해방시킬 지도자를 갈망하고 있었다. 예수의 등장과 그의 메시지는 종교적 위안을 넘어, 이 갈등 속에서 희망과 변화를 모색하는 움직임으로 주목받았다.

예수의 사상은 유대교 전통에 깊이 뿌리내리고 있다. 그는 구약성경의 "네 이웃을 네 몸같이 사랑하라"는 계명을 따랐으나, 이를 더욱 확대하여 "원수까지도 사랑하라"고 가르쳤다. 이는 당시 유대 사회에 만연했던 종파적 갈등과 배제의 문화를 뛰어넘는 급진적 메시지였다. 예수는 특히 마음의 변화와 '회개 repentance'를 강조하며, 율법의 형식적 준수를 넘어 진정한 내적 변화와 사랑을 촉구했다.

사랑과 용서

예수는 물질적 성공이나 정치적 해방이 아닌, 인간의 내적 변화와 도덕적 성장을 통해 참된 구원이 가능하다고 가르쳤다. 사랑과 용서를 통해 개인적 치유와 사회적 평화를 동시에 이루는 것이 그의 핵심 메시지였다. 그의 삶과 설교는 사랑과 용서가 어떻게 인간을 구원하는가라는 질문에 대한 답을 담고 있다. 예수는 단순한 교사가 아니었다. 그는 사랑과 용서를 통해 인간이 죄와 고통에서 해방될 수 있음을 몸소 보여준 구속자救贖者였다.

"네 마음을 다하고, 목숨을 다하고, 뜻을 다하여 주 너의 하나님을 사랑하고 네 이웃을 네 자신 같이 사랑하라" - 예수의 삶은 '사랑'을 실천한 생생한 사례로 가득하다. 그는 갈릴리와 유대 지방을 순회하며 병자를 치유하고, 가난한 자와 소외된 자를 돌보았다. 그의 '사랑'은 하나님을 사랑하고 이웃을 사랑하라는 '이중 계명 double commandment of love'의 구체적 구현이었다. 예수의 '사랑'은 보편적이고 무조건적이었다. 그는 당시 유대인들이 배척했던 세리와 창녀를 포함해, 사회적으로 낙인 찍힌 이들과 식탁을 나누며 그들에게 존엄성을 회복시켰다. 이는 '사랑'이 특정 집단이나 조건에 제한되지 않음을 보여주는 강력한 메시지였다.

예수의 메시지에서 '사랑'은 모든 계명의 기초이자 핵심이다. 그는 인간이 서로를 존중하고 돌볼 때 하나님과의 진정한 관계를 형성할 수 있다고 가르쳤다. 이 '사랑'은 무조건적이고 자기희생적인 '사랑'을 의미한다. 예수는 이러한 '사랑'을 자신의 삶과 죽음을 통해 완성하였다.

"너희 원수를 사랑하며, 너희를 박해하는 자를 위하여 기도하라" – 예수는 '용서'를 인간 삶의 핵심 덕목으로 강조했다. 그는 제자들에게 일곱 번을 넘어, 일흔 번씩 일곱 번이라도 용서하라고 가르치며, '용서'가 한계를 넘어선 반복적이고 무제한적인 행위임을 역설했다. 이러한 '용서'는 가해자를 위한 것도 되지만, 분노와 증오에 갇힌 피해자 자신을 해방하는 행위였다. 예수의 용서는 십자가 위에서 절정에 달한다. 그는 극심한 고통 속에서도 "아버지여, 저들을 사하여 주옵소서"라고 기도하며, '용서'를 통해 구원의 길을 완성했다.

'용서'는 '사랑'의 연장선상에서 인간 구원의 중요한 열쇠로 나타난다. 그의 가르침에서 '용서'는 단순히 상처를 잊는 행위가 아니라, 마음의 평화를 회복하고 관계를 회복하는 창조적 행위였다. 이러한 '용서'는 인간이 서로의 연약함을 인정하고, 복수와 분열에서 벗어나 진정한 화해로 나아가게 한다. '용서'는 외적 관계 회복에 그치지 않고, 내면의 자유를 제공한다. 미움과 분노는 인간을 속박하지만, '용서'는 이러한 사슬을 끊고 영혼의 평온을 회복시킨다. 이는 개인적 차원을 넘어, 사회적·역사적 갈등의 치유로 확장될 수 있다.

'아가페=사랑'은 조건 없이 상대를 용납하고 이해하는 근원적인 동력으로 작용한다. '아피에미=용서'는 그 사랑을 구체적으로 실천하는 행위이다. '아피에미'는 "우리가 우리에게 죄 지은 자를 사하여 Aphiemi 준 것 같이 우리의 죄를 사하여 Aphiemi 주옵소서."라는 예수의 기도문(주기도문)에도 잘 표현되어 있다. '아피에미'라는 헬라어는 '놓아주다', '해방하다'라는 뜻을 포함하는 것으로, 예수의 용서는 타인의 죄를 놓아주는 동시에, 자신도 자유케 하는 영적 해방의 길을 의미한다.

예수는 네 이웃을 네 몸과 같이 사랑하라는 가르침을 통해, 인간 간의 공감과 동일시를 유도했다. 상대를 나와 동일한 존재로 인식하는 이러한 태도는, 보편적 인간관을 바탕으로 한다. 예수가 가르친 '사랑'과 '용서'는 인간성과 공동체를 회복시키는 구원의 원리다. 사랑은 경계를 초월하여 인간을 포용하며, 용서는 분열과 단절을 치유하고 평화를 가능하게 한다. "너희가 서로 사랑하면, 이로써 모든 사람이 너희가 내 제자인 줄 알리라"는 예수의 가르침은, '사랑'과 '용서'가 개인의 구원과 공동체의 번영을 이루는 가장 강력한 동력임을 상기시킨다.

회개로 완성되는 구원의 여정

"회개하라, 천국이 가까이 왔느니라" – 기독교 세계관에서 죄는 인간과 신, 그리고 인간 상호 간의 단절을 초래하는 근원적 문제다. 예수는 '사랑'과 '용서'를 통해 이 단절을 해소하고, 관계를 회복하는 과정을 제시했다. 신과의 화해는 인간이 자신의 존재적 목적을 회복하게 하고, 타인과의 화합은 사회적 평화를 이루게 한다. 이 과정이 바로 '구원(Sōtēria, 소테리아)'의 본질이다. '사랑'과 '용서'는 인간관계의 회복에 머무르지 않고, 궁극적으로 '인간과 하나님'의 관계를 새롭게 하는 과정과 깊이 연결되어 있다. 그리고 그 중심에는 '회개(metanoia, 메타노이아)'가 자리하고 있다. 신약성경에서 '회개'를 뜻하는 '메타노이아'는 죄를 후회하거나 잘못을 고백하는 것을 넘어, '생각의 근본적인 변화와 삶의 방향 전환'을 의미한다. 예수는 '회개'를 통해 인간이 과거의 잘못된 삶에서 벗어나, 하나님과 조화로운 관계를 회복하는 것을 강조했다. 이는 내적 태도와 외적 행동 모두를 아우르는 포괄적인 변화를 요구한다. 즉, 예수는 죄의 용서와 '구원'을 위해, 단지 형식적인 후회나 종교 의식을 요구한 것이 아니라, '마음과 삶 전체를 새롭게 바꾸는 변화'를 촉구했던 것이다.

"먼저 가서 형제와 화해하고, 그 후에 와서 예물을 드리라" – 구약성경에서 회개는 주로 하나님과의 관계 회복에 초점이 맞춰져 있다. 그러나 예수는 여기에 '인간 상호 간의 화해'를 포함했다. 그는 예물을 제단에 드리기 전에 형제와 화해하라고 가르치며, 하나님과의 관계뿐 아니라 인간관계의 회복을 회개의 필수 요소로 보았다. 이는 사랑과 용서를 통해 모든 단절을 회복하려는 예수 가르침의 특징을 잘 보여 준다. 예수의 원수까지 사랑하라는 가르침은, 인간 본성의 한계를 넘어서는 급진적 요구다. 이러한 사랑은 자기중심성을 버리고, 타인을 귀하게 여기는 근본적인 태도 변화를 필요로 한다. 결국 이 '사랑'을 실천하는 과정에서, 인간은 자신을 돌아보고 회개에 이르게 된다.

현대 사회에서 예수의 '회개' 교리는 잘못된 행동에 대한 진정한 성찰과 변화의 필요성을 일깨운다. 단순히 사죄를 요청하거나 형식적으로 용서를 구하는 것을 넘어, 스스로 잘못을 직면하고 행동을 바꾸는 실천 의지가 중요하다. 이는 개인의 윤리적 성장과 심리적 건강에도 기여한다.

'회개'의 메시지는 개인을 넘어, 사회적·정치적 갈등의 치유로 확장될 수 있다. 남아프리카공화국의 '진실과 화해 위원회 Truth and Reconciliation Commission'

사례는, 진실 고백과 회개가 갈등을 해소하고 화해로 나아가는 구체적 모델임을 보여 준다. 이는 예수의 회개와 화해 교리가 현대 사회에서도 여전히 유효함을 시사한다.

예수의 사랑과 용서, 그리고 회개의 메시지는 인간 삶을 근본적으로 전환시키는 내적 혁명을 요구한다. 이는 종교적 교리를 떠나서, 자신의 존재와 관계, 세계를 새롭게 바라보는 인식의 변화와 결단이다. 예수의 메시지는, 우리가 누구이며 어떻게 살아야 하는지를 끊임없이 묻고, 더 나은 인간과 공동체로 나아가게 하는 초청이다.

✒ 주요 저술

예수는 직접 책이나 문서를 남기지 않았다. 예수의 언행은 제자들과 초대교회 공동체가 구술 전승으로 보존, 이를 후대에 문헌화했다는 것이 일반적 견해다.

- **신약성경(New Testament)의 복음서(Gospels)** | 마태복음, 마가복음, 누가복음, 요한복음은 예수의 생애·가르침·죽음·부활을 다룬 핵심 경전이다. 마태·마가·누가 세 복음서는 '공관복음'이라 하여, 예수의 기적, 비유, 설교 등을 유사한 시각으로 전한다.

- **사도행전(Acts)·서신서(Epistles)** | 예수 승천 이후 초대 교회 공동체의 형성과 복음 확산 과정을 기록한 것으로 예수의 가르침이 어떻게 공동체로 발전했는지 알 수 있는 주요 사료다.

04 | 무함마드 570~632
타후히드를 이루려면 어떻게 해야 하나?

"선과 악은 결코 같을 수 없나니, 너희는 악을 선으로써 물리치라. 그리하면 서로 원수지간이었던 자도 따뜻한 친구가 될 것이라. 그러나 이 덕목은 인내하는 자들 외에는 얻을 수 없으며, 큰 행운을 가진 자만이 이를 이룰 수 있으리라."

— 『꾸란』, 650

이슬람교는 7세기 초 아라비아 반도에서 무함마드(Muhammad, 570~632)에 의해 창시된 이후, 전 세계적으로 4대 종교 중 하나로 자리 잡았다. 이 종교는 개인과 신(알라, Allah)의 일치를 목표로 삼는다. 이러한 일치는 인간 존재의 내면적 정화와 도덕적 성숙을 통해 이루어진다. 무함마드가 제시한 이슬람교의 교리와 실천은 신과 인간의 관계를 심화시키며, 이를 통해 알라와의 완전한 조화를 이루는 길을 열어준다.

타우히드와 다섯 기둥

"하나님은 유일하시며, 그분과 같은 존재는 없다" – '타우히드 Tawhid'는 아랍어로 "하나로 만들다, 통일하다"라는 뜻이다. '타우히드'는 이슬람 신앙의 중심이자 출발점이다. '타우히드'는 모든 존재와 현상이 단일한 신적 실재에서 비롯되었음을 강조하며, 인간이 자신을 신의 뜻에 맞춰 조정해야 함을 가르친다. 이는 인간 존재의 목적을 명확히 하고, 신과의 일치를 향한 실천적 기반을 제공한다.

무함마드는 '샤하다(Shahada, 신앙고백)', '살라트(Salat, 기도)', '자카트(Zakat, 자선)', '사움(Sawm, 단식)', '하지(Hajj, 순례)'로 구성된 이슬람교의 다섯 기둥(Five Pillars)을 '타우히드'에 이르는 구체적 실천 방법으로 제시한다.

'샤하다'는 "라 일라하 일랄라흐, 마흐마단 라살룰라흐"라는 신앙 고백으로, 알라 외에 신은 없으며, 무함마드는 알라의 사도임을 선언하는 것이다. 이는 이슬람 신앙의 기초로, 신도들이 신과의 관계를 형성하는 첫걸음이다. 샤하다의 실천은 신과의 일치를 향한 첫 단계로, 신에 대한 절대적인 신뢰와 복종을 상징한다.

'살라트'는 하루 다섯 번의 기도를 통해 알라와의 지속적인 소통을 유지하는 실천이다. 기도는 신과의 직접적인 연결을 의미하며, 이를 통해 신의 존재를 항상 인식하고, 일상의 삶 속에서 신의 뜻을 따르는 삶을 영위하게 한다. 기도는 또한 개인의 내면을 정화하고, 영적 성장을 촉진하는 중요한 수단이다.

'자카트'는 소득의 일정 비율을 기부하여 사회적 불평등을 완화하고, 경제적 약자를 지원하는 의무이다. 이는 신도들에게 자신의 재산을 정화시키고, 사회적 연대를 강화하는 역할을 한다. 자카트를 실천함으로써 신도들은 물질적 풍요로움을 넘어서, 도덕적 책임과 공동체 의식을 함양하게 된다.

'사움'은 라마단(Ramadan, 이슬람력 9번째 달) 기간 동안 일출부터 일몰까지 단식을 지키는 실천으로, 신에 대한 헌신과 자기 절제를 상징한다. 단식은 개인의 욕망을 통제하고, 영적 정화를 이루는 과정으로, 이는 신과의 더 깊은 연결을 추구하는 데 필수적이다. 또한, 단식을 통해 가난한 이들의 고통을 이해하고 공감하는 마음을 기를 수 있다.

'하지'는 생애에 최소 한 번 메카로 순례를 다녀오는 의무로, 이는 이슬람 공동체의 연대감을 강화하고, 신도들이 자신의 신앙을 재확인하는 기회를 제공한다. 하지 수행은 신과의 직접적인 만남과 영적 해방을 추구하는 중요한 실천으로, 이를 통해 개인은 영적 성장을 이루고, 신과의 일치를 경험하게 된다.

신앙 고백은 신과의 관계를 시작하는 첫걸음이며, 기도는 신과의 지속적 소통을 가능하게 한다. 자선은 물질적 풍요를 초월해 사회적 연대를 강화하고, 단식은 자기 절제를 통해 영적 성숙을 도모하며, 순례는 신과의 직접적 만남을 통해 신앙을 재확인하는 경험을 제공한다.

아흘라크: 도덕과 영혼의 완성

이슬람은 신에 대한 믿음이나 종교적 의례의 실천에 머무르지 않는다. 그 중심에는 삶을 어떻게 살아야 하는가, 어떤 인간이 되어야 하는가라는 깊은 성찰이 자리잡고 있다. 이러한 질문에 대한 이슬람의 윤리적 대답이 바로 '아흘라크Akhlāq'이다. '아흘라크'는 단지 예절이나 도덕 규칙을 의미하지 않는다. 그것은 인간 내면의 품성과 외면의 행위가 일치하는 삶, 곧 도덕적 성숙과 인격 완성의 길을 뜻한다.

"나는 고결한 품성을 완성하기 위해 보내졌노라" – 아흘라크의 어원은 아랍어 '쿨라크khuluq', 즉 성격이나 본성을 의미하는 단어에서 유래한다. 이슬람 경전 꾸란에서는 예언자 무함마드를 가리켜 참으로 너는 위대한 아흘라크의 소유자라고 말하며, 아흘라크의 구현자로서 그를 제시한다. '신앙 Īmān', '행위'Amal', 그리고 '아흘라크'는 이슬람의 윤리적 삼각축이며, 진정한 신자는 도덕적으로도 완성된 존재여야 한다. 아흘라크는 인간 내면의 성품, 도덕적 덕목, 실천적 윤리를 포괄적으로 다룬다. 특히 꾸란과 하디스를 중심으로 발전된 이슬람 윤리의 전통은 개인적 삶과 공동체의 도덕적 완성을 매우 중시한다.

"가장 좋은 사람은 사람들에게 가장 유익한 사람이다" – 아흘라크의 중심에는 '이흐산Iḥsān'이 있다. 이는 단지 친절이나 선행을 넘어, 마치 신이 자신을 지켜보는 것처럼 모든 행동에 최선을 다하고 타인에게 자비롭게 대하는 윤리를 말한다. 이슬람에서는 신 앞에서 행하는 '이흐산'을 최고의 덕목 중 하나로 삼는다. 아흘라크는 '이흐산' 외에도 공정성과 정의를 의미하는 '아들Adl', 인내와 끈기를 나타내는 '사브르Ṣabr', 신뢰와 정직을 뜻하는 '아마나Amanah', 겸손과 수치를 아는 미덕인 '하야Hayā', 자비와 연민을 의미하는 '라흐마Raḥmah', 겸손을 뜻하는 '타와두Tawāḍu' 등의 덕목을 포함한다. 아래는 꾸란과 하디스 등에 기록된 '이흐산'을 포함한 주요 덕목들에 대한 가르침들이다.

이흐산Iḥsān – 비록 네가 그분을 보지 못하더라도, 그분은 너를 보고 계신다는 것을 아는 것이다.

아들 Adl – 하나님은 정의와 선을 명하시며, 방탕과 부정과 폭압을 금하신다.

아마나 Amanah – 신뢰는 믿음의 일부이다. 신뢰를 저버리는 자는 참된 신앙인이 아니다.

사브르Ṣabr – 하나님께서는 인내하는 자들을 사랑하신다.

하야Hayā – 하야(수치심)는 신앙의 일부이다.

라흐마Raḥmah – 너희는 땅 위에 있는 자들에게 자비를 베풀라. 그러면

하늘 위에 계신 분께서 너희에게 자비를 베푸실 것이다.

타와두Tawāḍu - 누구든지 하나님을 위해 겸손하면, 하나님께서 그를 높이실 것이다.

아흘라크가 강조하는 모든 덕목은 이상이나 추상적 규범에 그치지 않는다. 그것은 일상적 삶에서 구체적으로 실천되어야 하며, 개인의 도덕적 성숙과 사회적 책임감을 동시에 함양하도록 하는 실천적 윤리다. 아흘라크의 궁극적인 목표는 인간 개개인이 신 앞에서 올바르게 행동하고, 공동체 전체가 화합과 균형 속에서 평화롭게 살아가는 것이다.

수피즘(이슬람 신비주의) 전통에서 '아흘라크'는 보다 내면적인 수양의 길로 확장된다. 수피들은 아흘라크를 영혼의 정화와 신의 성품을 닮아가는 여정으로 여긴다. 그들은 하나님의 성품으로 꾸려져라는 이상을 따르며, 자기중심성을 버리고 겸허한 내면의 변화를 추구한다. 이와 같이 아흘라크는 이슬람에서 윤리적, 영적, 신학적 의미가 모두 결합된 고유의 개념이다.

평등과 진실과 연대와 탐구의 삶

무함마드는 새로운 종교의 창시를 통해 인간 존재의 근원적 물음부터 일상의 실천 윤리에 이르기까지 삶의 모든 차원을 포괄하는 심오하고 통합적인 사유 체계를 제시하였다. 그의 가르침은 개인의 신앙과 내면 성찰은 물론, 윤리, 사회 정의, 공동체 운영, 법과 정치의 원리에 이르기까지 광범위한 영역에 걸쳐 혁명적인 영향을 미쳤으며, 이는 오늘날까지도 수많은 이들에게 삶의 지표가 되고 있다.

"아랍인은 비非아랍인보다, 백인은 흑인보다 우월하지 않다. 오직 경건함으로써만 그 차이가 있을 뿐이다" – 이 유명한 고별 설교의 구절은 무함마드 사상의 핵심인 인간 평등을 명확히 보여준다. 당시 아라비아 사회는 혈통, 부족, 가문이 개인의 지위와 가치를 결정짓던 뿌리 깊은 차별의 시대였다. 이러한 '자힐리야(Jahiliyya, 무지의 시대)'적 관습에 맞서, 그는 피부색, 출신 배경, 사회적 계급과 같은 외적 조건이 아닌, 오직 신에 대한 의식과 경외심(타크와, Taqwa)만이 인간의 진정한 가치를 결정한다고 선언했다. 이 가르침은 신앙으로 결속된 평등주의적 공동체 '움마Ummah' 형성의 초석이 되었으며, 시대를 초월하여 모든 인간의 존엄성과 보편적 인권 사상에 중요한 철학적 영감을 제공했다.

"아주 작은 티끌만큼의 선행도, 티끌만큼의 악행도 모두 드러나리라" – 무함마드는 인간의 삶을 신이 부여한 시험의 과정으로 보았다. 인간에게는 선과 악을 선택할 수 있는 자유의지가 주어졌으며, 그 선택에 따른 모든 행위와 말에 대한 궁극적인 책임은 개인에게 있음을 분명히 했다. 현세에서의 삶은 일시적이며, 인간은 자신의 선택과 행동에 대해 내세에서 반드시 공정한 심판을 받게 된다는 가르침은, 신자들로 하여금 윤리적 자기 절제와 끊임없는 내면 성찰을 통해 올바른 삶을 추구하도록 이끄는 강력한 동기가 되었다. 무함마드의 사유는 맹목적 운명론을 거부하고, 인간 행위의 도덕적 무게와 결과를 중시하는 관점이다.

"자신의 이웃이 굶주리고 있음을 알면서도 배불리 잠든다면, 그는 진정한 신앙인이 아니다" – 무함마드는 인간을 결코 고립된 존재로 보지 않았다. 그는 가족, 이웃, 특히 고아, 과부, 빈자, 나그네와 같은 사회적 약자들과의 관계 속에서 인간다움이 실현되며, 신앙이 구체화된다고 가르쳤다. 의무적 자선인 '자카트Zakat'는 이슬람의 다섯 기둥 중 하나로서, 개인적인 시혜를 넘어 부의 재분배를 통한 사회 정의 실현의 제도적 장치로 기능했다. 이러한 공동체적 연대 의식과 사회 정의의 실천은 개인의 구원과 사회 전체의 안녕을 위한 필수 불가결한 요소로 강조되었다.

"요람에서 무덤까지 지식을 구하라" – 무함마드는 삶의 올바른 길을 신의 계시(꾸란)를 통해 찾을 수 있다고 확신했지만, 동시에 계시의 의미를 이해하고 삶에 적용하기 위한 이성과 사유의 중요성을 역설했다. 꾸란은 반복해서 "너희는 숙고하지 않느냐?", "너희는 깨닫지 못하느냐?"고 물으며, 맹목적인 믿음이 아닌 이해와 성찰을 동반한 능동적인 신앙을 요구한다. 이러한 가르침은 초기 이슬람 문명이 종교적 지식뿐 아니라 철학, 과학, 의학, 수학 등 다양한 학문 분야에서 눈부신 발전을 이루는 지적 토양이 되었으며, 남녀 모두에게 교육의 기회를 강조했다는 점에서 시대를 앞서나간 면모를 보인다.

무함마드가 제시한 삶의 궁극적 목적은 신의 뜻에 자발적으로 복종('이슬람'의 본래 의미)하고, 이를 통해 개인의 삶과 사회 전반에 정의와 자비를 실현하는 것이었다. 신앙(이만, Iman)은 단순히 마음속 믿음에 그치는 것이 아니라, 정의로운 행동과 자비로운 실천(이흐산, Ihsan)으로 증명되어야 한다. 경건함은 곧 정의로운 삶의 태도이며, 믿음은 일상의 구체적인 실천을 통해 비로소 완성된다는 그의 사상은, 종교적 의례나 형식을 넘어선 살아있는 신앙의 본질을 강조한다. 무함마드의 사유는 인간 존재와 세계에 대한 깊은 통찰을 바탕으로 신앙, 윤리, 사회 정의, 지식 추구 등 인간 삶의 제반 영역을 아우르는 통합적 지혜를 담고 있다. 그의 가르침은 시대를 넘어 오늘날에도 여전히 개인의 영적 성장과 더불어 정의롭고 자비로운 공동체를 건설하고자 하는 이들에게 깊은 울림과 영감을 주고 있다.

이슬람의 제정일치적 성격

"오 너희 믿는 자들아! 하나님께 복종하고, 그분의 사도에게 복종하라"– 이슬람은 종교적 권위와 정치적 권력이 분리되지 않고 하나의 체계로 융합된 '제정일치祭政一致' 특성을 매우 강하게 지닌 종교이다. 이러한 특성은 이슬람의 경전 꾸란과 예언자 무함마드의 삶 및 그의 언행록인 하디스에서 비롯되었으며, 초기 이슬람 공동체의 역사적 형성 과정에서 뚜렷하게 드러난다.

이슬람의 창시자인 무함마드는 종교적 가르침만 전달한 것이 아니라, 메카에서 메디나로 이주한 이후(히즈라, Hijra, 622년) 정치적 지도자의 역할도 수행했다. 무함마드는 메디나에서 공동체의 법률과 질서를 규정하고 분쟁을 해결하며 정치적·사회적 통합을 이루었다. 이 과정에서 제정일치적 질서의 원형이 만들어졌다. 즉, 이슬람 공동체(움마, Ummah)는 신앙적 공동체를 넘어서 정치적 실체였고, 무함마드는 예언자이자 정치적 지도자였다. 꾸란 자체도 개인의 신앙과 도덕적 삶뿐만 아니라 법률, 경제, 정치 등 사회적 생활의 다양한 영역에 대한 상세한 지침을 포함하고 있다. 이는 이슬람이 개인적 종교생활에 국한되지 않고 사회와 정치 전반을 포괄하는 종합적 삶의 체계로 인식된다는 점을 시사한다.

무함마드의 사후에도 이러한 특성은 이어져 칼리프Caliph 라는 직위를 중심으로 나타났다. 칼리프는 예언자 무함마드의 후계자로서 이슬람 공동체 전체의 종교적·정치적 지도자로 기능하였다. 초기 이슬람 역사를 특징짓는 정통 칼리프 시대(632~661)는 전형적인 제정일치의 시대였다. 칼리프는 종교적 권위를 행사하며 공동체의 도덕성과 신앙을 감독하는 동시에, 정치적 권력을 통해 사회 질서 유지, 군사적 지휘, 법률 집행 등을 수행했다. 이런 구조는 이후 우마이야 왕조(661~750)와 압바스 왕조(750~1517)를 거치면서도 지속되었으며, 때로는 종교적 권위와 정치적 권력이 분화되기도 했지만, 기본적으로 종교적 가치와 규범이 정치적 결정과 국가 운영의 기초로 기능했다.

이슬람의 법률 체계인 '샤리아Sharia'는 이슬람의 제정일치적 성격을 잘 보여준다. 샤리아는 개인적 도덕과 종교적 예배에 대한 지침을 넘어 상속, 혼인, 상거래, 형법, 국제 관계까지 아우르는 종합적인 법률체계이다. 역사적으로 샤리아는 정치적 권력과 결합하여 이슬람 사회의 실질적인 헌법으로 기능했다. 현대까지도 여러 이슬람 국가에서는 샤리아가 국가 법률의 기초나 중요한 법원法源으로 자리잡고 있다.

그러나 이슬람의 제정일치적 성격이 항상 동일한 형태로 나타난 것은 아니다. 시대와 지역에 따라 정치권력과 종교적 권위 간의 균형은 상당히 다르게 나타났으며, 이슬람 역사에서도 정치와 종교가 완전히 일치되지 않는 사례도 많았다. 현대 이슬람권에서도 제정일치의 형태는 다양하다. 사우디아라비아, 이란과 같이 이슬람 율법을 국가 헌법으로 삼고 종교적 권위가 정치적 권력을 직접적으로 통제하는 국가가 있는 반면, 터키나 튀니지 등은 종교적 가치와 국가 운영을 일정 부분 분리하거나 제한적으로 융합하는 방식을 택하고 있다.

그럼에도 불구하고 이슬람 세계에서 정치와 종교를 명확히 분리하는 서구적 의미의 세속주의secularism는 널리 받아들여지지 않는다. 대부분의 무슬림들은 종교가 사회와 국가의 윤리적·정치적 방향성을 제공해야 한다고 믿으며, 정치적 권력의 정당성 역시 이슬람의 윤리적 기준과 일치해야 한다고 본다. 이슬람에서 제정일치는 신앙과 삶 전체를 하나로 통합하고자 하는 이슬람 고유의 세계관이자, 이슬람 문명의 본질적 특징 중 하나라고 할 수 있다.

무함마드가 창시한 이슬람교는 신앙과 윤리, 정치와 사회적 삶을 모두 포괄하는 종합적인 세계관을 제시한다. 이슬람은 개인이 단지 종교적 의무를 수행하는 것을 넘어 내면의 성숙과 도덕적 완성을 이루고, 사회 전체가 정의와 자비라는 가치를 기반으로 통합되기를 지향한다. 또한 종교적 권위와 정치적 권력이 긴밀히 결합된 제정일치적 특성은 이슬람 문명의 독특한 정체성을 형성하며, 오늘날까지 무슬림 사회와 국가의 운영 원리로 강력한 영향력을 행사하고 있다.

이슬람이 추구하는 궁극적 목표는 인간 삶의 모든 영역이 신의 뜻에 따라 조화를 이루고, 이를 통해 개인과 공동체 모두가 신과의 진정한 일치를 이루는 데 있다고 할 수 있다.

✒ 주요 저술

무함마드는 직접적인 저술 활동을 하지 않았으나, 그의 계시와 가르침은 꾸란(Qur'an)으로 기록되었고, 말과 행동은 하디스(Hadith)에 기록되어 이슬람교의 핵심 경전으로 자리잡았다.

- **꾸란(Qur'an, 650)** | 이슬람교의 가장 신성한 경전으로, 무함마드에게 계시된 하나님의 직접적인 말씀을 담고 있다. 꾸란의 가르침은 일상생활의 모든 측면에 영향을 미치며, 개인의 도덕적 선택부터 사회적 법률에 이르기까지 광범위한 영역을 포괄한다.
- **하디스(Hadith, 850~900)** | 무함마드의 말과 행동, 그리고 그의 승인 또는 비승인을 기록한 전승이다. 하디스는 꾸란과 함께 이슬람교의 법률(샤리아)과 윤리적 지침을 형성하는 데 핵심적인 역할을 한다.

PART 2

인간과 사회와 자연: 조화와 행복

우리는 사회를 만들고 문명을 일구었지만, 여전히 자연의 일부로 살아가고 있다. 인간은 사회적 존재로서 규범과 질서를 고민하며, 동시에 자연과의 조화를 모색해야 했다. 우리는 어떻게 살아야 하는가? 개인의 행복과 공동체의 조화는 양립할 수 있는가?

이 질문들에 대한 답을 찾아온 사상가들이 있다. 노자(BC 571? ~ 471?)의 '무위의 삶', 공자(BC 551 ~ 479)의 '공동체 속에서의 조화', 소크라테스(BC 470~399)의 '영혼의 돌봄', 세네카(BC. 4? ~ AD. 65)의 '스토아적 덕'의 개념은 저마다 다른 시대와 문화 속에서 인간, 사회, 자연의 관계를 탐구의 결과이다.

이제, 우리는 인간과 사회, 인간과 자연의 조화를 고민했던 사상가들의 통찰 속으로 들어간다.

05 | 공자 BC 551~479
덕은 인간과 사회를 어떻게 완성시키는가?

"자기를 이기고 '예'로 돌아감이 '인'이다. 하루라도 자기를 이기고 '예'로 돌아가면, 세상은 '인'으로 돌아갈 것이다. '인'을 행하는 것은 자신에게 달린 것이지, 남에게 달린 것이 아니다."

― 『논어』, BC 5세기 후반

철학은 언제나 인간 존재에 대한 근본적인 질문에서 출발해왔다. 그러나 그 질문의 방향은 시대와 사상적 전통에 따라 다양하게 전개된다. 서양 형이상학이 '무엇이 참된 실재인가'를 묻는 존재론적 탐구로 출발했다면, 동아시아 전통에서의 철학은 보다 직접적으로 삶의 윤리와 실천에 닿아 있다. 그 중심에 선 사상가가 바로 공자(孔子, BC 551~479)이다.

공자는 봉건 질서가 붕괴되고 인간관계와 도덕 규범이 흔들리던 춘추시대 말기, 격변의 시대에 태어났다. 주나라의 '예禮' 중심 질서가 무너지고, 패권 다툼 속에 사회적 가치가 약화되면서 혼란과 무질서가 만연했다. 이와 같은 상황 속에서 공자는 단지 정치 제도나 권력을 바로잡는 것이 아니라, 인간 내면의 도덕성과 품성을 회복하는 데서부터 사회의 질서를 바로잡아야 한다고 보았다.

공자는 삶의 궁극적 목표를 '덕德'에 두었다. 공자에게 덕은 도덕적 영향력이며, 스스로를 바르게 함으로써 타인을 변화시키는 힘이다. 그는 군자는 덕으로써 사람을 이끈다고 하며, 덕을 갖춘 사람은 말이 아닌 인격과 모범으로 타인을 감화시킬 수 있다고 보았다. 특히 덕은 개인의 품격뿐 아니라, 통치자의 필수 자질로 간주되었다.

공자의 사상은 주로 제자들과의 대화를 엮은 『논어論語』에 담겨 전해졌으며, 그 중심에는 '수기치인修己治人'이라는 이상이 있다. 즉, 자기 수양을 통해 타인을 편안하게 하고, 나아가 세상을 다스리는 것이다. 공자는 인간이 끊임없이 자신을 수양하고 덕을 함양할 때, 비로소 사회 전체가 조화롭고 안정된 질서를 회복할 수 있다고 보았다.

삶을 향한 물음 : 덕

공자의 철학은 어떻게 살아야 하는가라는 물음에 대한 실천적 대답으로 전개된다. 그는 인간을 고립된 존재로 파악하지 않고, 관계 속에서 끊임없이 도를 실현하는 윤리적 주체로 이해했다. 이러한 이해는 개인적 수양의 차원을 넘어서, 가족, 공동체, 국가에 이르기까지 삶 전체를 하나의 윤리적 맥락 속에서 바라보게 한다.

공자의 윤리적 사유에서 핵심은 '덕德'이라는 개념에 있다. 공자가 말하는 '덕'은 도덕적 품성과 영향력을 뜻한다. '덕'은 바른 길을 가는 데서 나오는 힘으로 해석되며, 공자는 이를 인간 내면의 도덕적 완성과 타인에게 끼치는 교화적 힘으로 이해했다.

덕은 '인仁'과 '예禮'로 구현된다. '인仁'은 타인에 대한 배려와 사랑, 즉 인간다움의 본질이다. 인은 마음속에서 우러나오는 따뜻한 정과 공감이며, 덕의 뿌리이자 중심이다. 인을 실천하는 자는 타인을 해치지 않으며, 자신이 대접받고 싶은 방식으로 타인을 대하는 존재이다. '예'는 사람 간의 관계를 조화롭게 만드는 사회 규범이자 질서의 기반으로 이해되었다. 예를 통해 인간은 타인과의 관계 속에서 존중과 절제를 배우고, 공동체의 일원으로서 조화롭게 살아갈 수 있다.

"덕은 혼자 있지 않고 반드시 이웃을 이룬다" – 덕을 가진 사람은 자신을 수양하고 도를 따르며, 그 자연스러운 감화력이 주변에 선한 영향을 미친다. 공자는 덕을 이루는 것을 인간 삶의 가장 높은 목표로 보았고, 덕을 통해서 사회적 질서의 유지도 가능하다고 보았다. 예를 들어, 가족 내에서 부모와 자식이 서로 덕을 실천하면, 가정은 안정과 행복을 이루게 된다. 이와 같은 원리는 사회와 국가로 확장되어, 덕이 개인의 삶뿐만 아니라 전체 공동체의 안정과 번영을 이끄는 핵심 요소가 된다.

"덕으로 이끄는 자는 북극성과 같다" – 공자는 덕이 사회적 지도자의 핵심 자질이라고 보았다. 지도자가 덕을 실천하면 사람들이 자연스럽게 그를 따르게 된다. 이는 지도자가 강압적 힘이 아니라 도덕적 본보기를 통해 사람들을 이끄는 이상적인 통치 철학을 보여준다. 정치는 힘이 아닌 도덕으로 이루어져야 하며, 덕을 갖춘 지도자는 자연스럽게 백성의 존경을 받는다.

인간은 어떻게 존재해야 하는가: 인과 예와 수양

"자신이 하기 싫은 일을 남에게 시키지 말라" – 공자는 덕을 실현하기 위해 몇 가지 핵심 개념을 제시했다. 그중에서도 가장 중요한 것은 '인仁'이다. '인'은 인간다움을 나타내는 덕목으로, 타인을 배려하고 존중하며 사랑하는 마음을 뜻한다. 공자는 '인'이 모든 덕의 기초라고 보았다. 공자는 인을 '사람다움', 즉 타인을 배려하고 존중하는 마음으로 정의했다. 이는 덕의 핵심 요소로, 모든 도덕적 실천의 토대가 된다.

'인'은 공자 철학의 핵심이자 출발점이다. 공자는 인간이 참되게 살아가기 위해서는 타인에 대한 존중과 배려, 공감과 절제의 윤리를 갖추어야 한다고 보았다. 다시 말해, 인간은 혼자가 아니라 타자와의 관계를 통해 자아를 수양하고 완성해가는 존재이다. 인은 무엇인가라는 물음에 공자는 다음과 같이 답한다.

"자기를 이기고 예로 돌아가는 것이 곧 인이다克己復禮爲仁" - 이 짧은 문장 속에는 유가 윤리의 전모가 압축되어 있다. '극기'는 자신의 욕망과 감정을 절제하는 자기 수양(수신修身)의 과정이며, '복례'는 공동체 질서와 도덕적 형식을 따름으로써 관계의 조화를 이루는 실천이다. 어떤 행위가 옳은지는 고정된 규범이 아니라, 타자와의 관계, 상황의 맥락, 공동체의 조화를 고려한 판단을 통해 결정되어야 한다.

공자의 철학은 인간을 공동체 안에서 살아가는 사회적 존재로 규정하며, 개인의 도덕적 완성은 반드시 사회적 조화와 질서로 연결되어야 한다고 본다. 그에게 있어서 인간의 삶은 가정, 이웃, 사회, 국가로 점차 확장되는 관계망 속에 자리하며, 그 모든 층위에서 지켜야 할 기본 원리는 바로 예이다. 예는 단순한 외형적 격식이나 관습적 예절이 아니다. 공자에게 예란 인간 사이의 조화로운 관계를 실현하기 위한 도덕적 형식이며, 사회 질서를 유지하는 가장 핵심적인 원리이다. 예는 인간 내면의 덕성인 인仁을 구체화하는 생활의 방식이며, 각자의 역할에 맞는 말과 행동을 통해 타인에 대한 존중과 공동체의 균형을 만들어낸다.

"배우고 때로 익히면 기쁘지 않은가?" - 공자는 배움과 자기 성찰을 통해 덕을 쌓는 것을 강조했다. 그는 온고이지신溫故而知新이라는 가르침을 통해, 옛 성현의 가르침을 배우되 이를 현재에 맞게 발전시키는 태도를 권장했다.

공자는 또한 개인의 수양이 사회적 역할로 이어져야 한다고 보았다. 그가 강조한 '수기치인修己治人'이라는 명제는, 자기 자신을 바르게 한 뒤에야 남을 다스릴 수 있다는 원칙을 말한다. 이는 유가 철학의 도덕적 리더십 윤리를 단적으로 보여주는 개념이다. 자아 수양과 공동체 책임은 분리될 수 없으며, 인간은 끊임없는 자기 단련을 통해 사회 속에서 도덕적 영향을 끼쳐야 하는 존재로 설정된다.

요컨대, 공자에게 있어서 인간이란 내면의 도덕성과 외면의 관계 윤리를 통합하여 실천할 수 있는 주체이다. 그는 인간 존재를 '수정 가능한 가능성'으로 보며, 자기 수양과 공동체 속 도리를 다함으로써 도덕적으로 성숙해 가는 과정, 즉 '덕'을 구현한 존재로 보았다.

예禮의 질서와 덕치德治

공자는 덕치德治, 즉 덕으로 다스리는 정치를 이상으로 보았다. 통치자가 덕을 갖추고 모범을 보이면, 백성은 자연스럽게 감화되어 스스로 선을 따르게 된다고 믿었다. 그는 법과 형벌로 억압하는 통치보다, 덕으로 백성을 이끌고 예로 다스리는 방식이 사회를 평화롭게 만든다고 주장했다.

공자는 군주君主나 정치 지도자가 인仁을 실천하며, 예禮를 올바르게 시행해야 혼란이 사라진다고 주장했다. 인정仁政이란, 백성을 단순히 부리거나 수탈하는 객체가 아니라, 함께 살아가는 존재로 인식하고 그들의 안녕을 보살피는 정치를 의미한다. 곡식(식량)·군비·민심 가운데 무엇을 먼저 포기할 수 있는가라는 질문에, 공자는 군비보다 백성의 식량과 신뢰民心가 더 중요하다고 말하여, 백성을 우선시하는 덕의 통치를 역설했다.

"덕으로 이끌고 예로 다스리면, 백성은 수치를 알고 바르게 된다" – 이 구절은 공자가 이상적으로 구상한 덕치德治의 핵심을 잘 보여준다. 사회는 강압이나 법률이 아니라, 모범적 인격과 도덕적 감화를 통해 다스려져야 하며, 그 조화를 유지하는 형식으로서 '예'가 기능해야 한다는 것이다. 여기서 공자의 정치관은 '도의 정치'이며, 궁극적으로는 내면의 수양을 바탕으로 외면의 조화를 실현하는 윤리 정치론이라 할 수 있다. 이러한 공동체 윤리는 공자가 말한 수기치인修己治人의 연장선에 있다. 개인의 수양이 사회적 역할 수행의 조건이라면, 사회는 또한 그 구성원들에게 도덕적으로 성장할 수 있는 환경을 제공해야 한다. 공자는 모든 인간이 타고난 성정에 따라 도덕적으로 완성될 수 있는 잠재력을 지니고 있으며, 이를 실현할 수 있는 공간이 바로 올바르게 조직된 공동체라고 보았다.

"임금은 임금답고, 신하는 신하답고, 아버지는 아버지답고, 자식은 자식다워야 한다君君臣臣父父子子" – 공자는 또한 사회의 각 구성원이 자신의 역할과 책임을 다하는 것이 중요하다고 보았다. 예는 이러한 역할과 질서를 확립하고, 모두가 조화를 이루도록 돕는 핵심 도구였다. 공동체의 핵심은 단순한 제도적 조직이 아니라, 도덕적 관계망의 지속적 실현이다.

공자는 '수신제가치국평천하修身齊家治國平天下'라는 개념을 통해 개인의 도덕적 성숙과 사회적 책임의 연계를 설명했다. 수신修身은 개인의 도덕적 수양을 통해 자신의 행동을 바르게 하는 것이고, 제가齊家는 가정을 화목하게 다스리는 것을 말한다. 치국治國은 나라를 올바르게 다스리는 것이고, 평천하平天下는 세계의 평화를 이루는 것을 말한다.

인간과 자연의 관계 – 하늘天의 도와 인간의 도

공자의 사유에는 '하늘天'이라는 존재론적 근거와 그에 대한 윤리적 응답이 뚜렷하게 새겨져 있다. 공자에게 있어서 하늘은 단지 자연의 물리적 배경이나 신격화된 존재가 아니다. 천은 도덕적 질서의 근원이자, 인간 삶을 방향짓는 초월적 지평으로 작용한다. 그리고 인간은 그 하늘의 뜻을 자각하고 실현해 가는 도덕적 주체로 설정된다. 공자는 자신의 삶을 돌아보며 이렇게 말한다.

"쉰 살에 천명을 알았다五十而知天命" – 공자에게 있어 천명天命은 숙명적인 결정론이 아니라, 도덕적 실천을 향한 내면의 부름이며, 인간이 자신의 삶을 자각적이고 윤리적으로 구성해 나갈 수 있는 가능성의 원천이다. 이러한 맥락에서 '천'은 자연과 도덕, 존재와 실천을 관통하는 개념으로 작용한다. '도道'란 바로 하늘의 질서를 인간 삶에 적용하고 구현하는 방식이다. 공자는 인간이 하늘의 도를 따르며 살아갈 때 비로소 조화로운 삶과 사회적 질서가 가능하다고 믿었다. 이는 자연의 법칙을 따르는 순응이자, 자연에 담긴 도덕적 질서를 인식하고 그것을 자기 수양과 사회 실천으로 구체화하는 작업이다.

공자의 자연관은 노자의 무위자연無爲自然처럼 자연 그 자체를 도로 동일시하지는 않는다. 그러나 그는 인간이 도덕적 존재로 살아가기 위해서는 자연의 리듬과 조화를 존중해야 한다는 전통적 세계관을 견지했다. 이는 인간이 자연을 정복하거나 도구화하는 서구 근대의 자연관과는 다른, '자연과의 조율'을 강조하는 윤리적 자연관이라 할 수 있다.

또한 공자의 '중용中庸' 사상은 자연의 균형과 조화를 인간 삶의 이상으로 삼는다. 지나치지도 모자라지도 않은 태도, 즉 적절함과 조화로움은 인간이 하늘의 도를 실현하는 방식이자, 자연과 삶의 흐름을 해치지 않는 삶의 기술이다.

공자에게 있어 인간과 자연의 관계는 존재론적이면서도 윤리적이며, 동시에 실천적인 삶의 지표로 작동한다. 그는 인간이 자연을 초월하거나 지배하는 존재가 아니라, 그 흐름과 질서를 윤리적 감수성으로 받아들이고 조화롭게 살아가야 할 존재로 규정하였다.

공자는 덕을 인간 내면의 성숙과 사회적 질서를 완성하는 핵심으로 보았다. 자기 수양과 배려(인), 그리고 예를 통해 구현되는 덕은, 개인의 삶을 풍요롭게 하고 공동체를 조화롭게 만든다. 그는 인간이 자기 이익을 넘어 서로를 존중하고 돕는 방식으로 살아갈 때, 비로소 개인과 사회가 함께 번영할 수 있다고 역설했다. 이러한 공자의 사상은 동아시아 사상사뿐 아니라 오늘날에도 인간과 사회의 조화를 이루는 귀중한 지침으로 남아 있다.

✒ 주요 저술

공자는 체계적 저술을 남기지 않았다고 전해진다. 다만, 제자들과의 문답 및 일화가 후대에 정리·편찬되어 『논어(論語)』로 전해진다.

- **논어(論語, BC 5세기 후반)** | 총 20편(篇)으로 이루어져 있으며, 학이(學而), 위정(爲政), 팔일(八佾) 등 각 편마다 공자와 제자들의 대화·일화가 기록되어 있다. 핵심적으로 인(仁), 예(禮), 덕(德) 등의 유가 윤리와 수신(修身), 치인(治人) 사상을 담고 있다.

- **오경(五經, BC 11세기~AD 2세기)** | 『시경(詩經)』, 『서경(書經)』, 『역경(易經)』, 『예기(禮記)』, 『춘추(春秋)』 등 '오경(五經)'을 공자가 정리·편집했다고 본다. 현대 학계에서는 공자가 모든 텍스트를 직접 집필·편집했다고 보기는 어렵지만, 이전부터 전해진 고대 문헌(시·서·예·악 등)을 수집·교정·정리함으로써, 주나라의 예악 전통을 부흥시키려 했다는 관점이 유력하다.

06 | 노자 BC 571~471
자연의 질서와 삶은 어떤 관계인가?

"최고의 선은 물과 같다. 거처는 땅을 따르고, 마음은 깊은 못과 같으며, 타인과 더불어 어울릴 때는 인을 따르고, 말은 진실하고 신실하게 하며, 다스림은 공정하게 하고, 일은 능숙하게 하며, 움직임은 때에 맞게 해야 한다."

— 『도덕경』, BC 6~5세기 경

노자(老子, BC 571~471)는 주나라(BC 1046~256) 말기, 권위와 질서가 붕괴되어 혼란으로 치닫던 시기에 활동한 철학자이다. 춘추전국시대(BC 770~221)로 이어지는 과도기적 상황 속에서, 기존의 예禮와 악樂을 기반으로 한 전통적 질서가 무너지고 새로운 사회적 조화를 모색하는 것이 당대 철학의 주요 과제가 되었다. 이러한 역사적 맥락에서, 노자는 인간의 탐욕과 인위적 제도가 혼란의 근원이라 보고, 자연 본연의 질서를 회복해야 한다고 주장했다.

노자는 자연自然의 질서와 인간 삶의 관계에 대한 심오한 통찰을 남겼다. 그는 '도道'를 만물의 근원적 원리로 설명하며, 인간이 인위적인 욕망과 집착을 내려놓고, 자연의 흐름에 따라 조화롭게 살아가는 것을 강조했다. 그의 철학은 '무위자연無爲自然'으로 요약되며, 이는 인위적으로 간섭하지 않고 자연 그대로의 상태를 유지하며 사는 삶을 뜻한다.

근원적 실체로서의 도

노자가 말하는 '도'는 우주의 근원적 실재로, 만물의 생성과 변화를 관통하는 원리이다. 도는 형이상학적이며, 그 자체로 무형이지만 모든 존재를 포함하고 움직이게 한다. 『도덕경』의 첫 구절인 "도가도 비상도道可道非常道"는 '도'가 이름으로 설명될 수 없는 근원적이고 영원한 원리임을 강조한다.

"사람은 땅을 본받고, 땅은 하늘을 본받으며, 하늘은 도를 본받고, 도는 자연을 본받는다" – '자연自然'은 도의 속성이자 구현으로, '스스로 그러함'을 뜻한다. 자연은 인위적 조작 없이 본래 상태 그대로 존재하는 것을 의미하며, 인간 또한 자연의 일부로 이해된다. 노자는 인간이 자신의 욕망과 인위적 제도에 얽매여 자연의 질서를 잊어버릴 때 혼란과 갈등이 발생한다고 보았다. 따라서 자연스러움을 회복하는 것이 인간과 사회가 조화를 이루는 길이라고 역설했다.

자연에 순응하는 삶의 방식으로서의 덕

"도는 모든 존재를 낳고 유지하며 조화롭게 운행하지만, 스스로를 드러내지 않고 겸손히 숨는다. 도의 원리를 인간이 실천하는 것이 곧 덕이다" – 『도덕경』의 덕은 흔히 생각하는 윤리적 덕목의 의미를 넘어, 인간이 '도'의 질서에 따라 '무위자연無爲自然'하는 삶의 방식을 뜻한다. 노자가 제안한 삶의 방식 중 가장 중요한 개념은 '무위無爲'이다. 무위는 단순히 '아무것도 하지 않음'이 아니라, 자연의 질서에 따르며 억지로 무언가를 강제하지 않는 삶의 태도를 의미한다. 이는 인간이 자연의 흐름에 자신을 맡기고, 욕망과 집착에서 벗어나 살아가는 방식을 지칭한다. 인간이 자연의 흐름에 자신을 맡길 때, 삶이 더 조화롭고 평화로워질 수 있다. '무위자연'은 억지로 어떤 것을 이루려 하지 않고, 자연의 원리에 따라 사는 것을 의미하며, 이는 인간이 자신과 세계의 조화를 이루는 길이다.

그는 도는 자연을 본받는다라고 가르치며, 자연이 가진 무한한 지혜와 질서를 존중해야 한다고 주장했다. 또한, 노자는 억지로 행하지 않음이 모든 것을 다스린다고 하며, 과도한 욕망과 집착이 인간의 고통을 초래한다고 보았다. 그는 비움이 모든 것을 채운다는 가르침을 통해, 욕심과 집착을 내려놓는 것이야말로 삶을 풍요롭게 만드는 길임을 설파했다.

"최고의 선은 물과 같다上善若水"- 물은 스스로 낮은 곳으로 흐르며 만물을 이롭게 하고, 겸손하면서도 강력하다. 물은 유연하지만 장애물을 만나면 이를 돌아가며, 자신을 억지로 드러내지 않으면서도 큰 변화를 만들어낸다. 노자의 가르침에서 물은 '무위자연'의 완벽한 비유다. 물은 스스로 높은 곳에 머무르지 않고 낮은 곳으로 흐르며, 이 과정에서 만물을 적시고 생명을 지탱한다. 그러나 물은 또한 단단한 바위를 뚫는 강인함을 가지고 있다. 노자는 이러한 물의 속성을 통해, 인간이 겸손하면서도 유연하고 강인한 삶을 살아야 한다고 강조했다. 이러한 물의 속성은 인간이 추구해야 할 이상적인 삶의 모습을 상징하며, 유연함과 부드러움柔弱이야말로 강함을 이긴다는 깨달음을 전한다.

욕망 없는 삶과 이상적 사회

노자는 인간의 과도한 욕망과 야망이 자연 질서를 파괴하고 사회적 혼란을 초래한다고 보았다. 그는 '무욕無欲', 즉 욕망을 비우는 삶을 통해 인간이 '도'와 합일할 수 있다고 주장했다. 탐욕과 집착에서 벗어나 자연 그대로의 상태를 유지할 때, 인간은 진정한 평화를 얻을 수 있다.

또한, 『도덕경』에서 노자는 소국과민小國寡民이라는 이상적 사회 모델을 제시한다. 이는 작은 나라에 적은 백성이 살며 단순하고 소박한 삶을 유지하는 공동체를 뜻한다. 이러한 사회에서는 복잡한 제도와 과도한 규율 없이 자연의 질서를 따르는 삶이 가능하며, 인간들은 서로 분쟁 없이 조화를 이룬다. 이는 현대적 맥락에서도 지나친 경쟁과 시스템 의존에 대한 반성으로 이어질 수 있다.

노자에게 '자연'은 인간 삶의 본래적 토대이자, 스스로 그러함의 원리이다. 인간이 자연의 질서를 거스르고 인위적 욕망에 사로잡힐 때, 개인적·사회적 혼란이 발생한다. 노자는 이러한 문제를 해결하기 위해 무위와 무욕, 부드러움과 유연함 같은 덕목을 통해 자연스러움을 회복해야 한다고 가르쳤다. 정치적·사회적으로도 노자는 통치자가 억압적이거나 간섭적인 태도를 버리고 백성들이 스스로 질서를 유지하도록 돕는 것이 이상적인 통치 방식이라고 보았다.

노자의 도덕경의 영향

노자의 『도덕경』은 중국 철학의 흐름을 바꾼 가장 중요한 고전 가운데 하나로, 이 책에서 제시된 '도道'와 '덕德' 개념은 중국뿐 아니라 동아시아 전체의 사상과 문화에 깊은 영향을 미쳤다. 노자가 말한 '도'는 우주의 궁극적 원리이자 모든 존재의 근원이지만, 특정한 형태나 개념에 갇히지 않는 무한한 실재이다. 도는 형체가 없고 이름 붙일 수도 없으나 만물의 생성을 가능케 하는 근본 원리로서 작용하며, 이러한 도에 따라 살아가는 것을 노자는 '덕'이라고 부른다.

후대에 도덕경의 도와 덕은 다양한 방식으로 이해되고 재해석되었다. 우선 철학적 측면에서 도는 '무위자연無爲自然'이라는 삶의 태도로 구체화되어, 인위적이고 강압적인 삶의 방식을 벗어나 자연과의 조화로운 공존을 추구하는 사상적 기초를 제공하였다. 도가사상은 중국의 정치 철학에 깊은 영향을 끼쳐, 지도자가 최소한으로 개입하며 백성의 삶을 억압하지 않고 자율적 질서를 유지하는 '무위정치無爲政治'의 이상을 형성했다. 이러한 이상은 중국의 역사 속에서 반복적으로 등장하며, 현실 정치에 대한 비판과 대안으로 작용하였다.

또한 도덕경의 사상은 중국 불교와 융합하여 독특한 형태의 중국 선禪 불교 발전에도 기여하였다. 특히 '도'의 불가언설적不可言說的 특징은 언어나 개념을 넘어 직관과 체험을 강조하는 선종禪宗의 사상적 기반을 마련하는 데 결정적 역할을 했다. 이로 인해 선종은 노자가 제시한 도의 본질적 속성을 수용하고 발전시키며 동아시아 불교 전통에서 매우 중요한 위치를 차지하게 되었다.

노자의 덕 사상은 또한 유교와의 교류와 충돌을 통해 독자적인 윤리적 흐름을 만들어냈다. 유교가 적극적인 사회참여와 윤리적 규범을 강조하는 반면, 노자의 덕은 인위적 규범과 형식적 예절을 비판하며, 자연스러운 본성에 따라 행동하는 개인의 내면적 윤리를 강조하였다. 이 같은 사상은 후대의 사상가들이 형식적 도덕과 인위적 규범의 한계를 비판할 때 중요한 근거로 작용하였다. 명청대 이후로는 개인의 내면적 자유와 본성의 실현을 강조하는 사상가들에게 큰 영향을 주었다.

현대에 와서 노자의 도와 덕은 특히 생태와 공론 관련하여 재조명된다. 인간 중심적 사고에서 벗어나 자연과 인간이 조화를 이루는 생태학적 윤리를 제시하는 데 중요한 철학적 기반을 제공한 것이다. 도덕경의 '무위자연'

은 인간이 자연 환경을 통제하고 착취하려는 태도를 반성하고, 자연과 인간의 공존을 위한 윤리적이고 철학적인 대안을 모색하는 중요한 지침으로 평가된다.

노자는 인간이 자연의 일부로서 자연의 질서를 따를 때 진정한 평화와 조화를 이룰 수 있다고 보았다. 물과 같은 부드럽지만 강인한 태도, 욕망 없는 단순한 삶, 자연스러운 흐름에 자신을 맡기는 무위의 철학은 오늘날에도 깊은 통찰을 제공한다. 그의 사상은 인간이 자연과 조화를 이루며 살아가는 길을 제시하며, 고대의 지혜로서 현대의 문제를 풀어가는 열쇠가 될 수 있다. 자연에 순응하며, 억지로 강요하지 않는 삶이야말로 노자가 제시한 이상적인 인간상이며, 이는 개인과 사회, 그리고 자연 전체에 조화를 가져오는 철학적 원리가 된다.

주요 저술

- **도덕경(道德經, BC 6~5세기)** | 약 5천 자로 이루어진 짧은 문장으로 도와 덕에 대해서 다루고 있다. 왕필(王弼, 226~249)은 『도덕경』의 81장 체계를 현재의 형태로 읽고 주석을 남겼는데, 대체로 왕필의 주석본이 도덕경의 통용본으로 읽혀왔다.

07 | 소크라테스 BC 470~399
지혜는 무지를 깨닫는 데서 시작되는가?

"인간에게 가장 중요한 일은, 자신과 자신의 영혼을 가능한 한 훌륭하게 만드는 일이다."

— 『소크라테스의 변론』, BC 399

    소크라테스(Socrates, BC 470~399)는 고대 그리스 철학의 기틀을 세운 사상가로, 대화법(변증법)을 통해 철학적 탐구의 새로운 방법론을 제시했다. 그는 저작을 남기지 않았지만, 제자 플라톤(BC 428~348)의 기록을 통해 그의 철학적 가르침과 사상이 전해진다.

    소크라테스는 주로 아테네의 공공장소에서 사람들과 대화를 나누며, 무지를 자각함으로써 지식과 지혜를 추구해야 한다고 설파했다. 그는 당시의 권위적인 도덕과 지식 체계를 비판하며, 스스로 모른다는 것을 아는 것이야말로 진정한 지혜의 시작이라고 보았다.

    소크라테스는 인간을 이성을 가진 존재로 보았으며, 참된 인간다움은 자기 성찰과 도덕적 지혜의 추구에 있다고 여겼다. 그는 "너 자신을 알라"는 명제를 통해 인간이 자신의 무지를 자각하고 진리를 향해 끊임없이 질문해야 한다고 주장했다. 또한, 인생은 영혼을 선하게 만드는 과정이며, 덕(아레

테)을 실현하는 삶이 가장 가치 있다고 보았다.

무지의 자각과 대화법(문답법)

소크라테스는 흔히 '철학의 아버지'로 불리며, 그의 사상은 '무지의 자각(conscientia ignorantiae, 콘시엔티아 이그노란티아이)'을 통해 '참된 지혜(vera sapientia, 웨라 사피엔티아)'에 접근할 수 있다는 믿음에 기초한다. 소크라테스에게 무지란 지식의 결핍을 의미하는 것이 아니라, 자신이 알고 있다고 착각하는 것을 깨닫고 그것을 넘어서려는 성찰과 탐구의 과정이었다.

"나는 오직 한 가지 지혜만을 가지고 있다. 그것은 내가 아무것도 모른다는 것을 안다는 것이다" — 소크라테스에게 무지는 단순한 결핍 상태가 아니었다. 그것은 스스로의 한계를 인식하고, 더 배우고 탐구하려는 열린 자세를 의미했다. 그는 탐구되지 않은 삶은 살 가치가 없다고 선언하며, 자기성찰과 탐구의 중요성을 역설했다. 소크라테스는 지혜란 단순히 많은 정보를 알고 있는 것이 아니라, 삶과 행동을 올바르게 이끄는 능력이라고 보았다. 소크라테스에게 지혜는 스스로의 무지를 자각하고 이를 바탕으로 끊임없이 탐구하는 과정에서 시작된다. 그의 유명한 말, "내가 아는 것은 내가 아무것도 모른다는 것"은 지혜란 모든 것을 아는 상태가 아니라, 자신의 한계를 인정하고 그 한계를 넘어서려는 끊임없는 노력과 탐구임을 의미한다.

"나는 타인의 무지를 폭로하려고 하는 것이 아니라, 그들 역시 무지하다는 것을 자각하게 만들고자 하는 것이다" — 소크라테스는 대화법 Socratic Method을 통해 철학적 탐구를 실천했다. 그는 상대방의 견해를 끊임없이 질문하며, 그들이 가진 확신 속에 숨겨진 모순과 허점을 드러냈다. 이러한 과정은 '반증법(反證法, elenchus, 엘렝코스)'으로 불리며, 상대방이 자신의 무지를 깨닫고 진리를 탐구하게끔 돕는 데 목적이 있었다. 소크라테스는 아는 척하지 말고 무지를 인정하라고 강조했으며, 무지의 자각이야말로 지혜를 향한 첫걸음이라고 역설했다. 소크라테스의 대화법은 단순히 상대방을 논파하려는 것이 아니라, 함께 진리를 찾아가는 과정이었다. 그는 대화와 질문을 통해 사람들이 스스로 답을 발견하도록 이끌었다. 이는 지식이 외부에서 주어지는 것이 아니라, 각 개인이 스스로 내면에서 발견하는 것이라는 그의 신념을 반영한다.

소크라테스는 무지의 자각이 단지 개인적 성찰에서 끝나지 않는다고 보았다. 그는 대화를 통해 공동체와 지식을 공유하고 함께 진리를 탐구하는 것이 중요하다고 주장했다. 한 사람의 지혜는 공동체와의 대화 속에서 완성된다는 그의 철학은 개인적 탐구와 사회적 상호작용의 결합을 강조한다.

영혼의 돌봄

"성찰 없는 삶은 인간에게 가치 없는 삶이다" – 소크라테스 철학은 형이상학적 사유의 추상적 영역에 머무르지 않는다. 그는 철학을 삶의 방식, 다시 말해 실천적 윤리로 전환시킨 대표적인 인물이다. 그의 사유는 철저히 윤리적 주체, 즉 인간의 내면적 상태에 집중되어 있으며, 그 정점에 자리하는 것이 바로 '영혼의 돌봄(epimeleia heautou, 에피멜레이아 헤아우투)'이다.

"가장 위대한 것은, 자신과 자신의 영혼을 가능한 한 훌륭하게 만드는 것이다" – 소크라테스에게 있어 '영혼(psyche, 프쉬케)'은 인간의 도덕적 판단과 실천을 가능케 하는 윤리적 자아의 핵심이다. 그러므로 영혼을 돌보는 일은 자신의 지적·도덕적 무지를 인식하고 이를 극복하려는 지속적인 성찰 행위였다.

'영혼의 돌봄'은 '윤리적 훈련(askesi, 아스케시스)'으로 해석될 수 있다. '영혼의 돌봄'은 일상의 사소한 언행 속에서 내면의 상태를 점검하고, 마치 흐려진 거울을 닦듯 자기 성찰을 통해 내면을 투명하게 가꿔가는 과정이다. 소크라테스는 이 돌봄을 지속적 행위의 형태로 보았으며, 살아가는 방식 자체로 실현되어야 함을 주장했다.

"내 안에는 어릴 때부터 어떤 신적인 것이 존재해 왔다. 그것은 일종의 목소리로, 무엇인가를 하지 말라고 나를 막을 뿐, 결코 무엇을 하라고 지시하지는 않는다" – 더 나아가 그는 신적인 내면의 음성인 '다이몬(daimon, 다이몬)'의 존재를 언급하며, 외부의 규범보다 자기 안의 양심과 내면의 목소리에 귀를 기울이는 것이 중요함을 강조했다. '다이몬'은 고대 그리스어에서 신과 인간 사이의 존재 또는 개인의 운명을 인도하는 영적 존재로 이해된다. 이는 곧 윤리적 자율성과 내면성의 출발점이며, 현대적 의미에서 자기 정체성의 철학적 기반이라 할 수 있다.

소크라테스가 주장한 '영혼의 돌봄'은 인간 존재의 윤리적 완성을 지향하는 실천적 철학이다. 그는 삶을 단순한 생존이 아닌, 영혼을 가꾸는 과정으로 재정의했다. 그런 점에서 소크라테스는 단지 철학을 말한 자가 아니라, 철학적으로 살아간 존재였다.

정의는 '각자가 자신의 역할을 다하는 것'

소크라테스의 철학은 주로 개인의 윤리적 탐구에 초점을 맞추고 있지만, 그의 사상은 사회와 공동체의 구조 및 '정의(iustitia, 이우스티티아)'와도 밀접한 관계를 맺고 있다. 그의 철학은 정의로운 사회를 구현하기 위한 지혜로운 지도자의 필요성, 시민 교육의 중요성, 그리고 개인의 사회적 책임을 강조한다.

"정의란 각자가 자신의 역할을 다하는 것이다" – 소크라테스는 '정의'가 무엇인지를 끊임없이 질문했으며, 정의가 개인의 도덕적 문제를 넘어 공동체 전체의 질서를 유지하는 핵심 원리라고 보았다. 정의는 공동체 내에서 개인이 맡은 역할을 충실히 수행하는 것이다. 즉, 사회는 다양한 기능을 수행하는 여러 계층으로 구성되며, 각 계층이 자신의 역할을 제대로 수행할 때 정의로운 질서가 유지될 수 있다. 이 개념은 플라톤이 『국가』에서 주장한 세 가지 계층(통치자, 수호자, 생산자)과 연결된다. 이러한 역할 분담이 올바르게 이루어질 때 사회 전체가 조화를 이루며 정의로운 국가가 형성된다는 것이다.

"악행은 무지에서 비롯된다" – 소크라테스는 정의를 '무지에서 벗어나는 과정'으로 보았다. 정의는 스스로의 무지를 자각하고 이를 바탕으로 끊임없이 탐구하는 과정에서 시작된다. 정의는 올바른 지식과 앎을 기반으로 형성된다. 따라서 정의로운 사회를 위해서는 지혜로운 지도자와 교육받은 시민이 필수적이었다. 정의를 실현하는 것은 진리를 탐구하는 과정과 같았다.

"법을 어기는 것은 사회 질서를 무너뜨리는 것이다" – 소크라테스는 정의가 단순한 도덕적 개념이 아니라, 법과 제도를 유지하는 기초적인 원리라고 보았다. 그에 따르면, 법과 제도는 정의를 실현하기 위한 도구이며, 법을 준수하는 것은 공동체의 안정성을 유지하는 필수적인 요소이다. 그러나 그는 맹목적으로 법을 따르는 것이 아니라, 법이 정의롭지 않을 경우 이를 철학적 토론과 정치적 절차를 통해 개선해야 한다고 주장하였다. 그는 법이 부당할 수도 있지만, 법 자체를 부정하는 것은 공동체를 붕괴시키는 위험한 행위라고 보았다. 이러한 입장은 그가 법정에서 사형을 선고받고도 탈출하지 않은 이유와 연결된다.

죽음을 앞둔 태도, 삶을 말하다

소크라테스는 기원전 399년, 아테네 법정의 판결에 따라 키클루타(독미나리)를 마시며 생을 마감했다. 그는 이 죽음을 통해 철학의 본질을 완성해 보였다. 그것은 패배가 아닌, 철학자로서의 존재론적 승리였다. 소크라테스는 죽음을 앞두고도 두려움을 보이지 않았다.

"죽음이 과연 악인지 선인지, 나는 알지 못한다" – 이 발언은 '타나토스(thanatos, 죽음)'에 대한 일반적 공포와는 극명히 대비된다. 그는 죽음을 악으로 전제하지 않는다. 이는 단지 무지에서 비롯된 편견일 수 있다는 점을 강조하며, 죽음을 두려워하지 않는 것이 곧 '진정한 지혜(phronesis, 프로네시스)'의 일부임을 시사한다. 그가 보기에 중요한 것은 생명을 오래 유지하는 것이 아니라, 어떻게 살아야 하는가, 그리고 어떻게 죽음을 맞이할 것인가였다. 이 두 물음은 분리되지 않는다. 죽음에 대한 태도는 삶의 진실한 태도를 반영하기 때문이다.

소크라테스는 죽음을 단순한 끝이 아니라, '영혼(psyche, 프쉬케)'의 여정 속 한 순간으로 받아들였다. 진리를 탐구하고 자기 영혼의 돌봄을 실천하며, 끊임없이 묻는 삶을 살아온 자만이 죽음을 앞두고도 평정심을 유지할 수 있다. 삶 전체를 철학으로 살아낸 자의 고요한 결말이었다.

이와 같은 삶의 태도는 그가 추구한 '에우다이모니아(eudaimonia, 잘 살아가는 상태)', 즉 영혼의 조화와 완성으로서의 행복과 직결된다. 소크라테스에게 있어 죽음은 그 행복의 마지막 문턱에 놓인, 새로운 가능성이기도 했다. 그는 말한다.

"철학은 죽음의 연습이다."

소크라테스는 그 어떤 철학자보다도 살아가는 방식 자체를 철학화했다. 그의 삶은 말보다도 더 큰 교훈이었다. 오늘날의 우리도 여전히 그의 유산 아래 있다. 끊임없이 묻고, 나 자신을 되돌아보며, 삶을 검토할 것. 이것이 바로 '좋은 삶'의 출발점이며, 철학이 우리를 인간답게 만드는 이유다. 소크라테스는 죽은 것이 아니라, 살아있는 질문으로 남았다. 그리고 우리는 그 질문을 다시금 살아가야 한다.

주요 저술

소크라테스는 쓰여진 글은 고정되어 있어 대화를 통한 탐구를 방해한다는 이유로 스스로 저술을 남기지 않았다. 다만 그의 제자였던 플라톤이 소크라테스를 주요 등장 인물로 설정하여 쓴 대화편을 통해 소크라테스의 사상을 엿볼 수 있다.

- **크리톤(Crito, BC 399/최현, 2024)** | 감옥에 갇힌 소크라테스가 친구 크리톤의 탈출 권유를 거절하고, 법과 도덕의 일치, 정의에 대한 존중을 강조하는 철학적 논의가 전개된다.

- **파이돈(Phaedo, BC 385/최현, 2024)** | 소크라테스의 마지막 날을 묘사하며, 죽음과 영혼의 불멸, 그리고 철학적 삶의 궁극적 목적에 대해 다룬 작품. 철학을 '죽음의 연습'으로 보는 관점을 제시한다.

- **에우티프론(Euthyphro, BC 399)** | 소크라테스가 법정 출두 전 만난 에우티프론과의 대화를 통해 경건함(piety)의 정의를 탐구하며, 소크라테스식 문답법의 대표 사례를 보여준다.

- **국가(Republic, BC 380/박문재, 2023)** | 정의, 이상 국가의 구조, 철학자의 역할 등을 중심으로 소크라테스의 윤리적·정치적 사유를 종합적으로 담아낸 대작. 이데아론과 철인정치, 영혼의 삼분 구조 등 핵심 철학 개념이 제시된다.

08 | 세네카 BC 4?~AD 65
절제와 평정은 어떻게 가능한가?

"지혜로운 이는 외부 세상이 아니라, 자신의 생각을 바로잡는 데 힘쓴다. 당신이 통제할 수 없는 것에 휘둘린다면, 그것은 당신이 스스로를 놓아버린 탓이다."

— 『마음의 평정에 대하여』, 58~62

루키우스 안나이우스 세네카(Lucius Annaeus Seneca, BC 4? ~ AD 65)는 로마 제국 초기의 정치가이자 스토아 학파를 대표하는 철학자이다. 그는 이성의 힘을 통해 감정과 운명을 극복하고, 내면의 평온을 실현하는 삶을 '자유로운 삶'이라 보았다. 세네카의 철학은 고통과 욕망, 정치와 죽음 속에서 어떻게 살아야 하는가에 대한 실천적 성찰이었다.

스토아 학파: 자연과 정의의 철학

세네카는 스토아 철학의 영향 속에서 사유를 키웠고, 스토아 철학을 기반으로 한 윤리론을 정립하였다. 스토아 학파 Stoicism는 BC 3세기 초, 그리스 키프로스 출신의 철학자 제논(Zeno of Citium, BC 334 - 262)에 의해 창시된 철학 학파이다. 스토아 학파는 윤리학, 논리학, 자연철학을 중심으로 인간의 삶과 우주의 조화를 탐구하였다. 아테네의 '스토아 포이킬레Stoa Poikile'라는 벽화가 있는 회랑에서 철학 강의가 이루어졌으며, 학파의 이름 또한 이곳에서 유래되었다.

스토아 철학이 탄생한 때는 정치적 불안정성과 제국적 확장, 그리고 인간 존재의 불확실성과 감정적 고통에 대한 대답을 모색하던 시기였다. 헬레니즘 시대(BC 323~AD 30)와 로마 제정기(BC 27~AD 416)의 정치적 혼란 속에서, 사람들은 더 이상 폴리스 공동체의 시민으로 정의와 탁월함을 실현하는 삶을 살기 어려워 졌다. 대신 내면적 평정과 자기 구원에 집중하는 철학이 필요했다. 스토아학파는 이러한 현실 속에서 인간이 외부 세계의 변덕에 휘둘리지 않고, 자기 자신을 지키며 살아가는 방법을 제시했다.

스토아 철학은 주로 '이성'과 '덕'을 중심으로 '자연과 조화'를 꿈꾸었다. 스토아 철학자들은 '운명에 대한 수용', '감정의 통제'를 통해 절제된 삶을 추구하였다. 그들은 또한 사회적 존재로서의 인간과 그에 따른 '우정'을 강조하였다.

이성과 덕의 가능성에 대하여

세네카에게 인간은 고차원적인 '이성'을 지닌 존재로 정의되었다. 인간은 동물과는 차별화된, 스스로를 성찰하고, 합리적으로 판단하며, 감정을 통제할 수 있는 특별한 능력을 지녔다. 이러한 이성적 능력을 바탕으로 인간은 '덕(virtus, 위루투스)'을 추구하는 삶을 통해 진정한 인간다움을 실현할 수 있다.

세네카는 '덕'이야말로 인간이 도달해야 할 '최고의 목표'라고 보았다. 스토아 철학에서 '덕'이란 자신의 본성을 실현하는 것을 의미한다. 스아 학파는 '덕'을 유일한 선으로 간주하였으며, 이 덕은 '지혜 sapientia', '용기 fortitudo', '절제 temperantia', '정의 iustitia' 라는 네 가지 주요 덕목으로 구성된다. 이 네 가지 덕목은 개인의 내적 성장뿐만 아니라, 사회적 조화와 정의를 이루는 데에도 필수적인 요소였다.

"덕 있는 자는 외적 상황과 상관없이 자신에게 만족할 수 있다" – 세네카의 이 명언은 외부 환경에 휘둘리지 않고 내면의 가치를 추구하는 삶의 중요성을 강조한다. 세네카에게 인간은 '자기 수련 self-discipline'과 '자기 성찰 self-awareness'을 통해 내면의 완성을 추구하는 존재이다. 자기 수련과 성찰은 개인의 성장을 넘어, 더 나아가 사회 전체의 조화와 번영에 기여할 수 있다.

마음의 평정과 운명의 수용

"분노는 미친 짐승과 같다. 가장 먼저 해치는 것은 자신이다" – 세네카는 인간이 불행해지는 원인으로 감정의 예속을 들며, 감정을 억누르기보다는 이성의 힘으로 통제해야 한다고 주장한다. 세네카는, 감정의 폭발이 결국 자기 자신을 파괴한다고 경고한다. 그의 철학에서 궁극적 이상은 바로 내면의 평정, 즉 '아파테이아 apatheia'이다. 그것은 무감정이 아니라, 이성이 감정을 다스려 마음이 흔들리지 않는 상태를 말한다. 세네카는 이러한 이성의 통치와 감정의 평정을 통해서만 인간은 진정한 자유와 행복에 도달할 수 있다고 믿었다.

"삶은 짧은 것이 아니다. 우리는 그 삶을 낭비하기 때문에 짧아진다" – 스토아 철학자들은 운명에 저항하기보다 그것을 받아들이는 태도가 필요하다고 가르쳤다. 그들은 'Amor fati(아모르 파티)'라는 개념을 통해, 운명을 사랑하고, 자신의 삶을 있는 그대로 받아들일 때 진정한 평온을 얻을 수 있다고 강조했다. 세네카는 인간의 삶이 고통스럽고 불행해지는 가장 큰 이유 중 하나로, 통제할 수 없는 운명에 대한 저항을 들었다. 그는 우리가 외부의 사건, 자연의 흐름, 우주의 질서를 바꿀 수 없음을 인정하고, 그것을 지혜롭게 받아들이는 태도가 내면의 평정으로 이어진다고 보았다. 세네카에게 운명은 무심한 힘이 아니라, 우주 전체가 작동하는 자연스러운 질서이며, 인간은 그 질서에 조화롭게 순응할 때 진정한 자유를 얻게 된다. 그는 우리의 태도와 인식이 삶의 가치를 결정한다고 강조한다. 중요한 것은 외부의 사건이 아니라, 그에 대한 우리의 대응이다. 이는 스토아 철학이 강조하는 이성적 자율성과 깊이 연결되어 있다.

"죽음이 우리를 데려가기 전에, 우리는 죽음과 친구가 되어야 한다" – 이와 같은 사유는 세네카의 죽음에 대한 철학에서도 뚜렷하게 드러난다. 그는 죽음을 피할 수 없는 자연의 일부로 받아들이며, 이를 두려움이 아닌 자유로 이끄는 계기로 삼는다. 죽음을 숙명으로 받아들이고 그것을 회피하지 않을 때, 우리는 비로소 삶의 본질과 진정한 의미를 직시할 수 있게 된다. 세네카에게 죽음을 철학한다는 것은 곧 삶을 깊이 있게 성찰하고, 그것을 온전히 살아가는 태도를 갖는 것을 의미한다. 운명과 죽음을 수용함으로써 인간은 삶을 통제하려 애쓰는 대신, 자기 자신의 태도와 이성에 집중하며 고요하고 자유로운 삶을 살아갈 수 있게 된다.

자연의 질서에 순응하고 사회 속에서 완성되는 삶

세네카는 인간이 자연의 외부에 있는 존재가 아니라, 자연의 일부라고 강조한다. 세네카에게 자연이란 이성적으로 조직된 질서이며, 그것에 순응하는 것이 곧 지혜로운 삶이다. 자연의 법칙에 순응하는 삶은 인간이 우주의 일부로서 자신의 한계를 받아들이고, 이성에 따라 조화를 이루는 삶이다. 세네카는 이러한 자연 중심의 세계관을 결코 개인주의나 고립적 관조로 환원하지 않는다.

"나는 인류 전체의 일부이며, 내 개인의 이익은 공동체의 이익과 분리될 수 없다" – 그는 인간을 본성적으로 '사회적 존재'로 이해하였다. 인간은 태어날 때부터 다른 이들과 관계 맺으며 살아가야 하며, 덕의 실현 또한 사회적 관계 속에서만 가능하다고 보았다. 용기, 절제, 정의, 인내와 같은 덕목은 모두 타인과의 관계 안에서 구체적으로 드러나며, 진정한 철학자는 타인을 도외시하는 것이 아니라 공동체에 유익을 주는 삶을 살아야 한다고 역설한다. 그는 자기완성과 공동선을 긴밀히 연결짓는 윤리적 삶을 강조하였다. 그는 진정한 철학자는 타인의 고통을 회피하지 않고, 함께 짊어질 줄 아는 존재라고 주장했다.

"내 친구를 위해 나는 나 자신도 희생할 수 있다" – 이러한 공동체 중심 사유는 '우정 philia'에 대한 그의 고찰에서도 잘 드러난다. 세네카는 진정한 우정은 감정의 교류를 넘어, 덕과 이성을 기반으로 한 영혼의 연대라고 보았다. 친구는 단순한 친밀감의 대상이 아니라, 자기 성찰의 거울이며 도덕적 성장을 촉진하는 동반자다.

세네카의 철학은 개인의 내면 수련에 머무르지 않는다. 그것은 자연과 운명을 받아들이는 태도, 이성과 덕을 실현하는 삶, 그리고 타인과의 조화로운 관계 속에서 완성되는 윤리적 실천이다. 인간은 고통과 불확실성 속에서도 흔들리지 않는 중심을 세울 수 있다. 바로 그 중심은 외부의 조건이 아니라, 스스로 수련한 이성과 덕성에서 비롯된다. 세네카의 사유는 오늘날에도 여전히 유효하다. 급변하는 현실 속에서 우리는 종종 외부의 조건에 휘

둘러지만, 세네카는 우리에게 묻는다.

"당신은 무엇에 따라 살아가고 있는가?"

진정한 자유는 바깥이 아니라, 스스로의 태도와 선택 안에 있다. 그의 철학은 지금 이 시대를 사는 우리에게도 삶의 중심을 다시 세울 수 있는 용기와 통찰을 건넨다.

✒ 주요 저술

세네카는 짧은 에세이와 서한 형태로 글을 남겼고, 사후 제자와 추종자들과 기독교 교부들에 의해 필사로 보존되다가 르네상스 인문주의자들에 의해 부활된 후, 다양한 방식으로 출간된다. 세네카의 에세이는 「인생의 짧음에 관하여(De Brevitate Vitae)」, 「행복한 삶에 관하여(De Vita Beata)」, 「마음의 평정에 관하여(De Tranquillitate Animi)」, 「분노에 관하여(De Ira)」, 「섭리에 관하여(De Providentia)」, 「자연 연구(Naturales Quaestiones)」 등이 있다. 친구 루킬리우스에게 보내는 형식의 편지 모음으로 「도덕 서간(Epistulae Morales ad Lucilium)」도 일상적인 삶 속의 철학적 사색과 덕 있는 삶의 실천을 위한 구체적인 조언들을 담고 있어 세네카 윤리 사상의 핵심을 이룬다.

우리나라에는 대표적으로 『세네카의 인생 수업』(정윤희 번역, 2024), 『스토아 철학자의 편지』(유원기 번역, 2024) 등으로 번역되어 있다.

PART 3

신과 인간: 신 안에서의 삶

신은 존재하는가? 그리고 만약 존재한다면, 우리는 신을 어떻게 이해할 수 있는가? 신앙은 단순한 믿음인가, 아니면 이성을 통해 설명될 수 있는가? 신과 인간의 관계를 탐구한 사상가들은 이 질문을 놓고 깊은 사색을 거듭했다. 신앙과 이성, 은총과 자유, 교회와 개인의 관계를 둘러싼 논쟁은 인간 존재의 근본적인 의미를 묻는 것이기도 했다.

이 장에서는 중세 신학적 사유의 지배 속에서 인간의 삶을 고뇌한 사유의 흔적들을 안셀무스(1033~1109)와 알 가질라(1058-1111), 마르틴 루터(1483~1546)의 사유를 통해 살펴본다.

우리는 신을 이해하려 했던 인간의 여정을 따라가며, 신과 인간의 관계에 대한 탐구를 이어간다.

09 | 안셀무스 1033~1109
자유의지는 책임을 수반하는가?

"주님이시여, 내가 주를 찾아 나서는 것은 주를 믿고 있기 때문입니다. 내가 주를 찾고 있는 것은 아직 주를 발견하지 못했기 때문입니다. 나는 주님을 찾으며, 내 마음으로 주님을 갈망하고, 내 정신으로 주님을 바라보며, 내 사랑으로 주님을 향해 나아갑니다."

— 『프로슬로기온』, 1075

중세는 신의 시대였다. 11세기 유럽 사회는 정치, 문화, 교육, 윤리 전반이 기독교적 세계관에 의해 지배되었고, 인간 존재는 철저히 신의 계획 안에서 해석되는 피조물로 여겨졌다. 안셀무스(Anselmus of Canterbury, 1033~1109)는 중세 신학의 틀 속에서 인간을 단지 타락한 죄인이 아닌, 이성과 자유의 능력을 지닌 고귀한 존재로 이해하며, 신학과 철학을 연결하려 했다. 그는 신앙을 기반으로 하되, 이성을 통해 신의 진리를 탐색할 수 있다고 보았으며, 인간 역시 신을 이해하고 향유할 수 있는 존재로 재해석하였다.

안셀무스의 스콜라 신학은 신앙과 이성을 대립 관계로 보지 않았다. 그는 믿음을 통해 먼저 신을 받아들이지만, 그 뒤에는 이성을 총동원하여 그 믿음을 이해하고 정당화해야 한다는 입장을 견지했다. 이는 권위와 전승에 의존하던 초기 중세 신앙의 방식에서 벗어나, 합리적이고 철학적인 근거로 신앙을 해명하려는 스콜라 철학의 전형적인 방법을 보여준다. 이러한 접근은 신앙과 이성이 서로 배타적인 것이 아니라 협력 관계에 있다는 그의 모토, "믿음은 이해를 추구한다"에 잘 드러난다.

이성과 신앙의 통합과 인간

"나는 이해하려고 믿는다" – 안셀무스는 신앙과 이성의 조화를 모색하였다. 그는 인간의 이성이 신앙 안에서 작동할 수 있음을 강조한다. 이는 인간이 신의 피조물이면서도, 신의 진리를 탐구할 수 있는 존재임을 전제하는 철학이다. 안셀무스에게 인간은 신적 계시를 단순히 수용하는 존재가 아니라, 그 의미를 추론하고 논증할 수 있는 이성적 능력을 지닌 존재다.

『프로슬로기온』에서 제시된 존재론적 신 존재 증명 역시, 이성과 논리의 힘으로 신의 존재를 입증하고자 한 시도였다. 이 논증의 핵심은 신의 존재를 믿음이 아닌, 사유만으로도 정립할 수 있다는 데 있다. 그는 인간이 '가장 위대하고 완전한 존재'를 개념화할 수 있다면, 그 존재가 현실에서 실재하지 않는다고 가정할 경우 모순이 발생한다고 주장했다. 이 논증의 기본 구조는 다음과 같다.

신은 생각할 수 있는 존재 중 가장 위대한 존재이다. → 그 존재가 실제로 존재하지 않는다면, 더 위대한 존재(실제로 존재하는 존재)를 생각할 수 있게 되어 모순이 발생한다. → 따라서 신(가장 위대한 존재)은 반드시 실재해야 한다.

이런 맥락에서 안셀무스의 인간관은 신 앞에 엎드린 이성과, 진리를 향해 나아가는 이성의 가능성을 동시에 긍정하는 철학적 인간관으로 읽힌다.

안셀무스가 신의 존재를 증명했다고 할 때, 그것은 현대적 의미의 수학적 또는 경험적 증명과는 다르다. 그는 신의 존재가 논리적으로 합리적이고 모순되지 않다는 점을 밝히고자 했다. 이는 신앙이 추상적 믿음이 아니라, 이성적 토대 위에서 논증 가능하다는 점을 보여주려는 시도였다.

속죄론

"죄가 하나님의 질서를 어기고 그 명예를 훼손한 것이라면, 이 질서와 명예는 무한하신 하나님에 의해서만 완전히 회복될 수 있다" – 안셀무스는 인간이 신을 닮은 고귀한 존재로 창조되었지만, 원죄로 인해 그 상태를 상실했다고 보았다. 이 타락한 상태는 인간의 전 존재를 어둡게 만들며, 스스로의 힘만으로는 결코 회복될 수 없다. 그는 인간이 타락한 존재임을 분명히 하였다. 아담의 타락 이후, 인간은 본래의 상태를 잃고 죄 가운데 살아가고 있으며, 자신의 힘만으로는 구원에 이를 수 없다.

안셀무스는 『인간이 되신 하느님』에서 인간의 죄는 오직 신의 은총을 통해서만 용서받을 수 있으며, 그리스도의 대속이 바로 그 열쇠라고 강조하였다. 따라서 인간은 자신의 한계를 인정하고, 겸손하게 은총에 응답하며 살아가야 하며, 이러한 삶은 단지 신에게 매달리는 것이 아니라 윤리적 책임을 다하는 자세로 나타나야 한다고 보았다.

"하나님은 인간의 타락을 외면하지 않으시고, 스스로 인간이 되어 그 타락을 치유하셨다" – 『인간이 되신 하느님』에서 안셀무스는, 인간의 죄는 무한한 신의 존엄을 침해한 것이기 때문에, 그것을 바로잡기 위해서는 신 자신이 인간의 형상으로 오셔야 했다고 설명한다. 그는 인간의 죄가 하나님의 명예를 훼손하였으며, 이를 회복하기 위해서는 하나님의 공의에 합당한 '만족'이 필요하다고 주장하였다. 이 '만족'은 인간이 스스로 이룰 수 없기에, 예수 그리스도가 신성과 인성을 모두 가진 존재로서 이를 대신 감당했다고 보았다. 여기서 인간은 단순한 죄인이 아니라, 구원을 받을 수 있는 존재이며, 구원의 질서에 능동적으로 참여할 수 있는 존재로 제시된다.

그는 이러한 교리를 이성으로 정당화하려 하였고, 인간은 이성과 의지의 주체로서 구원을 이해하고 받아들일 수 있는 존엄한 존재로 재구성되었다.

하나님을 향한 존재: 갈망과 목적의 철학

"나는 주님을 찾습니다. 주님을 찾으며 내 영혼은 주님을 갈망합니다" – 안셀무스 철학의 가장 아름다운 지점은 인간을 단지 신의 피조물이나 이성의 주체로 보는 데 그치지 않고, 신을 향해 끊임없이 나아가는 존재로 이해했다는 점이다. 그는 인간을 '하나님을 찾는 존재 homo quaerit Deum'로 규정한다. 인간은 현세의 어떤 경험으로도 완전한 충족을 얻을 수 없으며, 이러한 근원적인 불완전성은 곧 신을 향한 끊임없는 갈망의 심오한 표현이다. 안셀무스에 따르면, 인간의 궁극적인 목표는 신앙적 복종을 넘어, 신을 깊이 알고, 진실하게 사랑하며, 궁극적으로 신의 형상을 닮아가는 심오한 여정이다.

인간은 신을 향해 나아가는 존재이기에 의미 있으며, 그 여정 자체가 인간 삶의 핵심이다. 그는 인간 존재를 '하나님을 찾는 존재'로 정의하였으며, 이는 곧 인간이 본성적으로 신에 대한 갈망과 인식의 욕구를 지닌 존재임을 뜻한다. 삶이란 그 갈망에 따라 신을 찾아 나서는 순례의 과정이며, 그 과정 속에서 인간은 자신이 누구인지, 무엇을 위해 존재하는지를 비로소 이해하게 된다.

"당신을 찾고, 찾으며, 당신을 알기를 원합니다" – 안셀무스는 인간이 이성과 자유의지를 지닌 고귀한 피조물이라고 보았고, 인간은 신의 뜻에 무조건 복종하는 존재가 아니라, 생각하고 선택하며, 신앙의 내용을 이해하려는 이성적 존재로 여겼다. 그는 믿음과 이성이 충돌하는 것이 아니라 조화를 이룰 수 있다고 보았고, 바로 그 조화 속에서 인간은 더욱 온전한 신앙에 도달한다고 보았다.

안셀무스에게 신을 향한 삶은 단순히 구원의 도래를 기다리는 수동적인 상태가 아니었다. 그는 이 삶을 지성과 도덕의 훈련을 통해 신에게 가까워지는 능동적인 과정으로 이해하였다. 기도와 철학, 성찰과 실천이 조화를 이루는 삶, 곧 이성과 신앙이 함께 작동하며 인간의 내면을 다듬고 윤리적으로 책임을 다하는 삶이야말로 신의 뜻에 부합하는 길이며, 인간이 진정으로 완성되는 방식이라고 보았다.

자유의지

안셀무스의 『자유 의지에 대하여』는 인간의 자유의지와 책임이라는 철학적 문제를 다룬 중요한 저술이다. 안셀무스는 중세 기독교 전통 내에서 자유의지가 인간의 본성과 신앙적 실존을 이해하는 데 필수적이라고 보았으며, 그의 저술은 인간의 선택과 행동이 윤리적 책임을 수반할 수밖에 없는 이유를 논리적으로 밝히고자 한다.

"진정한 자유란 죄를 지을 수 있는 능력이 아니라, 정의를 지킬 수 있는 능력이다" – 안셀무스에게 있어 자유의지는 단순히 원하는 것을 마음대로 선택하거나 행동할 수 있는 능력이 아니다. 오히려 그는 자유의지를 '정의(正義, iustitia)를 지킬 수 있는 능력'으로 규정한다. 다시 말해, 참된 자유는 인간이 선하고 정의로운 행동을 할 수 있을 때만 실현되는 것이다.

안셀무스는 여기에서 중요한 구분을 도입하는데, 그것은 의지의 '능력 posse'과 그 능력을 실제로 '사용usus'하는 것 사이의 차이다. 인간은 본성적으로 자유롭게 정의를 따를 수 있는 능력을 부여받았지만, 그 능력을 실제로 사용할지의 여부는 인간의 선택에 달려 있다.

"정의를 상실함은 자유의 소멸이 아니라 자유의 오용이다" – 이 자유의지는 인간에게 책임을 부여하는 원인이기도 하다. 안셀무스는 인간이 자유로운 선택을 할 수 있기 때문에 자신의 선택과 행동에 대해 책임을 진다고 강조한다. 그는 인간이 악을 선택할 때조차 그것이 자유의 본질을 부정하는 것이 아니라고 본다. 오히려 인간이 악을 선택할 수 있다는 사실 자체가 인간이 자유로운 존재임을 증명한다.

안셀무스의 자유의지론은 신과 인간의 관계를 깊게 고찰하는 신학적 맥락 안에서 더욱 명료하게 이해된다. 그는 인간의 자유의지가 신의 섭리나 전지전능과 충돌하지 않는다고 보았다. 신이 인간에게 자유를 부여한 것은 인간이 정의와 선을 자발적으로 선택하고 이를 통해 신과의 관계를 능동적으로 형성하도록 하기 위함이다. 인간의 자유의지는 신의 계획에 반하는 것이 아니라, 신의 계획과 섭리 안에서 인간 존재가 진정으로 의미를 갖게 하는 본질적 요소이다.

안셀무스의 자유의지론은 단순히 행동의 자율성이나 선택의 다양성을 넘어선다. 그것은 인간이 참된 선과 정의를 추구할 수 있는 능력과 책임을 의미하며, 신의 전지성과 인간의 윤리적 자유가 서로 조화롭게 공존할 수 있음을 논리적으로 밝히고자 한다.

안셀무스의 인간관은 중세 신학의 신 중심성 속에서도 인간의 존엄성과 이성의 역할을 존중한 사유였다. 그의 철학은 인간을 구원받는 존재로 보는 중세 신학의 전통을 따르면서도, 인간을 신 앞에서 스스로 길을 찾는 이성적 순례자로서 철학적으로 정립한 사유였다.

안셀무스의 신을 향한 끊임없는 여정, 선을 향한 자유로운 결단, 그리고 이성과 신앙의 조화는 여전히 현대인에게 깊은 울림을 준다.

안셀무스는 말한다. 인간은 완성되지 않은 존재이며, 그 불완전함 자체가 신을 향한 여정의 시작이라고. 그의 철학은 우리가 자신과 세계를 바라보는 방식을 더 깊고, 겸허하게, 그리고 능동적으로 변화시키도록 초대한다.

✒ 주요 저술

- **모놀로기온**(Monologion, 1075/박승찬, 2015) | 이성적 사유를 통해 신의 본질과 속성을 탐구하며, 신의 존재와 선의 근원을 논증한 철학적·신학적 저작이다.
- **프로슬로기온**(Proslogion, 1077~1078/박승찬, 2015) | 온톨로지적 신 존재 증명을 체계화하며, 신은 '그 이상 더 큰 것이 생각될 수 없는 존재'로 정의된다.
- **자유 의지에 대하여**(De Libertate Arbitrii, 1080) | 자유 의지의 본질과 그것이 선을 선택하는 데 있어 신학적으로 어떤 역할을 하는지 논의한다.
- **진리에 대하여**(De Veritate, 1080) | 진리의 본질과 신학적 의미를 논의하며, 진리가 신의 본질에서 비롯된다는 것을 철학적으로 설명한다.
- **인간이 되신 하느님**(Cur Deus Homo, 1098/이은재, 2015) | 예수 그리스도의 성육신과 속죄의 필요성을 논의하며, 구속의 교리를 철학적으로 해명한 저작이다.

10 | 알 가잘리 1058-1111
진정한 삶은 어떻게 완성되는가?

"진리는 말로 설명될 수 있는 것이 아니다. 그것은 영혼의 정화 속에서 드러나며, 고요한 내면 속에서 비로소 인식된다. 철학은 너를 문 앞까지 데려갈 수 있지만, 문을 여는 것은 계시된 진리와 내면의 빛이다."

— 『구원의 길에서』, 1106

인간은 자신의 이성과 감각을 통해 세상을 이해하고 진리를 파악하려 한다. 그러나 11세기 이슬람 철학자 알 가잘리(Al-Ghazali, 1058~1111)는 이러한 시도가 언제나 온전한 진리에 도달할 수 있는 것은 아니라고 말한다. 그는 인간을 제한된 인식의 경계 속에서 진리를 갈망하는 존재로 이해하며, 삶의 윤리는 그 한계를 인식하고 신의 계시에 겸허히 귀 기울이는 자세에서 비롯되어야 한다고 보았다.

그는 인간을 무능력한 존재로 깎아내리는 것이 아니라, 진리 앞에서 겸손할 줄 아는 고귀한 존재로 재정의한다.

인간의 이성은 완전하지 않다

"이성이 할 수 있는 일은 문을 두드리는 것뿐이며, 문을 여는 것은 신의 은총이다"― 알 가잘리는 인간의 이성에 대한 깊은 탐구 끝에, 이성이 진리의 일면을 포착할 수 있을지라도 그것을 온전히 꿰뚫을 수는 없다고 보았다. 『철학자들의 자가당착』에서 그는 아리스토텔레스 철학과 이를 계승한 이슬람 철학자들(특히 아비센나)을 비판하며, 이성만으로는 존재의 궁극 목적과 신의 본질을 설명할 수 없다고 주장했다. 이러한 인식은 인간을 전지한 존재가 아닌, 끊임없이 배우고 물어야 하는 존재로 자리매김하게 한다.

"의심은 앎의 열쇠다"― 이 말은 그가 단순한 회의주의자가 아님을 보여준다. 알 가잘리는 이성의 불완전성을 인식하는 것을 인간 존재의 조건으로 삼는다. 그는 인간을 전지전능한 진리 탐구자가 아니라, 끊임없이 질문하고, 배우고, 정화되어야 할 존재로 자리매김한다. 알 가잘리는 진리에 도달하는 여정에서 이성의 사용을 배제하지 않되, 그것에 대한 무비판적 신뢰는 경계했다. 그는 이성과 더불어 '영적 직관(dhawq, 다우끄)'과 신앙의 내면화를 통해 더 높은 차원의 앎에 도달할 수 있다고 보았다.

영혼과 육체를 가진 도덕적 존재로서의 인간

"자신의 내면을 정화하지 않는 자는, 신의 말씀도 자기 욕망을 따라 해석할 뿐이다"― 그는 인간을 영혼과 육체의 통합된 존재로 보며, 특히 영혼의 도덕적 가능성과 신적 연결성에 깊은 관심을 가졌다. 육체는 이승의 거처이지만, 영혼은 하늘을 향한 여정의 주체이다. 인간의 삶은 단순히 욕망을 충족하고 쾌락을 추구하는 데 있지 않고, '자기 정화(tazkiyah al-nafs, 타즈키야 알나프스)'와 신적 진리에의 접근이라는 내면적 수행의 길에 놓여 있다고 그는 강조한다. 이러한 인간 이해는 그가 이슬람 신비주의(수피즘)에 깊은 영향을 받았음을 보여준다.

"인간은 육체로는 이 땅에 붙들려 있으나, 영혼으로는 하늘로부터 부름을 받고 있다" – 그는 인간이 가진 자유의지를 높이 평가했지만, 그 자유는 육체적 충동의 해방이 아닌, 영혼의 주체적 선택을 통해 도덕적 목표를 향해 나아갈 때 비로소 의미를 갖는다. 이 점에서 인간은 도덕적으로 완성될 수 있는 가능태로서의 존재이다. 그는 삶을 도덕적 여정으로 보았으며, 그 여정은 욕망으로부터의 해방, 자기 자신으로부터의 승화, 그리고 신과의 조화를 향해 나아가야 한다고 믿었다. 인간이란 존재가 근본적으로 윤리적 긴장 속에서 살아가는 영적 존재이며, 참된 앎과 구원은 지성적 성찰과 영혼의 정화가 동시에 이루어질 때에야 가능하다는 신학적·철학적 통합의 시도라 할 수 있다.

윤리란 계시된 진리를 실천하는 삶이다

"아는 자와 행하는 자의 차이는, 길을 아는 자와 그 길을 걷는 자의 차이와 같다" – 알 가잘리의 삶의 윤리는 단지 선악의 판단이나 합리적 선택에 기반하지 않는다. 윤리란 신의 뜻을 따르는 실천이며, 계시된 가르침을 삶 속에서 구현하는 행위다. 기도, 금식, 자선과 같은 이슬람 율법적 실천뿐 아니라, 겸손, 절제, 인내, 감사와 같은 덕목이 강조된다. 그는 인간이 신의 말씀을 지식으로 이해하는 것에 머물지 않고, 그것을 삶으로 구현하지 않으면 참된 신앙에 도달할 수 없다고 보았다. 이러한 실천은 형식적 의무를 넘어서, 인간 내면의 태도와 덕성까지 포함한다. 알 가잘리에게 있어 윤리는 단순히 무엇을 해야 하는가의 문제가 아니라, 어떻게 존재할 것인가의 문제였다.

"진정한 덕은 타인의 권리를 자신의 것보다 먼저 생각하는 데 있다" – 알 가잘리의 윤리관은 형식과 내용, 율법과 영성, 개인과 공동체, 지식과 실천이 유기적으로 연결된 철학적 체계이다. 그는 윤리 실천을 통해 인간이 영혼의 깊이를 회복하고, 타인을 위한 존재로 변모할 수 있다고 보았다. 알 가잘리는 삶의 모든 국면, 예배, 음식, 섹스, 상거래, 정치에 이르기까지, 계시된 율법(Sharīʿa, 샤리아)과 도덕적 영성(Taṣawwuf, 타스아우프)을 통합하여 설명한다. 윤리란 단지 규칙을 따르는 행위가 아니라, 삶의 질서 자체를 신적 기준에 따라 새롭게 정립하는 작업이어야 하며, 그 속에서 인간은 자기 자신을 넘어선 더 큰 의미와 관계 속으로 나아가야 한다.

진정한 삶은 자기 부정과 신에의 귀의다

"진리는 겸허한 마음에만 드러난다. 자기 자신으로 가득 찬 자는 신을 볼 수 없다" – 삶이란 단순한 생존이 아니라, '자기 정화'와 신을 향한 귀의를 통해 실현되는 과정이다. 알 가잘리는 세속적 성공이나 학문적 명성보다도, 자신의 욕망을 다스리고 신의 뜻에 조응하는 삶을 더 가치 있다고 여겼다. 그는 말년에 세속의 자리에서 물러나 고독 속에서 신을 묵상하고 실천하는 삶을 살았으며, 이를 통해 삶의 본질은 자기 자신을 내려놓는 데 있다는 철학을 몸소 보여주었다.

"나는 이제 알게 되었다. 앎은 책에서 오는 것이 아니라, 침묵과 고독 속에서 하늘로부터 내리는 것이다" – 알 가잘리는 말년에 바그다드에서의 모든 세속적 직책과 학문 활동을 내려놓고, 고독한 삶 속에서 하나님을 묵상하고 수행하는 삶으로 나아간다. 그는 더 이상 진리를 논하는 자가 아니라, 진리 앞에서 침묵하고 무릎 꿇는 자가 되기를 원했다. 육체적 욕망과 자아의 집착을 비우고, 영혼의 깊이를 회복하며, 존재 전체를 '신의 뜻에 맡기는 것(tawakkul, 타와쿨)'이야말로 그가 말하는 삶의 진정한 완성이다. 신에게의 귀의는 탈세속적 이탈이나 자기 부정적 도피가 아니라, 보다 근원적인 존재의 중심으로 돌아가는 운동이다. 세속에서 벗어나 자신을 비움으로써 그는 보다 넓은 세계, 보다 깊은 자아, 보다 순수한 존재와 접속할 수 있었다.

알 가잘리에게 인간은 이성을 가진 고귀한 존재이지만, 동시에 자기 한계를 직시해야만 성장할 수 있는 존재이다. 인간의 삶은 자기 중심성에서 벗어나 신의 계시와 진리 앞에 겸손히 서는 태도에서 시작된다.

이 사유는 현대인에게도 중요한 물음을 던진다. 끊임없이 자신을 드러내야 하는 시대, 욕망과 성취가 삶의 가치처럼 여겨지는 사회 속에서, 알 가잘리는 삶의 진정한 깊이는 자기 비움에서 시작된다고 말한다. 진정한 자유는 자아의 확장이 아니라, 자기를 내려놓고 더 큰 질서에 자신을 내맡길 수 있는 용기에서 비롯된다. 이러한 사유는 오늘날에도 인간과 진리, 윤리의 관계를 되묻는 중요한 기준점이 된다.

✒ 주요 저술

알 가잘리의 저술은 신학, 철학, 수피즘, 윤리, 교육, 논리학에 이르기까지 매우 방대하며, 이슬람 중세 사상의 정점을 대표한다. 『철학자들의 목표』(1094), 『철학자들의 자가당착』(1095년경), 『종교과학의 부흥』(1096~1106), 『구원의 길에서』(1106) 등이 대표적이다 국내 번역서는 확인하지 못하였다.

11 | 루터 1483~1546
개인은 어떻게 신 앞에 서는가?

"나는 성경과 명백한 이성적 근거에 의해 설득되지 않는 한, 내 양심에 반하여 어떤 것도 철회할 수 없고 철회하지 않을 것이다. 양심에 반하는 행동은 옳지도 안전하지도 않기 때문이다. 하나님이여 나를 도우소서. 아멘."

— 보름스(Worms) 제국의회 연설에서, 1521

마르틴 루터(Martin Luther, 1483~1546)의 종교 개혁은 16세기 유럽 사회를 뒤흔든 거대한 사건이었다. 개인은 어떻게 신 앞에 서는가라는 질문에 대한 그의 대답은 당시 기독교의 중심 교리와 신앙생활의 근본을 바꾸어 놓았다. 중세 가톨릭 교회는 교황과 성직자를 통해 신과 인간 사이의 중재를 강조하였지만, 그는 '오직 믿음 Sola Fide', '오직 은혜 Sola Gratia', '오직 성경 Sola Scriptura'이라는 세 가지 원칙을 내세워 당시 가톨릭 교회의 면죄부 판매와 교황 중심의 권위에 반박하며, 개인이 직접 신과 소통할 수 있다고 주장했다.

마르틴 루터는 개인과 신 사이의 직접적 관계를 강조함으로써 근대적 자율성과 내면의 주체성을 회복하는 길을 열었다. 그는 인간이 교회나 성직자의 중개 없이 오직 믿음과 하나님의 은총을 통해 구원받을 수 있다고 주장하며, 양심과 신앙의 자유를 선포했다. 이러한 관점은 인간을 타율적 규범의 객체가 아니라, 신 앞에서 스스로 판단하고 책임지는 주체로 세우는 결정적 계기를 마련했다. 루터의 사상은 종교 개혁을 넘어, 개인의 자유·책임·소명의식에 기초한 근대적 인간관의 출발로서, 중세의 권위 중심 질서에서 내면의 자율성과 세속적 삶의 의미를 확장하는 징검다리가 되었다.

루터의 성장 과정과 신학적 고뇌의 시작

마르틴 루터는 1483년 독일 아이슬레벤에서 태어났다. 에르푸르트 대학에서 철학 석사 학위를 받은 후 아우구스티누스 수도회에 들어가 신학을 공부하였다. 그는 특히 사도 바울의 로마서에 깊은 관심을 두었으며, "의인은 믿음으로 말미암아 살리라"(로마서 1:17)는 구절을 통해 깊은 영적 고뇌를 겪었다.

당시 가톨릭 교회는 죄의 용서를 얻기 위해 고해성사, 선행, 면죄부 판매 등을 강조하였는데, 루터는 이러한 행위들이 진정한 회개와 믿음 없이 형식적으로 이루어지는 것에 큰 문제의식을 느꼈다. 그는 인간의 노력으로는 구원에 도달할 수 없으며, 오직 신의 은혜와 믿음을 통해서만 구원을 얻을 수 있다고 확신하게 되었다. 이러한 깨달음은 그의 신학 형성에 결정적인 영향을 주었다.

루터는 특히 당시 로마 가톨릭 교회가 "동전이 금고에 떨어지는 순간, 영혼이 연옥에서 해방된다"라고 주장하며 면죄부indulgences를 판매하여 죄의 용서를 거래하는 행위를 신학적으로 강하게 비판하였다. 루터는 이 같은 행위가 복음의 본질을 왜곡한다고 판단하였고, 95개 항의 반박문을 비텐베르크 교회 정문에 게시하면서 본격적인 논쟁을 제기했다. 이 반박문은 급속히 유럽 전역에 퍼지며 로마 가톨릭과의 갈등을 격화시켰고, 결국 그는

1521년 보름스 회의 Diet of Worms에서 파문당하기에 이른다. 이 사건은 새로운 종교 운동의 시작이 되었고, 루터는 개신교(프로테스탄트)의 창시자로서 역사에 남게 된다.

'오직 믿음', '오직 은혜', '오직 성경'

"나는 여기 서 있다. 나는 달리 할 수 없다. 하나님이여 나를 도우소서. 아멘." – 루터의 핵심 사상인 '오직 믿음'은 인간의 어떠한 행위나 공로가 아닌 오직 예수를 그리스도로 믿는 믿음을 통해서만 의롭게 된다는 교리이다. 이는 당시 교회의 가르침과는 정면으로 배치되는 주장이었다.

이전까지 중세 가톨릭 교회는 인간이 구원을 얻기 위해서는 고해성사나 면죄부와 같은 교회가 정한 제도적 절차를 반드시 따라야 한다고 가르쳤다. 하지만 루터는 인간이 신 앞에 직접 서서 믿음을 통해 의롭다 여김을 받는다고 주장했다. 이는 인간의 내적 양심과 개개인의 믿음이 어떤 외적 제도보다 우선하며, 인간이 신 앞에서 독립적이며 자율적인 존재로 자리매김하게 하는 결정적 계기가 되었다.

"우리는 행위가 아니라, 오직 하나님의 은혜와 자비로 말미암아 의롭게 된다" – '오직 은혜' 역시 인간의 삶과 존재에 근본적인 변화를 가져왔다. 중세의 인간은 끊임없이 죄와 벌, 심판의 공포 속에서 교회의 권위에 의존하며 살았다. 그러나 루터는 구원이 인간의 노력이나 공로가 아니라 오직 신의 은혜에 의해 주어지는 선물이라고 선언함으로써, 인간을 죄책감과 불안에서 해방시켰다. 인간의 구원과 행복이 신의 무조건적이고 자유로운 은혜에 근거한다는 이 개념은 인간을 더 이상 죄의 노예가 아니라 신의 사랑을 받고 존엄성을 가진 존재로 바라보게 했다.

이러한 루터의 주장은 인간의 자유 의지를 강조하는 에라스무스(1466~1536)와의 논쟁으로 이어지기도 하였다. 에라스무스는 인간의 자유 의지를 옹호하며 신의 은총과 인간의 협력이 구원에 필요하다고 주장하였지만, 루터는 인간의 전적인 무능력을 강조하며 신의 절대적인 주권을 강조하였다. 이는 당시 신학계의 중요한 논쟁점이었다.

"성경은 그 자체로 스스로를 해석하며, 어떤 인간의 말보다 높은 권위를 지닌다" – 루터는 '오직 성경'의 원칙을 통해 성경을 신앙의 유일한 권위로 제시하였다. 이는 교황과 교회의 전통에 의존했던 당시의 교회 체제에 대한 근본적인 도전이었다. 루터는 성경을 독일어로 번역하여 일반 사람들이 직접 성경을 읽고 해석할 수 있도록 하였으며, 이를 통해 개인은 성직자의 매개 없이 직접 신의 말씀을 접하고 신앙을 형성할 수 있게 되었다. 이는 개인의 신앙이 교회 권위로부터 독립되는 중요한 계기가 되었다.

중세 교회는 성경의 해석 권한을 독점하며 신앙과 윤리의 기준을 설정했다. 그러나 루터는 성경 자체가 유일한 권위를 가지며, 모든 신앙과 삶의 원리는 교회의 전통이나 성직자의 해석이 아니라 개인이 직접 성경을 읽고 이해하는 데 있다고 강조했다. 이는 중세적 권위에 대한 개인의 비판적 사고와 이성의 발달을 촉진했고, 궁극적으로 개인이 자기 신앙과 삶에 대한 책임을 지는 근대적 주체로 성장할 수 있는 기반을 마련했다.

근대적 인간관으로의 전환

루터의 세 가지 원칙은 중세적 집단주의와 권위주의로부터 개인의 독립성과 존엄성을 강조하는 근대적 인간관으로의 전환을 이끌었다. 개인은 더 이상 교회의 지배 아래 소극적이고 수동적인 존재가 아니라, 신과 직접 대면하며 자신의 신앙과 삶을 주체적으로 결정하는 능동적 존재로 변화했다. 이로써 인간은 내적 자유와 양심을 가진 존재로 거듭나게 되었고, 이 변화는 이후 근대적 시민사회와 개인주의, 민주주의 발전의 토대를 놓는 역할을 했다.

마르틴 루터의 사유는 중세 가톨릭 교회의 권위에 대한 과감한 도전이자, 개인의 신앙과 자유를 강조하는 새로운 시대의 시작을 알리는 중요한 신호탄이었다. 루터의 종교 개혁은 종교적인 변화에 그치지 않고 서구 사회의 역사와 문화 전반에 심대한 영향을 미친 중요한 사건으로 역사에 기록되고 있다.

그의 사유는 인간을 공동체나 외적 권위에 예속된 존재가 아닌, 자율적이고 책임감 있는 근대적 개인으로 인식하는 데 지대한 영향을 미쳤으며, 이는 서구 근대사상의 중요한 전환점으로 되었다.

✒ 주요 저술

- 95개조 반박문(Ninety-Five Theses, 1517/최주훈, 2024) | 면죄부 판매가 잘못되었음을 지적하며 종교 개혁의 시작을 알린 문서이다.
- 그리스도인의 자유(Von der Freiheit eines Christenmenschen, 1520/조계광, 2024) | 믿음이 얼마나 중요한지, 그리스도인은 어떻게 내적인 자유를 누리는지에 대해 쓴 글이다.
- 대 교리 문답(Der Große Katechismus, 1529/복있는 사람, 2023) | 일반 신도들을 위한 신앙 교육서로, 기독교 교리를 쉽게 풀어 설명하고 있다.

PART 4

권력의 무게:
그 도덕적 책무

한 사회를 움직이는 진정한 힘은 권력이나 부가 아니라, 그 사회를 관통하는 가치와 도덕이다. 시대마다 주류 계층은 존재했고, 이들은 사회 규범을 형성하고 삶의 방향을 제시하는 중추적인 역할을 수행해 왔다.

그렇다면 이들이 추구해야 할 진정한 덕목은 무엇인가? 권력과 부를 쥔 자들에게는 사회적 책임이 따르는가, 아니면 개인의 도덕적 실천만으로 충분한가? 사회적 엘리트들은 자신들의 도덕적 책임과 지향해야 할 가치에 대해 어떻게 성찰하였는가?

이번 장에서는 알 파라비(870~950)의 '철인왕', 존 오브 솔즈베리(1115년경~1180)의 '기사도', 왕양명(1472~1529)의 '사대부', 야마가 소코(1622~1685)의 '무사도', 벤저민 프랭클린(1706~1790)의 '지도자' 개념을 중심으로 전근대에서 근대에 이르는 시기 사회적 엘리트 계층의 가치관과 윤리관을 살핀다.

12 | 알파라비 872~950
철인왕은 어떻게 살아야 하는가?

"참된 행복은 감각적 쾌락이나 부, 명예가 아니라,
지성과 도덕적 탁월함을 통해 신의 질서에 가까워지는 것이다.
덕 있는 도시는 그런 삶을 살아가는 이들의 공동체이며,
그 공동체는 인간 영혼을 고양시키는 환경을 제공해야 한다."

— 『덕스러운 도시』, 942년경

9세기~10세기 이슬람 세계는 아바스 왕조Abbasid Caliphate 아래에서 지적, 문화적 황금기를 맞이하고 있었다. 이 당시 아바스 왕조는 이슬람 황금기로 불릴 만큼, 철학·과학·수학·의학이 번성한 시대였다. 이 시기의 학자들은 고대 그리스 철학(특히 플라톤과 아리스토텔레스)과 신플라톤주의 철학을 이슬람 신학과 결합하는 작업을 수행했다.

알 파라비(Al-Farabi, 872~950)는 플라톤(BC 428~348)의 국가론과 아리스토텔레스(BC 384~322)의 논리학, 플로티누스(204~270)의 '일자론' 등을 연구하며, 그리스 철학을 이슬람 사상과 융합하는데 핵심 역할을 했다. 그는 철학과 정치철학을 통해 '이상적인 국가'와 '이상적인 지도자'를 논하며, 새벽별처럼 새로운 철학적 지평을 열어젖였다. 그는 이상적인 지도자는 누구여야 하는가라는 질문을 던지고 통치자를 단순한 군주가 아닌 철학적 지도자Philosopher-King로 설정하며, 지혜와 윤리를 갖춘 이상적 지도자상을 제

시했다.

파라비즘, 지혜의 빛으로 세상을 밝히다

알 파라비는 이슬람 세계에서 아리스토텔레스 철학의 주요 해석자로 평가받으며, 논리학, 형이상학, 정치철학, 윤리학, 음악 이론 등 다양한 분야에서 깊이 있는 사상을 펼쳤다. '파라비즘Al-Farabism'은 알 파라비가 구축한 독창적인 철학 체계로, 신과 존재론, 지성론과 인식론, 이상 국가론과 정치철학, 윤리학과 인간 본성 등을 포함한다.

알 파라비는 신을 '궁극적 일자One'로 규정하며, 신이 만물을 창조하는 과정이 존재의 필연적 흐름을 통해 이루어진다고 주장하였다. 마치 태양처럼, 신은 '완전한 존재'로서 모든 것의 원인이며, 신으로부터 '발산emanation'을 통해 우주가 단계적으로 형성된다. 존재는 위계적 구조를 가지며, '신 → 지성 → 천체 → 인간' 순으로 하강한다. 신은 제일 원인이며, 순수한 지성으로 작용하고, 인간의 정신은 이 신적 지성을 모방하고 연결되는 과정에서 깨달음을 얻는다.

"능동적 지성 위에는 또 다른 지성이 있고, 그 위계를 따라 올라가면 마침내 신적 지성에 도달한다" – 그는 인간의 지성이 신과 연결될 수 있으며, 이를 통해 궁극적인 지혜에 도달할 수 있다고 보았다. 인간의 지성은 잠재적 지성, 능동적 지성, 실제적 지성, 완전한 지성의 네 단계로 구분된다. 잠재적 지성intellect in potency은 학습 이전의 순수한 가능성 상태. 씨앗과도 같은 단계이고, 능동적 지성active intellect은 외부의 지식이나 교육을 통해 점화된 지성. 발아를 시작한 단계이다. 실제적 지성actual intellect은 스스로 사고하고 사유할 수 있는 단계이고, 완전한 지성acquired intellect은 신적 지성과 합일되며, 참된 지혜를 구현하는 상태이다. 마치 씨앗이 발아하여 꽃을 피우고 열매를 맺는 것처럼, 인간의 지성도 단계적으로 발전하여 신적 지성과 연결된다. 알 파라비에게 있어 지성의 진화는 단지 학문적 진보가 아니라, 영혼의 완성 과정이며, 인간 존재가 가진 가장 고귀한 가능성이다.

지혜와 도덕, 그리고 배움

"진정한 행복은 감각적 즐거움이 아니라, 지혜와 도덕적 완성에서 비롯된다" – 알 파라비는 인간의 궁극적 목표를 완전한 행복으로 정의하였다. 행복은 신적 지성과 연결될 때 가능하며, 이는 철학적 탐구와 덕스러운 삶을 통해 달성된다. 인간의 도덕성은 교육과 지성의 발전을 통해 형성되며, 군주의 역할은 이를 돕는 것에 있다.

　그의 윤리학은 이슬람 신학(칼람)과 플라톤·아리스토텔레스의 윤리학을 융합한 형태이며, 인간이 신적 질서 속에서 어떻게 살아야 하는지를 구체적으로 설명하였다. 행복은 감각적 쾌락이 아니라, 지적인 성숙과 도덕적 완성을 통해 얻어지는 것이다. 마치 깊은 샘물처럼, 진정한 행복은 내면의 풍요로움에서 샘솟는다는 의미다. 인간은 자신의 내면을 계발하고, 철학적 사고를 통해 행복을 찾아야 한다.

　"인간은 배움을 통해 스스로를 완성할 수 있다. 배움이 없는 삶은 공허한 삶이다" – 알 파라비는 인간이 '배움 Ta'allum'을 통해 성장해야 한다고 보았다. 이러한 배움은 단순한 기술 습득이 아니라, 도덕적 가치와 철학적 지혜를 포함하는 것이어야 한다. 배움은 마치 나침반처럼 인생의 올바른 방향을 제시하고, 우리를 성장시키는 원동력이 된다. 그에게 배움은 인간을 무지에서 꺼내고, 지혜와 자각의 세계로 이끄는 영혼의 여정이다. 알 파라비는 인간의 삶은 끊임없는 자기 계발과 도덕적 실천을 통해 완성된다고 보았다.

지도자의 덕목

중세 이슬람 세계는 정치, 종교, 학문이 복잡하게 얽힌 공간이었다. 이 안에서 철학자 알 파라비는 철학을 현실로부터 도피하는 수단으로 삼지 않았다. 그는 철학을 통해 정치와 윤리, 지도자의 삶과 공동체의 관계를 끊임없이 사유했다. 그의 질문은 명확하고 단순하다. 지도자는 누구이며, 그는 어떻게 살아야 하는가.

"지도자는 백성들을 지혜로 이끌고, 그들의 영혼을 풍요롭게 만드는 존재여야 한다" – 알 파라비는 플라톤의 철인왕 Philosopher-King 개념을 받아들이고 이를 발전시켜 지도자는 철학적 지혜를 갖춘 자여야 하며, 동시에 나침반과 같이 올바른 방향을 제시하고 백성을 인도하는 역할을 해야 한다고 보았다.

"가장 훌륭한 지도자는 교육자이다. 그는 사람들의 내면을 성장시키고, 올바른 길을 안내해야 한다" – 지도자는 단순히 정책을 실행하는 것이 아니라, 백성을 교육하고 도덕적으로 성장할 수 있도록 도와야 한다. 지도자는 행정가나 군주가 아니라 스승의 역할을 수행해야 한다.

알 파라비는 지도자의 삶을 태양에 비유했다. 지도층의 삶은 '위에서 누리는 삶'이 아니라 '위에서 비추는 삶'이어야 한다는 것이 알 파라비의 핵심 사유다. 태양은 스스로를 위해 빛나지 않는다. 세상을 비추고, 식물과 생명에 생기를 불어넣는다. 지도층의 인생도 그러해야 한다. 그에게 지도층은 사치와 권력의 상징이 아닌, 책임과 절제의 상징이다. 만약 지도층이 타인을 이용해 이익을 추구하는 존재로 전락하면, 공동체는 타락하고 사회는 분열된다. 지도자의 윤리는 봉사와 절제, 그리고 도덕적 모범에 뿌리를 두어야 하며, 이는 단지 이상주의적 구호에 머무는 것이 아니라 실제로 구체화된 철학적 덕목으로 정립되었다. 지혜 ḥikma는 상황을 꿰뚫는 판단력, 용기 shajā'a는 결단의 힘, 자비 raḥma는 공동체에 대한 공감, 정의 'adl는 균형과 질서를 유지하는 능력, 그리고 자기 절제 iffa는 권력에 휘둘리지 않는 내면의 통제력이다. 이 다섯 가지는 지도자에게 필수적인 덕목으로, 단순한 개인의 미덕이 아니라 공동체 전체에 영향을 미치는 기준이었다. 그렇다면 이러한 이상은 현실에서 가능한가?

덕스러운 도시

"덕스러운 도시는 모든 구성원이 진리를 알고, 선을 행하며, 최종 목적에 도달하는 데 협력하는 곳이다" — 알 파라비는 플라톤(BC 427~347)의 『국가』에서 영향을 받아, '덕스러운 도시 al-madīna al-fāḍila'라는 개념을 발전시켰다. '덕스러운 도시'는 신의 뜻과 철학적 지혜에 따라 운영되는 사회를 의미한다. '덕스러운 도시'는 도덕적 원칙과 지혜가 통치 원리가 되는 곳이며, 지도자는 지적인 능력과 윤리적 덕목을 갖춘 존재여야 한다.

"타락한 도시들은 가상적 선을 진짜 선이라 착각하며, 물질적 이익을 삶의 목표로 삼는다" — 반면, '타락한 도시'는 통치자가 탐욕스럽거나, 정치가 폭력과 억압을 기반으로 유지되는 사회를 의미했다. 마치 빛과 그림자처럼, '덕스러운 도시'와 '타락한 도시'는 지도자의 자질에 따라 극명하게 대비된다. 지도층이 윤리를 잃는 순간, 사회 전체가 무너진다는 것이 알 파라비의 일관된 경고다. 그는 지도자의 부패가 도시의 몰락으로 이어지며, 인간을 짐승보다 못한 삶으로 내몬다고 보았다. 그에게 지도자의 윤리는 개인적 도덕을 넘어 공동체의 운명을 좌우하는 핵심 요소였다.

알 파라비는 지도자를 철학적 지혜와 도덕적 원칙을 실천하는 교육자로 정의했다. 그는 지도자는 권력자가 아니라, 지혜와 도덕성을 갖춘 존재여야 하며, 국가는 지도자의 도덕적 수준에 따라 '덕스러운 도시'와 '타락한 도시'로 나뉜다고 보았다. 또한 인간의 궁극적 목표는 행복이며, 이를 위해 철학과 배움이 필요하다고 강조했다. 마치 등대와 같이, 알 파라비의 철학은 지도자의 역할과 국가의 이상적인 모습에 대한 중요한 메시지를 담고 있다. "지도자는 백성을 다스리는 자가 아니라, 그들을 교육하고 지혜를 나누는 자여야 한다."

📝 주요 저술

- **덕스러운 도시(The Virtuous City, 942년경)** | 플라톤의 국가론을 기반으로 한 이상적인 국가 모델과 철학적 지도자의 조건을 논한다.
- **정치 체제(The Political Regime, 940~945년경)** | 아리스토텔레스와 플라톤의 정치철학을 종합하여 국가의 구조와 역할을 분석한다.
- **지성에 대하여(On the Intellect, 943년경)** | 아리스토텔레스의 『데 아니마(De Anima)』를 기반으로 인간의 지성 개념을 분석한다.

13 | 솔즈베리 1116~1180
기사는 어떤 존재인가?

"진정한 기사는 무기를 들어 사람을 해치는 자가 아니라, 정의를 세우고 악을 억누르기 위해 칼을 드는 자이다. 그는 하나님과 군주의 뜻에 따라 자신의 삶을 희생할 준비가 되어 있어야 하며, 무력은 덕의 도구가 되어야 한다."

—『폴리크라티쿠스』, 1159

중세 유럽에서 '기사Knighthood'는 단순한 전사가 아니었다. 그들은 명예, 용기, 정의, 신앙을 갖춘 존재로 여겨졌으며, 기사 계급은 군사적 역할을 넘어 사회적·도덕적 책임을 수행해야 하는 지도층이었다. 12세기 유럽은 중세 기독교 사상이 정치와 사회를 지배하던 시대였다. 당시 유럽의 정치 체제는 왕권(세속 권력)과 교회(종교 권력) 간의 끊임없는 갈등 속에서 변화하고 있었다. 존 오브 솔즈베리(John of Salisbury, 1116~1180)는 이러한 시대적 흐름 속에서 기독교적 통치 철학을 체계화하고, 군주와 기사의 역할을 철학적으로 규정하였다.

솔즈베리는 군주는 법과 도덕적 원칙을 따라야 하며, 폭군은 정당한 권력을 행사하는 자가 아니라는 법치주의적 사상을 제시했다. 군주는 신의 법과 정의를 수호하는 존재여야 하며, 법을 어기는 군주는 제거될 수도 있다고 주장하면서 '폭군 정당 살해론Tyrannicide'을 제시했다. 그는 특히 기사(騎

士, Knight)를 단순한 군사적 존재가 아닌 도덕적·윤리적 사명을 수행하는 존재로 정의했다. 그는 대표 저서 『폴리크라티쿠스』에서 기사는 어떤 존재여야 하는가라는 질문에 답하며 기사가 지켜야 할 원칙과 덕목을 체계적으로 정리했다.

강철과 명예의 맹세 – 기사도

초기 '기사도 Chivalry'는 프랑크 왕국(8~9세기)의 혼란 속에서 기원하였다. 왕과 영주를 보호하고 영토를 방어하는 기사 계층에게는 특별한 윤리가 요구되었다. 기사 작위와 함께 주군에게 바치는 충성 맹세는 초기 기사도의 근간을 이루었다. 용맹하게 싸우고, 주군에게 절대적으로 복종하는 것이 중요했다.

"기사는 그리스도의 전사이며, 신앙과 정의를 지키는 검이 되어야 한다" – 11세기 이후, 기독교 윤리는 기사도의 핵심 요소로 자리 잡았다. 기사는 단순한 전사가 아닌, 신앙, 명예, 정의, 자비 등의 고귀한 가치를 실천하는 이상적인 인간상으로 재탄생하였다. 십자군 원정(Crusades, 1095년)은 이러한 변화를 가속화했다. 기사들은 종교적 사명을 띤 성스러운 전사 聖戰士로 추앙받았다. 봉건적 충성을 넘어, 신앙을 수호하는 신념의 화신이 된 것이다.

'기사도 Chivalry'는 중세 서유럽을 관통했던 가치 체계이다. 기사도는 전사의 규범을 넘어, 도덕, 윤리, 사회적 책임을 아우르는 광대한 개념이었다. 기사도의 중심에는 가장 중요하게 '명예 honor'라는 가치가 자리잡고 있었다. 명예는 외적 행동뿐 아니라 내면의 도덕성을 나타내는 지표였다. 명예를 지키기 위한 용기는 호전성이 아니라, 정의와 신념에 입각한 자기희생적 용기였다. 이러한 가치관은 중세 영웅서사시와 로망스 문학, 예컨대 『롤랑의 노래』나 『아서 왕 전설』 등에서 반복적으로 드러난다.

기사도 철학의 또 다른 독특한 측면은 '궁정 사랑Courtly Love' 개념이다. 이는 기사들이 자신의 연모하는 여성에게 지적이고 영적인 충성심을 바치는 관계로, 육체적 사랑보다는 경배와 이상화된 사랑을 강조한다. 이는 연애 감정을 넘어서, 여성이라는 존재가 기사에게 도덕적 수련의 스승이 되는 구조로 작동했다. 궁정 사랑은 종종 기사로 하여금 더 고귀한 인간으로 성장하게 하는 내적 동기를 부여했다.

기사도는 봉건 사회의 계급적 질서 안에서도 중요한 윤리적 위치를 차지했다. 왕과 주군에 대한 충성은 기사도 서약의 핵심이었으며, 이를 통해 군주제적 통치 질서가 정당화되었다. 하지만 기사도 철학은 단지 상명하복의 논리가 아니라, 책임 있는 통치와 공정한 보호를 동반해야 한다는 상호 계약 윤리를 포함하고 있었다.

솔즈베리의 기사도 철학: 기사란 무엇인가?

기사도는 단순히 전투 기술이나 용맹함을 가리키는 말이 아니다. 그것은 힘을 갖되, 그 힘을 절제할 줄 아는 인격의 수련이자, 중세 기사들이 지녔던 윤리적이고 정치적인 이상이었다. 이 이상은 12세기 유럽에서 본격적으로 모습을 갖췄고, 그 사상적 토대를 마련한 인물이 바로 존 오브 솔즈베리였다. 그는 『폴리크라티쿠스(1159)』라는 저작에서 지도자, 성직자, 기사 모두가 하나의 도덕 질서 안에서 각자의 역할을 수행해야 한다고 주장했다. 그에게 있어 진정한 기사는 단지 싸움을 잘하는 사람이 아니라, 정의를 위해 봉사하고 덕을 실천하는 존재였다.

"기사는 단순한 전사가 아니다. 그는 신과 정의를 위해 싸우는 자이며, 약자를 보호하고, 명예를 지켜야 하는 존재이다" - 12세기 이후 기사도는 군사적 역할을 넘어 도덕적·윤리적 의무를 포함하는 개념으로 발전했다. 당시 유럽에서는 왕과 교황이 정치적 권력을 두고 대립했다. 기사들은 군사적 역할을 수행하면서도 왕권과 교권 중 어디에 충성을 다해야 할지 고민해야 했다. 존 오브 솔즈베리는 기사가 단순히 왕의 군대가 아닌, 정의와 신앙을 지키는 존재여야 한다고 보았다.

솔즈베리는 사회와 국가를 하나의 유기체로 보았다. 기사란 질서를 유지하는 힘이자, 스스로 도덕적 판단을 내리는 주체로 여겨져야 한다. 신과 법에 충실하고, 약자를 보호하며, 탐욕과 오만을 경계하는 것이 이상적인 기사의 모습이다. 그가 제시한 기사가 갖추어야 할 덕목들, 죽음을 두려워하지 않는 용기 Courage, 권력과 감정을 절제 Temperance 하는 자기 통제력, 윤리적 명분에 따르는 정의 Justice, 신의 질서에 복종하는 신앙심 Piety, 그리고 군주와 조국에 대한 충성 Loyalty 등은 기사도를 단순한 군인의 덕목이 아니라 고귀한 인간의 이상으로 끌어올린 핵심 요소들이었다.

"기사는 국가의 팔이지만, 팔은 결코 머리를 넘어서지 않아야 하며, 영혼을 잊어서는 안 된다" - 그는 힘과 정의의 균형을 기사도의 핵심으로 삼았다. 정의 없는 힘은 폭력에 불과하고, 힘 없는 정의는 무력하다는 고전적 통찰을 되살리며, 기사는 반드시 도덕에 의해 통제된 무력을 가져야 한다고 보았다. 기사는 국가라는 몸에서 팔에 해당하지만, 그 팔은 머리인 군주를 넘어서거나 영혼에 해당하는 교회의 지도를 잊어서는 안 된다. 즉, 기사의 무력은 정치적 권위와 영적 진리 속에서 조화를 이뤄야 하며, 이를 벗어난 무력은 파괴적일 뿐이다.

"기사는 정의를 수호하는 자이며, 폭정을 견제하고 법과 질서를 유지해야 한다" - 솔즈베리는 기사도를 단순한 무예武藝가 아닌, 사회 정의와 법치주의를 실현하는 고귀한 소명으로 해석하였다. 기사는 국가와 사회 전체의 질서를 수호하는 공적인 존재가 되어야 한다. 기사 계급은 법과 도덕의 수호자로서 행동해야 하며, 권력자의 부당한 명령을 따르는 것이 아니라 정의와 윤리를 기준으로 판단해야 한다. 즉, 기사는 맹목적으로 왕에게 충성하는 것이 아니라, 정의로운 법과 도덕적 원칙을 따르는 존재여야 한다. 기사는 국가의 팔이지만 '폭정에 대한 저항'은 정당화될 수 있으며, 폭군은 제거될 수 있고, 기사도는 이러한 상황에서 정의를 수호하는 수단이 되어야 한다.

"진정한 기사는 자신의 영광을 위해 싸우지 않으며, 오직 진리와 공동선을 위해 칼을 든다" – 중세 기사들 가운데 다수는 개인적 명예, 영지 확대, 경쟁의식에 몰두하면서 자신들이 지켜야 할 법과 약자들을 무시하곤 했다. 솔즈베리는 이를 비판하였다. 진정한 기사는 자신의 영광을 위해 싸우지 않으며, 오직 진리와 공동선을 위해 칼을 드는 자여야 한다.

솔즈베리의 철학은 무력을 어떻게 써야 하는가에 대한 도덕적 자각을 강조한 일종의 전사 윤리학이었다. 그는 칼을 든 자가 아닌, 정의를 품은 자를 진정한 기사로 보았다. 그런 의미에서 그의 기사도는 중세 전통을 넘어 지금도 유효한 윤리적 요청이자 도덕적 기준으로 이어졌다.

신사도로의 발전

14~15세기, 봉건제의 쇠퇴와 함께 기사도 또한 쇠락하기 시작했다. 하지만 기사도 정신은 윤리적, 철학적 유산으로 남아 근대적 리더십과 '신사도 Gentleman's Code'에 영향을 미쳤다. '신사도'는 사회적 지위와 품격을 갖춘 사람이 지녀야 할 윤리적 태도와 삶의 방식을 의미하며, 정중함, 절제, 명예감, 자기 수양, 배려와 공감 등의 덕목을 강조한다.

"신사는 타인의 눈길이 없을 때에도 품위를 지키는 자이다"(존 헨리 뉴먼) – 신사도는 근대 영국을 중심으로 형성된 시민 계층의 인격적 이상이었다. 이는 귀족적 전통과 기독교적 도덕성, 계몽주의적 이성이 결합하여 만들어진 이상적 인간상으로, 인격과 품위, 절제, 도덕성, 그리고 교양을 두루 갖춘 삶의 태도를 의미한다. 중세의 기사가 칼을 들고 명예를 지켰다면, 신사는 이성과 교양이라는 도구로 자신의 품격을 가꾸고 사회적 덕성을 실천하는 존재였다. 존 헨리 뉴먼(1801~1890)이 말했듯, 신사는 타인의 눈길이 없을 때에도 품위를 지킬 수 있는 사람이다. 신사도는 단순한 계급적 구분이 아니라, 말과 행동, 배려의 방식에 깃든 윤리적 감각을 뜻하며, 일상 속에서 덕과 절제를 실천할 수 있는 인격의 이상을 구현한 것이다.

"신사는 결코 다른 이들을 불편하게 하지 않으며, 자기 의견을 고집하지 않고, 사소한 일에 흥분하지 않으며, 무례하거나 무리한 말을 하지 않는다. 그는 결코 상대방을 모욕하지 않으며, 자신을 부각시키는 대신 조용히 배려를 실천한다"(존 헨리 뉴먼) – 이러한 신사도의 덕목은 중세 기사도에서 이어진 정신적 유산이었다. 정중함은 기사도의 예의가 세속화된 형태로 나타났고, 절제는 명예에 대한 자기 통제를 내면화한 실천이었으며, 명예감은 외부의 평가가 아닌 내적 양심에 가까운 형태로 진화하였다. 자기 수양은 기사도의 도와 유사하게 인격을 다듬는 윤리로 이어졌고, 배려와 공감은 기사도의 약자 보호 의무가 사회 전체에 대한 도덕적 책임으로 확장된 것이었다.

신사도는 군사적 기능이 사라진 대신, 도덕적이고 사회적인 역할을 통해 품격 있는 사회를 만들어가려는 새로운 방향성을 제시하였다. 기사도가 보여주었던 외적인 형식은 시대와 함께 사라졌지만, 그 정신은 신사도를 통해 다시 태어났다고 할 수 있다. 기사도와 신사도는 모두 힘을 어떻게 다루어야 하는가에 대한 윤리적 사유에서 출발했다. 중세는 칼을 든 자에게 덕과 신앙의 윤리를 요구했고, 근대는 말과 행동으로 사회에 영향력을 미치는 자에게 품격과 도덕을 요구했다.

오늘날의 현실에서 전통적인 기사도나 신사도는 더 이상 귀족 계급의 전유물도 아니고, 특정 계층의 특권도 아니다. 그러나 그들이 남긴 핵심 사상, 즉 힘은 절제되어야 하며, 인간은 덕을 통해 품격을 지녀야 한다는 생각은 여전히 유효하다.

기사도는 단순한 군사적 기술이 아닌, 윤리, 도덕, 사회적 책임을 포함하는 철학적 체계였다. 존 오브 솔즈베리는 기사도를 법과 정의의 수호라는 윤리적 체계로 정립하였으며, 중세 문학은 그 이상을 널리 확산시켰다. 르네상스 이후 기사도는 문학적 이상과 풍자의 대상이 되기도 하였지만, 그 정신은 현대 문화에까지 영향을 미치고 있다.

정의, 명예, 책임감, 용기 등 기사도가 추구했던 핵심 가치는 시대를 초월하여 여전히 우리 사회에 중요한 의미를 지닌다. 갑옷 속 기사의 심장은 멈췄지만, 그들이 꿈꿨던 이상은 여전히 우리 안에서 살아 숨 쉬고 있다고 할 수 있다.

✒ 주요 저술

- **폴리크라티쿠스(Policraticus, 1159)** | 군주와 정치, 권력의 정당성을 논의하며 "국왕은 법 아래 있어야 한다"는 사상을 제시한 최초의 서양 정치철학서이다.

- **메탈로기콘(Metalogicon, 1159)** | 중세 교육론과 논리학을 다루며, 인간의 지식 습득과 교양 교육을 강조하고 있다. 스콜라 철학과 인문주의적 교육 사상을 반영한다.

- **엔티티테스(Entheticus de dogmate philosophorum, 1160)** | 철학과 도덕을 시적으로 서술하며, 당시 지식인의 역할과 정치적 비판을 담음. 풍자적이고 문학적 성격이 강한 저술이다.

14 | 왕양명 1472~1529
지식과 행동은 하나인가?

"사람은 누구나 마음속에 선한 본성을 지니고 있다. 그러나 그것을 알면서도 실천하지 않으면, 그것은 진정한 앎이 아니다. 진정한 앎은 반드시 실천을 통해 드러나며, 실천 없는 지식은 그림자와 같다."
—『전습록』, 1518

명明나라 후기(15~16세기), 사회는 부패한 관리층과 형식적인 유학 사상에 의해 도덕적 지도자의 필요성이 절실해졌다. 이러한 시대적 배경 속에서 등장한 왕양명(王陽明, 1472~1529)은 진정한 '사대부士大夫'는 도덕적 실천을 통해 백성을 이끄는 존재여야 한다는 사상을 제시했다.

이 시기 '사대부' 또는 '선비儒者' 계층은 성리학(주자학)을 기반으로 정치적·사회적 지도층을 형성하고 있었으며, 학문을 통한 도덕적 수양과 국가 운영을 중요한 사명으로 여겼다. 그러나 사대부들은 점차 이론적 논쟁과 형식적인 주자학 교리에 치우치면서, 실제 정치와 사회 문제 해결에는 소극적인 태도를 보였다. 왕양명은 이러한 경향을 비판하며 지식과 행동이 하나여야 한다知行合一는 원칙을 제시하고, 사대부가 단순한 이론가가 아니라, 실천적 윤리를 바탕으로 사회 개혁을 이끌어야 한다고 주장했다.

주자학의 그림자를 넘어서다

명대 유학은 주자학의 전성기였다. 그러나 그 빛이 너무 강렬했던 탓일까, 주자학은 지나치게 형이상학적인 이론과 관료제와 결합한 보수적인 경향을 드러내며 시대의 변화를 따라가지 못했다. 마치 굳어진 화석처럼, 주자학은 생명력을 잃어가고 있었다. 왕양명은 이러한 주자학의 한계를 지적하며 새로운 철학 사상을 제시하였다. 그는 기존 유학이 지나치게 이론에만 치우쳐 실천이 부족하다고 비판하며, 보다 실천적인 학문을 주창하였다.

왕양명의 사상은 복잡한 씨줄과 날줄로 엮여 있다. 유교 경전, 특히『논어』와『맹자』의 사상적 전통 위에서 주자학의 구조적 한계에 대한 사유를 담았고, 불교와 도교의 영향을 받은 심성론적 사유가 더해졌다. 여기에 개인적인 생애 경험, 유배 생활과 참선적 수양 과정은 그의 철학에 깊이를 더했다. 이처럼 다양한 요소들이 융합되어 왕양명 철학이라는 독특한 세계를 구축하였다. 왕양명 철학의 핵심 개념은 '심즉리', '지행합일', '치양지' 세 가지로 요약할 수 있다.

심즉리, 마음이 곧 이치다

왕양명은 '심즉리心卽理'를 통해 철학적 혁명을 일으켰다. 마음이 곧 이치라는 이 명제는 인간의 본성과 우주의 이치가 따로 존재하는 것이 아니라 인간의 마음속에 있다는 것을 의미한다. 이는 마치 우리가 우주를 담고 있는 작은 우주와 같다는 은유처럼, 인간의 마음속에 모든 진리가 담겨 있다는 파격적인 선언이었다.

주자(1130~1200)는 이理를 탐구해야 한다고 보았지만, 왕양명은 이치가 마음 안에 존재한다고 주장하며 주자학의 근본을 뒤흔들었다. 인간의 마음은 선한 본성을 지니고 있으며, 외부에서 배울 필요 없이 자신의 내면을 깨우치는 것이 중요하다고 강조했다. 이는 불교 선종의 사상과도 맥락을 같이하며, 내적 성찰을 중시하는 점에서 주자학과 차별화된다.

지행합일, 앎과 실천은 하나다

'지행합일知行合一'은 왕양명의 또 다른 핵심 개념이다. 그는 앎과 행함이 분리된 것이 아니라 하나라고 주장하며, 실천을 강조하였다. 주자학은 앎이 먼저이고 실행이 그 뒤를 따른다고 보았지만, 왕양명은 진정한 앎은 반드시 실천으로 이어진다고 주장했다. 즉, 도덕적 원리를 공부하는 것에서 나아가 이를 행동으로 실천하는 것이 중요하다고 보았다.

"사대부는 말하는 사람이 아니라, 행동하는 사람이다" – 왕양명은 사대부를 단순한 지식 전달자가 아닌, 도덕적 가치를 스스로 실천하는 존재로 보았다. 그는 도덕적 가르침을 말로만 하는 것은 아무 의미가 없다. 그것을 실천할 때만이 진정한 지도자가 될 수 있다고 강조하며, 기존 성리학의 공허한 논쟁을 비판했다. 사대부층은 이론만 내세우는 것이 아니라, 도덕적 실천을 통해 백성들에게 모범을 보여야 한다는 것이다. 마치 등대와 같이, 스스로 빛을 밝혀 길을 안내해야 한다는 의미다.

왕양명은 지식과 행동은 하나여야 한다는 주장을 통해 사대부의 역할을 더욱 명확히 했다. 행동 없는 지식은 죽은 것이며, 지식 없는 행동은 맹목적이다. 사대부는 단순히 지식을 갖춘 사람이 아니라, 그 지식을 행동으로 옮기는 실천적 존재여야 한다. 마치 대장장이와 같이 지식을 가지고 실제 작품을 만들어내야 비로소 의미가 있는 것이다.

치양지, 본래 지닌 선한 앎을 실현하라

진정한 도덕은 책 속에 있는 것이 아니라, 인간의 내면에 존재하는 양심에서 비롯된다. 왕양명 사상의 궁극적 목표는 '치양지致良知'에 담겨 있다. 치양지는 인간이 본래 가지고 있는 선한 앎, 즉 양지를 실현하는 것을 의미한다. 양지는 인간이 태어날 때부터 가지고 있는 도덕적 직관을 의미한다. 왕양명은 주자학이 이理를 배워야 한다고 본 것과 달리, 인간이 이미 타고난 도덕적 지식인 양지를 지니고 있다고 보았다.

치양지는 인간은 본래 선한 존재이며, 도덕적 문제에 대한 판단 능력을 지니고 있다는 것을 전제한다. 따라서 도덕적 이상을 실현하기 위해서는 자신 안의 선한 본성을 깨닫고 따르는 것이 중요하다. 마치 내면의 나침반을 따라가는 것처럼, '양지'에 따라 살아가는 것이 도덕적 삶의 핵심임을 강조한다. 사대부는 자신의 내면에서 도덕적 판단을 내리고, 권력이나 외부 환경에 휘둘리지 않아야 한다. 도덕적 원칙을 외부에서 찾는 것이 아니라, 자신의 내면에서 발견하고 실천해야 한다. 마치 거울과 같이, 자신의 내면을 비추어 도덕적 판단을 내려야 한다는 것이다.

양명학의 영향

왕양명의 사상은 명나라 말기, 혼란스러운 사회 분위기 속에서 급속도로 확산되었다. 그의 철학은 이론보다 실천을 중시하는 실학자들과 개혁가들에게 깊은 영감을 주었다. 청나라(1644~1912)가 들어서면서, 양명학은 시련을 맞이한다. 청 왕조는 한족 학자들 사이에서 널리 퍼진 양명학이 체제 비판과 사회 개혁의 동력으로 작용할 가능성을 우려했다. 양명학의 실천주의적 성격은 관료제의 안정성을 위협하는 요소로 간주되었다. 강희제(康熙帝, 1654~1722)와 옹정제(雍正帝, 1678~1735)는 양명학 대신 성리학을 공식 이념으로 확립하고, 양명학을 체제 내에서 소외시키는 정책을 펼쳤다. 양명학은 명나라 후기에 큰 영향을 미쳤지만, 청나라의 국가주의적 정책과 성리학 중심의 질서 속에서 점차 쇠퇴의 길을 걸었다.

일본에서는 에도 시대(1603~1868)에 양명학이 실천적 윤리 철학으로 크게 발전했다. 특히, 무사武士 계층과 일부 학자들 사이에서 양명학은 중요한 사상적 기반으로 자리 잡았다. 일본의 사상가 야마가 소코(山鹿素行, 1622~1685)는 양명학을 바탕으로 무사도武士道의 철학적 기초를 정립했다. 그는 무사는 단순한 전사가 아니라, 도덕적 수양을 통해 백성을 이끌고 사회에 모범을 보이는 지도자가 되어야 한다고 강조했다. 일본에서 양명학은 무사도의 윤리 체계를 정립하는 데 핵심적인 역할을 수행했다. 18~19세기, 에도 막부는 국가 안정과 통치 강화를 위해 주자학 중심의 교육 체계를 확립했다. 이 과정에서 양명학은 체제에 비판적인 사상으로 인식되어 점차 배척되었다. 메이지 유신(1868) 이후에는 서양 철학과 국학(國學, 일본 고유 사상)이 부상하면서, 양명학의 영향력은 크게 약화되었다.

조선(1392~1897)에서는 성리학이 국가 이념으로 확고하게 자리 잡았기 때문에, 양명학은 주류 사상에서 벗어나 있었다. 그러나 17~18세기 실학자들을 중심으로 양명학은 조선 사회 개혁의 철학적 기반으로 주목받기 시작했다. 정제두(鄭齊斗, 1649~1736)는 조선에서 양명학을 적극적으로 연구하고 전파한 대표적인 학자이다. 그는 성리학의 형식주의를 비판하며, 도덕적 판단과 실천은 외부에서 주어지는 것이 아니라, 개인의 내면에서 비롯된다고 주장했다. 조선에서 양명학은 실학적 개혁 사상과 결합하며 발전의 가능성을 보였다. 그러나 양명학은 기존 성리학 체제에 도전하는 급진적인 사상으로 간주되어 탄압받았다. 정제두 이후, 조선 정부는 양명학을 체제 불안을 야기하는 위험한 사상으로 인식하고 억압했다. 19세기 이후 서양 철학과 개화 사상이 유입되면서, 양명학은 점차 시대적 영향력을 잃고 쇠퇴하였다. 조선에서 양명학은 실학적 개혁 사상으로 수용되었지만, 주류 성리학의 견고함과 정치적 탄압 속에서 널리 확산되지 못하고 좌절되었다.

양명학은 동아시아 사회에 개혁적 지도자 사상으로 큰 영향을 미쳤으나, 각국의 정치적, 사회적 환경과 시대적 한계 속에서 결국 쇠퇴의 길을 걸었다. 그러나 양명학이 남긴 실천적 지혜와 개혁 정신은 여전히 우리에게 깊은 울림을 주고 있다.

양명학의 철학은 오늘날 우리 사회에도 여전히 유효하며, 현대 사회의 지도자들에게도 도덕성과 실천력, 그리고 헌신적인 자세를 강조하는 중요한 지침을 제공하고 있다.

주요 저술

- **전습록(傳習錄, 1518/김용재, 2019)** | 심즉리, 지행합일, 치양지 등 핵심 사상을 다룬 대표 저서이다. 왕양명의 제자인 왕간(王畿)이 스승의 강연과 대화를 기록하여 편집한 저술이다.
- **심학입문(心學入門, 1527)** | 심학(心學, 마음의 철학)을 쉽게 이해할 수 있도록 정리한 입문서이다.

15 | 소코 1622~1685
평화의 시기 무사는 어떻게 살아야 하는가?

"무사는 배우지 않으면 그저 칼을 차고 다니는 도둑에 불과하다. 무사는 문(文)을 배우고 도(道)를 아는 자라야 한다.
나라가 평화로울 때 무사는 마음을 닦고 몸가짐을 가다듬으며, 병란이 닥쳤을 때 그 배운 도로 백성을 지킨다."

— 『중설』, 1665

17세기 일본은 에도 막부德川幕府 체제하에서 엄격한 신분제와 정치적 안정을 유지하고 있었다. 이 과정에서 무사(侍, さむらい, 사무라이)의 역할이 점점 모호해지는 문제가 발생했다. 이러한 시대적 배경 속에서, 야마가 소코(山鹿素行, 1622~1685)는 무사의 존재 이유를 철학적으로 재정립하며, '무사도武士道' 개념을 발전시켰다. 그의 사상은 군사적 규율을 넘어, 무사가 지켜야 할 윤리적·도덕적 가치와 삶의 태도를 확립하는 데 기여했다.

그는 일본 에도 시대를 대표하는 철학자로, 유교적 전통과 일본 무사도를 결합한 독창적인 사상을 발전시켰다. 그는 성리학(주자학)에 대한 비판을 바탕으로, 보다 실천적인 윤리 철학을 주장하였으며, 특히 '무사武士'의 존재 의미에 대한 철학적 토대를 구축하였다. 그의 사상은 일본의 무사 계층에 깊은 영향을 미쳤으며, 메이지 유신(1868) 이후 일본 정신의 기초를 형성하는 데 기여했다.

무사도의 시작과 변화

무사도武士道는 일본 사무라이(武士, Bushi)의 행동 원칙과 윤리적 가치관을 의미하며, 중세부터 근대에 이르기까지 일본 사회 지도층의 윤리관 형성에 중요한 역할을 했다. 무사도는 단순한 전사戰士 정신이 아니라, 명예, 충성, 용기, 절제, 도덕 등의 원칙을 포함하며, 무사가 사회에서 어떤 역할을 해야 하는지를 규정한 철학적 체계이다.

전국 시대(戦国時代, 1467~1603)는 다이묘(大名, 지방 영주) 간의 끊임없는 전쟁과 권력 다툼이 지속되던 시기였다. 이 시기의 무사도는 실용적인 전투 기술과 생존 전략에 초점을 맞추었으며, 명예보다는 '강한 자만이 살아남는 법칙(生きるか死ぬか, 살거나 죽거나)'이 지배했다. 다케다 신겐(武田信玄, 1521~1573)은 현실적 전쟁 윤리를 중시하며, 무사는 생존을 위해 기민하게 움직이고, 신하와 백성을 보호해야 한다고 주장했다. 우에스기 겐신(上杉謙信, 1530~1578)은 불교적 윤리를 바탕으로, 무사가 단순한 전투 기계가 아니라, 신과 백성을 위해 싸우는 존재라고 강조했다. 즉, 전국 시대의 무사도는 현실적이고 실용적인 전쟁 중심의 윤리였다.

에도 시대(江戸時代, 1603~1868)는 도쿠가와 이에야스(德川家康, 1543~1616)가 일본을 통일한 이후, 전국적인 평화가 유지되면서, 무사의 전투 역할이 약화되었다. 이 과정에서 무사도는 단순한 전투 기술이 아니라, 도덕적·철학적 가치를 중심으로 한 윤리 체계로 발전했다.

주자학 비판과 실천적 유학의 등장

야마가 소코는 일본 사회에 깊숙이 자리 잡은 주자학에 날카로운 비판의

칼날을 겨누었다. 당시 도쿠가와 막부는 주자학을 관학으로 채택하여 사회 질서를 유지하는 이념으로 삼았지만, 야마가 소코는 주자학이 형이상학적이며 현실적 실천에 적합하지 않다고 보았다. 마치 굳게 닫힌 문처럼, 주자학은 현실과의 소통이 단절된 이론의 성에 갇혀 있었다. 야마가 소코는 주자학의 '이理와 기氣의 구분', '격물치지格物致知' 등의 개념이 지나치게 추상적이며 현실과 동떨어진 사상이라고 비판했다. 그는 인간의 도덕성과 사회 질서는 철학적 사변이 아니라 '실천'을 통해 유지되어야 한다고 강조했다. 마치 모래성처럼, 주자학은 현실이라는 파도 앞에 속절없이 무너질 수밖에 없다고 본 것이다.

야마가 소코는 유학, 특히 양명학을 철학적 사유 체계이자 사회 질서를 유지하는 실천적 도덕 체계로 보았다. 그는 실천을 중심으로 하는 보다 실용적인 윤리관을 구축하고자 했다. 특히 일본 사회에서 유교적 덕목이 어떻게 적용될 수 있는지를 고민하면서, 무사 계층이 윤리적 지도자로서 역할을 해야 한다고 주장했다. 마치 나침반처럼, 무사 계층이 사회의 도덕적 방향을 제시해야 한다고 본 것이다.

칼날 위에 피어난 윤리의 꽃

무사도는 검과 같이 일본 사회의 근간을 이루는 중요한 정신적 지주였다. 이러한 무사도 철학은 전국 시대의 실전 중심 전투 윤리에서 에도 시대의 도덕적 통치 이념으로 변화하고 있었다. 전국 시대에는 무사가 실제 전장에서 싸우는 존재였지만, 도쿠가와 이에야스가 일본을 통일한 후 평화가 지속되면서 무사의 역할은 약화되었다. 무사들은 행정 관료, 지방 통치자, 혹은 무위도식하는 계층으로 변화하게 되었다. 야마가 소코는 무사가 전쟁

없이 어떻게 살아야 하는가라는 질문을 던지고 무사의 삶은 단순한 봉급 생활자가 되는 것이 아니라, 더 높은 윤리적 가치를 가져야 한다는 문제의 식으로 무사의 도덕적, 철학적 역할을 강조하는 사상을 제시했다.

"무사는 백성들의 스승이 되어야 한다. 무사의 본질은 검이 아니라, 지혜와 덕에 있다" – 야마가 소코는 무사 계층이 단순한 군사 집단이 아닌 도덕적 지도자로서의 역할을 해야 한다고 보았다. 그는 무사도武士道를 체계화하여 무사의 본질적인 역할, 윤리적 실천, 그리고 정신과 죽음의 의미를 정립하고자 노력했다. 야마가 소코는 양명학과 일본 고유의 무사도 전통을 결합하여 독자적인 무사 철학을 전개하였다. 그는 특히 성리학적 관념론을 비판하며, 실천과 행동을 강조하는 양명학적 태도를 발전시켰다. 즉, 무사는 단순히 명령을 따르는 자가 아니라, 자신의 도덕적 가치를 실천하고 사회적 책임을 수행해야 한다고 보았다.

"사람의 가치는 태어날 때 결정되는 것이 아니라, 그가 어떤 도덕적 행위를 하느냐에 따라 결정된다" – 에도 시대 일본은 엄격한 신분제(사농공상)가 유지되고 있었지만, 야마가 소코는 신분이 아니라 개인의 도덕성과 실천이 중요하다고 주장했다. 이는 기존의 봉건 질서를 유지하면서도, 무사들에게 보다 적극적인 윤리적 역할을 부여하는 방식이었다. 즉, 무사의 가치는 혈통이 아니라, 그가 사회에서 어떻게 행동하느냐에 따라 결정된다고 본 것이다. 마치 씨앗이 어떤 열매를 맺느냐에 따라 가치가 결정되는 것과 같다.

"무사는 지식이 없는 무력이 아니라, 무력에 의한 정의를 실천하는 자가 되어야 한다" – 그는 '지식'과 '행동'이 함께 가야 한다고 보았으며, 이는 왕양명(1472~1529)의 '지행합일' 사상과도 연결된다. 즉, 무사는 검을 휘두르는 것이 아니라, 지혜와 덕을 갖춘 존재로 성장해야 한다. 새의 두 날개처럼 지식과 행동은 함께 날아오를 때 진정한 힘을 발휘한다. 야마가 소코는 유교적 덕목을 무사 계층에 적용하면서도, 무사만의 독자적인 윤리관을 발전시켰다. 그는 충忠, 신信, 예禮, 의義, 용勇을 핵심 덕목으로 제시하며, 특히 충忠과 의義를 강조하여 무사가 국가와 군주를 위해 존재해야 한다고 주장했다.

"무사는 죽음을 각오함으로써 비로소 삶을 온전히 살 수 있다" - 야마가 소코는 무사가 죽음을 두려워해서는 안 되며, 죽음을 초월하는 정신적 수양이 필수적이라고 보았다. 죽음을 두려워하지 않는 것이야말로 진정한 용기와 도덕적 완성을 의미한다. 이는 후대 사무라이들이 목숨을 걸고 명예를 지키는 '할복切腹' 정신으로 이어진다. 불꽃처럼 죽음 앞에서 더욱 강렬하게 타오르는 무사 정신을 강조한 것이다.

야마가 소코의 인생관은 단순한 개인 윤리가 아니라, 사회 전체에서 지도층이 어떤 역할을 해야 하는지를 고민한 철학적 작업이었다. 그는 무사를 단순한 군사 계급이 아니라, 사회를 이끄는 도덕적 지도자라고 보았다. 무사의 가치는 혈통이 아니라, 도덕적 실천과 학문을 통해 결정되며, 무사는 검을 휘두르는 것이 아니라, 정의를 실천하고 지혜를 쌓아야 한다고 강조했다. 즉, 야마가 소코는 무사의 존재 의미를 전쟁이 아닌 '사회적 윤리'로 전환하며, 지도층이 어떻게 행동해야 하는가에 대한 중요한 철학적 메시지를 남겼다. 마치 횃불처럼, 사회를 밝히는 도덕적 리더십을 제시한 것이다.

야마가 소코의 철학은 일본 사회 전반에 큰 영향을 미쳤다. 그의 무사도 철학은 이후 무사들의 행동 지침이 되었고, 메이지 유신 이후 일본 국가주의적 이념 형성에 중요한 기초가 되었다. 그의 사상은 사무라이 계층에게는 도덕적 지도자로서의 역할을, 메이지 유신 이후에는 일본 정신의 근간을 이루는 중요한 요소가 되었다. 씨앗처럼, 그의 사상은 일본 사회 곳곳에 뿌리내려 깊은 영향을 미친 것이다.

무사도와 일본의 근대사

에도 중후기(18~19세기)에는 무사도가 더욱 철학적·도덕적으로 정교화되었으며, 이 과정에서 다이도지 유잔(大道寺友山, 1639~1730)과 같은 사상가들이 등장했다. 다이도지 유잔은 무사는 죽음을 두려워하지 말아야 하며, 자신의 명예를 끝까지 지켜야 한다고 주장했다. 할복(切腹, Seppuku)과 명예의 죽음이 강조되며, 무사로서의 이상적인 삶과 죽음이 강하게 규정되었다. 무사는 죽음을 항상 곁에 두고 살아야 한다는 그의 주장은 무사도에 죽음의 철학까지 포함되었음을 보여준다.

일본의 무사도는 전사 계급의 행동 규범에 그치지 않고, 일본 사회 전반에 걸쳐 깊은 영향을 끼친 정신적 기반이다. 무사도는 충忠, 의義, 예禮, 용勇, 인仁, 성誠, 명예名譽 등의 가치를 중심으로 형성된 도덕적 체계이다. 이러한 무사도의 핵심 가치들은 수세기에 걸쳐 일본인의 삶, 사고방식, 교육, 정치, 심지어 기업 문화에 이르기까지 뿌리 깊게 작용해 왔다.

무사도는 일본인의 공동체 중심 의식과 강한 충성심을 형성하는 데 중요한 토대를 제공했으며, 개인보다 집단과 주군을 우선하는 문화에 깊은 영향을 미쳤다. 이는 자기 수양과 절제, 명예를 중시하는 삶의 태도를 통해 일본 교육제도와 윤리 교육의 핵심 가치로 자리잡았다. 무사도의 정신은 근대 일본의 정치적 권위와 군사문화를 정당화하는 이데올로기로도 활용되며, 전쟁기에는 국가주의와 연결되었다. 동시에, 조용한 절제와 죽음마저도 품격 있게 받아들이는 태도는 일본 문화의 정체성과 미의식(예: 와비사비)을 형성하는 데 기여했다. 결국 무사도는 일본인의 삶, 죽음, 미, 윤리의식을 관통하는 정신적 뼈대로 작용했다.

야마가 소코는 "무사란 무엇인가?"라는 질문에 답하며, 지도층의 역할을 단순한 군사적 존재에서 윤리적 지도자로 확장했다. 그의 사상은 일본적 맥락을 넘어, 리더십과 도덕적 책임을 고민하는 현대 사회에도 적용될 수 있다.

"무사는 단순한 전사가 아니다. 그는 학문을 익히고 도덕을 실천하며, 백성들에게 모범이 되어야 한다"는 그의 말처럼, 오늘날의 리더 역시 권력이 아닌 도덕성과 실천을 통해 지도층으로서의 역할을 수행해야 한다. 마치 거울처럼, 스스로를 비추어 도덕적 모범을 보여야 한다는 의미다.

✒ 주요 저술

- **중설(中說, 1665)** | 성리학 비판, 일본적 실천 유학의 필요성을 주장하였다.

- **무가사상록(武家事紀, 1680)** | 무사의 역사와 역할을 정리한 책으로 무사도(武士道)의 철학적 기초를 놓았다.

- **무가도(武家道, 1685)** | 무사가 실천해야 할 도덕적 원칙을 서술하였고, 무사도 개념을 체계화하였다. 이후 일본 무사 계층의 윤리적 지침이 되었으며, 니토베 이나조(新渡戶稻造)의 『무사도(武士道)』(1900년) 등 후대 저술에 영향을 주었다.

16 | 프랭클린 1706~1790
시민의 삶은 어떠해야 하나?

"시간은 돈이다. 누구든 일할 수 있는 시간을 낭비한다면, 그는 그만큼의 돈을 잃는 것이다. 부를 이루는 길은 절약하고 근면하는 것이며, 성실함은 그 어떤 투자보다 값지다."

―『가난한 리처드의 달력』, 1732~1757

18세기 미국은 영국의 식민지배에 저항하며 독립을 향한 열망으로 가득 차 있었다. 미국의 정치 지도자들은 군주제가 아닌, 자유롭고 독립적인 시민사회를 건설하고자 했다. 이 격동의 시기에 철학자들은 시민은 누구이고, 어떤 삶을 살아야 하는가라는 질문을 던졌다. 벤저민 프랭클린(Benjamin Franklin, 1706~1790)은 이런 근대 시민의 윤리관의 맥락 속에서 시민적 인생관을 정립하였다.

근대 부르주아의 윤리관

18세기는 근대라는 새로운 질서가 움트던 시기였다. 세습적 특권보다는 개인의 능력과 노력이 중요해졌고, 귀족이 아닌 상공업적 시민 계급, 부르주아지 Bourgeoisie가 사회를 이끌기 시작했다. 부르주아지 계층은 경제적 자율성을 지닌 상공업자, 자본가, 전문직 지식인 계층으로 성장하며, 기존 봉건 영주·귀족 중심의 지도층을 대체하며 새로운 지도자층으로 등장했다. 이 새로운 인간들은 근면하고 절제하며, 자기 자신을 스스로 단련함으로써 신뢰와 부를 축적했다.

이전의 '기사 계층'이 명예·충성·용기를 강조했다면, 부르주아 계층의 윤리관은 근면, 절제, 합리성, 공공의 책임, 자기 계발 등을 중심으로 정립되었다. 근대 부르주아 지도층 윤리는 다음과 같은 특징을 지닌다. 첫째, 근면과 절제를 강조하여 사치와 낭비를 경계하고, 부지런히 일하며 절약하는 삶의 자세를 추구했다. 둘째, 합리성과 개혁 정신을 바탕으로 논리적 사고와 혁신을 통해 사회 발전을 이끌고자 했다. 셋째, 공공 책임과 시민 정신을 강조하여 사회 구성원으로서 책임감을 가지고 공동체에 기여해야 함을 역설했다. 넷째, 자기 계발과 교육을 통해 끊임없는 학습과 자기 발전을 추구하고, 이를 통해 개인과 사회의 역량을 강화해야 한다고 보았다.

벤저민 프랭클린은 이러한 부르주아 윤리관을 체계적으로 정립한 대표적인 인물이다. 그는 성공의 이야기를 넘어 도덕과 실용이 결합된 삶의 태도를 보여주었다. 프랭클린에게 경제적 부는 도덕적 자질의 외적 표현이었다. 부는 곧 신용이고, 신용은 곧 성실함과 절약, 책임감에서 비롯된다고 믿었다. 막스 베버(1984~1920)가 『프로테스탄트 윤리와 자본주의 정신(1905)』에서 프랭클린을 인용한 것은 결코 우연이 아니다. 프랭클린은 부르조아 윤리가 단지 이상이 아닌, 삶 속에서 구현 가능한 실천 윤리임을 증명한 사람이었다.

프랭클린의 인생관: 자기 계발과 공공의 가치

"사람은 태어날 때부터 위대한 것이 아니라, 스스로 노력하여 위대해지는 것이다" – 프랭클린의 인생관의 핵심은 '자기개발적 시민'이자 '실천적 지도자상'의 정립이었다. 프랭클린은 누구나 노력하면 훌륭한 지도자가 될 수 있다고 믿었다. 그는 '자기 계발 Self-Improvement'을 삶의 중요한 가치로 여기며, 평생 학습과 자기 발전을 강조했다. 그의 삶 자체가 이러한 철학을 실천한 사례였다. 그는 젊은 시절 정규 교육을 충분히 받지 못했지만, 독학과 경험을 통해 학문을 익히고, 이를 바탕으로 정치, 과학, 외교 등 다양한 분야에서 영향력을 발휘했다. 그는 지도자가 되기 위해서는 끊임없이 배우고 성장해야 한다는 점을 몸소 증명했다.

"독서는 인간을 계몽하며, 가장 훌륭한 지도자는 가장 많이 배우는 사람이다" – 프랭클린은 독서를 통해 인간이 성장하고 지혜를 얻을 수 있다고 믿었다. 그는 지식이 특정 계층의 전유물이 되어서는 안 되며, 모든 시민이 교육받을 기회를 가져야 한다고 보았다. 이러한 신념을 바탕으로 그는 공공도서관을 설립하여 지식의 문턱을 낮추고, 누구나 배움을 실천할 수 있도록 했다.

"시간을 낭비하는 것은 곧 인생을 낭비하는 것이다. 근면하고 절제된 삶이 지도자의 기본 조건이다" – 프랭클린은 스스로의 삶을 통제할 수 없으면, 타인을 다스릴 자격도 없다고 보았다. 그는 근면과 절제를 지도자의 가장 중요한 덕목으로 꼽으며, 사치와 방탕한 삶을 경계해야 한다고 강조했다. 지도자는 단순히 권력자가 아니라, 절제된 태도로 국민들에게 신뢰를 주는 존재여야 한다. 특히 그는 일상에서 작은 습관 하나하나가 중요한 영향을 미친다고 생각했다. 새벽부터 하루를 계획하며 시간을 낭비하지 않는 것, 불필요한 논쟁을 피하고 의미 있는 대화만 하는 것, 그리고 자신의 일에 최선을 다하는 것, 이러한 태도가 쌓여 한 사람을 진정한 지도자로 만든다고 믿었다.

"지도자는 국민을 위해 존재하는 것이지, 국민 위에 군림하는 존재가 아니다" – 프랭클린은 지도자가 자신의 이익만을 추구해서는 안 되며, 공공의 이익을 위해 헌신해야 한다고 강조했다. 그는 공공도서관, 소방서, 병원 등의 사회기반 시설을 설립하며 지도층의 역할이 단순한 통치가 아니라 사회적 봉사에 있음을 몸소 실천했다. 그가 생전에 추진했던 공공 사업들은 정치적 행보로서가 아니라, 진정으로 사회를 이롭게 하기 위한 실천적 노력들이었다. 필라델피아 최초의 공공도서관을 설립해 지식의 문을 열었으며, 소방대를 조직하여 화재로부터 시민들을 보호했다. 이러한 활동들은 지도자의 역할이 단순히 국가를 운영하는 것이 아니라, 시민들의 삶을 직접적으로 개선하는 데 있다는 그의 철학을 반영한다.

"이상적인 지도자는 이론에만 갇힌 자가 아니라, 현실 속에서 문제를 해결하는 자이다" – 프랭클린은 지도자가 단순히 도덕적 이상만을 추구하는 것이 아니라, 현실적인 문제를 해결하는 능력을 갖춰야 한다고 주장했다. 그는 과학적이고 실용적인 사고방식을 지도자의 필수 조건으로 보았다. 지도자는 공허한 이상론에 매몰되지 않고, 현실 속에서 구체적인 문제를 분석하고 해결할 수 있는 실용주의적 태도를 가져야 한다. 그는 실생활에서 직접 변화를 이끄는 행동을 중요하게 여겼다. 예컨대, 그는 공공사업을 발전시키기 위해 시민들과 협력하며 실질적인 정책을 추진했다. 우물과 거리 조명 같은 공공시설을 개선하는 작은 실천부터, 정치와 교육 개혁까지, 그는 단순한 구호를 넘어서 현실적인 해결책을 모색하는 지도자의 전형이었다.

"지도자는 자신을 먼저 다스릴 수 있어야 하며, 자기 자신을 통제할 줄 아는 자만이 다른 사람들을 이끌 수 있다" – 이러한 시대적 흐름 속에서 프랭클린은 개인의 자기 수양과 공공 봉사가 새로운 민주주의 사회를 만드는 데 필수적인 요소라고 역설했다. 즉, 지도자는 타고나는 것이 아니라, 끊임없는 자기 노력을 통해 만들어지는 존재여야 한다는 것이다. 프랭클린은 지도자가 되기 위해서는 먼저 자기 자신을 철저하게 단련해야 한다고 강조했다. 그는 '13가지 덕목Thirteen Virtues'을 제시하며, 지도자가 갖춰야 할 필수적인 자질을 구체적으로 제시했다. 13가지 덕목은 절제, 침묵, 질서, 결단, 절약, 근면, 성실, 정의, 중용, 청결, 평정, 순결, 겸손으로 구성된다.

프랭클린의 격언들

프랭클린은 명석한 지성과 유머 감각, 실용적 인생 철학으로 수많은 명언과 격언을 남겼다. 특히 『자서전』과 『가난한 리처드의 연감』에 수록된 말들은 지금도 자기계발, 시간 관리, 절제, 인간관계 등의 주제로 널리 회자된다. 아래에 프랭클린의 격언 중 널리 알려진 몇 개를 정리한다.

"시간은 돈이다."
"작은 틈이 큰 배를 침몰시킨다."
"성공하고 싶다면, 네 삶의 규칙을 먼저 바로 세워라."
"습관은 거미줄 같지만, 나중엔 철사줄이 된다."
"불필요한 것을 사는 사람은, 곧 필요한 것을 팔게 된다."
"신용은 돈보다 귀하다."
"투자 중에서 가장 큰 수익을 주는 것은 지식에 대한 투자다."

프랭클린과 근대 브루조아적 가치관의 정립

프랭클린은 근대적 인간형을 상징하는 자기 계발의 철학자였다. 그가 남긴 "시간은 돈이다", "신용은 자산보다 더 중요하다"는 말은 단순한 실용적 조언이 아니라, 도덕성과 경제적 성공을 분리하지 않는 근대 부르주아 윤리의 정수였다. 프랭클린에게 부란 단지 물질의 축적이 아닌, 사회적 신뢰와 도덕적 명예의 결과였다.

이러한 프랭클린의 사유는 그와 동시대 혹은 이후의 사상가들에 의해 보완되고 확장되었다. 애덤 스미스(1723~1790)는 『국부론(1776)』에서 '보이지 않는 손'이라는 개념으로 개인의 경제적 자유가 공공의 이익으로 연결될 수 있음을 강조했다. 그러나 그는 또한, 시장이 제대로 작동하려면 도덕 감정이 바탕이 되어야 한다고 보았다. 개인의 이익 추구는 정당하지만, 그것은 사회적 책임과 도덕적 질서 안에서 조화되어야 한다는 것이 스미스의 핵심 윤리관이다.

몽테스키외(1689~1755)는 『법의 정신(1748)』에서 법치와 권력 분립을 통해 부르주아 계층이 도덕적 지도자로서 역할을 수행해야 한다고 주장했다. 그는 지도자는 법과 윤리를 근간으로 행동해야 하며, 권력은 분산되고 서로 견제되어야 한다는 입장을 견지했다. 이는 자유 시민으로서의 부르주아 계층의 공공성을 제도적 틀 속에서 제안한 것이었다. 존 스튜어트 밀(1806~1873)은 『자유론(1859)』에서 개인의 자유와 공공의 이익 사이의 균형을 강조하며, 부르주아 계층은 정치적 책임과 사회 개혁의 의무를 함께 져야 한다고 보았다. 그는 경제적 자유와 도덕적 책임을 분리하지 않는 실천적 윤리를 요구했다. 그리고 이 부르주아 윤리의 근원을 분석한 사상가는 막스 베버(1864~1920)였다. 그는 『프로테스탄트 윤리와 자본주의 정신(1905)』에서 프랭클린의 윤리적 실천을 자본주의 발전의 정신적 토대로 분석했다. 베버는 프랭클린의 "시간을 낭비하지 마라", "신용을 쌓아라"와 같은 삶의 원칙들을 근대 자본주의의 윤리적 근간으로 읽어냈다. 자본주의란 단순한 이윤 추구가 아니라, 절제, 근면, 성실이라는 내면의 수양을 통해 실현되는 부르주아의 삶의 태도라는 것이다.

이러한 맥락 속에서 벤자민 프랭클린은 단지 이론가가 아니라, 실천의 본보기이자 상징적 존재로 자리매김한다. 그는 글과 삶을 통해 근대적 자아 형성, 시민적 책임, 도덕성과 생산성의 통합이라는 주제를 선명하게 보여주었고, 이후 현대에 이르기까지 자기계발, 기업가 정신, 리더십 모델 등에 이르기까지 영향을 끼쳤다.

프랭클린을 중심으로 발전한 부르주아 윤리는 인간이 자기 자신을 통제하고 공동체에 기여할 수 있다는 믿음의 철학이었다. 그것은 이성과 도덕, 자기 수양과 공공성, 경제와 윤리를 조화시키려는 근대 정신의 한 정점이었다. 오늘날의 사회가 여전히 자기개발과 리더십의 도덕성과 사회적 책임을 말할 때, 우리는 여전히 프랭클린의 그림자 아래 서 있는 셈이다.

✒ 주요 저술

- 가난한 리처드의 달력(Poor Richard's Almanack, 1732~1757/조민호, 2025) | '리처드 선생'이라는 가명으로 출간한 연감. 날씨 정보, 농사 지침, 행사 일정 외에도 수많은 격언과 지혜로운 문장이 수록되어 있다. 평범한 사람들을 위한 실용적 삶의 지혜서이자, 프랭클린의 민중적 철학을 잘 보여준다.

- 벤자민 프랭클린의 자서전(The Autobiography of Benjamin Franklin, 1791(사후출간)/강주현, 2022) | 인생관, 윤리관, 자기계발 철학을 담고 있다. 13가지 덕목 체계의 정립과 실천 일지를 제공한다. 인쇄공으로 시작해 정치인·외교관으로 성장한 자수성가적 서사를 담고 있으며, 시간 관리, 절제, 근면, 신용 등 근대 부르조아 윤리의 실천 지침이 포함된다.

PART 5

개인의 탄생: 자아와 자유를 찾아서

인간은 집단 속에서 살아가지만, 결국 자신의 삶을 살아가는 존재다. 그러나 '개인'이란 개념은 역사적으로 당연한 것이 아니었다. 우리는 언제부터 '개인'이라는 존재를 자각하게 되었을까? 자유로운 자아란 무엇이며, 개인은 사회와 어떤 관계를 맺어야 하는가? 과학혁명과 산업혁명, 계몽주의와 사회혁명의 여파 속에서 근대 자본주의가 정립되는 과정에서 철학자들과 사상가들은 한편으로는 거대한 사회변화를 끌어내고 있는 개인의 위대함을, 또 다른 한편으로는 공동체의 붕괴와 자본에 의한 인간 소외 속에서 독립적 개인으로서의 인간을 주목하고 고뇌하기 시작한다.

이 장에서는 볼테르(1694~1778)의 '계몽'과 '자유', 흄(1711~1776)의 구성되는 존재로서의 '자아(self)', 피히테(1762~1814)의 '능동적 주체로서의 개인', 쇼펜하우어(1788~1860)의 '고통'과 '의지', 데이비드 소로(1817~1862)의 '진정한 자유인으로서의 개인'에 대한 사유들을 탐구한다.

이제, 우리는 개인의 탄생과 자아의 탐구에 대한 사상가들의 통찰 속으로 들어간다.

17 | 볼테르 1694~1778
이성과 관용은 인간을 어떻게 구할 것인가?

"진정한 관용이란, 우리가 이해하지 못하거나 동의하지 않는 사람을 파괴하지 않고도 함께 살아가는 것이다. 관용은 인간의 약함을 인정하는 데서 시작되며, 정의는 그 약함 위에 세워지는 질서다."

— 『관용론』, 1763

프랑수아-마리 아루에 François-Marie Arouet, 필명 볼테르(Voltaire, 1694~1778)는 계몽주의 시대를 대표하는 철학자이자 문학가로, 근대적 개인의 개념을 정립하는 데 지대한 영향을 미친 사상가였다. 볼테르는 아버지와의 갈등과 사회적 검열을 피하고자 문학 활동과 비판적 저술을 위해 필명을 채택하였다고 한다. 『캉디드(1759)』, 『관용론(1763)』 등 다수의 저작들은 모두 이 필명으로 발표되었다. 볼테르는 이성과 합리주의, 종교적 관용, 자유 사상 등을 강조하며, 미신과 독단이 만연한 당시 사회를 비판하였다. 그는 독선적인 종교적 권위와 사회적 불평등을 비판하며, 인간의 자유와 이성이 사회를 개선하는 열쇠라고 보았다.

볼테르의 사상적 배경

　18세기 유럽, 특히 프랑스는 계몽 사상의 중심지로 떠올랐다. 계몽 사상은 이성과 과학적 방법론을 통해 전통적 권위와 미신을 비판하고, 인간의 자유와 진보를 추구하는 철학적 운동이었다. 볼테르는 이러한 계몽 사상을 적극적으로 수용하고 전파하며, 당시 사회의 종교적 독단과 정치적 억압에 맞섰다. 볼테르는 어린 시절부터 학문에 뛰어났다. 그는 성장 과정에서 부모의 이혼과 여러 차례의 투옥 경험을 통해 독립적이고 비판적인 사고를 형성한다.

　볼테르는 개인의 권리를 억압하는 요소들을 비판하며, 특히 절대왕정과 성직자 중심의 사회 질서를 강하게 공격했다. 당시 유럽은 왕권신수설에 따라 왕이 신의 대리인으로 간주되었고, 이에 반발하는 사람들은 처벌받았다. 볼테르는 왕이든 성직자든 누구도 절대적인 권력을 가져서는 안 되며, 인간은 본질적으로 자유를 누릴 권리가 있는 존재라고 주장했다.

　볼테르의 대표작 『캉디드』는 이성의 힘을 통해 비판적 세계관과 미신을 풍자하며, 진보적이고 합리적인 사고를 촉구한다. 그는 프랑스 계몽주의를 선도하며, 자유로운 사고와 인간의 진보 가능성을 주장했다. 이 시기 '계몽'은 이성과 합리적 사고를 통한 지식의 확장과 전통적 권위에 대한 비판을 의미하였으며, '관용(寬容, tolérance)'은 서로 다른 사상과 신념에 대한 존중과 포용의 태도였다.

관용: 서로 다름을 인정하라

　"관용이란 인간성의 산물이며, 우리는 모두 나약하고 오류를 범하는 존재다. 그러므로 서로를 용서해야 하며, 이것이 자연의 첫 번째 법이다"—볼테르에게 관용은 이성적 인간 사회가 지녀야 할 가장 고귀한 덕목이었다. 그는 종교적 광신, 정치적 탄압, 지적 독단을 인류를 위협하는 가장 위험한 악으로 간주했고, 이에 맞설 수 있는 도덕적 무기는 관용뿐이라고 보았다. 관용은 선택이 아니라, 인간 조건에 내재한 필연적인 윤리였다. 진리를 독점할 수 있는 존재는 없고, 인간이 불완전하다는 전제에서 시작된 그의 관용 사상은 모든 차이와 오류에 대해 겸허한 태도를 가질 것을 요구했다.

"종교는 인간을 더욱 정의롭고 자비롭게 만드는 것이어야 하지, 고문하고 살해하는 구실이 되어서는 안 된다"— 1762년 벌어진 장 칼라스 사건은 그에게 큰 충격을 주었다. 개신교 신자인 칼라스는 아들을 살해했다는 거짓된 혐의로 가톨릭 재판소에서 고문 끝에 처형당했다. 볼테르는 이 사건의 진실을 추적하고, 그 뒤에 숨겨진 종교적 편견과 사법적 부조리를 폭로했다. 이 경험은 그가 이듬해 『관용론』을 집필하게 만든 동력이 되었고, 그 안에서 그는 종교는 사람을 더 정의롭고 자비롭게 만들어야지, 고문과 살해의 구실이 되어서는 안 된다고 단호히 주장했다.

"모든 사람은 자신의 방식대로 생각할 권리가 있다"— 볼테르가 말한 관용은 무조건적인 수용이 아니다. 그것은 진리를 찾기 위한 자유를 보장하고, 다양한 의견이 공존할 수 있는 문명 사회의 기반이 되는 이성의 덕이었다. 그는 인간 사회를 본질적으로 다양성의 공간으로 보았으며, 어떤 신념이나 의견도 비판받을 수 있지만 강제 억압은 정당화될 수 없다고 보았다. 이성과 비판의 자유를 보장하는 사회야말로 지속 가능한 공동체라고 그는 믿었으며, 흔히 그를 상징하는 말로 알려진 "나는 당신의 의견에 반대하지만, 당신이 그것을 말할 권리는 목숨 걸고 지키겠다"는 문장은 그의 철학을 간명하게 요약한다. 관용은 다름을 수용하는 것이 아니라, 다름을 인정한 채 공존하는 법을 배우는 정치적이자 윤리적인 기술이며, 계몽주의 정신의 핵심이었다. 이는 이후 계몽주의 운동과 인권 사상의 발전에 큰 영향을 미쳤으며, 결국 미국 독립선언문(1776)과 프랑스 혁명(1789)의 핵심 원칙으로 자리 잡았다.

그가 가장 날카롭게 공격한 대상은 광신이었다. 광신은 종교의 이름으로 자행되는 이성의 거부였고, 무지를 신성시하며 폭력을 정당화하는 태도였다. 볼테르는 이를 극복하기 위해 교육, 합리적 대화, 그리고 역사를 돌아보는 성찰이 필요하다고 강조했다. 볼테르는 또한 종교적 박해와 편협함을 혐오했다. 당시 유럽에서는 종교적 차이로 인해 끝없는 전쟁이 벌어지고 있었으며, 가톨릭과 개신교, 유대교와 이슬람교 간의 갈등이 심각했다. 볼테르는 절대적 진리를 주장하는 이들(왕, 교황, 성직자 등)이야말로 개인의 자유를 억압하는 가장 위험한 존재라고 보았다.

관용과 근대적 개인주의

"우리는 우리 자신의 정원을 가꾸어야 한다" – 볼테르는 근대적 개인주의의 선구자였다. 그의 철학은 절대적 권력과 맹목적 신앙을 해체하고, 개인의 자유와 이성적 사고를 강조하며 현대 민주주의와 인권 사상의 기초를 다졌다. 그가 주장한 이성, 자유, 관용, 표현의 권리 등은 근대적 인간관을 구성하는 핵심 원칙이었다.

볼테르에게 있어 인간은 이성을 지닌 불완전한 존재, 즉 진리를 온전히 알 수는 없지만 진리를 구할 수 있는 권리와 능력을 가진 존재였다. 그는 이러한 인간을 중심에 두고, 모든 억압과 강요, 모든 획일화의 시도에 맞서 관용을 요청한다.

이러한 입장은 자유주의liberalism, 특히 표현의 자유, 양심의 자유, 종교의 자유 같은 권리 개념을 철학적으로 정당화하며, 현대 헌법 질서의 기본 원칙이 된 '다름 속의 평등', 즉 다원주의pluralism의 근본 정신을 이룬다. 볼테르의 관용은 개인의 인내심이나 도덕적 미덕에 머무르지 않는다. 그것은 이성적 인간이 서로를 인정하며 함께 살아가기 위한 사회적 기술이자 윤리적 계약이며, 개인의 권리와 자유를 존중하고 보호하기 위한 정치적 질서의 철학적 토대이다.

볼테르에게 관용이란 이성이 주는 자기 인식의 겸허함, 그리고 다름을 받아들이는 도덕적 용기였다. 그의 사상은 오늘날 우리에게도 여전히 중요한 질문을 남긴다.

"우리는 다름을 어떻게 받아들이고 있는가?"
"우리는 타인의 신념을, 말할 수 있는 권리를, 감내할 수 있는가?"
"그리고 우리는 무엇을 위해 관용을 실천하고 있는가?"

볼테르는 자신의 삶을 걸고 이 질문에 대답했다. 그의 철학은 지금도, 관용 없는 시대의 우리에게 이성의 마지막 방어선으로 남아 있다.

🖋 주요 저술

- **철학 편지**(Letters on England, 1733/이봉지, 2019) | 영국의 정치, 종교, 사회 제도를 찬양하며 프랑스의 종교적 독단과 정치적 억압을 비판한 에세이집이다.
- **캉디드**(Candide, 1759/현성환, 2023) | 낙관주의 철학을 풍자하며 현실의 고난과 불합리를 비판한 소설로, 계몽 사상의 핵심 메시지를 전달한다.
- **관용론**(Traité sur la tolérance, 1763/송기형 외, 2016) | 종교적 관용의 중요성을 강조하며, 종교적 박해와 불관용을 비판한 논문이다.

18 | 흄 1711~1776
나는 존재하는가 아니면 구성되는 것인가?

"이성은 감정의 노예이며, 오직 그것을 섬기고 복종해야 할 뿐이다. 감정과 이성이 대립한다고 말하는 것은 엄밀히 말해 철학적인 표현이 아니다. 이성만으로는 어떤 의지적 행위의 동기가 될 수 없으며, 결코 감정에 반하여 의지를 움직일 수 없다."

—『인간 본성에 관한 논고』, 1739

17세기 이후, 인간은 이성의 동물로 규정되어 왔다. 데카르트(1596~1650)는 "나는 생각한다, 고로 존재한다"고 했고, 존 로크(1596~1704)는 경험을 통해 형성되는 합리적 주체로 인간을 보았다. 그러나 데이비드 흄(David Hume, 1711-1776)은 이러한 이성 중심주의에 근본적인 의문을 제기한다.

흄은 인간을 자기 통제적 주체라기보다, 수많은 감각과 연상의 흐름에 흔들리는 섬세한 존재로 재정의했으며, 이는 이후 철학사 전반에 걸쳐 인간 이해의 지평을 바꾸는 계기가 되었다.

인과성의 해체

"우리는 원인을 본 적이 없다. 우리는 오직 사건들이 연속적으로 일어나는 것을 볼 뿐이다" – 데이비드 흄에게 있어 철학은 의심으로부터 출발하는 정신의 실험이었다. 그는 『인간 본성에 관한 논고(1739)』에서 당시 계몽주의 시대가 전제로 삼고 있던 여러 핵심 개념, 그 중에서도 특히 '인과성 causality'을 깊이 의심하며 철학적 해체의 서막을 연다. 인과성은 우리가 세계를 이해하고 질서를 구성하는 방식의 핵심 구조였다. 흄은 이 구조가 논리나 경험적 확증에 의해 성립되는 것이 아니라, 오직 '심리적 습관'에 의해 유지되는 신념에 불과하다고 주장한다.

흄은 '원인과 결과'라고 부르는 관계가 사실상 두 사건의 반복적 결합에 불과하다고 말한다. 즉, 우리가 A 다음에 B가 항상 일어난다는 경험을 충분히 반복하면, 우리는 어느 순간부터 A가 B를 야기한다고 믿게 된다. 이 믿음은 논리적 필연성에서 나오는 것이 아니라, 심리적 기대에서 비롯된 것이다. 흄은 인과성을 경험으로부터 '귀납적으로' 도출할 수 없다는 점을 지적한다. 우리는 아무리 많은 A와 B의 결합을 보더라도, 다음에도 반드시 B가 뒤따를 것이라는 필연성을 이성적으로 증명할 수는 없다. 그러므로 인과성은 지식의 기초가 아니라, 믿음의 심리적 산물이다.

이러한 입장은 계몽주의 철학, 특히 뉴턴(1643~1727)의 자연 법칙에 대한 과학적 신뢰를 기반으로 한 이성주의적 세계관에 정면으로 반기를 드는 것이었다. 계몽주의자들은 자연은 필연적으로 작동한다고 믿었고, 인간 이성은 그 질서를 발견하고 정리하는 능력을 갖고 있다고 주장했다. 그러나 흄은 이를 거부한다. 흄에 따르면 인간은 확실성에 근거해 판단하고 행동하는 존재가 아니라, 불확실성을 견디는 존재, 기대와 반복의 습관 속에서 살아가는 심리적 구조체인 것이다.

"우리가 갖는 모든 믿음은, 이성적 확실성이 아니라 상상과 습관의 산물이다" – 흄이 그려낸 인간상은 '논리적 판단자'가 아니라 '예측하는 존재'이다. 인간은 사건들 사이의 상관관계를 반복적으로 경험하며, 그 반복 속에서 다음에도 그럴 것이라는 믿음을 구성한다. 그러나 이 믿음은 언제나 파기될 수 있는 가설일 뿐, 결코 확정된 지식은 아니다. 그렇기에 흄에게 과학이란 절대적 진리를 밝히는 것이 아니라, 가장 잘 작동하는 가설들의 체계일 뿐이다. 그는 우리가 확실한 것을 포기할 때에야 비로소 더 정직하게 사유할 수 있다고 믿었다. 이성은 믿음의 안정성을 보장해주지 않으며, 오히려 그 빈틈을 인정할 때 자연, 윤리, 사회에 대한 보다 유연하고 실용적인 이해가 가능해진다.

인간은 느끼는 존재다

"이성은 감정의 노예이며, 그에 복종하고 섬겨야 한다" – 데이비드 흄은 당대 철학계의 지배 담론이던 이성 중심주의에 근본적인 회의를 제기한다. 그는 존 로크(1632~1704)와 버클리(1685~1753)로 이어지는 영국 경험론 전통을 계승하면서도, 그들이 여전히 붙잡고 있던 '이성의 신뢰성'이라는 철학적 정전을 전면적으로 해체한다. 인간은 더 이상 질서 정연한 이성의 논리에 따라 사고하고 행동하는 존재가 아니다. 오히려 인간은 감각적 인상, 정서적 반응, 그리고 습관에 의해 움직이는 불안정한 존재이다.

"감정은 논리적으로 옳다거나 그르다고 할 수 없다" – 흄에게 이성은 도구적 수단에 불과하며, 인간이 '원함want'을 느끼는 감정과 욕망이 먼저 있어야만, 이성이 그에 따른 수단과 결과를 계산할 수 있다. 즉, 이성은 목표를 세우지 못하고, 오직 목표가 설정된 후에야 움직이는 도구일 뿐이다. 판단과 결정은 철저하게 정념passions의 산물이며, 이성은 그것을 정당화하거나 체계화하는 사후적 장치에 불과하다. 흄은 인간 행동의 동기를 찾기 위해 이성적 논증을 따라가는 대신, 그 근저에 흐르는 감정의 강을 탐색한다. 흄이 그려내는 인간상은 이성의 안정성과 자율성을 기반으로 하는 고전적 모델이 아니라, 환경에 반응하고 기억과 습관에 의해 구성되며, 감정의 흐름 속에서 살아가는 '비일관적인 존재'다.

도덕은 감정에서 비롯된다

"우리는 어떤 행위를 이성으로 계산하기 전에, 먼저 그 행위에 대해 감정을 느낀다" – 도덕 판단 역시 이성의 명제가 아니라 공감과 혐오, 경멸 같은 감정의 직관적 반응에서 비롯된다. 인간은 선과 악을 논리적으로 판별하는 존재가 아니라, 느끼는 방식에 따라 행동을 결정하는 감정적 생명체이다. 이성은 단지 사실 판단을 가능케 할 뿐, 가치 판단, 즉 무엇이 선하고 악한가에는 아무런 영향력을 갖지 못한다. 인간은 공감 능력을 통해 타인의 고통에 반응하며, 그것이 바로 도덕적 판단의 기초를 이룬다.

"우리가 선을 사랑하고 악을 미워하는 것은, 그것이 우리에게 감정적으로 납득되기 때문이다" – 흄이 강조하는 '공감'은 단순한 정서적 감동이 아니다. 그것은 타인의 정서 상태를 내면화하고 공유할 수 있는 인간 고유의 능력이다. 도덕이란 외부로부터 주어지는 규범이 아니라, 우리 안에 이미 존재하는 감정의 구조를 따라 자연스럽게 형성되는 것이다. 이는 전통적인 이성주의 윤리학, 예컨대 아리스토텔레스적 덕 윤리에 대한 강력한 반론이었다.

흄의 윤리학은 인간을 이성적 계산자가 아니라, 정서적 존재로서의 윤리적 감수성 위에 세운다. 우리는 도덕을 논리적으로 '아는' 것이 아니라, 감정적으로 '느끼며 반응'하는 존재다. 이러한 사유는 도덕을 추상적 원칙의 문제가 아닌, 생활 속 감정과 관계의 윤리로 전환시킨다.

자아의 해체

"내가 나 자신을 바라볼 때, 나는 언제나 어떤 감각, 인상, 기억, 혹은 열정만을 발견할 뿐이다. 나는 결코 자아 그 자체를 발견한 적이 없다" – 데이비드 흄의 철학적 파괴는 단지 인식론이나 도덕론에 그치지 않는다. 그는 인간 존재의 가장 근본적 토대, 곧 '자아self'라는 개념 자체에 대해 근본적인 해체를 시도한다. 고대와 중세의 철학에서 자아는 신의 형상으로 창조된 고귀한 실체였고, 근대에 이르러 데카르트(1596~1650)는 "나는 생각한다. 고로 존재한다"라는 명제로 자아를 확실성의 출발점이자 존재의 중심에 놓았다.

그러나 흄은 이 확고한 자아 개념에 정면으로 이의를 제기한다. 흄은 자아를 고정된 실체가 아니라, 감각적 경험과 기억, 심리적 인상들의 유동적 흐름 속에서 형성되는 '다발bundle'에 불과하다고 보았다. 인간의 내면은 하나의 통합된 실체가 아니라, 시시각각 다른 감정과 인상, 기억이 '잠정적으로 연결된' 일시적 구성물이다.

흄은 자아를 확고한 중심이 아니라, 언제나 흔들리고 구성되는 가장 인간적인 상태로 되돌렸다. 그렇게 함으로써, 인간 존재는 완성된 실체가 아니라, '되어가는 존재', '열려 있는 주체'로 다시 태어났다.

철학적 배경

데이비드 흄의 철학은 근대 유럽 지성사 속에서도 유난히 급진적이며 파괴적인 힘을 지닌다. 그는 인간 존재에 대한 전통적 관념, 세계 인식의 방식, 도덕의 근거에 이르기까지 철학이 전제로 삼았던 거의 모든 것을 의심하고 해체하려 들었다. 이성은 감정의 노예라는 그의 선언은 한 시대의 지적 기둥을 무너뜨리는 철학적 지진으로 작용했다. 이런 사유는 공허한 회의주의의 결과가 아니라, 특정한 역사적, 지성사적, 그리고 개인적 맥락 속에서 필연처럼 태어난 것이었다. 흄의 급진적 회의는 그의 시대와 그가 몸담은 철학 전통, 그리고 그 자신이 겪은 내면적 경험의 산물이었다.

첫째, 흄은 영국 경험론의 정점에서 활동한 철학자였다. 17세기 후반부터 영국 철학은 이성보다 경험을 지식의 원천으로 보는 사유의 흐름을 형성해 왔다. 존 로크(1632~1704)는 인간 정신이 '백지tabula rasa'로 태어나 감각과 경험을 통해 지식을 얻는다고 주장했고, 조지 버클리(1685~1753)는 심지어 물질의 존재 자체가 '지각perception'에 의존한다고 보았다. 흄은 이러한 전통을 계승하면서도, 거기서 한 걸음 더 나아갔다. 그는 우리가 경험을 통해 얻는 지식조차 논리적 확실성이 아니라, 반복된 사건을 통해 형성된 심리적 습관에 불과하다고 보았다. 이렇게 흄은 경험론 자체를 경험론적으로 해체한 철학자였다.

둘째, 그의 사유는 당대 자연과학의 지배적 영향에 대한 비판적 응답이었다. 18세기 초 유럽은 뉴턴(1643~1727)의 고전역학이 세계를 설명하는 압도적 도식으로 자리 잡은 시기였다. 만물은 일정한 법칙에 따라 인과적으로 움직이며, 인간 이성은 이 질서를 인식할 수 있다는 믿음이 과학과 철학 양쪽에서 공유되었다. 흄은 이 같은 뉴턴주의적 확실성에 회의적인 시선을 던졌다. 그는 우리가 인과적 질서를 '본다'고 생각하는 것은 실제로는 A 다음에 B가 반복적으로 발생하는 것을 경험한 결과 형성된 기대에 불과하다고 지적했다. 다시 말해, 세계는 그렇게 움직일지도 모르지만, 우리가 그것을 필연적 인과관계로 인식할 철학적 근거는 없다는 것이다. 흄의 이 같은 회의는 근대철학이 내세우는 확실성의 꿈에 찬물을 끼얹는 것이었다.

셋째, 흄의 사유는 스코틀랜드 계몽주의라는 독특한 지적 분위기 속에서 자라났다. 18세기 스코틀랜드는 애덤 스미스(1723~1790)를 비롯한 많은 사상가들이 활동하며 감정과 공감, 관습과 시민적 덕목에 기반한 사유를 펼쳤다. 흄은 이들과 마찬가지로 인간을 전적으로 이성적 존재로 보지 않고, 사회적 관계 속 감정의 존재로 바라보았다. 그는 인간의 도덕성과 사회 질서는 공리주의적 계산이나 논리적 규범에서 나오는 것이 아니라, 감정과 습관, 공감의 반복적 작용 속에서 형성된다고 보았다. 이러한 입장은 이후 현대 사회윤리와 도덕 심리학에도 큰 영향을 미친다.

넷째, 개인적 경험도 흄의 철학에 결정적인 영향을 미쳤다. 그는 젊은 시절 '철학의 열정'에 사로잡혀 정신적 몰입 상태에 빠졌고, 이로 인해 극심한 불안과 우울을 겪었다. 그는 이를 '정신의 병 distemper of the mind'이라 불렀고, 그로부터 벗어나기 위해 일상의 삶, 독서, 운동, 그리고 인간관계 속으로 자신을 던졌다. 이 개인적 위기는 현실과 단절된 이성의 위험성에 대한 체험이었고, 이후 흄은 철학이 인간의 실제 삶과 분리되어선 안 된다는 입장을 견지하게 된다. 즉, 철학은 삶과 동떨어진 논리 체계가 아니라, 인간의 감정과 습관, 불완전성을 반영해야 한다는 확신을 갖게 된 것이다.

데이비드 흄의 철학은 단절이 아니라 연속의 철학이었다. 그는 이전의 철학과 과학이 축적해온 성과들을 무시하거나 거부하지 않았다. 오히려 그는 그것들이 인간의 인식과 감정이라는 전제 위에서만 의미 있게 구성될 수 있다는 사실을 드러냈다. 그의 회의는 파괴가 아니라 정직함이었다. 흄은 이성 중심의 철학에 감정과 습관, 공감이라는 인간 본연의 요소를 되돌려 놓으며, 철학을 다시 인간의 자리로 끌어내렸다.

감정과 습관의 질서: 정치와 윤리로의 전이

흄의 철학은 인간이란 무엇인가에 대한 깊은 성찰에서 비롯되며, 그 인간상이 사회와 제도, 도덕의 문제로 확장될 때 그는 독특한 정치철학의 입장을 선취한다. 그것은 이성의 과잉 신뢰를 경계하고, 감정, 습관, 관습, 공감과 같은 인간 삶의 실제적 요소들로부터 정치질서와 도덕질서를 도출하려는 실용주의적·경험주의적 입장이었다.

"사회는 이상적 설계가 아니라, 점진적 개선과 적응의 산물이다" – 우선 흄은 보수적 자유주의자로 평가된다. 이는 그가 인간 이성을 도덕과 정치 질서의 중심 원리로 삼았던 계몽주의 사상에 일정한 거리를 두었기 때문이다. 그는 인간은 이성적 원칙에 따라 움직이기보다는, 반복된 경험과 사회적 습관, 정서적 경향성에 의해 행동하는 존재라고 보았다. 그러므로 사회나 정치 체제 또한 인간의 본성에 맞게 형성되어야 하며, 그것은 급진적 설계가 아니라 오랜 시간 동안의 관습과 제도의 축적이라는 점에서 점진적 진화의 산물이다.

이러한 시각은 사회계약론에 대한 비판으로 이어진다. 흄은 홉스나 루소처럼 인간이 '자연상태'라는 가상의 상태에서 계약을 통해 정치사회를 구성했다는 가설에 깊은 회의를 표했다. 그는 정치 권위와 제도는 그런 추상적 장치의 산물이 아니라, 역사적 누적과 사회적 관습의 복합적 결과라고 주장했다. 국가나 정부는 어느 날 특정 계약으로 탄생하는 것이 아니라, 오랜 시간 공동체 내부의 필요와 경험을 통해 자연스럽게 구성되는 질서라는 것이다. 그는 이처럼 사회계약론의 형식적 추상성을 비판하며, 제도란 인간 현실의 심리적, 사회적 조건에 맞게 진화하는 것임을 강조했다.

윤리학과 사회철학에서도 흄은 감정을 핵심에 둔다. 그의 윤리학은 도덕

감정sympathy의 개념을 중심으로 구성되며, 인간이 도덕적으로 행동하는 이유는 추상적 원칙의 인식 때문이 아니라 타인의 감정에 반응하고 공감하는 능력 때문이라고 본다. 흄은 인간이 타인의 고통에 공감할 수 있는 정서적 구조를 갖추고 있기에, 도덕 질서는 공동체적 정서 기반 위에서 자연스럽게 형성된다고 보았다. 도덕이란 외부의 명령이나 합리적 도출의 결과가 아니라, 인간 사이의 감정적 공존 가능성 위에서 작동하는 일종의 사회적 감응 체계다.

흄의 정치·사회철학은 그가 가진 인간관에서 기인한다. 그는 인간을 이성적 계산자가 아니라, 우연과 정서, 습관의 흐름 속에서 살아가는 불완전한 존재로 보았다. 이로 인해 그는 완벽한 정치 이론이나 윤리 체계를 설계하려는 시도에 회의적이었고, 오히려 제도와 윤리 역시 인간 본성의 한계를 전제한 실용적 구조로 구성되어야 한다고 보았다. 정치 질서는 언제나 불완전하며, 인간이 만들어낸 것이기에 일정한 모순과 충돌을 수반한다. 그러나 그 안에서 감정과 관습, 공감의 원리가 작동할 때, 사회는 보다 안정적으로 존속할 수 있다는 것이 흄의 실용적 통찰이다.

이렇듯 데이비드 흄의 철학은 존재론과 인식론에서 출발하여 도덕론과 정치철학으로 자연스럽게 확장된다. 그의 사유는 이성을 절대화하지 않으면서도, 감정과 습관이라는 인간 조건의 구체성을 통해 보다 현실적이고 유연한 질서의 가능성을 탐색한다.

데이비드 흄은 인간을 '이성의 주인'이 아닌, 감정의 흐름 속에서 일시적으로 형성되는 존재로 재정의했다. 그는 고전 철학이 이상화한 자기 완결적 인간상을 해체하고, 불완전하고 불확실하며 감정적인 인간의 현실을 드러냈다.

흄은 '인간은 무엇인가'라는 철학의 가장 오래된 질문에 새로운 얼굴을 부여한 사상가였다. 그는 이성보다 감정, 확실성보다 습관, 본질보다 경험의 흐름을 강조하며, 오늘날까지도 여전히 유효한 실존적이고 경험적인 인간관을 남겼다.

📝 주요 저술

- **인간 본성에 관한 논고**(A Treatise of Human Nature, 1739-1740/이준호, 1994년) | 인간 지식의 근본 원리를 경험적 탐구를 통해 분석하며, 감각 경험과 인과관계의 본질을 다룸. 인식론과 심리학, 도덕철학의 토대를 제공한 흄의 대표작이다. 국내에서는 『오성에 관하여』, 『정념에 관하여』, 『도덕에 관하여』라는 제목의 3부작으로 번역 출간되었다.

- **인간 지성에 관한 연구**(An Enquiry Concerning Human Understanding, 1748/이준호, 1994) | 『인간 본성에 관한 논고』의 내용을 간결하고 명료하게 재구성. 인과관계와 귀납법 비판, 회의주의, 종교 비판 등 철학적 논의의 중심을 이룬 저서. 인식론, 회의주의, 종교 비판을 다룬다.

- **인간의 이해력에 관한 탐구**(An Enquiry Concerning Human Understanding, 1748/김혜숙, 2012) | 앞의 인간 본성에 관한 논고 중 인식론적 문제만을 보다 간결하고 쉽게 풀어서 쓴 책이다. 과관계, 경험론, 귀납적 추론, 종교적 신념 등에 대한 논의가 포함되어 있다.

- **도덕 원리에 관한 연구**(An Enquiry Concerning the Principles of Morals, 1751/강준호, 2022) | 도덕적 판단의 기초를 인간의 감정과 공감에서 찾으며, 도덕적 행동의 동기를 이성보다 감정에 두는 감정주의 도덕 철학을 전개한다.

19 | 피히테 1762~1814
자아는 어떻게 세계를 구성하고, 자유를 확립하는가?

"자아는 단순히 세계 속에서 발견되는 대상이 아니라, 모든 경험과 인식을 가능케 하는 능동적 주체이다. 그것은 스스로를 설정함으로써 존재하고, 그 자율성 안에서 세계를 창조적으로 구성해낸다."
— 『학문론 또는 이른바 철학의 개념에 대하여』, 1794

요한 고틀리프 피히테(Johann Gottlieb Fichte, 1762~1814)는 독일 관념론 철학의 선구자로, 칸트의 비판 철학을 계승하며 '자아Ich'를 중심으로 철학 체계를 구축했다.

그는 인간이 자기 자신을 창조하고, 자신의 삶을 형성할 수 있는 주체적 존재라고 주장했다. 즉, 인간은 사회적·역사적 조건에 의해 수동적으로 형성되는 것이 아니라, 능동적으로 자신을 만들어가는 존재라는 것이다. 이는 근대적 개인주의와 주체성을 형성하는 중요한 사상이 되었으며, 이후 실존주의와 현대 자유주의 철학에도 영향을 주었다.

피히테 철학의 배경

피히테는 칸트 철학의 직접적인 영향을 받으며, 독일 관념론을 개척하였다. 그는 칸트의 비판철학, 특히 『실천이성비판』에 깊이 매료되어 자신을 칸트 철학의 정당한 후계자로 자처했다. 그는 칸트 철학의 핵심 문제였던 이론과 실천 이성의 간극, 그리고 '물자체' 개념을 극복하고자 했다. 그 결과, 그는 자아의 능동성을 중심에 둔 '지식학' 체계를 제안하며 철학의 출발점을 '자아'로 삼았다.

피히테의 사유는 독일 관념론의 큰 흐름에서 칸트(1724~1804)와 헤겔(1770~1831) 사이를 잇는 중간 고리 역할을 한다. 그는 세계 전체를 자아의 능동적 작용으로 설명하려 했고, 이는 이후 헤겔의 절대정신 개념의 선구적 사유로 이어진다.

시대적 배경 역시 피히테 철학에 깊은 흔적을 남겼다. 1789년 프랑스 혁명은 자유, 평등, 박애라는 이념으로 유럽 지식인 사회에 강한 충격을 주었고, 피히테도 예외는 아니었다. 정치적 위기의 시대, 즉 나폴레옹 전쟁 시기에도 피히테는 철학자로서 사회에 개입했다. 1806년, 프로이센이 나폴레옹에게 패한 직후 그는 독일 국민을 고무하고자 『독일 국민에게 고함』이라는 연설을 진행했다. 이 연설에서 그는 교육과 도덕적 자율성을 통해 민족정신을 형성해야 한다고 강조했으며, 이는 훗날 독일 민족주의 사상의 기반이 되었다.

능동적 주체로서의 자아와 타인

데카르트(1596~1650)는 모든 것을 의심할 수 있다고 보았지만, 그 의심을 하고 있는 '나'의 존재만큼은 의심할 수 없다고 주장했다. 이로써 그는 생각하는 주체로서의 자아를 철학의 확실한 출발점으로 삼았다. 자아는 의식의 중심이며, 인식은 자아 내부에서 시작된다. 그러나 외부 세계는 자아와는 다른 연장된 실체로 남아 있고, 여전히 신과의 연결 속에서 설명된다. 그로부터 100여 년 뒤, 칸트(1724~1804)는 자아를 인식의 조건으로 새롭게 정의했다. 그는 인간이 세계를 있는 그대로 인식할 수 없고, 오직 자아가 가진 인식 형식에 따라 세계를 인식한다고 보았다. 우리가 접하는 것은 '사물 자체'가 아닌, 자아의 인식 구조에 의해 형성된 '현상'이다. 자아는 감성과 오성이라는 틀을 통해 세계를 구성하는 능동적인 인식 주체이며, 인식 내용을 하나로 통일하는 초월적 기능을 갖는다. 그러나 여전히 세계는 자아 외부에 있으며, 자아는 그 세계를 전제할 수는 없다.

이러한 흐름 속에서 피히테는 자아를 근본적으로 다시 생각한다. 그는 '자아Ich'가 스스로를 설정하고, '비자아Nicht-Ich'인 세계 또한 자아의 행위에 의해 설정된다고 보았다. 자아는 단순히 인식하는 주체를 넘어, 세계와 도덕을 구성하는 창조적 존재다. 피히테에게 자아는 외부에 의존하지 않고 자기 자신을 정립하며, 실천적 활동을 통해 세계를 만들어내는 절대적 주체다. 그는 자아를 도덕적 과제를 설정하고 이를 실현하는 주체로 보았고, 따라서 자아는 존재론적이고 윤리적인 실천의 중심이 된다. 피히테는 자아를 단순히 개별적인 의식이 아닌 '절대적 자아'로 정의하며, 이를 세 가지 기본 명제를 통해 설명했다.

"자아는 자아를 정립한다" – 세계에 대한 피히테 철학에서 이 첫 번째 근본 명제는 모든 존재와 의식 활동의 장엄한 시작을 알리는 선언과도 같다. 세계의 출발점은 절대적 자아의 순수한 활동이다. 절대적 자아는 그 무엇에도 의존하지 않고 먼저 자기 자신을 정립한다.

"자아는 자아 안에서 비자아를 정립한다" – 이 두 번째 근본 명제는, 자아가 자신의 의식 활동을 위해 필연적으로 비자아를 세우는 과정을 보여준다. 자아가 오롯이 자신만을 마주한 채로는, 스스로를 '의식'하는 단계에 이를 수 없다. 의식이란 본질적으로 대상과의 관계 속에서 성립하기 때문이다. 따라서 자아는 자신과 구별되는 것, 자신에게 대립하는 어떤 것을 필요로 한다. 이것이 바로 '비자아das Nicht-Ich'이다. 여기서 중요한 점은, 비자아가 단순히 자아의 상상력에 의해 임의로 만들어지는 환상이 아니라는 것이다. 비자아는 자아의 활동과 의식이 구체적으로 전개되기 위한 필수불가결한 존재론적 계기이다. 마치 화가가 빈 캔버스를 마주해야 그림을 그릴 수 있듯, 자아는 비자아라는 '저항Anstoß'이자 자극을 통해 비로소 현실적으로 활동하고, 나아가 자신을 유한한 존재로 인식하게 된다. 비자아가 없다면 자아의 역동적인 활동도, 명료한 의식도 성립할 수 없는 것이다.

"자아는 자아 안에서, 분할 가능한 자아에 대립하여 분할 가능한 비자아를 정립한다" – 자아와 비자아의 정립 과정은 더욱 심화되어, 절대적 자아는 유한한 세계의 다채로운 모습으로 자신을 드러낸다. 이는 단일했던 절대적 자아가 다수의 유한한 개별 자아들과 다양한 형태의 유한한 비자아들로 분화됨을 의미한다. 우리가 경험하는 세계, 즉 수많은 '나'들과 '나 아닌 것들'로 이루어진 세계의 존재론적 기초가 여기서 마련된다.

이 분화의 과정에서 '타인'은 단순한 사물적 비자아와는 구별되는 매우 특수한 존재론적 지위를 부여받는다. 타인은 나와 마찬가지로 생각하고 느끼며 자유롭게 행동하는 존재, 즉 '나와 같은 자아', '또 다른 유한한 자아'로서 정립된다. 자아가 자신을 독립된 '개별적이고 유한한 자아'로 뚜렷이 의식하기 위해서는, 자신을 제한하면서 동시에 자신과 구별되는 다른 유한한 자아들의 존재가 필수적으로 요구된다. 다시 말해, 한 개인이 자신의 유한성과 고유한 개체성을 깨닫는 것은, 자신 이외의 다른 자아들이 존재한다는 사실을 존재론적으로 전제할 때만 가능하다. 만약 이 세계에 오직 나 홀로 존재한다면, '나'라는 개별적 자아의식 자체가 희미해지거나 아예 성립조차 할 수 없을 것이다. 타인의 존재는 이처럼 나의 자아 인식에 있어 근원적인 거울이자 필수적인 타자他者인 것이다.

도덕적 실천으로서의 자유와 타인의 의미

"자유는 상태가 아니라 도달해야 하는 목표이다" – 그는 자유를 외부 간섭이 없는 단순한 상태로만 보지 않았다. 자유란 자아가 자신의 내면적 법칙에 따라, 도덕적 실천을 통해 자기 존재를 형성해 나가는 윤리적 자기 완성의 과정이다. 이 자유는 주어지는 것이 아니라, 자아의 실천을 통해 획득되어야 하는 것이며, 이 실천의 핵심에는 도덕적 의무가 놓여 있다. 자아는 자신만의 도덕 원칙을 세우고, 그것을 구체적인 삶 속에서 실현해 나감으로써 진정한 자유를 이룬다.

"타인의 자유를 인정하는 것이 나의 자유를 완성하는 조건이다" – 자아는 도덕적 존재로서 살아가기 위해, 자신과 동일하게 자유로운 타자의 존재를 전제해야 한다. 타인은 단지 외부 대상이 아니라, 도덕적 응답이 요청되는 또 하나의 자아이며, 자아는 타자의 자유를 존중하고 그와의 관계 속에서 자신의 윤리적 삶을 구성해야 한다. 다시 말해, 자유란 나 혼자만의 자율이 아니라, 공존 가능한 자유, 즉 함께 살아갈 수 있는 윤리적 구조 속에서만 완성될 수 있다.

자아의 확대로서의 민족주의

"진정한 자유는 국가와 개인의 조화 속에서 실현된다" – 피히테는 개인의 자아를 강조하면서도, 자아가 실현되는 공간으로서 국가와 사회의 중요성을 간과하지 않았다. 그는 진정한 자유는 개인이 홀로 누리는 것이 아니라, 국가와의 조화 속에서 실현된다고 보았다. 개인은 사회 안에서 의미를 발견하고 성장한다.

국가는 단순한 통제 장치가 아니라, 개인이 온전한 자아로 발전하기 위한 조건을 제공하는 구조다. 피히테는 특히 국가가 올바른 교육과 도덕적 질서를 통해 개인의 도덕적 성장을 도와야 한다고 강조했다. 자유란 무한한 선택지를 향한 욕망이 아니라, 자기 자신에 대한 책임과 실천으로 구성된 것이다.

"민족은 그 자체로 하나의 자아이며, 자기 자신을 실현해야 한다" – 피히테의 자아 철학은 개인을 넘어 민족이라는 공동체로 확장된다. 그는 민족을 공동의 정신과 목표를 가진 하나의 자아로 보았다. 그는 나폴레옹 전쟁으로 위협받던 독일 현실 속에서 독일 민족의 각성과 자립을 강조하며, 민족이 스스로 도덕적 주체로 서야 한다고 주장했다.『독일 국민에게 고함』은 이러한 사유의 집약체로, 독일 민족주의의 철학적 기초를 마련했고, 이후 19세기 독일 통일운동에 지대한 영향을 끼쳤다. 하지만 피히테의 민족주의는 배타성을 지향하지 않았다. 그는 민족 공동체를 통해 개인이 도덕적으로 성장할 수 있다고 믿었고, 따라서 공동체는 자아의 실천적 활동이 발현되는 장으로 이해되었다.

피히테는 자아의 철학을 출발점으로 삼아, 자유와 도덕, 타인, 국가, 그리고 민족의 의미를 일관되게 재구성한 사상가였다. 그의 철학은 인간을 수동적인 존재가 아니라, 끊임없이 자기 자신을 정립하고 세계를 형성해 나가는 능동적 실천의 주체로 바라보았다. 그는 자유를 권리 이전에 도덕적 과제로 간주했으며, 타자의 자유와 함께 구성되어야 할 공존의 윤리로 이해했다. 자아란 고립된 단위가 아니라, 타자와의 응답 속에서 도덕적으로 완성되는 존재인 것이다.

더 나아가 그는 자아의 윤리적 실천이 사회와 국가, 나아가 민족이라는 공동체의 도덕적 성숙으로 확장되어야 한다고 보았다. 이는 개인주의와 전체주의 사이에서 인간과 공동체의 조화를 모색한 사유였으며, 그의 철학이 여전히 현대적 질문들과 맞닿아 있는 이유이기도 하다. 자유, 자율, 책임, 타자, 공동체 등 피히테가 씨를 뿌린 이 개념들은 오늘날 민주주의와 인권, 교육과 윤리의 핵심 문제로 다시 돌아오고 있다. 결국 피히테는 자아를 통해 철학이 삶의 실천으로 나아갈 수 있는 길을 제시했으며, 철학이 단지 사유의 학문이 아닌 역사 속에서 행동하는 이성이 되어야 함을 가르쳐준다.

✏ 주요 저술

- **학문론 또는 이른바 철학의 개념에 대하여**(Foundations of the Entire Doctrine of Science, 1794/95/이신철, 2005) | 피히테 철학의 핵심을 담고 있는 저서로, 자아를 철학의 근본 원리로 설정하고, 자아의 활동을 통해 세계가 구성되는 과정을 설명한다. 이후 여러 차례 개정판이 출판되었으며, 피히테 철학의 핵심 개념들을 정립하는 데 중요한 역할을 했다.
- **인간의 사명**(The Vocation of Man, 1800/한자경, 1996) | 일반 대중을 대상으로 쓴 철학적 저서로, 인간의 존재 의미와 도덕적 삶의 중요성을 역설한다.
- **독일 국민에게 고함**(Addresses to the German Nation, 1808/곽복록, 2022) | 나폴레옹 점령 하의 프로이센에서 행한 강연들을 모은 것으로, 독일 민족의 정신적 부흥을 촉구하는 내용이다. 이는 독일 낭만주의와 민족주의 사상에 큰 영향을 미쳤다.

20 | 쇼펜하우어 1788~1860
고통은 의지로부터 기원하고 필연적인가?

"삶은 본질적으로 고통이며, 고통은 의지의 끊임없는 갈망에서 비롯된다. 고통은 인간의 욕망이 충족되지 못할 때 나타나는 필연적 결과이다. 고통에서 벗어나는 유일한 길은 의지를 부정하는 것이다. 궁극적인 지혜는 욕망을 끊고, 삶의 헛됨을 깨닫는 것이다."

— 『의지와 표상으로서의 세계』, 1844

아르투어 쇼펜하우어(Arthur Schopenhauer, 1788~1860)가 활동하던 19세기 초는 유럽이 계몽주의와 산업혁명의 영향을 받은 시기로, 인간의 이성과 진보에 대한 낙관주의가 팽배했다. 그러나 쇼펜하우어는 이러한 낙관주의에 반대하며, 인간 삶의 근본적인 고통과 비극을 강조했다

쇼펜하우어는 독일 관념론의 거대한 흐름 속에서 하나의 독특한 이단아처럼 존재한다. 그의 철학은 칸트(1724~1804)의 인식론을 기반으로 삼으면서도, 그 너머에서 인간 존재의 본질적 비극성을 파고든다. 그는 '이성의 승리'보다는 '의지의 폭력성'에 집중했다.

의지와 표상

"세계는 나의 표상이고, 본질은 의지다" - 쇼펜하우어가 칸트로부터 물

려받은 핵심 개념은 바로 '현상과 본체'의 구분이다. 칸트는 우리가 사물을 경험하는 방식이 우리의 인식 구조에 의해 제한된다고 주장했다. 그러나 쇼펜하우어는 한 발 더 나아가, 우리가 감각하는 세계는 그저 '표상 Vorstellung', 즉 우리의 정신이 만들어낸 환영에 불과하며, 그 이면에는 강력한 본체로서 '의지 Wille'가 존재한다고 선언했다.

쇼펜하우어가 말하는 의지는 합리적 동기나 목표지향적 의식이 아니다. 그것은 오히려 비이성적이고 맹목적인 생의 충동, 충족될 수 없는 결핍의 힘이다. 우리는 외부 세계를 오감과 이성을 통해 인식하지만, 자신의 신체만은 예외다. 팔을 들어 올리는 순간, 우리는 그 움직임을 단순한 감각으로 경험하는 것이 아니라, '의지를 실행하는 나'를 느낀다. 이처럼 쇼펜하우어는 몸이 의지의 가장 직접적인 표현이며, 인간은 자신의 존재를 통해 의지의 실체를 경험한다고 본다. 그는 인간만이 아니라, 자연 전체가 의지에 의해 움직인다고 주장한다. 동물의 본능, 식물의 생장, 무기물의 충돌까지도 그에겐 모두 의지의 형상이다. 심지어 인간의 이성조차도 의지를 보조하는 수단일 뿐이다.

"의지는 마치 마차를 끄는 말과 같고, 이성은 마부와 같다. 우리는 마부가 마차를 조종한다고 생각하지만, 실은 말이 마차를 움직이는 것이다" – 의지는 인간을 포함한 모든 존재를 지배하는 맹목적이며 비이성적인 생명력이다. 우리는 스스로 이성으로 삶을 통제한다고 믿지만, 실제로는 보이지 않는 힘, 즉 욕망과 충동이 우리를 움직인다. 사람은 사랑을 원하고, 성공을 갈망하며, 명예와 부를 좇는다. 인간은 사랑에 빠지고, 명예를 좇고, 부를 원하며, 끝없는 욕망 속에서 살아간다. 하지만 욕망은 충족되더라도 또다시 새로운 욕망이 등장할 뿐이며, 이는 결국 영원한 결핍과 고통으로 이어진다.

"삶은 본질적으로 고통이며, 고통은 의지의 끊임없는 갈망에서 비롯된다"-욕망은 충족되는 순간 새로운 욕망을 낳고, 인간은 끝없이 그것을 추구하다가 지치고 고통받는다. 쇼펜하우어에게 있어 삶은 본질적으로 고통의 순환이며, 그 중심에는 결코 채워지지 않는 '의지'가 있다. '의지'는 본질적으로 충족될 수 없는 갈망을 낳으며, 인간은 끊임없이 새로운 욕구를 추구하지만 이를 완전히 만족시키지 못한다. 이로 인해 삶은 필연적으로 결핍과 고통으로 가득 차게 된다.

쇼펜하우어는 이 의지를 통해 전통적 서구 철학과는 전혀 다른 결론에 도달했다. 즉, 인간 존재의 본질은 '이성'이 아니라 '고통'이며, 삶은 기본적으로 고통의 연속이라는 것이다. 이 점에서 쇼펜하우어는 불교적 세계관과도 유사한 입장을 보인다. 그는 불교 경전에서 말하는 '욕망渴愛으로 인한 고통'을 자신의 철학적 개념인 '의지'와 결합해 설명했다.

어떻게 이 고통에서 벗어날 것인가?

그러나 쇼펜하우어는 이러한 고통의 필연성을 단순히 비관적으로만 바라보지는 않았다. 그는 고통을 초월하기 위한 방법으로 세 가지 방법을 제안하고 있다.

첫번째는 예술과 미적 경험이다. 예술은 의지의 속박으로부터 벗어나는 수단으로 기능한다. 예술은 욕망의 세계에서 벗어나 '순수한 관조'를 가능하게 만들며, 인간이 의지의 흐름을 잠시나마 멈추고 고통에서 해방되는 통로가 된다.

"음악은 세계의 복사물이 아니라 세계와 나란히 존재하는 것, 곧 의지 그 자체의 복제이다" - 쇼펜하우어가 음악을 특별히 높이 평가한 것은 단순한 개인적 취향 때문이 아니다. 물론 그는 모차르트(1756~1791)를 '신의 음성'

이라 부르며 깊이 사랑했고, 베토벤(1770~1827)을 '의지의 통역자'로 추앙했지만, 음악에 대한 그의 철학적 강조는 개인적 취향을 훨씬 넘는 것이다. 음악은 그의 철학 체계 내에서 형이상학적으로 필연적인 위치를 차지한다. 음악을 통해 인간은 욕망의 사슬에서 벗어나, 비로소 진정한 내면의 평온에 도달할 수 있는 길을 엿보게 되는 것이다.

쇼펜하우어는 음악을 다른 어떤 예술보다도 탁월한 해방의 도구로 보았는데, 그 이유는 음악이 의지의 세계를 가장 직접적으로 표현하고 있기 때문이다. 회화나 조각, 시, 비극 등의 예술은 세계를 구성하는 '표상'의 형식을 통해 이데아를 드러낸다. 다시 말해, 이들은 여전히 중개된 형태로 의지를 묘사한다. 그러나 음악은 이러한 중개를 거치지 않는다. 음악은 공간적 형상을 갖지 않으며, 언어나 상징을 통하지 않고도 직접적으로 우리의 감정과 존재 깊숙한 곳에 닿는다.

예술과 미적 경험에 이어 쇼펜하우어가 고통을 초월하기 위한 방법으로 제시한 두 번째는 '자비'와 '공감'이다. 타인의 고통에 공감하고 자비를 실천하는 것은 개인적 고통을 초월하는 길이라고 주장했다. 쇼펜하우어에게 있어 자비는 인간이 자신의 '자아'에 매몰되지 않고, 타자와 본질적으로 연결되어 있다는 형이상학적 인식의 표현이다.

"남의 고통을 자신의 고통처럼 느끼는 능력, 그것이 도덕의 뿌리다"—타인의 고통 앞에서 내가 느끼는 고통은, 나라는 경계가 무너지는 순간의 경험이다. 이 순간, 인간은 의지의 맹목적 충동을 거부하고, 타자의 고통에 반응함으로써 자아 중심성에서 탈주한다. 쇼펜하우어는 전통적인 칸트 윤리학처럼 이성이나 의무에 기반한 도덕을 인정하지 않았다. 그는 인간의 본질이 맹목적 의지라고 보았기 때문에, 도덕도 이성과 분리된 더 깊은 직관적 동기에서 비롯되어야 한다고 주장한다. 그에게 진정한 도덕은 타인의 고통을 자신의 고통처럼 느끼는 능력에서 비롯된다.

"진정한 도덕성은 오직 연민에서 나온다" - 쇼펜하우어는 인간이 고통의 본질을 깨닫고 나면 다른 존재들에 대해 '연민'을 느끼게 된다고 보았다. 그는 타인의 고통을 이해하고 공감하는 것이야말로 인간이 실천할 수 있는 유일한 윤리적 태도라고 말했다. 쇼펜하우어가 유럽 철학자들 중에서 처음으로 채식주의와 동물 보호를 강조한 이유이기도 하다. 그는 인간뿐만 아니라 동물도 의지를 가진 존재이며, 그들 역시 고통을 느끼므로 함부로 대하지 말아야 한다고 주장했다.

쇼펜하우어가 고통을 초월하기 위해 제시한 세 번째는 '금욕'과 '고행'이다. 그는 욕망을 억제하고 금욕적인 삶을 통해 고통의 원천인 '의지'를 부정할 수 있다고 보았다. 쇼펜하우어는 불교적 사상의 영향을 받아, 욕망을 완전히 포기하는 것이 궁극적인 해방의 길이라고 보았다. 인간이 욕망을 포기하고 자기 부정을 실천하면, 의지로부터 자유로워질 수 있다. 금욕과 고행은 쇼펜하우어 철학에서 삶의 고통을 만들어내는 근본 원리인 '의지'를 단념하고 거부함으로써, 존재 자체로부터의 해탈을 추구하는 궁극적 철학적 실천이다.

"궁극적인 지혜는 욕망을 끊고, 삶의 헛됨을 깨닫는 것이다" - 이러한 금욕적 태도는 후에 니체(1844~1900)가 쇼펜하우어적 염세주의라고 부르며 비판한 부분이기도 하다. 그러나 쇼펜하우어에게 있어 삶의 긍정이란 허구이며, 진정한 해탈은 삶을 부정하는 것에 있었다. 그는 불교와 힌두교의 영향을 받아, 욕망을 버리고 금욕적 삶을 통해 의지를 부정함으로써 고통에서 벗어날 수 있다고 주장했다. 이러한 삶의 태도는 '해탈' 또는 '니르바나'와 유사한 개념으로, 개인이 욕망의 굴레를 끊고 내적 평화를 얻는 것을 목표로 한다.

피히테와 쇼펜하우어

요한 고트리프 피히테(1762~1814)와 아르투어 쇼펜하우어(1788~1860)는 같은 독일 철학의 토대 위에 서 있지만, 인간 존재를 바라보는 관점은 극과 극이다. 둘 다 칸트 철학에서 출발했지만, 그 철학적 여정은 전혀 다른 방향으로 흘러간다.

피히테의 철학은 '절대적 자아'를 중심에 둔다. 인간 정신은 세계를 능동적으로 구성하며, 자율적이고 도덕적인 존재로서 자기 자신을 실현해 나간다. 반면 쇼펜하우어는 인간을 무의식적이고 맹목적인 '의지'의 지배를 받는 존재로 본다. 인간의 의식과 이성은 겉껍데기에 불과하고, 본질은 끝없이 갈망하고 괴로워하는 의지에 있다.

피히테에게 인간은 자유롭고 능동적인 주체다. 도덕법칙에 따라 행동할 수 있으며, 그러한 실천을 통해 자아는 더 높은 단계로 나아간다. 인간은 '해야 하는 존재(Sollen, 졸렌)'이며, 도덕적 이상을 향한 투쟁 속에 존재의 의미가 있다. 반면 쇼펜하우어에게 인간은 고통받는 존재다. 삶은 욕망의 연속이고, 그 욕망은 결코 채워지지 않는다. 인간은 끊임없이 갈망하며, 그 갈망이 충족되면 또 다른 결핍이 찾아온다. 쇼펜하우어가 제시하는 인간 해방의 길은 욕망의 소멸, 즉 금욕과 해탈이다.

피히테의 철학은 윤리적 자기실현을 목표로 한다. 인간은 이성에 따라 도덕적 질서를 세우고, 자아를 실현해 나가야 한다. 그의 철학은 이상주의적이며, 현실을 개선하고 완성해 가려는 열망으로 가득 차 있다. 쇼펜하우어는 오히려 현실을 부정한다. 철학은 고통에서 벗어나기 위한 사유의 도구다. 예술, 금욕, 연민은 고통을 일시적으로 초월하게 하지만, 궁극적인 구제는 욕망 자체의 소멸에 있다. 그의 철학은 염세적이지만, 동시에 인간 고통에 대한 깊은 통찰을 담고 있다.

결국 이 둘은 '인간은 무엇으로 사는가'에 대해 정반대의 답을 내놓는다.
"인간은 자유와 도덕을 향한 실천 속에 산다(피히테)"
"인간은 고통과 욕망 속에서 살아가며, 해탈을 통해만 벗어날 수 있다(쇼펜하우어)"

"인간은 자유롭다고 생각하지만, 사실 그는 반드시 원할 것을 원하도록 결정되어 있다."

쇼펜하우어의 '의지' 개념은 니체의 '권력 의지' 사상에 영향을 주었으며, 프로이트(1896~1939)의 '무의식 이론'에도 중요한 통찰을 제공했다. 니체는 쇼펜하우어의 철학을 '허무주의적'이라 비판했지만, 그의 '삶의 비극성'에 대한 통찰을 깊이 받아들였다. 또한 프로이트는 인간의 무의식이 인간 행동을 결정한다는 점에서 쇼펜하우어의 사상을 심리학적으로 발전시켰다.

쇼펜하우어의 철학은 이성이 아닌 무의식적 힘이 인간을 지배한다는 점을 최초로 체계화한 철학이며, 이는 현대 심리학과 실존주의 철학의 중요한 토대가 되었다. 쇼펜하우어는 삶의 본질적 조건으로서의 고통을 인정하면서도, 그 고통을 통해 인간이 자신의 존재와 세계를 더 깊이 이해하고, 욕망과 의지의 지배에서 벗어나 진정한 자유를 찾을 수 있는 가능성을 제시했다는 점에서, 우리 시대 가장 많이 읽히는 철학자 중 한 사람이다.

✒ 주요 저술

- **의지와 표상으로서의 세계**(Die Welt als Wille und Vorstellung, 1844/홍성광, 2019) | 대표작이자 핵심 철학이 집약된 저서이다. 칸트 철학을 바탕으로 세계를 의리의 표상이라 규정하고, 세계의 본질은 이성이나 신이 아닌 맹목적인 의지라고 주장한다.

21 | 소로 1817~1862
진정한 삶은 자연에서 이뤄지는가?

"나는 나 자신을 찾고자 숲으로 갔다. 삶의 본질적인 사실들만을 마주하고, 그것이 나에게 가르쳐줄 수 있는 것이 무엇인지 배우고자 했다. 그리고 언젠가 죽음에 이르렀을 때, 내가 진정으로 살지 않았다는 사실을 깨닫지 않기 위해서였다."

— 『월든』, 1854

헨리 데이비드 소로(Henry David Thoreau, 1817~1862)는 자연주의 철학자, 작가, 초월주의 운동가로, 자연과의 교감을 통해 인간의 자아 성찰과 단순한 삶의 가치를 설파했다. 그의 대표작 『월든(1854)』은 자연 속에서 자발적 고립을 통해 단순한 삶을 실천하며 얻은 깨달음을 기록한 작품으로, 현대 자연주의와 환경운동에 큰 영향을 미쳤다. 또한 그의 『시민의 불복종』은 개인의 양심과 도덕적 책임을 강조하며, 비폭력 저항 운동의 중요한 철학적 기초를 제공했다.

월든

"나는 숲 속으로 갔다. 진정으로 살고자, 삶의 본질을 발견하고자" – 소로가 활동하던 19세기 중반은 산업화와 도시화가 가속화되던 시기로, 인간이 자연과의 연결을 잃어가던 시대였다. 그는 이러한 흐름 속에서 자연으로 돌아가 삶의 본질을 탐구하며, 자연이 인간에게 가르칠 수 있는 깊은 가치를 발견하려 했다.

소로의 철학을 가장 잘 보여주는 저작은 『월든』이다. 이 책은 그가 매사추세츠 월든 호숫가에서 홀로 살며 기록한 철학적 일기이자 실험 보고서다. 그는 산업화와 도시화가 진행되는 시대에 인간이 점점 자연과 멀어지고, 경제적 이익과 사회적 억압 속에서 진정한 자유를 잃어가고 있다고 보았다. 소로는 『월든』에서 산업화와 물질적 욕망으로 가득 찬 사회에서 벗어나, 자연 속에서 단순하게 살아가는 실험을 기록했다.

"단순하게 살아라. 단순함 속에서 삶의 풍요로움이 발견된다" – 자연은 소로에게 단순함과 자족의 가치를 가르쳤다. 그는 자연 속에서 최소한의 자원으로도 충만한 삶을 누릴 수 있다는 사실을 깨달았다. 그가 월든 호숫가에서 자급자족하며 보낸 2년 2개월의 시간은 인간이 자연의 일부로 살아갈 때 더 큰 자유와 평화를 얻을 수 있음을 보여준다. 소로는 현대인들이 자신의 삶을 지나치게 복잡하게 만드는 것을 경계했다.

"자연은 인간의 영혼을 치유하는 가장 깊은 공간이다" – 소로는 자연의 침묵과 고독 속에서 인간이 자기 자신과 깊이 연결될 수 있다고 믿었다. 침묵 속에서 우리는 진정한 자신을 발견할 수 있다. 자연이 제공하는 고요함이 인간 내면의 평화를 회복시켜 준다. 월든 호수는 단순한 자연경관이 아니라, 그의 영적 성찰의 중심이자 진리를 탐구하는 공간으로 묘사된다. 『월든』에는 자연을 관찰하며 얻은 깨달음이 곳곳에 묘사된다. 그는 자연의 변화와 계절의 순환 속에서 삶의 무상함과 인간 존재의 연속성을 발견했다. 겨울의 고요함, 봄의 재생, 여름의 풍요로움, 그리고 가을의 쇠퇴는 모두 삶의 다양한 국면을 상징적으로 보여주며, 인간에게 삶의 본질을 다시 생각하게 한다.

"동료들과 발걸음을 맞추지 않는다면, 어쩌면 그는 다른 북소리를 듣고 있기 때문일지도 모른다" – 헨리 데이비드 소로의 이 문장은, 그의 삶과 철학을 가장 간결하면서도 강렬하게 요약한다. 소로에게 인생이란 타인의 기대나 사회의 기준에 순응하는 것이 아니라, 자기 내면의 리듬에 귀 기울이며 살아가는 여정이다. 인간이 진정으로 자유롭고 충만한 삶을 살기 위해서는 침묵 속의 자기 성찰, 자연과의 깊은 교감, 그리고 도덕적 양심의 실천이 필요하다.

이러한 인생관은 그가 월든 호숫가에 오두막을 짓고 살며 실천한 자연 속의 자발적 고독과 밀접히 연결된다. 그는 자본과 문명의 소음에서 벗어나, 자연이라는 삶의 본질 속에서 단순하고 명료한 존재 방식을 실험했다. 중요한 것은 얼마나 화려하고 빠른 길을 가느냐가 아니라, 그 길이 자신의 진심과 조화를 이루고 있는가였다. 진리를 발견하고자 하는 열망이 있는 한, 누구든지 '다른 북소리'를 따라 걸을 수 있으며, 그 길은 비록 외로울지라도 가장 자신다운 길이 될 것이다.

시민 불복종: 양심에 따라 행동하는 개인

소로의 또 다른 중요한 사상은 '시민 불복종'이다. 그는 개인이 어떻게 부당한 권력과 억압적인 사회 제도에 저항할 수 있는가를 고민했다. 미국 정부가 멕시코 전쟁을 수행하고, 노예 제도를 유지하는 것에 반대하여 납세를 거부했고, 그로 인해 감옥에 수감되었다. 불의한 정부에는 복종할 필요가 없다는 원칙을 세웠으며, 이를 『시민 불복종』이라는 글로 남겼다.

"법이 정의롭지 않다면, 나는 그 법의 일부가 되지 않겠다" – 소로의 시민 불복종 원칙에서 가장 중요한 핵심은 개인의 양심이 국가 권력보다 우선한다는 것이다. 정부가 민주적 절차를 통해 만들어졌다고 해도, 그 법이 비윤리적이라면 따를 필요가 없다. 그는 노예 제도와 멕시코 전쟁을 예로 들며, 국가가 잘못된 방향으로 갈 때, 개인은 이에 동조해서는 안 된다고 보았다. 즉, 법이 정당하지 않다면, 개인은 그것을 거부할 의무가 있다.

"나는 국가에 복종하지 않겠다. 하지만 나는 폭력으로 저항하지도 않겠다" – 소로는 '비폭력 저항'을 시민 불복종의 핵심 원칙으로 보았다. 정부의 불의에 맞서 싸우되, 폭력적인 방식이 아니라 평화적이고 양심적인 방법을 택해야 한다. 혁명처럼 물리적인 전복은 아니지만, 강력한 거부를 통해 정부의 부당함을 드러내야 한다. 소로는 세금 납부 거부, 부당한 법에 대한 저항, 평화적 시위와 연설, 지속적인 불복종 등을 비폭력 저항 운동의 방법으로 제시하고 있다. 소로의 이러한 원칙은 이후 간디(1869~1948)의 '사탸그라하(Satyagraha, 진실의 힘)' 운동과 마틴 루서 킹(1929~1968)의 몽고메리 버스 보이콧 운동(1956) 등에 영향을 주었다.

"나는 국가가 나를 감옥에 가두더라도, 양심을 가둘 수는 없다는 것을 보여주고 싶다" – 시민 불복종은 양심에 따른 행동이며, 그 결과를 감수할 용기도 필요하다. 소로는 부당한 법을 어길 경우, 그에 따른 처벌을 피해서는 안 된다고 보았다. 오히려 그 법이 얼마나 부당한지를 알리기 위해 감옥에 가는 것을 두려워해서는 안 된다. 그는 자신이 세금 납부를 거부한 결과 감옥에 갇힌 경험을 예로 들며, 정부의 불의를 공개적으로 드러내는 것이 시민 불복종의 중요한 전략이라고 설명했다. 소로는 법적 처벌을 감수하는 이유로 도덕적 신념을 지키고 사회적 문제를 대중에게 알리며 국가의 부당함을 드러내기 위해서라고 주장하였다. 소로의 이 원칙은 마틴 루서 킹(1929~1968)이 앨라배마에서 감옥에 갇혔을 때 발표한 '버밍엄 감옥에서 보낸 편지(1963)'에도 그대로 반영되었다.

정부는 개인의 권리를 제한할 수 없다

"정부의 역할은 국민을 다스리는 것이 아니라, 국민을 보호하는 것이다" – 소로는 정부 자체를 부정하지는 않았지만, 그 역할은 제한적이어야 하며 개인의 자유를 침해해서는 안 된다고 보았다. 그는 정부가 지나치게 강력해질 경우 개인의 자율성과 도덕적 판단이 억압될 위험이 있다고 우려했다. 따라서 국민이 국가의 행동을 직접 감시하고, 부당한 정책에 대해서는 적극적으로 저항해야 한다고 주장했다.

"가장 좋은 정부는 국민을 가장 적게 다스리는 정부이다" – 그는 정부의 간섭을 최소화하는 것이 이상적이라고 보았다. 소로가 지향한 정부의 모습은 국민의 권리를 침해하지 않는 정부, 불필요한 개입을 최소화하는 정부, 개인의 자율성을 존중하는 정부였다. 이러한 사상은 이후 '최소 국가limited government' 개념과 자유주의 정치 철학에 영향을 미쳤으며, 19세기 자유주의에서 현대 리버테리어니즘Libertarianism으로까지 이어진다.

소로는 철저한 개인주의자였지만, 공동체를 무시한 것은 아니었다. 진정한 공동체는 억압적인 구조 속에서 존재하는 것이 아니라, 자유로운 개인들이 자발적으로 협력할 때 형성될 수 있다. 그의 철학은 자율적이고 도덕적인 개인들이 서로 협력하는 방식에 대한 탐구였다. 진정한 공동체란, 자유로운 개인들이 스스로 선택한 방식으로 살아가며, 서로 도울 수 있는 사회였다.

소로는 기술의 진보와 경제적 번영이 인간의 행복을 보장하지 못하며, 인간이 자연과 다시 연결되어야 한다고 주장했다. 그의 메시지는 특히 도시화와 환경 파괴가 가속화되는 오늘날 더욱 중요한 의미를 지닌다. 소로는 인간이 자연을 단순히 정복하거나 이용하는 존재로 여겨서는 안 되며, 자연과 조화롭게 공존해야 한다는 점을 강조했다.

소로는 또한 환경운동의 선구자로서 자연과 인간의 조화를 강조하며 생태주의 철학 발전에 기여하였고, 시민 불복종의 정신을 세웠다. 또한 그는 현대 시민운동의 토대를 놓았다.

"당신이 가는 길이 아무도 가지 않는 길이라면, 그것이 당신만의 길이다."

주요 저술

- **시민 불복종**(Civil Disobedience, 1849년/황선영, 2023) | 개인의 양심, 국가 권력에 대한 저항, 비폭력 저항 운동을 다루고 있다. 소로는 미국 정부가 멕시코 전쟁을 수행하고 노예 제도를 유지하는 것에 반대하며 납세를 거부했고, 그로 인해 하루 동안 감옥에 갇혔다. 이를 계기로 그는 "불의한 정부에 대해 개인이 어떻게 저항할 것인가"라는 문제를 탐구하며 『시민 불복종』을 집필했다.

- **월든**(Walden, or Life in the Woods, 1854/신재실, 2023) | 1845년부터 약 2년 동안 매사추세츠 월든 호숫가에서 홀로 생활하며 자연 속에서 단순한 삶을 실천하는 실험을 하면서 쓴 글. 자연 철학과 개인주의적 삶의 실천 방법을 담은 고전적인 저작으로 평가받는다.

- **노예제와 매사추세츠**(Slavery in Massachusetts, 1854년) | 노예제 폐지를 강력하게 주장. 노예제가 인간의 기본 권리를 무시하는 부도덕한 제도라고 주장하며, 미국 정부와 법률이 이를 묵인하는 것을 강하게 비판했다.

PART
6

철학적 인간학:
인간에 대한 본격적 연구

인간은 자연 속에 태어나지만, 자연만으로 설명되지 않는다. 우리는 언제부터 인간을 단지 이성적 존재가 아닌, 감정과 언어, 문화와 관계 속에서 '형성되어가는 존재'로 보기 시작했을까? 본능과 충동에 의해 살아가는 동물과 달리, 인간은 왜 스스로를 반성하고 세계를 해석하며 삶의 의미를 묻는가?

18세기 말에서 20세기 초에 이르기까지, 헤르더(1744~1803)를 시작으로 막스 셀러(1874~1928), 헬무트 플레스너(1892-1985), 아르놀트 겔렌(1904-1976)에 이르는 사상가들은 인간의 고유한 본질을 심도깊게 사유하고자 했다. 이들은 인간을 생물학적 존재로 환원하지 않고, 언어를 통해 세계를 구성하고, 감정을 통해 타자와 관계를 맺으며, 문화를 창조하고 제도를 형성하는 존재로 이해했다. 이들 사유의 공통된 물음은 인간은 무엇으로 인간이 되는가라는 물음이었다.

이 장에서는, 자연과 문화를 가로지르며 인간을 인간답게 만드는 조건을 모색한 이 네 사상가의 철학을 따라가며, 인간 존재의 구조와 가능성, 그리고 근본적인 불안정성과 창조력에 대해 함께 사유해본다.

22 | 헤르더 1744~1803
인간은 어떻게 인간이 되는가?

"인간은 자기 자신을 형성해야만 하는 유일한 존재다. 그는 본능에 가장 적게 지배받으며, 대신 스스로를 가장 많이 만들어가야 한다. 자연 속에서 가장 연약하게 태어나지만, 동시에 가장 가능성에 열려 있는 존재다. 인간이 진정한 인간이 되는 것은 오직 교육, 문화, 그리고 타자와의 관계 속에서 이루어진다."

— 『인류의 역사철학에 대한 이념』, 1791

18세기 후반, 계몽주의의 이성 중심주의에 대한 균열이 서서히 감지되던 시기였다. 인간은 단지 사고하는 존재가 아니라, 느끼고 공감하며, 세계와 상호작용하는 유기적 존재라는 인식이 움트기 시작했다. 이러한 전환의 흐름 속에서, 요한 고트프리트 헤르더(Johann Gottfried Herder, 1744~1803)는 인간을 새롭게 바라보는 사유의 지평을 열었다. 그는 인간을 자연과 단절된 이성의 주체로 보지 않았다. 오히려 인간은 자연의 일부이자, 그 자연을 감각과 정서, 언어를 통해 해석하고 재구성하는 존재였다.

헤르더에게 언어는 단지 생각을 전달하는 기호 체계가 아니다. 그것은 인간이 자신과 세계, 타자와 관계를 맺는 방식이며, 동시에 인간이 인간으로 '되어가는' 과정의 핵심이다. 인간은 자연 속에서 태어나지만, 언어를 통해 세계를 의미화하고, 감정을 표현하며, 문화를 만들어간다. 감각과 충동은 언어로 번역되고, 그 언어는 다시 사유와 윤리, 공동체의 삶으로 이어진다.

자연과의 공명, 언어를 통한 해석, 그리고 이를 기반으로 한 인간성의 형성. 이 세 가지는 헤르더 사유의 축이며, 인간 존재에 대한 그의 통찰은 오늘날에도 여전히 깊은 울림을 준다.

인간과 언어: 사유와 문화의 근원

"인간은 말함으로써 인간이 된다" – 헤르더는 인간 존재의 본질을 탐구하는 철학적 인간학의 여정에서 언어의 문제를 매우 중요하게 다루었다. 그에게 언어는 의사소통의 도구를 넘어서, 인간을 다른 생명체와 구별 짓는 근본적인 특징이자, 인간의 사유 능력과 문화 형성의 원천이다. 언어는 단순한 기호 체계가 아니다. 그것은 감각과 표현, 사유가 결합된 구조로, 인간의 내면과 외부 세계를 잇는 다리다. 인간은 단지 경험을 받아들이는 데 그치지 않고, 거기에 의미를 부여하며 기억하고 재구성한다. 이러한 모든 과정은 언어 없이는 이루어질 수 없다. 헤르더에 따르면, 인간은 언어를 본능적으로 사용하는 존재가 아니다. 우리는 태어날 때부터 말을 할 수 있는 것이 아니라, 세계를 언어로 해석하면서 점차 인간이 되어간다. 인간은 말을 배우면서 사고하고, 사고를 통해 자기를 형성한다. 사고는 언어를 통해 구조화되며, 인간은 그 구조 속에서 자신을 이해하고, 타자와 소통하며, 문화를 만들어낸다.

헤르더는 언어의 기원에 대한 당대의 지배적인 설명, 즉 신적인 계시나 이성적 합의의 산물이라는 견해에 근본적인 의문을 제기하였다. 그는 언어가 인간의 내면에서 우러나오는 자연스러운 표현 욕구와 필연적인 필요에 의해 발생하였다고 주장하였다. 인간은 동물과 공유하는 감각적 인상과 충동을 넘어서, 자신과 주변 세계를 분리하여 인식하고 성찰하는 고유한 능력, 즉 '반성Besonnenheit'을 지니고 있다. 바로 이 반성 능력이 대상을 명명하고 개념화하려는 언어적 충동으로 이어졌다. 언어의 탄생은 인간이 스스로의 내면과 세계를 의식적으로 파악하기 시작하는 순간과 일치하는 중대한 사건이었다.

헤르더의 독창성은 언어의 기원에서 감각적 충동과 정서적 공감을 강조하였다는 점이다. 인간은 자연 속에서 느낀 감정을 소리로 표현하고, 그 소리를 반복하고 재현하면서 기호의 구조를 형성해간다. 두려움, 기쁨, 고통 같은 감정은 단순한 신음이 아니라 타인에게 의미를 전달하려는 몸짓에서 출발한다. 언어는 이러한 감정의 상징화에서 비롯된 것이다. 이처럼 언어의 기원이 감각과 정서에 있다는 점은, 언어가 본질적으로 인간의 공감 능력에서 비롯된 것임을 보여준다. 언어는 나와 너 사이를 잇는 다리이고, 감정의 교류이며, 세상을 함께 구성하는 방식이다.

언어는 또한 자기 인식의 시작점이기도 하다. 인간은 언어로 세상을 지칭할 뿐 아니라, 자기 자신을 호출한다. 아이가 '나'라는 말을 처음 사용할 때, 그는 단지 자신을 지칭하는 것이 아니라, 자신을 의식하는 행위를 시작하는 것이다. 인간은 언어를 통해 자신을 타자와 구별하고, 자신의 감정을 표현하며, 자신의 삶을 이야기로 엮는다. 인간은 이야기하는 존재이며, 언어는 그 이야기의 재료다.

"언어가 다르면 생각도 다르고, 생각이 다르면 인간됨의 양식도 다르다" – 언어는 단순한 사유의 도구를 넘어, 문화와 윤리의 기반을 이룬다. 헤르더는 모든 민족이 고유한 언어를 통해 자신만의 세계관과 가치 체계를 만든다고 보았다. 헤르더는 언어가 개별 민족의 고유한 정신과 문화, 즉 '민족정신Volksgeist'을 담아내는 핵심적인 매체라고 강조하였다. 각 언어에는 그 언어를 사용하는 공동체의 역사적 경험, 고유한 감성, 세계관이 깊이 스며

들어 있다. 따라서 세상에 존재하는 다양한 언어들은 인류의 다채로운 정신적 풍요로움을 보여주는 증거이며, 각각 고유한 가치를 지닌다. 그는 특정 언어를 연구함으로써 그 언어를 사용하는 민족의 독특한 삶의 방식과 문화를 이해할 수 있다고 믿었다. 이는 언어를 통한 문화적 다양성의 긍정으로 이어졌으며, 보편주의적 계몽사상에 대한 중요한 비판적 관점을 제공하였다.

인간과 자연

"인간은 자연 속에 태어나지만, 그 자연을 반영하고 의미화함으로써 자신을 만들어간다" – 헤르더에게 자연은 기계적이고 폐쇄된 시스템이 아니다. 그것은 생명과 감각, 에너지와 조화가 살아 있는 유기체다. 인간은 그 유기체의 한 부분이며, 동시에 그것을 성찰하는 눈이기도 하다. 그는 데카르트적 이원론, 즉 인간과 자연의 이분법을 거부하고, 인간을 자연의 연속성과 차이성 속에서 사유했다. 인간은 본능적으로 반응하는 동물이 아니라, 자연의 충동을 언어와 감정으로 변환시키며 자연을 자기 안에 내면화하는 존재다. 그 내면화 과정 속에서 자연은 단순한 외부가 아니라, 인간의 감정과 상상력, 표현과 사유의 근거가 된다.

"인간의 정신은 감각의 연장선이며, 그 감각은 자연의 선물이다" – 헤르더는 특히 인간의 감각 능력을 강조한다. 시각, 청각, 촉각, 후각, 미각 등 이 다섯 가지 감각은 단지 자극을 받아들이는 기관이 아니라, 세계와 소통하는 통로다. 자연의 색, 소리, 냄새, 촉감은 인간 안에서 기억이 되고, 상징이 되며, 언어가 된다. 인간은 감각을 통해 자연을 체험하고, 그 체험을 통합하여 하나의 문화적 질서를 만들어간다. 이는 인간이 자연을 단순히 이용하거나 지배하는 존재가 아니라, 자연과 상호작용하며 그 안에서 스스로를 발견하는 존재임을 보여준다.

이러한 사유는 헤르더의 생명 철학적 감수성과도 맞닿아 있다. 그는 모든 생명체가 고유한 목적과 방향성을 지닌 존재라고 보았다. 인간만이 특별한 존재가 아니라, 자연 전체가 하나의 유기적 질서 안에서 서로 연결되어 있으며, 각 존재는 그 나름의 방식으로 자기 존재를 실현하고 있다. 인간은 그 질서 안에서 가장 복잡하고 섬세한 형태로 나타났을 뿐이다. 따라서 인간의 역할은 자연을 통제하는 것이 아니라, 그 안에서 조화롭게 살아가는 법을 배우는 것이다. 그는 인간을 '자연의 가장 민감한 지점'이라 부르며, 그 민감성은 자연을 파괴하는 힘이 될 수도 있고, 자연과 공감하고 연대하는 능력이 될 수도 있다고 보았다.

"자연은 우리의 스승이다. 인간은 자연을 파괴함으로써 스스로를 파괴한다" – 헤르더에게 자연은 인간의 스승이다. 그는 문명이 고도로 발달할수록 인간이 자연과의 연결을 잃고, 자기를 잃어버린다고 우려했다. 인간이 자연으로부터 멀어질수록 감각은 둔화되고, 감정은 건조해지며, 언어는 생명력을 잃는다. 자연은 인간에게 끊임없이 말하고 있다. 새소리, 바람, 물결, 땅의 온기…그 모든 것이 인간에게 이야기하는 언어다. 그리고 인간은 그 언어를 듣고, 느끼고, 형상화하며, 다시 새로운 언어로 자연을 해석한다. 이것이 인간 존재의 순환적 구조이며, 인간과 자연의 깊은 상호성이다.

헤르더의 자연관은 환경윤리나 생태주의를 넘어선다. 그는 자연을 존재의 근원적 질서로 이해했고, 인간을 그 질서 안에서 살아가는 존재로 보았다. 인간은 자연과의 분리를 통해 주체가 되는 것이 아니라, 자연 속에서 자기 자신을 구성하며 주체가 되는 존재다. 그렇기에 그는 인간을 자연으로부터 독립된 존재가 아니라, 자연의 리듬에 응답하는 존재, 자연의 감정과 공명하는 존재로 규정했다.

인간 존재의 특질

"인간성은 완성된 상태가 아니라, 도달해야 할 윤리적 지향이다" – 우리는 어떤 존재로 태어나며, 무엇을 향해 살아가는가? 인간은 그저 태어나 주어진 본능에 따라 살아가는 존재일까, 아니면 스스로를 형성해가는 과정적 존재일까? 헤르더는 이 오래된 질문에 깊은 감정과 철학을 담아 응답했다. 그는 인간을 단지 '이성적 동물'이나 '사고하는 존재'로 보지 않았다. 인간은 그 이상이다. 인간은 스스로를 완성해야 하는 열려 있는 존재, 즉 '되는 존재 Werdender Mensch'이며, 그 목표는 단 하나, '인간성 Humanität'이다. 헤르더가 말한 인간성은 인간 존재의 가장 깊은 가능성, 이성과 감정, 자유와 공감의 조화 속에서 도달해야 할 이상적인 삶의 형태다. 그는 인간을 고정된 본질로 보지 않았으며, 오히려 생물학적 조건에서 출발하여 교육, 문화, 언어, 역사 속에서 점진적으로 형성되는 존재로 이해했다. 우리는 어떤 존재로 태어나는 것이 아니라, 인간다워지기 위해 노력해야 하는 존재다. 이 지점에서 인간은 다른 어떤 존재보다 더 미완성된, 그리고 더 가능성 가득한 존재가 된다.

"인간은 결핍된 존재로 태어나지만, 그 결핍은 형성의 가능성으로 전환된다" – 헤르더는 인간을 '결핍된 존재 Mängelwesen'로 보았다. 인간은 동물처럼 날카로운 이빨도 없고, 맹수처럼 빠르지도 않으며, 자연 속에서 스스로를 보호할 본능도 부족하다. 그러나 바로 그 결핍이 인간을 형성하려는 충동으로 이끈다. 인간은 자신의 부족함을 언어로 메우고, 감정을 표현하며, 공동체를 이루고, 문화와 도덕, 예술과 철학을 창조한다. 그는 인간이 자신의 삶을 교육과 문화 속에서 다시 태어나게 만드는 존재라고 보았다. 여기서 '교육Bildung'은 단지 지식을 전달받는 것을 의미하지 않는다. 그것은 인간이 자기 자신을 형성하고, 타인과 더불어 살아갈 수 있는 존재로 성숙해지는 전인적 과정이다.

"인간성은 타인을 이해하고 세계를 공감하려는 노력의 산물이다" – 인간성은 또한 타인의 고통을 느끼고, 기쁨에 함께하는 공감 능력 속에서 비로소 완성된다. 나는 혼자서 완전한 인간이 될 수 없다. 내가 타인의 존재를 인식하고, 그 삶의 사연에 귀 기울이며, 그것에 응답하려는 윤리적 태도를 가질 때 비로소 '인간됨'은 시작된다. 타자를 이해한다는 것은 단순히 정보를 수집하거나 해석하는 것이 아니다. 그것은 타자의 내면에 들어가 그 사람의 세계를 잠시라도 '살아보려는 노력'이다. 이때 인간됨은 하나의 삶의 방식, 실존의 스타일로 나타난다.

헤르더는 이 공감 능력을 단지 개인적 미덕이 아니라, 문화와 언어, 역사 속에서 배양되는 인격적 형식이라고 본다. 우리는 모두 특정한 언어와 문화 안에서 성장하며, 그 환경 속에서 인간다움을 배워간다. 그러나 이 문화는 배타적인 것이 아니라, 타문화를 이해하고 수용하는 방향으로 나아갈 때 인간됨은 성숙한다. 인간성은 언제나 경계를 넘어서는 능력이며, 자기 안의 타자성을 발견하는 실천이다. 내가 나의 언어로만 세계를 이해하는 것이 아니라, 타인의 언어와 삶의 질서를 통해 나 자신을 상대화하고 성찰하는 순간, 인간다움은 깊어진다.

헤르더는 인간을 언어로 세계를 구성하고, 감정으로 타자와 연결되며, 자연과 조화 속에서 자신을 형성해가는 존재로 보았다. 그는 이성 중심의 계몽주의에 맞서, 인간의 감각과 정서, 언어와 문화의 중요성을 일깨운 선구자였다. 인간은 이미 완성된 본질을 지닌 존재가 아니라, 언어와 자연을 통해 스스로를 형성해가는 과정적 존재이며, 그 형성의 지향점이 바로 인간성이다.

이러한 사유는 이후 철학적 인간학의 흐름으로 이어진다. 헤르더에서 시작된 사유는 결국 인간을 언어적·감각적·문화적 존재로 재정의하는 작업이었다. 이 흐름은 막스 셸러(1874~1928)와 헬무트 플레스너(1892~1985)를 거치며 인간을 고정된 본질이 아닌 '형성되는 존재', '자기를 초월하려는 존재', '자연과 문화를 동시에 사는 존재'로 확장시켰다. 인간은 세계에 던져진 존재가 아니라, 그 세계를 해석하고 다시 구성하는 존재다. 그리고 그 해석과 형성의 기반은 언제나 언어이며, 자연이며, 타자와의 관계다.

주요 저술

- **인류의 역사철학에 대한 이념**(Ideen zur Philosophie der Geschichte der Menschheit, 1791/강성호, 2024) | 인간 역사의 발전을 언어, 감정, 민족적 특성과 연결지으며, 근대 철학적 인간학을 다루고 있다.

- **언어의 기원에 대하여**(Abhandlung über den Ursprung der Sprache, 1772/조경식, 2003) | 언어가 신의 선물이 아닌 인간 고유의 형성력임을 주장하며, 인간 존재의 핵심 조건으로서 언어를 조명하고 있다.

23 | 셸러 1874~1928
인간은 우주의 완전성에 어떻게 기여하는가?

"인간은 우주의 중심이 아니다. 그러나 그는 우주의 모든 힘들이 자신을 통해 자각하게 되는 장소이며, 서로 갈등하는 근원적 힘들이 하나의 형태로 통합되고자 분투하는 장이다. 생명 충동과 정신은 인간 안에서 처음으로 마주치고, 긴장하며, 상호 작용하며, 결국 완전성을 향해 나아가는 운동을 시작한다."

— 『우주에서의 인간의 위치』, 1928

    20세기 초, 인간은 더 이상 자명한 존재가 아니었다. 진화론은 인간을 동물의 연장선에 놓았고, 심리학과 생리학은 인간 행위를 기계적으로 설명하려 했다. 기술과 과학이 급속도로 진보하면서, 인간은 자연의 일부이자 기능적 단위로 환원되는 듯 보였다. 바로 이 시대적 배경 속에서, 인간은 무엇인가, 인간은 어떻게 동물과 다른가, 인간의 존엄과 고유성은 어디에서 비롯되는가라는 질문이 다시 제기되었다. 이 질문에 철학적으로 응답하고자 등장한 흐름이 바로 철학적 인간학이었다.

    그 중심에 선 인물이 막스 셸러(Max Scheler, 1874~1928)였다. 셸러는 인간을 단순한 생물학적 존재가 아닌, '정신 Geist'을 지닌 '세계 개방적 존재 Weltoffenes Wesen'로 규정했다. 그는 인간이 본능의 틀에 갇힌 동물과 달리, 세계 전체를 향해 열려 있으며, 가치를 인식하고 사랑할 수 있는 존재라고 보았다. 셸러에게 정신은 지능이나 계산 능력이 아니라, 충동을 넘어설 수 있는 자유, 의미를 파악하는 통찰, 그리고 타자를 향한 윤리적 응답 능력을 포함하는 근본 원리였다. 이러한 셸러의 사유는 인간의 정신적·도덕적 차원을 회복하려는 시도였으며, 인간을 '되는 존재'로 이해하는 철학적 인간학의 기틀을 마련했다.

인간과 동물: 환경 구속성을 넘어선 정신과 세계 개방성

"동물은 자신의 환경 속에 살고, 인간은 세계 속에 산다" – 막스 셸러는 인간의 고유한 본질을 탐구하기 위한 출발점으로서, 인간과 동물을 구별 짓는 근본적인 차이에 주목하였다. 그는 인간만이 지니는 독특한 존재론적 위상을 밝히고자 하였고, 이를 위해 셸러는 동물과 인간의 세계 경험 방식을 심층적으로 분석하고 대비시켰다. 셸러의 분석에 따르면, 동물은 객관적인 세계 전체와 관계 맺는 것이 아니라, 자신의 종種에 특화된 '환경 Umwelt'이라는 제한된 현실 속에 갇혀 있다. 이 '환경'은 동물의 생존, 번식, 먹이 활동, 위험 회피 등 생물학적 필요와 직접적으로 관련된 자극과 신호들로만 구성된 주관적인 세계이다. 즉, 동물의 지각과 행위는 외부 세계의 객관적 구조를 반영하는 것이 아니라, 오직 생명 유지라는 목적에 따라 선택적으로 구성된 환경의 틀 안에서 이루어진다. 동물의 감각 기관은 특정 자극에만 반응하도록 특화되어 있으며, 그 행동 패턴은 유전적으로 각인된 본능과 생리적 충동에 의해 거의 전적으로 결정된다. 동물은 자신의 환경을 벗어나거나, 그 환경 자체를 객관적인 대상으로 인식할 능력이 없다. 셸러는 이처럼 동물이 자신의 생물학적 조건과 종 특유의 환경에 전적으로 예속되어 있는 상태를 '환경 구속성 Umweltgebundenheit'이라 칭하였다. 동물은 자신의 환경과 하나가 되어 그 속에서 살아가지만, 결코 그 환경을 넘어서거나 대상화하지 못한다.

이에 반해, 인간은 '환경 구속성'을 근본적으로 뛰어넘는 존재이다. 셸러는 이 차이를 가능하게 하는 힘이 바로 인간에게 고유한 '정신 Geist'이라고 보았다. 여기서 '정신'은 지능이나 계산 능력, 혹은 심리적 기능들의 총합만을 의미하는 것은 아니다. 셸러에게 정신은 유기체적 생명 원리와는 본질적으로 구별되며, 심지어 생명 충동에 맞서 그것을 통제하고 거부할 수도 있는 독자적이고 초월적인 원리이다. 이 정신은 인간을 환경의 직접적인 압력과 본능의 속박으로부터 해방시키는 힘을 지닌다.

"정신은 존재 전체를 넘나드는 능력이며, 인간을 환경으로부터 해방시키는 힘이다" – 정신을 소유함으로써 인간은 동물의 폐쇄된 '환경'을 벗어나 객관적인 세계를 향해 열릴 수 있게 된다. 셸러는 이러한 인간의 특성을 '세계 개방성 Weltoffenheit'이라고 명명하였다. '세계 개방성'은 인간이 생물학적 욕구나 환경의 제약을 넘어서서, 세계 자체의 구조와 사물의 본질을 파악하고 인식할 수 있는 능력이다. 인간은 정신을 통해 단순히 자극에 반응하는 것을 넘어, 주변 환경을 포함한 모든 존재, 나아가 자기 자신까지도 하나의 '대상'으로 삼아 거리를 두고 성찰하고 분석할 수 있다. 이는 동물에게는 불가능한 능력이다. 또한, 정신은 사물의 감각적 현상 너머에 있는 보편적이고 필연적인 본질 구조를 직관하는 것을 가능하게 한다.

"인간은 단지 자극에 반응하는 존재가 아니다. 그는 세계 전체를 직관하고, 그것에 의미를 부여하며, 그것에 대해 책임을 진다" – 더 나아가, 정신은 인간에게 생명 충동과 본능적 요구에 대해 의식적으로 '아니오'라고 말할 수 있는 자유, 즉 일종의 '정신적 금욕주의'를 부여한다. 이는 인간이 단순히 생물학적 필연성에 지배받는 존재가 아니라, 스스로 가치를 설정하고 그에 따라 자신의 행동을 결정할 수 있는 도덕적, 의지적 주체임을 보여준다.

이러한 정신의 능력, 즉 객관화 능력, 본질 직관 능력, 그리고 충동으로부터의 자유는 언어, 예술, 과학, 종교, 역사, 국가 등 인간 고유의 문화적 활동들을 가능하게 하는 근본적인 토대가 된다. 이 모든 활동은 직접적인 환경의 제약을 넘어서 보편적이고 이상적인 것을 추구하는 정신의 작용 없이는 성립할 수 없다.

객관적 가치, 그 위계와 사랑을 통한 지향

"가치는 정신 속에서 인식된다. 그것은 우리의 기분이나 판단 이전에 이미 존재하는 질質이다" – 인간이 지닌 '정신'과 그로 인한 '세계 개방성'은 사물의 본질을 인식하고 세계를 객관적으로 파악하는 지적 능력을 넘어, '가치'의 영역을 감지하고 그에 반응하는 능력까지 포괄한다. 막스 셸러의 인간관을 이루는 또 다른 핵심적인 축은 바로 이 가치의 문제이며, 이는 그의 철학적 인간학에서 인간의 본질을 규정하는 데 결정적인 역할을 수행한다. 셸러는 가치가 개인의 주관적인 판단, 선호, 혹은 일시적인 감정의 산물이라는 당대의 주관주의 및 상대주의적 경향에 정면으로 반박하며, 가치의 객관적 실재성을 강력하게 주장하였다.

그에 따르면 가치는 인간의 평가 행위 이전에, 그리고 그와는 독립적으로 사물, 인격, 행위 등에 내재하는 고유한 질로서 존재한다. 인간은 가치를 창조하는 것이 아니라, 이미 존재하는 객관적인 가치를 발견하고 느낄 뿐이다. 예를 들어, 용기 있는 행위의 '고귀함'이나 예술 작품의 '아름다움'은 단순히 우리가 그렇게 느끼기 때문에 존재하는 것이 아니라, 그 자체로 객관적인 가치 특성을 지니고 있다는 것이다.

"더 높은 가치는 더 지속적이고, 더 깊은 만족을 주며, 결코 분할될 수 없으며, 다른 낮은 가치를 정초한다" – 셸러는 이러한 객관적 가치들이 무질서하게 흩어져 있는 것이 아니라, 불변하는 객관적인 '가치 위계질서Wertordnung'를 형성하고 있다고 보았다. 그는 이 위계를 명확하게 네 단계로 구분하여 제시하였다. 가장 낮은 단계에는 감각적 쾌락이나 유용성과 관련된 감각 가치(쾌/불쾌)가 있다. 그 위로는 생명의 건강, 힘, 고귀함 등과 관련된 생명 가치(고귀함/비속함)가 위치한다. 다음으로는 진眞, 선善, 미美, 정의正義와 같은 정신적 가치가 있으며, 가장 높은 최상위에는 신성함, 거룩함과 관련된 종교적 가치가 자리한다. 이 위계는 절대적이고 보편적인 타당성을 지니며, 어떤 가치가 다른 가치보다 본질적으로 더 높고 우월한지는 개인의 주관적 선호나 문화적 차이를 초월하는 객관적인 사실이다. 셸러는 더 높은 가치일수록 더 지속적이고, 더 깊은 만족을 주며, 분할될 수 없고, 다른 가치의 기초가 되는 특징을 지닌다고 설명하였다.

인간의 '정신'은 이러한 객관적인 가치들과 그 위계를 파악할 수 있는 고유한 능력을 지니는데, 셸러는 이를 이성적 추론이나 단순한 감각 지각과는 구별되는 '가치 감정Wertfühlen' 혹은 '가치 파악Wertnehmung'이라고 불렀다. 이는 가치라는 독특한 대상을 직접적으로 느끼고 직관하는 정서적이면서도 동시에 지향적인 인식 행위이다. 즉, 인간은 가치를 '느낌'으로써 알게 되며, 이 '느낌'은 주관적 심리 상태가 아니라 객관적 가치 세계를 드러내는 인식의 한 형태이다.

"인간은 사랑하는 존재이며, 더 높은 가치를 향해 나아가는 존재다" – 인간이 이처럼 객관적인 가치 세계와 관계를 맺고 그 위계 속에서 자신을 정위定位하는 가장 근본적이고 역동적인 방식은 바로 '사랑'과 '미움'이라는 정서적 행위를 통해서이다. 셸러에게 사랑과 미움은 수동적으로 경험되는 감정이 아니라, 가치를 향하거나 가치에 반하는 능동적인 정신의 '행위'이다.

특히 '사랑'은 이미 존재하는 가치를 긍정하는 것을 넘어, 더 높은 가치를 적극적으로 발견하고 그것을 향해 나아가려는 창조적이고 역동적인 운동이다. 사랑은 가려져 있던 더 높은 가치에 우리의 눈을 뜨게 하며(인식론적 기능), 그 가치의 실현을 촉진하고 인간 정신의 성장을 이끄는 근본적인 동력이 된다. 반면, '미움'은 가치의 존재를 부정하거나 폄하하며, 더 낮은 가치로 이끌거나 가치 자체의 부재와 파괴를 지향하는 반反가치적 행위이다.

정신적 행위의 통일적 중심, '인격'

"인격은 행위들의 통일적 중심이다" – 객관적인 가치를 감지하고 사랑을 통해 더 높은 가치를 지향하는 인간의 본질적 활동은 구체적으로 어떤 주체를 통해 이루어지는가? 막스 셸러는 인간의 고유한 존엄성과 정신적 삶이 구현되는 핵심적인 자리를 '인격person'이라는 개념을 통해 더욱 심도 깊게 해명하였다. 이 인격 개념은 그의 철학적 인간학에서 중심적인 위치를 차지한다. 셸러는 인격을 우리가 흔히 이해하는 대상화될 수 있는 '무엇'으로 파악하는 것을 경계하였다. 즉, 인격은 객관적으로 관찰하고 분석할 수 있는 물리적 신체나, 끊임없이 변화하며 흘러가는 심리적 의식 내용(기억, 감정, 지각 등의 집합체로서의 영혼 또는 마음)과 결코 동일시될 수 없다. 신체와 심리적 현상들은 어느 정도 객관화하여 탐구할 수 있는 대상이 될 수 있지만, 인격 자체는 그러한 대상화가 근본적으로 불가능한, 존재론적으로 다른 차원에 속한다. 인격은 고정된 실체나 사물이 아니다.

"인격은 존재하는 것이 아니라, 수행됨으로써 드러난다" – 오히려 인격은 모든 종류의 정신적 행위들, 즉 인식하고, 느끼고(특히 가치를 느끼고), 의지하고, 기억하고, 상상하며, 무엇보다도 사랑하고 미워하는 등의 다채로운 의도적 행위들을 수행하는 구체적이고 살아있는 '통일적 중심'이다. 중요한 것은 인격이 이러한 행위들을 '소유'하는 별개의 실체가 아니라, 바로 그 행위들의 '수행' 자체 속에서만 존재한다는 점이다. 인격은 행위를 통해서만 자신을 드러내고 실현하며, 행위의 통일성 속에서 자신의 동일성을 유지하는 주체이다.

앞에서 살펴보았던 '정신 Geist'은 바로 이 인격이 활동하는 근본적인 방식이자 그 활동 영역이라고 할 수 있다. 인격은 본질적으로 '정신적으로' 행위하는 존재이며, 정신은 인격이 환경 구속성을 넘어서 세계 개방성을 획득하고, 사물의 본질을 파악하며, 객관적 가치를 감지하고, 나아가 자기 자신을 의식하고 반성할 수 있도록 하는 근본 원리이다. 정신은 인격이 사용하는 도구가 아니라, 인격적 존재의 본질적인 현존 양식 그 자체이다. 인격은 정신을 통해 세계와 가치에 참여하며 관계 맺는다. 이러한 셸러의 인격 개념은 인간의 핵심적인 특성들을 함축하고 있다. 첫째, 인격은 자신의 다양한 행위들 속에서 자기 자신을 의식하는 '자기의식적' 존재이다. 둘째, 인격은 생물학적 본능이나 심리적 메커니즘의 필연성에 얽매이지 않고, 특히 가치에 대한 태도와 그에 따른 행동을 스스로 선택할 수 있는 '자유로운' 존재이다. 셋째, 이러한 자유는 필연적으로 자신의 선택과 행위에 대한 '책임'을 동반한다. 넷째, 모든 인격은 우주적 가치 질서 안에서 자신만의 고유한 위치와 가치 소명을 지닌 '개별적'이고 '독특한' 존재이다.

후기 사상의 심화와 종합적 의의

막스 셸러의 인간에 대한 사유는 그가 정립한 인격과 가치 중심의 인간학에서 멈추지 않았으며, 그의 생애 말년에 저술한 저작『우주에서의 인간의 지위(1928)』에 이르러 더욱 복잡하고 형이상학적인 차원으로 심화, 발전되었다. 이 후기 사상에서 그는 이전의 논의들을 바탕으로 하면서도 인간 존재의 근원과 우주적 위치에 대한 더욱 거시적인 관점을 제시하였다.

셸러는 이 저작에서 우주 만물의 궁극적 근원을 서로 대립하면서도 역동적으로 상호 작용하는 두 개의 근본 원리, 즉 강력하지만 맹목적인 '생명 충동 Drang'과 명료한 이념을 지녔지만 현실적 힘이 없는 '정신 Geist'의 이원론으로 설명하였다. '생명 충동'은 모든 존재를 생성시키고 유지하는 원초적이고 비이성적인 에너지의 흐름으로, 그 자체로는 방향성 없이 혼돈스럽게 분출하는 힘이다. 반면에 '정신'은 사물의 본질과 이념, 그리고 가치를 파악하고 질서를 부여하고 구조화하는 원리이지만, 초기 상태에서는 현실 세계에 직접적인 영향력을 행사할 수 없는, 즉 '무력한' 상태에 있다.

"인간은 생명 충동과 정신 사이의 투쟁 그 자체다" – 셸러에 따르면, 광활한 우주 속에서 인간은 바로 이 상반된 두 근본 원리가 극적으로 만나고 교차하며 상호작용하는 유일무이한 장소이다. 인간의 '우주에서의 지위'는 바로 이 양극단의 원리, 즉 무한한 가능성을 지닌 정신과 강력한 현실적 생명력을 자기 안에 동시에 지니고 있다는 점에서 그 독특성이 규정된다. 이 두 원리의 만남은 필연적으로 인간 존재 안에 깊은 '긴장'과 '갈등'을 야기한다. 무력한 정신은 자신의 이념과 가치를 현실 세계 속에서 구현하기 위해 생명 충동의 강력한 에너지를 동력으로 삼아야만 한다. 반대로, 맹목적인 생명 충동은 정신의 이념과 방향 제시를 통해 비로소 혼돈에서 벗어나 의미 있는 형상을 갖추고 창조적인 힘으로 승화될 수 있다. 그러나 이 과정은 결코 순탄하지 않으며, 인간은 이상적인 정신적 지향과 현실적인 생명력의 요구 사이에서 끊임없이 분투하며 살아가야 하는 존재가 된다. 즉, 인간 실존은 본질적으로 정신과 생명 사이의 투쟁의 장이 되는 것이다.

"생명 충동은 방향을 잃고, 정신은 무력하다. 인간은 이 둘을 조화시켜 우주적 의미를 창조하는 자다" – 셸러의 후기 사상에서 인간의 과제는 양자를 조화시키고 통합하는 것으로 제시된다. 이는 맹목적인 생명 충동을 정신의 이념과 가치에 따라 올바른 방향으로 이끌어 '정신화'하고, 동시에 관념에만 머물러 무력하기 쉬운 정신에 생명의 활력을 불어넣어 '활력화'하는 끊임없는 노력이다. 셸러는 더 나아가 이러한 인간의 노력이 단순히 개인적인 차원을 넘어, 우주 근원 자체의 자기실현 과정, 즉 불완전한 상태에서 완전성을 향해 나아가는 '생성하는 신'이라는 우주적 드라마에 인간이 능동적으로 참여하는 길이라고 암시하기도 하였다.

인간 실존의 세 가지 법칙: 플레스너의 탈자성

헬무트 플레스너(1892-1985)는 셸러가 제시한 철학적 인간학의 문제의식을 공유하면서도, 그 해답을 셸러처럼 초월적인 '정신' 개념보다는 생명 현상 자체의 구조 분석에서 찾고자 하였다. 그는 생명체를 환경과의 관계 맺는 방식인 '위치성' 개념을 통해 분석하며 식물(개방적 위치성), 동물(중심적 위치성)과 구별되는 인간만의 고유한 구조를 '탈자적 위치성 exzentrische Positionalität'으로 규명하였다. 인간은 동물처럼 자신의 신체로서 삶의 중심을 가지고 살아가지만, 동시에 그 중심 밖에 서서 자기 자신을 대상화하고 의식할 수 있다. 이러한 이중적 구조, 즉 중심에 있으면서 동시에 중심 밖에 서는 '탈자성'은 인간 존재 안에 근본적인 '균열'을 만들며, 이로부터 자기의식, 언어, 문화 창조, 역사성 등 인간의 모든 고유한 특징들이 파생된다. 헬무트 플레스너는 인간의 본질을 '탈자적 위치성'이라는 독창적인 개념을 통해 규명하면서, 이 고유한 구조로부터 필연적으로 파생되는 인간 실존의 근본 법칙들을 제시하였다.

헬무트 플래스너가 제시한 첫 번째 인간 본질의 법칙은 '자연적 인공성'의 법칙이다. 이 법칙은 인간이 태생적으로, 즉 '자연적으로' 자신의 삶을 '인공적'으로 구성해야만 하는 존재임을 말한다. 이는 인간의 탈자적 위치성에서 직접적으로 도출된다. 동물은 자신의 환경에 최적화된 본능과 신체 기관을 가지고 태어나 환경과 비교적 안정적인 관계를 맺는 '중심적 위치성'을 지닌다. 그러나 인간은 탈자성으로 인해 이러한 직접적인 환경 적합성을 상실했다. 따라서 인간은 생존하기 위해 자신의 '결핍'을 보충하고 세계의 위협으로부터 자신을 보호할 인공적인 수단들을 스스로 만들어내야만 한다. 옷을 만들어 입고, 불을 사용하며, 도구를 제작하고, 언어를 통해 소통하며, 사회 제도와 규범을 설립하는 등, 인간의 모든 문화적 활동은 바로 이러한 '자연적 인공성'의 발현이다. 문화는 인간에게 사치나 부가적인 것이 아니라, 생물학적 구조(탈자성)로부터 필연적으로 요구되는 생존 방식 그 자체이다. 인간은 자연 세계를 변형시켜 인공적인 '제2의 자연', 즉 문화 세계를 구축함으로써 비로소 자신의 삶을 영위할 수 있다. 플레스너에게 자연과 문화의 이분법은 인간에게는 적용되기 어려우며, 오히려 인간의 본성은 인공적인 것을 통해 실현된다.

두 번째 법칙은 '매개된 직접성'의 법칙으로, 인간의 모든 경험이 필연적으로 '매개'를 거칠 수밖에 없으며, 순수하게 '직접적인' 경험은 불가능함을 말한다. 이 역시 탈자적 구조의 직접적인 결과이다. 인간은 단순히 세계 속에 '있으면서' 경험하는 것이 아니라, 자신이 세계 속에 '있음'을 '의식하면서' 경험한다. 즉, 모든 경험에는 자기 자신과 세계에 대한 반성적 거리가 개입한다. '나'라는 탈자적 중심이 모든 경험의 장에 동시적으로 현존하며, 이 '나'의 의식, 해석, 관점이 경험을 매개한다. 우리가 아무리 생생하고 직접적으로 무언가를 느낀다고 해도, 그 느낌은 '내가 느끼고 있음'을 아는 의식적 주체를 전제한다. 언어, 개념, 기억, 학습된 문화적 틀, 개인적 경험 등은 모두 우리가 세계를 받아들이는 방식을 매개하는 요소들이다. 우리는 세계를 '있는 그대로'가 아니라 항상 '우리에게 주어진 방식대로', 즉 해석되고 의미가 부여된 방식으로 경험한다. 동물에게는 비교적 직접적일 수 있는 환경과의 관계가 인간에게는 언어와 상징, 성찰과 해석이라는 복잡한 매개 과정을 통해 이루어진다. 이 법칙은 인간 인식의 근본적인 조건을 드러내며, 절대적이고 객관적인 실재에 대한 직접적 접근의 불가능성을 시사한다.

세 번째 법칙은 '유토피아적 위치'의 법칙으로, 인간이 자신의 탈자성 때문에 현실 세계 어디에도 완전히 안주하지 못하고 끊임없이 현재 상태를 넘어서려는 근본적인 지향, 즉 '유토피아적' 갈망을 지닌다는 것이다. '유토피아'는 문자 그대로 '어디에도 없는 장소'를 의미한다. 탈자적 존재인 인간은 자기 자신과 완전히 일치하지 못하고(내적 균열), 세계와도 완전한 조화를 이루지 못한다. 즉, 인간은 구조적으로 '자기 자리가 없는', 근원적으로 '집 없는' 존재이다. 자신이 어디에도 온전히 속하지 못하고 안식처가 없다는 이 근원적인 불안정성과 결핍감은 인간으로 하여금 끊임없이 '어딘가 다른 곳', 즉 이상적인 상태, 완전한 의미, 절대적인 안식처, 궁극적인 진리 등을 갈망하게 만든다. 이는 종교적 구원의 약속, 철학적 진리 탐구, 예술적 이상 추구, 정치적 이상 사회 건설 등 다양한 형태로 나타난다. 인간은 현실의 제약과 불완전성을 넘어서려는 '초월'의 동기를 구조적으로 내포하고 있다. 그러나 탈자적 구조 자체가 변하지 않는 한, 이 유토피아적 위치는 현실 속에서 완전히 실현될 수 없는 지평으로 남는다. 바로 이 도달 불가능성 때문에 인간의 역사와 문화는 끊임없이 역동적으로 전개되는 것이다. 인간은 이룰 수 없는 이상을 향해 나아감으로써 역설적으로 자신의 역사와 문화를 창조해 나간다.

플레스너가 제시한 이 법칙들은 인간이 왜 필연적으로 문화를 창조하고(자연적 인공성), 왜 모든 경험이 해석을 통해 이루어지며(매개된 직접성), 그리고 왜 끊임없이 현실을 넘어서 이상을 추구하는지(유토피아적 위치)를 설득력 있게 설명한다. 플레스너는 이 법칙들을 통해, 인간 존재가 지닌 가능성과 한계, 창조성과 불안정성이 모두 그 고유한 신체적-정신적 구조에 깊이 뿌리내리고 있음을 보여주었다.

결핍과 행위, 그리고 제도를 통한 생존

헬무트 플레스너가 인간의 고유한 '탈자적 위치성'에 주목하여 인간 이해의 지평을 열었다면, 아르놀트 겔렌(1904-1976)은 동일하게 생물학적 관점에서 출발하면서도 그 초점을 인간의 근원적인 '결핍(Mangel)'과 이를 극복하기 위한 능동적인 '행위 Handlung', 그리고 그 결과물인 사회적 '제도 Institution'에 맞추었다.

겔렌 사상의 대전제는 인간이 생물학적으로 특수한 '결핍 존재 Mängelwesen'라는 진단이다. 그는 다른 동물들과 인간을 비교하며 이 점을 첨예하게 부각시킨다. 대부분의 고등 동물들은 특정 환경에 완벽하게 적응할 수 있도록 고도로 전문화된 신체 기관(예: 빠른 발, 날카로운 이빨, 보호색 위장, 예민한 감각 등)과 정교한 본능 체계를 갖추고 태어난다. 이들은 태어나면서부터 주어진 환경 속에서 생존하는 데 필요한 '생물학적 무기'를 장착하고 있는 셈이다. 그러나 인간은 이러한 측면에서 놀라울 정도로 '무방비 상태'이다. 튼튼한 털가죽도, 날카로운 발톱이나 이빨도, 강력한 근력도, 특정 환경에 즉각적으로 반응하게 하는 고정된 본능도 거의 없다. 인간의 감각 기관은 미분화되어 있고, 신체는 외부 환경의 변화에 취약하며, 특히 유아기는 다른 동물에 비해 비정상적으로 길어 오랜 보호와 양육을 필요로 한다.

이러한 생물학적 결핍 상태는 필연적으로 또 다른 문제를 야기하는데, 바로 '자극 과잉'이다. 셸러나 플레스너가 '세계 개방성'을 인간의 고유한 가능성으로 보았다면, 겔렌은 이 개방성이 초래하는 위험에 주목한다. 동물들은 고유한 본능 필터를 통해 자신의 생존과 관련된 자극만을 선택적으로 지각하고 나머지는 무시함으로써 안정된 '환경' 속에서 살아간다. 그러나 본능이라는 필터가 부족한 인간에게 '세계'는 아무런 여과 없이 무한한 자극과 정보의 홍수로 다가온다. 무엇에 주목해야 할지, 어떻게 반응해야 할지에 대한 명확한 지침이 없는 상태에서 인간은 압도적인 자극의 포화 상태에 놓이게 된다. 이는 엄청난 심리적 부담이자 생존을 위협하는 실존적 위험이다. 끊임없는 자극 속에서 방향을 잃고 혼란에 빠질 가능성이 상존하는 것이다.

바로 이 근본적인 이중의 난관, 즉 생물학적 '결핍'과 그로 인한 '자극 과잉' 상태를 극복하기 위해 인간은 필연적으로 '행위하는 존재 handelndes Wesen'가 되어야만 한다. 겔렌에게 '행위'는 인간의 여러 능력 중 하나가 아니라, 인간을 인간답게 만드는 가장 본질적인 활동이자 생존 전략이다. 여기서 행위는 단순한 신체적 움직임을 넘어, 세계를 지각하고(지각 자체가 능동적 선택과 구조화 과정임), 예측하고, 계획하며, 상징을 사용하고, 도구를 제작하며, 궁극적으로 자연 환경을 자신에게 유리하도록 능동적으로 '변형'하고 '가공'하는 모든 의식적이고 목적 지향적인 활동을 포괄한다. 인간은 행위를 통해 자연의 제약을 극복하고, 무질서한 세계에 질서를 부여하며, 자신의 생존 조건을 스스로 만들어나가야 한다. 이 과정에서 인간은 외부 세계를 변화시킬 뿐만 아니라, 행위의 반복과 학습을 통해 자기 자신(능력, 습관, 지식 등)을 형성하고 발전시킨다.

인간의 모든 행위는 궁극적으로 하나의 목표, 즉 생존을 위협하는 자극 과잉과 끊임없는 의사결정의 압박으로부터 벗어나려는 '부담 경감'을 지향한다. 매 순간 모든 가능성을 고려하고 새로운 판단을 내려야 하는 상황은 심리적으로 극도로 피곤하고 비효율적이다. 따라서 인간은 행위를 통해 세계를 예측 가능하고 안정적인 것으로 만들고, 반복적인 상황에 대한 반응을 자동화하며, 불필요한 정보와 선택지를 줄임으로써 정신적 에너지를 절약하고 심리적 안정을 얻으려 한다.

이러한 '부담 경감'을 실현하는 효과적이고 결정적인 수단이 사회적 '제도Institutionen'이다. 겔렌에게 제도는 국가, 법률과 같은 거시적인 사회 구조뿐만 아니라, 언어, 도덕, 관습, 종교, 기술, 예술, 가족, 경제 활동, 교육 등 인간의 삶을 규율하고 형태를 부여하는 모든 안정화된 사회적 형식들을 의미한다. 제도들은 개인에게 행동의 지침과 예측 가능한 틀을 제공하고, 사회 구성원 간의 상호작용을 원활하게 하며, 경험과 지혜를 축적하여 다음 세대로 전달한다. 언어는 사고와 소통의 부담을 덜어주고, 도덕과 관습은 사회적 갈등을 예방하며 행동을 자동화시키고, 기술은 자연의 위협으로부터 보호하고 노동의 효율성을 높인다. 이처럼 제도들은 인간에게 부족한 생물학적 본능을 사회문화적으로 대체하는 '제2의 천성'으로서 기능하며, 인간이 그 안에서 비로소 안정감을 느끼고 문명 생활을 영위할 수 있도록 하는 필수적인 토대이다. 즉, 문화 전체는 인간이 자신의 생물학적 약점을 보완하고 세계의 부담을 경감시키기 위해 발전시켜 온 거대한 제도적 장치인 것이다.

막스 셸러를 대표로 하는 이들의 사상은 20세기 이후 철학, 신학, 심리학, 사회학 등 다양한 학문 분야에 지속적으로 깊은 영향을 미쳤으며, 오늘날 우리가 '인간이란 무엇인가', '우리의 삶은 어떤 의미와 가치를 지니는가', 그리고 '광대한 우주 속에서 인간은 어떤 존재인가'와 같은 근본적인 물음을 성찰하는 데 여전히 마르지 않는 풍부하고 강력한 통찰력을 제공한다. 특히 기술 문명의 발달과 함께 비인간화의 우려가 깊어지는 현대 사회에서, 이들의 철학적 인간학은 인간의 본질과 가치, 그리고 그 실현의 길을 되새기게 하는 매우 귀중한 철학적 자원으로 남아 있다.

주요 저술

- **공감의 본질과 형식**(Wesen und Formen der Sympathie, 막스 셸러, 1913/이을상, 2025) | 감정, 공감, 사랑의 구조를 현상학적으로 분석. 공감은 단순한 감정이입이 아니라, 타인의 감정과 존재에 응답하는 독자적인 능력이라고 주장하였다.

- **우주에서 인간의 위치**(Die Stellung des Menschen im Kosmos, 막스 셸러, 1928/이을상, 2025) | 인간은 본능에 지배되지 않으며, 자유로운 영적 존재로서 가치 인식 능력을 가진 존재임을 주장한다. 인간의 존재를 충동-감정-정서-영성의 계층 구조로 설명하고 있고, 인간은 자연의 일부이지만, 자연을 넘어서는 자각적 존재라고 주장한다.

- **기적 생명의 단계와 인간**(Die Stufen des Organischen und der Mensch, 플레스너, 1928) | 플레스너의 인간학을 대표하는 고전으로, 인간을 '유기적 존재의 한 단계'로 보면서도 다른 동물과 구별되는 탈자적 위치성 개념을 통해 인간의 자각적 자기지시 능력을 강조하였다.

- **인간, 그 본성과 세계에서의 위치**(Der Mensch: Seine Natur und seine Stellung in der Welt, 아르놀트 겔렌, 1940/이을상, 2015) | 겔렌의 인간학의 기초가 되는 저작으로, 인간은 생물학적으로 결핍된 존재이며, 이 결핍을 보완하기 위해 제도와 문화를 창조한다는 이론을 전개한다.

PART 7

실존과 자유:
자기 자신이 되는 길

우리는 왜 살아가는가? 인간의 삶에는 본질적인 목적이 있는가, 아니면 스스로 의미를 만들어가야 하는가? 실존주의 철학자들은 인간이 주어진 존재가 아니라, 끊임없이 자신을 형성해 나가는 존재라고 보았다. 삶의 의미는 외부에서 주어지는 것이 아니라, 개인의 선택과 의지 속에서 만들어진다. 비로서 진정한 의미의 '개인'이 탄생하고 있었다.

이 장에서는 키에르케고르(1813~1855)의 '실존', 니체(1844~1900)의 '우버멘쉬', 칼 야스퍼스(1883~1969)의 '한계상황', 사르트르(1905~1980)의 '타인의 시선' 등의 개념을 통해 실존과 타인에 대한 다양한 사유의 시선들을 살펴본다.

이제, 우리는 실존과 의지를 탐구하며, 인간이 스스로를 창조하는 과정 속으로 들어간다.

24 | 키에르케고르 1813~1855
철학은 실존에 어떤 답을 줄 수 있는가?

"불안은 자유가 낳는 현기증이다. 사람이 낭떠러지를 내려다볼 때, 발밑의 깊이를 보고 어지러워지는 것처럼, 자유 앞에 선 인간은 자신이 선택할 수 있다는 가능성 때문에 불안을 느낀다."
— 『불안의 개념』, 1844

쇠렌 키에르케고르(Søren Kierkegaard, 1813~1855)는 실존주의 철학의 선구자로, 개인의 주체적 신앙과 실존적 결단을 철학적 사유의 중심에 놓았다. 그는 보편적 체계나 추상적 이론을 거부하고, 개별적이고 구체적인 인간 실존의 중요성을 강조했다.

키에르케고르의 대표 저작 『죽음에 이르는 병』은 실존적 신앙, 인간 자유, 그리고 절망을 통해 진리를 추구하는 과정을 논의한다. 그는 특히 헤겔 철학의 체계성과 추상성을 비판하며, 개인의 실존적 경험이 철학적 탐구의 출발점이 되어야 한다고 주장했다.

철학사에서 실존의 등장

고대에서 중세에 이르는 서양 철학 전통에서 '존재'는 초월적 혹은 보편적 실체로 이해되었다. 플라톤(BC 427~347)의 이데아론이나 아리스토텔레스(BC 384~322)의 형상-질료론에서 보듯, 존재란 개별적이고 구체적인 사물이 아니라, 그 사물을 가능하게 하는 항구적인 본질이자 형상으로 여겨졌다. 이러한 존재관은 중세 스콜라 철학에 이르러 더욱 신학화되어, 신은 본질과 존재가 일치하는 절대자의 위치에 놓였고, 인간은 그에 의해 창조된 피조물, 곧 'ens creatum, 엔스 크레아툼'으로 간주되었다. 인간은 주어진 질서 속에서 자신의 역할을 수행해야 하는 존재로 이해되었으며, 자기 '실존'을 능동적으로 구성하거나 결정하는 존재로 받아들여지지 않았다. '실존'이라는 개념 자체가 등장할 여지가 거의 없었던 것이다.

근대로 접어들면서, 특히 데카르트(1596~1650)에서 칸트(1724~1804)에 이르는 시기에 철학은 존재 자체보다 인식 주체에 관심을 집중하게 된다. 데카르트는 철학의 출발점을 '생각하는 자아'에 둠으로써 근대적 주체를 탄생시켰다. 이 주체는 외부 세계보다는 자기 내면의 확실성을 중심에 두고, 이성을 통해 세계를 구성하며 이해할 수 있다고 믿는다. 칸트에 이르러서는 이성이 세계를 인식하는 조건을 규정하는 기능을 하며, 존재는 인식의 결과로 나타난다. 이러한 철학적 흐름 속에서 '실존'은 여전히 주요한 주제로 부각되지 않는다. 자아는 본질적으로 이성적이며, 질서 있게 사고하는 능력으로만 이해되고 있었다.

한편, 동양 철학에서는 서양과는 전혀 다른 방식으로 자아와 존재에 대한 물음을 제기해 왔다. 불교에서는 인간의 '아我'에 대한 집착을 괴로움의 근원으로 보며, 이를 해체하려는 '무아無我'의 가르침을 중심에 둔다. 인간은 '오온色受想行識', 즉 다섯 가지 구성 요소의 집합일 뿐이며, 이들에 대한 집착에서 벗어날 때 해탈에 이를 수 있다. '나'는 실재하는 실체가 아니라, 인연과 조건에 의해 일시적으로 형성된 흐름이며, 고정된 자아란 없다. 인도 철학의 베단타 전통, 특히 힌두교에서는 '아트만Ātman'을 영원하고 불변하는 참된 자아로 이해하며, 이 '아트만'은 우주의 궁극적 실재인 '브라만Brahman'과 동일하다고 본다. 따라서 인간의 존재 목적은 자신의 참된 자아, 즉 '아트만'을 자각하고, 그것이 곧 우주 전체의 본질과 일치함을 깨닫는 데 있다. 불교는 자아를 해체하려 하고, 힌두교는 자아를 우주와의 합일로 확장하려 한다. 두 전통 모두에서 존재는 '실존적 개인'이라는 범주보다는 훨씬 더 넓고 관계적인 맥락에서 이해된다.

"인간은 개념이 아니라, 고통하고 선택하는 실존적 존재다" — 서양 철학에서 '실존Existens'이라는 말이 본격적으로 철학의 중심 개념으로 떠오른 것은 쇠렌 키에르케고르에 이르러서이다. 그는 인간을 고뇌하고 불안 속에서 존재하는 개별 주체로 보았다. 그에게 실존은 이미 주어진 것이 아니라, 스스로 되어가야 하는 과제였다. 인간은 무한과 유한, 영원과 시간, 자유와 필연 사이의 긴장 속에서 자기 자신이 되어가야 하며, 이러한 자기 관계 속에서만 진정한 '정신'으로 존재할 수 있다. 특히 그는 인간이 '신 앞에 선 단독자'로서 존재할 때 비로소 실존에 이른다고 보았으며, 이때의 실존은 개인이 자신의 삶을 윤리적으로, 종교적으로 책임지며 살아가는 방식으로 나타난다. 키에르케고르는 실존을 단지 존재의 한 방식으로 설명한 것이 아니라, 인간 존재 전체를 이해하는 새로운 철학적 패러다임으로 정식화하였다.

키에르케고르는 철학이 모든 것을 체계화하고 설명하려 하지만, 그 철학 속에서 단 한 명의 인간도 찾을 수 없다고 비판하며, 철학이 개별적 인간의 경험과 '실존'의 문제를 중심에 두어야 한다고 주장했다. 그는 추상적인 논리 체계가 아닌, 개별적인 인간의 삶과 고뇌를 탐구하는 실존의 철학을 제시하며 20세기 실존주의 철학의 큰 문을 활짝 열어제꼈다.

실존이란 무엇인가? 불안과 절망

'실존'은 개인이 자신의 삶 속에서 마주하는 구체적이고 독특한 문제들, 즉 자신의 자유와 한계를 깨닫고 이를 극복하려는 노력 속에서 형성되는 존재 방식을 의미한다. 키에르케고르는 '실존'을 단순히 존재하는 것이 아니라, 자신이 누구인지를 끊임없이 물으며 형성해 가는 과정으로 보았다. '실존'은 고정된 본질이나 추상적 개념으로 정의될 수 없으며, 각 개인이 자신의 삶과 결단 속에서 스스로 만들어 가는 것이다.

"불안은 자유의 현기증이다" – 키에르케고르에게 실존은 자기 자신을 발견하고 선택하며, 그 과정에서 필연적으로 마주하는 '불안Angst'을 극복해 나가는 역동적인 과정이었다. 인간은 주어진 운명이나 환경에 수동적으로 머무는 것이 아니라, 끊임없이 선택하고 결정하며 자신의 존재를 만들어 가는 능동적인 존재이다. 인간은 자유로운 존재이기에 선택해야 하며, 선택에는 항상 불안이 따른다. 키에르케고르는 내가 진정한 나로 존재할 것인가라는 질문 앞에서 인간은 필연적으로 불안을 경험한다고 보았다. 이러한 불안은 인간 실존의 근본적인 조건이며, 동시에 인간이 자신의 존재 의미를 찾아 나아가도록 하는 동력이 된다.

"절망은 자기 자신이 아님으로써 자신이 되려는 것이다" – 키에르케고르는 인간이 자기 자신이 되지 못할 때 '절망Fortvivlelse'에 빠진다고 보았다. '절망'은 인간 실존의 보편적인 조건이다. 인간은 '절망'에서 벗어나야만 진정한 자기 자신이 될 수 있고, '절망'을 극복하는 과정을 통해 진정한 실존을 찾을 수 있다. 키에르케고르는 절망을 세 가지 유형으로 나누어 설명했다. 첫 번째는 '자기 자신이 존재하는지도 모르는 절망'이다. 이는 사회적 규범 속에서 맹목적으로 살아가는, 자기 성찰 없이 타인의 시선에 맞춰 살아가는 상태를 의미한다. 두 번째는 '자기 자신이 되기를 원하지 않는 절망'이다. 이는 자신의 실존을 외면하고 타인의 기대에 따라 사는 상태로, 진정한 자기 자신이 되는 것을 포기한 상태를 말한다. 마지막으로 '자기 자신이 되기를 갈망하는 절망'이 있다. 이는 자신의 실존을 찾으려 하지만, 끊임없이 방황하며 스스로를 잃어버리는 상태를 의미한다. 절망하는 자는 자기 자신이 아니라 타인이 원하는 삶을 살아가는 자로서, '절망'은 진정한 자기 자신으로부터 멀어지는 상태이다. 절망을 극복하고 진정한 자기 자신이 되기 위해서는 타인의 시선이나 사회적 규범에 얽매이지 않고, 자신의 내면의 목소리에 귀 기울여야 한다. 키에르케고르에게 절망은 진정한 자기 자신을 찾아가는 과정에서 필연적으로 마주하는 통과 의례와 같다. 인간은 절망을 통해 자신의 존재 의미를 되묻고, 진정한 실존을 찾아 나아가는 존재이다. 키에르케고르는 이러한 절망과 절망 속의 고뇌가 인간 실존의 핵심적 특징임을 강조하며, 이를 '죽음에 이르는 병'이라고 표현했다.

절망을 넘어 진정한 자기 자신으로: 믿음의 도약

키에르케고르는 '실존'은 '실존'의 자각과 자신의 선택에 따라 자신의 삶을 구성하는 자유로운 과정을 만들 수 있다고 보았다. 자유는 스스로의 선택에 대한 책임을 수반한다. 자유는 개인이 삶에 대한 의미를 부여하고 본질을 창조해 가는 과정이다. 이 과정은 세 가지 단계를 거친다.
첫번째는 '심미적 단계'이다. 이 단계는 쾌락과 감각적 즐거움을 추구하는 삶의 단계이다. 실존은 자신 앞에 책임을 회피하고, 순간적 만족 속에서 존재하려 한다. 그러나 결국 공허함과 절망을 피할 수 없다.
두번째는 '윤리적 단계'이다. 도덕적 책임을 인식하고, 자신의 행동과 선택에 책임지는 삶을 살아간다. 하지만 도덕적 완전함을 이루려 할수록 한계를 깨닫고, 다시 절망에 빠진다.

세번째는 '종교적 단계'이다. 절망과 한계를 극복하기 위해, 자신을 초월적인 신 앞에 맡기는 단계이다. 키에르케고르는 '믿음의 도약 Leap of Faith'이라는 개념을 통해, 이성의 한계를 넘어 신앙 속에서 존재의 참된 의미를 발견할 수 있다고 보았다.

"믿음은 이성의 정점에서 시작되며, 그곳에서 비합리적인 것을 신뢰하는 도약으로 나아간다" – 쇠렌 키에르케고르는 실존적 선택의 궁극적인 해답을 신앙에서 찾았다. 그에게 신앙은 단순한 교리적 믿음이 아니라, 자신의 존재를 걸고 결단하는 실존적인 행위이자, 철학적 논증이나 보편적 체계로 설명될 수 없는 '믿음의 도약'이었다. 키에르케고르는 신앙을 통해 인간이 실존의 문제, 즉 삶의 의미와 목적, 그리고 진정한 자기 자신으로 살아가는 문제에 대한 해답을 찾을 수 있다고 보았다. 신앙이란 인간이 자신의 유한성과 절망을 초월하여 삶의 궁극적 의미를 발견하는 과정이며, 이는 논리와 이성을 초월하는 개인적 결단이다. 신앙은 논리적인 사고나 증명을 통해 도달할 수 있는 영역이 아니다. 신앙은 합리적인 이해를 초월하여, 자신의 모든 것을 걸고 결단하는 행위이다. 신앙은 이성적인 계산이 아니라 심연 속으로 뛰어드는 용기이다. 그는 믿음이란 불확실성 속에서 스스로를 던지는 행위라고 말하며, 이를 통해 인간이 진정한 의미를 발견할 수 있다고 주장했다.

실존적 진리와 주체성의 철학

"진리는 주체성이다" – 전통 철학은 진리를 객관적이고 보편적인 것으로 여겼지만, 쇠렌 키에르케고르는 이러한 관점을 비판하며 진리가 각 개인의 주체적 경험 속에서 드러난다고 주장했다. 그에게 진리는 단순한 논리적 정합성이나 객관적 사실이 아니라, 개인이 실존적 결단과 삶 속에서 체득하는 것이었다. 진리는 객관적 세계에 독립적으로 존재하는 것이 아니라, 인간이 실존 속에서 경험하고 선택하며 만들어가는 것이다.

"진리를 안다는 것은 단지 그것을 이해하는 것이 아니라, 그 진리 안에 존재하는 것이다" – 키에르케고르는 객관적 진리와 실존적 진리를 구분하며 자신의 철학을 설명했다. 객관적 진리는 논리적, 과학적, 철학적으로 정립된 보편적 사실이지만, 실존적 진리는 인간의 삶 속에서 경험되는 진리다. 즉, 진정한 진리는 객관적 사실이 아니라, '내가 그것을 어떻게 받아들이고 살아내느냐'에 달려 있으며, 인간은 진리를 실존적으로 체험하고 살아가야 한다는 것이다.

키에르케고르는 인간을 진리를 선택해야 하는 존재로 보았다. 그는 진리가 외부에서 주어지는 것이 아니라 개인이 선택하는 것이라고 보았으며, 특히 신앙의 문제를 실존적 진리의 대표적인 사례로 제시했다. 신의 존재는 논리적으로 증명할 수도, 반박할 수도 없지만, 신을 믿는다는 것은 철학적 논증의 문제가 아니라 실존적 결단의 문제이다.

"진정한 인간은 자신의 삶을 스스로 선택하고 책임지는 존재이다" – 인간은 단순히 사회가 정해놓은 규범을 따르는 것이 아니라, 각자가 자기 삶 속에서 실존적 진리를 발견해야 한다. 결론적으로, 키에르케고르는 진리를 객관적 사실로 환원하는 것을 거부하고, 실존 속에서 경험되는 주체적 진리를 강조했다. 그에게 진리는 논리적 분석의 결과가 아니라, 개인이 자신의 삶 속에서 선택하고 살아내는 것이었다. 신앙, 도덕, 인간 존재의 의미는 철학적 논증이 아니라, 실존적 결단을 통해서만 체험될 수 있으며, 인간은 단순히 진리를 아는 것이 아니라, 그것을 자기 삶 속에서 실현해야 한다.

키에르케고르는 철학을 추상적 사유의 영역에 머무르게 하지 않고, 구체적 인간 삶의 현장으로 끌어내렸다. 그는 인간이 진정한 존재로 살아가기 위해서는, 객관적인 체계나 타인의 기대가 아니라, 자기 자신과 마주하고 스스로 결단하는 주체가 되어야 한다고 강조한다.

실존은 단순히 존재하는 것이 아니라, 어떻게 존재할 것인가를 끊임없이 묻고 실천하는 삶의 형식이다. 실존은 더 이상 외부의 기준에 의해 설명되거나 규정되는 개념이 아니라, 인간 스스로가 창조하고 완성해 가야 할 내면적 진리의 여정인 것이다.

주요 저술

- **불안의 개념**(The Concept of Anxiety, 1844/강성위, 2019) | 인간 존재의 핵심적인 조건인 불안(Anxiety)을 탐구한 저작으로, 실존주의 심리학에 큰 영향을 미쳤다. 키에르케고르는 불안을 자유의 가능성을 깨닫는 과정에서 필연적으로 발생하는 실존적 상태라고 보았다.

- **죽음에 이르는 병**(The Sickness Unto Death, 1849/박환덕, 2022) | 키에르케고르의 가장 중요한 실존적 저작 중 하나로, 절망(Despair)이라는 개념을 통해 인간 존재를 분석한다. 그는 절망을 단순한 심리적 상태가 아니라, 자기 자신이 되지 못하는 실존적 질병으로 보았다.

25 | 니체 1844~1900
초인은 어떻게 가능해지는가?

"인간은 짐승과 초인 사이에 걸쳐진 다리이며, 그 다리는 깊은 낭떠러지 위에 매달려 있다. 인간이 위대한 이유는 목적이기 때문이 아니라, 더 높은 존재로 나아가기 위한 다리이기 때문이다."
— 『차라투스트라는 이렇게 말했다』, 1883

프리드리히 니체(Friedrich Nietzsche, 1844~1900)는 서양 철학의 전통적 가치와 도덕을 근본적으로 비판하며, 새로운 삶과 가치를 모색하였다. 그는 기존의 도덕과 가치를 해체하고, 인간의 잠재성을 재발견하려는 철학적 노력을 펼쳤다.

니체가 활동한 19세기 후반은 산업화와 과학적 발전이 기존의 종교적 세계관을 약화시키고, 새로운 가치관이 요구되던 시기였다. 기독교 도덕과 전통적 가치는 여전히 사회를 지배하고 있었지만, 니체는 이를 허무주의로 연결되는 원인으로 간주했다. 니체는 도덕적 가치의 기원과 그것이 인간 삶에 미친 영향을 분석하며, 전통적 가치의 한계를 넘어서는 '초인(Übermensch, 우버멘쉬)' 사상을 제안했다. 그의 사상은 현대 철학, 문학, 예술, 심리학에 걸쳐 큰 영향을 미쳤다.

신은 죽었다

"신은 죽었다! 우리는 그를 죽였다!" – 니체의 전통적 가치 비판은 그의 유명한 선언, "신은 죽었다"에서 잘 드러난다. 이 선언은 서구 사회가 더 이상 기독교적 도덕과 신학적 기반 위에 서 있지 않음을 지적한다. 신의 죽음은 기존의 윤리적 체계와 의미 체계가 무너졌음을 의미하며, 이는 현대인의 가치가 '허무주의'라는 공백 상태에 직면했음을 나타낸다. 니체는 전통적 가치를 해체하는 과정이 바로 이 허무주의를 극복하고 새로운 가치를 창조하는 첫 단계라고 보았다.

"노예 도덕은 약자의 복수다" – 니체는 전통적 가치를 해체하기 위해 기존의 도덕 체계를 의심하고 해부하는 '가치 전도(Wertumwertung, 베어툼베어퉁)'라는 과정을 제시했다. 그는 모든 가치를 재평가하여, 그것들이 인간의 삶을 진정으로 풍요롭게 하는지, 아니면 억압하는지를 판단해야 한다고 주장했다. 이러한 과정은 기존의 절대적 도덕 체계를 부정하고, 개인의 삶과 힘을 강조하는 새로운 가치를 창조하는 데 초점이 맞춰져 있다. 니체에게 기존 도덕, 특히 기독교적 도덕은 삶의 본능을 억누르고 약자의 논리를 도덕으로 위장한 구조였다. 그는 이를 '노예 도덕(Sklavenmoral, 스크라벤모랄)'이라 불렀다. '노예 도덕'은 힘 있고 창조적인 자들을 '악'으로, 복종적이고 수동적인 자들을 '선'으로 규정한다. 이러한 '노예 도덕'은 고통과 결핍 속에서 탄생하며, 현실의 불행을 보상받기 위한 복수심과 원한으로 가득 차 있다. 이러한 '노예 도덕'은 더 이상 삶을 지지하는 힘이 아니라, 삶을 왜곡하고 약화시키는 질서이다. 따라서 필요한 것은 반발이나 부정이 아닌, 새로운 가치 창조의 용기다. 이것이 바로 니체가 말하는 '가치 전도'의 핵심이다. 그는 전통을 해체하는 데 머무르지 않았다. 진정한 철학자는 파괴 이후의 창조, 즉 삶 그 자체를 긍정하고 강화하는 새로운 가치를 창조해야 한다. 이러한 새로운 가치는 절대적 원칙이나 보편적 규범이 아니라, 개인의 힘과 생명력, 자기 초월의 욕망으로부터 솟아나야 하는 것이다. 니체는 이것을 '초인(우버멘쉬)'과 '힘에의 의지'(Wille zur Macht, 빌레 쭈어 마흐트)' 개념으로 구체화했다.

초인과 '힘에의 의지'

"인간은 극복되어야 할 그 무엇이다" – 니체의 새로운 가치 체계는 '우버멘쉬'라는 개념에서 구체화된다. '우버멘쉬'는 기존의 도덕적 관습을 초월하여 스스로의 가치와 의미를 창조하는 존재다. '초인'은 외부의 권위에 의존하지 않고 자신의 삶의 목적을 발견하며, 이 과정에서 자신의 고통과 한계를 받아들이고 이를 창조적 에너지로 전환한다. 니체는 '초인'이야말로 허무주의를 극복하고 삶을 긍정할 수 있는 존재라고 보았다. '초인'이란 기존의 규범과 도덕을 따르는 존재가 아니라, 자신만의 가치 체계를 창조하는 인간이다. 그는 사회가 정해 놓은 선악의 기준에 얽매이지 않고, 스스로 삶의 의미를 탐구하며 결정한다. 따라서 초인은 타인의 기대나 기존 질서에 의해 흔들리지 않으며, 자기 자신의 신념과 원칙에 따라 살아간다.

"운명을 사랑하라. 그것이야말로 삶을 긍정하는 최고의 방식이다" – 초인은 자신의 운명을 사랑하는 존재이다. 이를 니체는 '아모르 파티 Amor Fati'라고 표현했다. 이는 운명을 거부하거나 회피하는 것이 아니라, 있는 그대로 받아들이고 긍정하는 태도를 의미한다. 삶의 모든 순간(기쁨과 고통, 성공과 실패 등)을 포용하며, 이를 통해 더욱 강인한 존재로 거듭나는 것이 초인의 본질이다. 삶은 자기 자신을 극복하는 것이다. 존재하는 것이 아니라, 끊임없이 창조하는 것이다.

"자신을 이겨낸 자는 천 배 더 강해진다" - 초인의 삶을 지탱하는 또 다른 중요한 요소는 '힘에의 의지'이다. 인간은 '힘에의 의지'를 통해 스스로를 극복하고, 끊임없이 성장하며 더 나은 존재로 나아가야 한다. 이는 자신의 가능성을 확장하고 삶을 적극적으로 개척해 나가는 힘이다. 초인은 결코 정체되지 않고, 도전에 맞서며 자기 극복을 거듭하는 존재다. '힘에의 의지'는 단순한 생존 본능이 아니다. 다윈(1809~1882)이 말한 '생존을 위한 투쟁'을 넘어, 자기 자신을 초월하고 더 나아가려는 의지이다. 모든 존재는 성장하고 스스로를 확장하려 하며, 인간은 수동적인 존재가 아닌 자기 자신을 창조하는 존재이다. 힘에의 의지는 다른 사람을 지배하려는 단순한 권력 욕망이 아니라, 자기 자신을 강화하고 발전시키려는 내적 에너지를 의미한다.

네 자신을 극복하라! 너는 단순히 현재의 너로 남아 있어서는 안 된다. 예술가는 기존 양식을 답습하는 것이 아니라 새로운 스타일을 창조하는 과정을 통해, 운동선수는 기록을 깨고 더 강한 자신이 되기 위해 끊임없이 훈련하는 과정을 통해, 창업가는 기존 시장에 안주하지 않고 새로운 기술과 혁신을 창조하는 과정을 통해 자기 극복을 실현한다.

"너는 다른 사람의 길을 따르지 마라. 너만의 길을 개척하라" - 기존의 도덕과 규범에 순응하는 것이 아니라, 자신만의 가치와 삶의 방향을 만들어가는 것이 진정한 '힘에의 의지'이다. 철학자는 기존 사상을 답습하는 것이 아니라 새로운 사유 체계를 만들어내는 인물을 통해, 작가는 똑같은 이야기를 반복하는 것이 아니라 자신만의 독창적인 서사를 창조하는 사람을 통해, 혁명가는 사회의 기존 규범에 반대하고 새로운 사회 구조를 만들어내는 인물을 통해 창조적 힘을 발휘한다. 초인은 자기 자신의 창조자다. 그는 새로운 가치를 스스로 창조한다. 니체는 '힘에의 의지'를 통해 인간이 더 높은 존재로 나아가야 한다고 보았다.

'영원회귀'

"네가 지금 이 순간 살아가고 있는 삶을, 다시 한 번, 그리고 무한히 반복해야 한다면 넌 그 삶을 감히 사랑할 수 있는가?" – 니체의 철학은 끊임없는 전복의 연속이다. 그는 진리, 도덕, 종교, 인간, 존재에 이르기까지 서구 철학이 오랫동안 신성하게 간직해온 개념들을 해체하고, 그 잔해 위에 새로운 가치를 재건하려 했다. 그 가운데에서도 '영원회귀(Ewige Wiederkehr, 에비게 비더케어흐)'는 니체 사유의 가장 미스터리하고도 도발적인 개념이다. '영원회귀'는 삶을 얼마나 긍정할 수 있는가를 묻는 철학적 장치이자, 인간 존재에 대한 급진적인 시험이다.

니체는 시간의 반복을 단지 자연주의적 순환으로 보지 않는다. 그는 다음과 같은 사고 실험을 제시한다.
"어느 날 악마가 너에게 와서 말한다. '지금 너의 인생, 네가 살아온 그 모든 순간을, 기쁨과 고통을, 동일한 순서로 영원히 반복해야 한다'고 했을 때, 너는 그것을 저주로 받아들일 것인가, 아니면 가장 위대한 찬사로 받아들일 것인가?"
바로 이 때, 삶의 무게가 극한까지 드러난다. 니체에게 '영원회귀'는 삶을 평가하고 판단하는 철학적 잣대가 아니라, 삶을 창조하고 긍정하는 자만이 감당할 수 있는 무한한 책임의 요청이다.

니체는 차라투스트라의 입을 빌려 이 생을 지금 이 순간 이대로 끝없이 반복할 수 있겠는가라는 질문을 던진다. 그리고 이 물음은 삶의 무게를 견디는 방식, 혹은 삶을 긍정하는 가장 극단적인 자세로 제시된다. 니체에게 있어 영원회귀는 '아모르 파티 Aamor fati'라는 그의 운명애와 깊게 연결되어 있다. 삶의 아름다움뿐 아니라, 삶의 고통, 실수, 어둠까지도 다시 살아갈 수 있겠는가라는 물음은 결국 우리 자신이 삶을 얼마나 깊이 받아들이고 있는지를 드러낸다. 니체는 이 개념을 통해 '목표를 향해 진보하는 삶'이라는 서구 근대의 직선적 시간 개념에 도전한다. 우리는 미래를 위해 현재를 소비하고, 과거는 잊거나 극복할 대상이라고 여긴다. 그러나 영원회귀는 우리에게 지금 이 순간이 영원히 반복된다면, 그 삶을 다시 선택할 수 있는가라고 묻는다. 그 질문은 삶의 가치를 외부에서가 아니라, 지금 이곳에서 새롭게 묻도록 만드는 내면의 지진이다.

이 질문에 긍정으로 답할 수 있는 자만이, 진정으로 삶을 긍정한 자이며, '초인'에 이르는 가능성을 가진 자이다. 초인은 단지 도덕을 초월한 인간이 아니라, 삶을 반복되더라도 의연히 선택할 수 있는 존재, 자신을 넘어선 존재다. 만약 우리가 어떤 삶을 반복할 수 없다면, 그 삶은 아직 충분히 살지 못한 삶일지도 모른다.

"우리는 시지프를 행복한 사람으로 상상해야 한다(까뮈)" – 니체의 '영원회귀'는 시대를 건너 알베르 까뮈(1913~1960)의 『시지프 신화』로 연결된다. 시지프는 끝없는 노동 속에서 바위를 산 위로 굴려야 한다. 바위는 다시 굴러 떨어지고, 그는 다시 시작해야 한다. 시지프는 반항한다. 그는 고통을 인식하고도, 그것을 받아들이는 부조리한 인간이다. 그에게 있어 삶은 의미를 요구하지만, 의미는 없다. 이 괴리, 즉 '부조리 absurde' 속에서도 살아가기로 결단하는 인간은 삶에 승복하지 않고, 자신만의 태도와 윤리를 갖춘다.

'영원회귀'의 사유는 영웅적 긍정만을 요구하지 않는다. 그것은 동시에 삶의 모든 고통과 비극을 정면으로 응시하게 하는 철학적 불편함이다. 내가 가장 슬프고, 고통스러웠던 그 순간도 다시 반복되어야 하는가라는 질문 앞에서 우리는 망설일 수밖에 없다. 니체는 바로 그 지점에서 우리에게 진정한 삶의 긍정을 요구한다. 가장 깊은 고통조차 다시 살아갈 수 있는가? 그렇다면 당신은 진정으로 살고 있는 것이다.

"나는 나의 운명을 사랑한다. 그것이 나를 강하게 만들기 때문이다."
'초인'은 기존 가치에 순응하는 것이 아니라 스스로 의미를 창조하는 존재이다. '초인'은 자신의 삶을 스스로 설계하고 운명을 긍정하며, 강한 의지를 바탕으로 끊임없이 자신을 초월해 나가는 인간이다.
"너의 삶을 춤추게 하라. 너 자신이 그 삶을 창조해야 한다."
니체의 철학은 시대를 뛰어넘어 운명 앞에 던져 진 인간에게 던지는 도전이다. 주어진 운명에 순응할 것인가, 아니면 스스로 의미를 창조하며 살아갈 것인가?

📝 주요 저술

- **차라투스트라는 이렇게 말했다**(Also sprach Zarathustra, 1883-1885/백승영, 2022) | 초인, 영원회귀, 힘에의 의지, 자기극복 등 니체 철학의 핵심을 담고 있다.

- **선악의 저편**(Jenseits von Gut und Böse, 1886/박찬국, 2018) | 도덕의 재평가, 진리 비판, 철학자 비판, 힘에의 의지 등을 다루면서, 전통 서구철학과 도덕, 진리 개념을 전면적으로 해체한다.

- **도덕의 계보**(Zur Genealogie der Moral, 1887/박찬국, 2021) | 노예 도덕과 주인 도덕, 죄의식, 금욕주의 비판 등을 담고 있다. 도덕이라는 개념이 어떻게 생겨났는지를 계보학적으로 추적하면서, 기독교적 금욕주의와 죄의식의 기원에 대한 급진적 분석을 편다.

26 | 야스퍼스 1883~1969
실존은 초월을 통해 완성되는가?

"인간은 언제나 자기 자신이 아는 것보다 더 많은 존재이다.
그는 항상 자기 자신이 되어가는 과정 속에 있는 존재이며,
오직 자기 자신이 되기로 결단할 때만 진정한 자아가 된다.
우리는 우리 자신을 선택할 때에만 비로소 우리 자신이 된다."
— 『철학』, 1932

"우리는 존재 속에 갇혀 있는 것이 아니라, 초월 속에서 존재한다."
칼 야스퍼스(Karl Jaspers, 1883~1969)는 독일의 철학자이자 정신과 의사로, 실존철학을 발전시키며 인간의 실존과 초월을 탐구했다. 초기에는 정신의학을 연구하며 정신병 환자의 경험을 분석했으며, 이후 철학으로 전환하여 '한계상황', '실존', '초월'과 같은 개념을 통해 인간 존재의 본질을 탐구했다. 나치 정권 아래에서 자유와 민주주의를 옹호하며 전체주의를 비판했고, 전후에는 정치철학과 윤리학에도 기여하며 유럽 지성계에서 중요한 역할을 했다.

존재와 실존

칼 야스퍼스는 인간 존재를 단일한 구조로 보지 않았다. 그는 인간 안에

서로 다른 두 층위가 존재한다고 보았다. 하나는 '존재(Dasein, 다자인)', 즉 우리가 일상 속에서 살아가는 익숙한 방식이다. 우리는 이 층위에서 먹고, 자고, 일하고, 사람들과 관계를 맺는다. 매일 같은 일을 반복하고, 때론 질문 없이 시간을 흘려보낸다. 이것은 생물학적이고 사회적으로 규정된 조건 지어진 인간의 모습이다. 야스퍼스는 여기에서 멈추지 않는다. 인간에게는 또 하나의 층위가 있다. 그것은 '실존(Existenz, 엑지스텐츠)', 즉 자기 자신으로 살아가려는 존재 방식이다. 실존이란 단순히 '존재하는 것'이 아니라, '어떻게 존재할 것인가'를 묻고 결단하는 것이다. 그 순간 인간은 일상의 반복에서 고개를 들어 묻게 된다. 나는 진정 누구인가?, 나는 이렇게 살아도 괜찮은가?

"인간은 자기가 아는 것보다 더 많은 존재이며, 자기 자신이 되기를 결단할 때에만 진정한 자아가 된다" – 실존은 우리 안에 이미 주어진 본질이 아니다. 그것은 오히려 스스로 선택하고, 책임지고, 감당하면서 '살아내야 할 과제'다. 인간은 처음부터 완성된 자아를 가지고 태어나는 것이 아니라, 삶이라는 여정을 통해 점점 자기 자신이 되어가는 존재다. 그리고 그 여정의 시작은, '나는 누구인가'라는 물음을 결코 외면하지 않는 용기에서 비롯된다.

한계상황과 실존의 탄생

그렇다면 인간은 언제, 어떤 계기를 통해 '실존'으로 깨어나게 되는가? "한계상황은 극복할 수 있는 상황이 아니라, 직면해야 하는 상황이다" – 야스퍼스는 인간은 오직 삶의 벼랑에 선 순간, 말하자면 '한계상황(Grenzsituation, 그렌츠지투아찌온)' 속에서만 비로소 자기 자신을 깊이 있게 마주할 수 있다고 말한다. '한계상황'이란 인간이라면 누구나 피할 수 없는 근원적인 조건들이다. 죽음, 고통, 죄책감, 실패, 갈등, 본질적인 소외. 이들은 설명할 수도 없고, 극복할 수도 없는 삶의 그림자처럼 우리를 예고 없이 찾아온다. '한계상황'을 직면하는 순간, 우리는 모든 기만에서 벗어나 진실과 마주하게 된다. 우리는 보통 이러한 상황에서 절망하거나 도망치고 싶어 한다. 그러나 야스퍼스는 오히려 이 순간이야말로 인간이 자신의 실존을 깊이 깨닫고 변화할 수 있는 기회라고 보았다.

"인간은 한계상황 속에서만 자신에게 도달한다" – 한계상황은 우리에게 거짓된 존재의 허울을 벗기고, 실존의 진실을 드러낸다. 우리가 사랑하는 사람을 잃었을 때, 깊은 슬픔과 상실감에 빠지지만, 동시에 우리는 삶의 유한함과 소중함을 절실히 깨닫는다. 우리가 실패를 경험할 때, 패배감에 젖을 수도 있지만, 그 과정을 통해 자신이 진정 원하는 것이 무엇인지, 어떻게 다시 나아가야 할지를 성찰할 수도 있다. 야스퍼스는 이러한 한계상황에서 인간이 존재의 기만을 벗어날 수 있다고 보았다. 평소에는 자신의 삶을 안정된 틀 속에서 살아가지만, 한계상황을 마주할 때, 우리는 더 이상 외면할 수 없는 삶의 본질과 대면하게 된다. 그 순간, 우리는 스스로를 기만할 수 없으며, 오직 진정한 나 자신과 마주할 수밖에 없다.

한계상황은 존재의 표면을 찢고 실존의 내면을 드러내는 사건이다. 우리는 그 순간, 일상의 언어로는 다 담을 수 없는 어떤 물음 앞에 선다. 지금까지의 삶으로는 충분한가? 이 자리는 해답이 주어지는 곳이 아니다. 오히려 삶의 불확실성과 고통을 견디면서도, 그 속에서 자기 자신으로 살아가고자 하는 결단이 태어나는 자리다. 실존은 바로 거기에서 시작된다. 실존은 내가 나에게 묻고, 책임지는 순간에 시작된다. 모든 것이 무너지는 듯한 순간, 오직 '나'만이 나를 붙잡을 수 있는 그 경계에서…

초월자와 포괄자

삶이 더 이상 설명되지 않는 순간, 우리는 문득 무언가 더 깊은 것, 더 근원적인 것의 존재를 느끼게 된다. 고통을 통해, 침묵 속에서, 혹은 말로 다 표현할 수 없는 어떤 경외의 감정 안에서 인간은 어쩔 수 없이 자기 너머의 무엇, 즉 '초월자(Transzendenz, 트란스첸덴츠)'를 감지한다. 야스퍼스에게 있어 '초월자'란 인간이 결코 온전히 파악할 수 없는, 그러나 항상 인간의 사유와 실존을 향해 열려 있는 근원적 실재, 곧 신과 유사한 존재이다. 초월자는 단순히 '경험 바깥에 있는 존재'가 아니라, 인간이 삶 속에서 고통, 죽음, 죄, 갈등과 같은 '한계상황Grenzsituationen'을 겪으며 간접적으로 경험하고 응답해야 하는 존재이다.

"우리는 포괄자 안에 있으며, 그것은 우리를 통해 말하고 있다" – 칼 야스퍼스는 이 설명될 수 없는 감각, 그러나 부인할 수 없는 경험을 철학적으로 사유하려 했다. 그는 그것을 '포괄자(Das Umgreifende, 다스 움그라이펜데)', 곧 존재 전체를 감싸 안는 바탕이자 근원적 실재라고 불렀다. '포괄자'는 자기 자신으로서의 실존일수도 있고, 우리가 경험하고 살아가는 세계 그 자체일 수도 있으며, 우리가 결코 완전히 인식할 수 없는 절대자로서의 신일 수도 있고, 진리일 수도 있으며, 또는 인간의 언어가 도달하지 못하는 절대적 침묵 그 자체일 수도 있다. 이 모두는 '포괄자'의 다양한 양태이며, 우리가 삶 속에서 이들과 마주할 때 실존적 자각이 일어난다. 우리는 그것을 완전히 이해하거나 소유할 수는 없다.

하지만, 야스퍼스는 말한다. 철학은 바로 그 이해할 수 없는 것을 향해 다가가려는 시도이며, 그 흔적을 따라 암호처럼 읽어보려는 노력이다. 우리는 세계의 일부가 아니라, 세계 그 자체 안에 놓여 있는 존재다. 그 세계는 우리가 질문할 때마다 침묵으로 응답한다. 철학자는 그 침묵을 해석하려는 사람이다. 야스퍼스에게 철학이란, 포괄자의 목소리를 듣고, 그것을 우리 삶의 언어로 번역하려는 끝없는 경청과 응답의 과정이다. 그리하여 철학은 결코 완결될 수 없다. 그것은 언제나 알 수 없음 속에서 물음을 멈추지 않는 태도, 그리고 초월을 향한 겸허한 시선에서 다시 시작된다.

철학은 항상 길 위에 있다

"나는 너와의 소통 속에서만 실존이 된다" - 소통은 실존이 서로를 향해 열리는 만남이다. 철학은 대화다. 그것은 혼자서 생각하는 것이 아니라, 타인과 세계와, 그리고 초월적 침묵과 함께 호흡하는 과정이다. 그는 진리를 '발견된 결과'로 보지 않았다. 진리는 만남이고, 사건이며, 사유가 깨어 있는 현장이다. 어떤 때는 타인의 얼굴에서, 어떤 때는 고통의 순간에, 또 어떤 날은 말없는 침묵 속에서…진리는 그렇게 우리에게 다가온다. 그래서 철학은 단지 논증이 아니라 태도이며, 감응이며, 응답이다. 그것은 나를 넘어서서 세계와 연결되려는 시도이며, 진리를 향한 겸허한 길 위의 걷기다. 야스퍼스는 우리에게 말한다. 진리를 사랑하되, 그 진리에 도달하려 하지 말고, 그저 묻고, 듣고, 다시 사유하라고. 그 길 위에서 우리는, 비로소 진리를 살아가는 자가 될 수 있을 것이다.

"우리는 서로를 통해 존재하며, 소통 속에서 실존을 확장한다" - 야스퍼스는 자유가 개인적인 문제만이 아니라, 다른 사람들과의 '소통(Kommunikation, 코무니카치온)'을 통해 확장될 수 있는 것이라고 보았다. 인간은 '소통'을 통해 서로의 '실존'을 존중하고, 대화를 나누며, 보다 깊이 있는 자유를 실현할 수 있다. 야스퍼스에게 있어 '소통'은 가면을 벗고 서로 마주하는 것, 말 너머의 의미와 진심을 주고받는 것, 타인의 실존을 '인정'하고 나 자신의 실존도 열어 보이는 것을 의미한다 야스퍼스에게 있어 '실존'은 오직 소통을 통해서만 가능하다. '소통'은 사람과 사람 사이의 이해에 그치지 않는다. '소통'을 통해, 즉 타인과의 진실한 만남 속에서 존재의 깊이, 삶의 의미, 초월자에 대한 열림이 동시에 일어난다. 진정한 '소통'을 위해서는 독단적 사고에 머무르지 않고, 다양한 사상을 받아들이는 개방적인 태도를 가져야 하며, 전체주의적 사고(독재, 획일화, 억압)를 거부하고, 자유로운 대화를 통해 공동체 속에서 자유를 실현해야 한다.

"자유는 단순한 권리가 아니다. 그것은 우리가 끊임없이 만들어가야 하는 실존적 과제다" – 야스퍼스는 인간이 자신의 실존을 실현하기 위해 반드시 자유롭게 선택하고 결단해야 한다고 말했다. 인간은 단순한 기계적인 존재가 아니라, 자유롭게 사고하고 선택할 수 있는 존재라는 것이다. 하지만 자유에는 책임이 따른다. 야스퍼스는 인간이 진정으로 자유로워지기 위해서는, 자신의 선택에 대해 책임을 질 수 있어야 한다고 강조했다. 우리는 사회의 기준과 기대에 따라 살아가기도 하지만, 궁극적으로는 스스로의 삶을 결정해야 한다. 우리가 주어진 환경에 수동적으로 적응하는 것이 아니라, 자신의 신념과 가치를 바탕으로 삶의 방향을 스스로 설정하는 것이 중요하다.

야스퍼스는 정치적 자유 또한 강조했다. 그는 나치 정권 아래에서 독일이 전체주의로 빠져드는 것을 보며, 인간이 자신의 신념을 지키고 표현할 자유가 보장되지 않는다면 '실존'은 불가능하다고 경고했다. 야스퍼스는 나치 독일의 전체주의를 경험하면서, 사회적 자유가 억압될 때 개인의 실존적 자유 또한 위축된다는 사실을 깨달았다. 따라서 인간이 실존적으로 자유롭기 위해서는, 자유롭게 소통할 수 있는 환경이 보장되어야 한다고 보았다.

칼 야스퍼스에게 철학은 도착지가 아니라 여정이다. 철학은 우리가 어딘가에 도달했을 때 시작되는 것이 아니라, 답이 없다는 사실을 받아들인 순간에 비로소 열리는 길이다. 그는 철학을 고정된 체계가 아닌 살아 있는 운동으로 보았다. 철학은 정답을 갖고 있는 것이 아니라, 스스로 묻고, 다시 묻고, 끊임없이 물음을 살고자 하는 것이다.

칼 야스퍼스는 철학을 탁자 위가 아니라, 삶의 한가운데로 데려왔다. 그는 인간을 고귀하게 만들지 않았다. 오히려 인간이 얼마나 취약하고, 불확실하고, 설명되지 않는 존재인지를 강조했다. 하지만 그 속에서, 그는 철학을 통해 말한다.

"그럼에도 불구하고, 너는 너 자신이 되어야 한다"

야스퍼스에게 철학은 살아가는 용기의 이름이다. 그리고 철학자란, 자기 자신에게 끊임없이 질문을 던질 수 있는 사람, 무너짐 속에서도 초월을 향해 고개를 드는 사람이다

"우리 의미는 발견하는 것이 아니라, 끊임없이 만들어가는 것이다"

✒ 주요 저술

- **철학**(Philosophie, 1932/정영도 외, 2019) | 야스퍼스의 철학을 집대성한 3권짜리 대작으로, 실존, 한계상황, 초월, 철학적 신앙 등을 심층적으로 논의했다. 국내에는 3부작으로 한국연구재단 지원으로 번역 출간되었다.

- **이성과 실존**(Vernunft und Existenz, 1935/황문수, 1999) | 실존철학을 탐구하며, 인간이 이성과 실존 사이에서 어떻게 균형을 찾을 것인가에 대해 논의한 철학 에세이이다.

27 | 사르트르 1905~1980
자유는 연대이고 책임인가?

"인간은 자신이 만든 것 외에는 아무것도 아니다. 이것이 실존주의의 첫 번째 원칙이다. 인간은 자기 행위들의 총합이며, 곧 자신의 삶 그 자체일 뿐이다."

— 『실존주의는 휴머니즘이다』, 1946

"우리는 자유롭게 태어났고, 자유를 감당할 책임이 있다."
장 폴 사르트르(Jean-Paul Sartre, 1905~1980)는 실존주의 철학의 중심 인물로, 인간 존재의 본질과 자유의 문제를 깊이 탐구했다. 그는 인간이 종교, 전통적 가치, 외부의 권위에서 벗어나 자유로운 선택을 통해 자신의 존재를 만들어 나가야 한다고 주장했다. 그러나 이러한 자유는 동시에 인간에게 책임의 무게를 부여하며, 이를 어떻게 수용할 것인가에 대한 도전 과제를 남긴다.

실존은 본질에 앞선다

"실존은 본질에 앞선다" – 사르트르에게 자유는 인간 존재의 실존적 조건에서 비롯된다. 전통적으로 사물이나 인간은 먼저 '본질'(l'essence, 레

쌍)이 존재하고, 그에 따라 '존재(L'Être, 레뜨흐)'가 규정된다고 생각해왔다. 예를 들어, 칼은 잘 드는 도구라는 '본질'을 가지고 있으며, 그 '본질'에 따라 존재가 규정된다. 하지만 사르트르는 인간에게는 이러한 본질이 주어져 있지 않다고 보았다. 인간은 스스로의 행위를 통해 자신의 본질을 창조하는 존재이기 때문이다. 이런 의미에서 사르트르는 인간 존재를 '실존(L'existence, 렉지스땅스)'으로 개념 짓는다.

그는 『존재와 무』에서 인간을 '자유롭게 저버려진 존재'로 묘사하며, 인간이 어떤 고정된 본질에 의해 규정되지 않고 스스로 자신의 '본질'을 만들어 간다고 주장했다. 이 말은 인간은 다른 '존재'와 다르게 자신의 선택과 행위를 통해 스스로의 존재적 의미, 삶의 의미와 목적을 창조해야 한다는 것을 의미한다.

존재와 무

"나는 내가 만든 것 이외에는 아무것도 아니다" – 장 폴 사르트르의 철학은 인간 존재의 본질을 파헤치는 급진적인 질문에서 출발한다. 그에게 있어 인간은 단순히 '있는' 존재가 아니다. 오히려 그는 '존재하는 방식' 자체를 문제 삼으며, 존재와 더불어 세계 속에서 '없음(néant, 네앙)'이라는 개념의 중요성을 부각시킨다. 이 사유의 정점은 그의 대표작 『존재와 무』에서 정교하게 전개된다.

사르트르는 먼저 '존재(l'être, 레뜨흐)'를 두 가지 방식으로 구분한다. 하나는 '그 자체로 있는 존재(en-soi, 앙 쑤아)'이고, 다른 하나는 '자신을 의식하는 존재(pour-soi, 푸르 쑤아)'이다. '앙 쑤아en-soi'는 사물처럼 자기 완결적이며 그대로 있는 존재, 예컨대 바위나 의자처럼 변화하지 않고 단순히 거기 '있는' 존재다. 반면 '푸르 쑤아pour-soi'는 끊임없이 스스로를 의식하고, 자신을 부정하고, 변화를 가능하게 하는 인간 의식의 존재 방식을 뜻한다. 이때 중요한 것은, 인간의 의식은 '무néant'를 품고 있는 역동적 활동이라는 점이다.

바로 이 지점에서 '무'라는 개념이 등장한다. 사르트르에게 '무'는 단순한 없음이나 공허함이 아니다. 오히려 그것은 '아니다'라고 말할 수 있는 능력, 즉 부정의 능력이다. 인간의 의식은 세계와 자신을 부정함으로써 어떤 가능성을 창출한다. 예를 들어 "나는 지금 이 자리에 있고 싶지 않다"는 생각은 단순한 상태의 인식이 아니라, 그 자리에 대한 부정, 곧 세계에 대한 저항의 표현이다. 인간은 이처럼 '무'를 통해, 자신이 처한 상황을 단순히 받아들이지 않고 넘어서려는 존재다.

'무'는 인간 의식의 핵심이며, 인간이 자유로운 이유이기도 하다. 사르트르에게 의식은 자기 자신으로부터 끊임없이 거리를 두는 존재다. 우리는 '이대로 있는 나'에 안주하지 않고, 언제나 '아직 도달하지 않은 나', '될 수 있는 나'를 지향한다. 이러한 '자기초월'은 바로 '무'의 능력을 통해 가능하다. '무'는 현실을 비워내고, 그 자리에 새로운 가능성의 공간을 열어주는 창이 된다. 그래서 인간은 자유롭다. 그러나 동시에 불안하다. 자유롭다는 것은 스스로의 존재를 선택해야 한다는 뜻이며, 그 선택의 근거가 외부에 존재하지 않기 때문이다. 인간은 '이미 정해진 존재'가 아니라, 무를 품은 존재, 즉 항상 스스로를 만들어가는 존재다.

자유는 축복인가? 저주인가?

"인간은 자유라는 형벌을 선고받은 존재다" – '자유(liberté, 리베르떼)'는 인간에게 축복이다. '자유'는 인간을 독립적이고 창의적인 존재로 만든다. 인간은 외부의 권위나 전통, 종교적 명령에 얽매이지 않고, 스스로 선택하고 행동할 수 있는 능력을 지녔다. 이러한 자유는 인간이 자신의 삶을 설계하고, 세상에 변화를 일으키며, 자신만의 고유한 의미를 창조할 수 있는 기회를 제공한다. 이는 인간이 단순히 존재하는 것이 아니라, 존재를 넘어선 삶을 만들어 갈 수 있음을 보여준다. 그러나 자유로운 선택은 필연적으로 어떤 가능성을 포기해야 한다는 것을 의미하며, 잘못된 선택의 결과에 대한 책임은 오롯이 자신에게 돌아온다. 이러한 책임의 무게는 인간에게 회피할 수 없는 부담을 안긴다.

"자기 기만은 나 자신이 아님을 알고 있으면서도, 내가 아닌 척하는 것이다" – 사르트르는 이때 이러한 자유가 주는 고통을 회피하려는 태도를 '자기 기만(Mauvaise foi, 모베즈 푸아)'이라는 개념으로 설명한다. '자기 기만'이란 인간이 자신의 자유를 부정하고, 외부 환경이나 다른 사람에게 자신의 책임을 돌리려는 태도이다. 이는 자신의 자유를 회피하려는 시도로, 스스로를 속이는 행위가 된다. 사르트르는 이런 자기 기만의 예로 웨이터를 연기하는 웨이터를 들었다. 사르트르는 레스토랑에서 일하는 웨이터가 마치 연극을 하듯이 자신의 역할을 수행하는 모습을 관찰하며, 그는 진정한 실존을 살지 않는다고 말했다. 즉, 그는 단순히 사회적 역할에 자신을 가두고, 자신의 자유로운 존재 가능성을 스스로 차단하는 것이다. 여기서 중요한 것은 '웨이터처럼 행동하는 것' 자체가 아니라, 그 역할 속에 자신을 고정된 존재로 환원해버리는 태도이다. 만약 웨이터가 '나는 지금 웨이터 역할을 선택해 수행하고 있다'는 자각이 있다면, 그것은 자기기만이 아니다. 그러나 '나는 그냥 웨이터일 뿐이야. 나는 이 이상 아무것도 아냐'라고 생각한다면, 그건 곧 자기기만이 된다.

"나는 내가 되기로 한 그 사람일 뿐이다" – 사르트르는 인간이 완전한 자유 속에서 스스로의 선택에 대해 무한한 책임을 져야 한다고 보았다. 그는 이를 '실존적 불안'으로 설명하며, 자유가 인간에게 필연적으로 고뇌를 동반한다고 주장했다. 예를 들어, 산의 절벽 끝에 서 있는 사람을 상상해보자. 그는 절벽 아래로 떨어질 수도 있고, 뒤로 돌아갈 수도 있다. 하지만 그는 단순히 중력에 의해 떨어지는 돌멩이가 아니라, 떨어질 수도 있고 떨어지지 않을 수도 있는 자유로운 존재다. 이때 그는 자신의 자유를 자각하며 두려움을 느낀다. 이는 단순한 공포가 아니라, 자신이 무한한 가능성을 가진 존재라는 사실에서 오는 실존적 불안이다. 사르트르는 인간은 자유롭도록 선고받았다고 말하며, 인간이 자유를 회피할 수 없는 존재임을 강조한다. 인간은 선택할 수밖에 없으며, 그 선택의 결과를 온전히 감당해야 한다.

타자는 지옥이다

"타자의 시선은 나를 내 자신으로부터 낯설게 만든다" – 장 폴 사르트르의 『존재와 무』에서 '타자(l'Autre, 로트르)'는 나를 바라보는 존재, 곧 시선을 보내는 자로 나타나. 타자의 시선은 내가 그 앞에 '존재한다'는 감각을 일깨우지만, 동시에 나를 객체로 만든다. 나는 타자의 시선 안에서 대상이 되고, 내 자유는 제한된다. 예를 들어 누군가가 갑자기 방에 들어와 나를 쳐다볼 때, 나는 순간적으로 '내가 보이는 존재'가 되었음을 깨닫고 '수치심'을 느낀다. 사르트르는 이 경험을 통해 자아는 항상 타자를 통해 자신을 구성하게 된다는 사실을 밝혀낸다. 나는 내가 보는 내가 아니라, 타자가 보는 나다. 이러한 관계는 본질적으로 긴장감을 품고 있다. 타자는 나를 '규정'하고, 나는 그 규정을 벗어나려 하며, 다시 타자를 객체화하려 한다. 이런 상호 관계를 사르트르는 갈등적 구조라고 본다.

"타자는 나의 지옥이다" – 사르트르는 인간 자유가 '타자'의 시선으로 인해 제약받을 수 있다고 보았다. 인간은 타자의 평가와 시선 속에서 자유를 상실하거나, 자신의 정체성을 객체화할 위험이 존재한다. 예를 들어, 내가 혼자 있을 때는 자유롭게 행동할 수 있지만, 누군가 나를 보고 있다고 생각하는 순간, 나는 '관찰되는 대상'이 된다. 이런 상태에서는 나의 행동이 더 이상 나의 것이라기보다는, 타자의 기대와 판단 속에서 규정될 수 있다. 타자의 시선 속에서 나는 더 이상 자유로운 주체가 아니라, 평가되는 객체가 된다.

하지만 이러한 '타자의 시선' 속에서도 인간은 다시금 자유를 발견할 수 있다. 타자의 시선이 우리를 규정할 수는 있지만, 우리가 그것을 명확히 깨닫는 순간 우리는 다시금 자유롭게 선택할 수 있는 가능성을 갖게 된다. 즉, 우리가 타자의 시선에 의해 규정되고 있다는 사실을 명확히 깨닫게 되면, 오히려 그 규정에서 벗어나 자신을 다시 한번 돌아보고, 나 자신의 삶을 주체적으로 선택할 수 있는 자유와 힘을 얻을 수 있다

사르트르는 또한 질문한다.
"타자의 자유를 내가 인정하지 않으면, 진정한 관계는 가능한가?"
이 질문은 '타자'의 자유와 주체성 자체를 긍정하고 존중할 수 있는 가능성을 모색하게 만든다. 즉, 타자는 나의 자유를 위협하는 존재이기도 하지만, 그 자체로 나와 동일한 자유로운 존재이기도 하다. 타자의 자유를 인정하지 않으면, 나는 진정한 자유를 가질 수 없다. 나의 자유는 절대적인 것이 아니라, 타자의 자유와 얽히며 조건 지어진다는 통찰은 고립된 자유의 사유에서 관계적 자유와 윤리적 책임으로 이행하고 있음을 보여준다.

자유에서 책임으로, 고립에서 공존으로

"인간은 자유라는 형벌을 선고받은 존재다" – 장 폴 사르트르는 초기 철학에서 인간을 고립된 주체, 절대적 자유를 가진 존재로 그렸다. 『존재와 무』에서 그는 인간이 외부로부터 부여된 본질 없이 자신의 선택을 통해 자신을 형성해야 한다고 보았다. 이때 자유는 무엇보다 실존적 결단의 문제였고, 개인아 자신의 행위에 무한한 책임을 져야 하는 고독한 투쟁이었다. 그러나 사르트르는 시대와 삶의 현실 속에서 이 철학을 수정하고 확장하였다. 전쟁과 식민지 문제, 노동자 운동과 정치적 억압의 현실 속에서, 그는 개인 내부의 자유 개념만으로는 현실의 부자유를 설명할 수 없다는 사실을 직면했다. 자유는 단지 개인의 내면적 결단으로만 작동하지 않는다. 인간은 역사 속에서 존재하며, 그 자유 또한 역사적 조건에 의해 형성되고 제한되기 때문이다.

"우리는 서로에 의해 자유로워진다. 나는 너의 자유 속에서 내 자유를 다시 발견한다" – 이러한 사유의 전환은 그의 후기 대작 『변증법적 이성 비판(1960)』에서 뚜렷하게 드러난다. 사르트르는 여기서 실존적 자유와 사회적 구조, 역사적 맥락을 통합하려는 시도를 전개한다. 그는 자유는 타인을 통해서만 완성된다고 주장하며, 자유는 단지 개인의 고립된 선택이 아니라, 집단 속에서, 억압과 저항의 역사 속에서 실현되는 힘이라고 주장한다. 여기서 자유는 사유의 한계에 머무르지 않고, 구체적인 실천으로 나아간다. 사르트르는 '집단적 실천'이라는 개념을 통해, 억압받는 사람들이 연대하고 저항하며 새로운 사회적 주체로 변형되는 과정을 철학적으로 포착한다. 그는 이것을 '집단의 자각'이라고 부르며, 이를 통해 개인의 자유가 역사적 변화의 원동력으로 확장되는 계기로 본다.

"자유는 존재하는 것이 아니라, 실현되어야 하는 과제다" – 즉, 자유는 주어진 조건을 초월해 나가는 실천적 운동이며, 억압받는 조건 속에서도 집단적 연대와 투쟁을 통해 새로운 가능성을 창출하는 능동적 힘이다. 여기서 자유는 더 이상 고립된 개인의 신념이 아니라, 타인과 얽히고 부딪히며 만들어가는 공동의 현실로 변모한다. 사르트르에게 실존은 여전히 출발점이다. 그러나 그 실존은 사회적 맥락 속에서 책임지는 주체, 그리고 역사 속에서 행동하는 집단적 존재로 발전해야만 한다. 인간은 단지 존재하는 것이 아니라, 역사를 만들어가는 존재가 되어야 한다. 이처럼 후기 사르트르 철학은 자유를 철저히 현실적이고 정치적인 사유로 탈바꿈시킨다. 더 이상 자유는 고립된 결단의 순간이 아니라, 함께 살아가는 삶의 조건 속에서 투쟁을 통해 구현되어야 할 윤리적 책임이다. 그리고 그 자유는 오직 '함께'일 때, 더 강력해진다.

"윤리는 타자를 의식하는 나의 자유에서 시작된다" – 사르트르의 철학이 도달한 마지막 지점은 실천만이 아니었다. 그는 자유의 철학을 윤리의 철학으로 확장했다. 타자의 존재는 처음엔 나를 위협하는 시선, 나를 객체화하는 불편한 존재로 다가오지만, 그 시선을 존중하고 수용하는 순간, 인간은 비로소 '윤리적 주체'로 탄생할 수 있다. 타자는 나의 부끄러움과 책임의 감각을 일깨우는 또 다른 자유의 중심이며, 그 존재를 인정하는 것은 공존의 윤리를 받아들이는 첫걸음이다. 인간은 더 이상 고립된 존재가 아니며, 타자와의 관계 속에서만 자신을 발견하고 완성할 수 있다. 윤리는 연민이나 도덕의 훈계가 아니라, 자유로운 존재들 간의 상호 응답성과 책임의 구조다. 이는 사르트르가 남긴 가장 급진적이며도 따뜻한 철학적 유산이다.

사르트르의 철학은 자유로 시작해 책임으로 나아가고, 고립에서 출발해 공존으로 귀결된다. 인간은 무를 품은 존재이지만, 그 무에서 새로운 가능성을 피워낸다. 그는 스스로를 만들어가며, 타자와의 관계 속에서 윤리와 연대의 삶을 실현할 수 있다. 사르트르의 철학은 우리에게 말한다.
"너는 단지 존재하는 것이 아니라, 항상 되어가는 존재다. 그리고 너는 혼자가 아니다."

✒ 주요 저술

- **존재와 무**(L'Être et le Néant, 1943/변광배, 2024) | 사르트르 철학의 정점이자, 실존주의의 핵심 개념을 집대성한 대작이다.

- **닫힌 방**(Huis clos, 1944/지영래, 2013) | "타인은 지옥이다"라는 유명한 문장을 남긴 희곡으로, 세 명의 인물이 지옥에서 벌이는 심리적 갈등을 다룬다.

- **실존주의는 휴머니즘이다**(L'Existentialisme est un humanisme, 1946/박정태, 2008) | 사르트르의 철학을 대중적으로 쉽게 설명한 강연록으로, 실존주의가 허무주의가 아니라 인간의 책임을 강조하는 철학임을 밝힌다.

- **변증법적 이성 비판**(Critique de la raison dialectique, 1960/박정자 외, 2024) | 실존주의를 역사적 맥락에서 재구성하며, 인간의 집단적 실천을 강조하는 철학으로 발전시킨다. 개인적 자유와 역사적 조건이 어떻게 상호작용하는지를 분석한다.

PART 8

욕망과 동기: 무의식과 대타자

인간은 왜 원하는가? 무엇이 우리를 움직이는가?
이 장은 인간의 욕망과 동기의 심층 구조를 탐색한 다섯 명의 사상가 – 지그문트 프로이트(1856~1930), 칼 융(1875~1961), 알프레드 아들러(1870~1937), 아브라함 매슬로우(1908~1970), 자크 라캉(1901~1981) – 의 사유를 통해 인간 내면의 역학을 조명한다.
프로이트는 욕망을 억압된 무의식의 분출로 보았고,
융은 그것을 집단적 원형과 통합을 향한 자기실현으로 확장했으며,
아들러는 열등감 극복을 향한 의지로 해석했다.
매슬로우는 욕망의 위계를 통해 인간의 자기초월 가능성을 열었고,
라캉은 욕망을 언어 구조 속에서 '타자의 욕망'으로 파헤쳤다.
이 장은 그들의 철학을 통해, 욕망이 단지 결핍의 표출이 아니라 인간됨 자체의 서사임을 보여주고자 한다.

28 | 프로이트 1856~1939
자아는 마음의 주인인가?

"인간은 자기 마음의 주인이 아니다. 우리의 정신은 작은 섬과 같고, 그 아래에는 광대한 심연이 펼쳐져 있다. 무의식은 이드에 뿌리를 두고 있으며, 자아와 초자아를 통해 억압과 갈등을 형성한다."
—『정신분석 입문』, 1917

우리는 우리가 생각하는 존재인가, 아니면 우리가 알지 못하는 어떤 힘에 의해 조종되는 존재인가? 인간은 스스로를 이성적이고 합리적인 존재로 여기지만, 때때로 자신의 행동을 설명하지 못하는 순간들을 마주한다. 분명한 이유 없이 두려워하고, 사랑하고, 갈등하며, 때로는 자신이 원하지 않는 방향으로 행동한다. 이런 모순은 어디에서 오는가?

지그문트 프로이트(Sigmund Freud, 1856~1939)는 자아는 마음의 주인인가라는 질문을 던지며, 인간 존재와 인식에 대한 전통적인 관점을 뒤흔들었다. 그는 인간의 정신이 '자아ego'에 의해 온전히 통제되는 것이 아니라, '무의식unconscious'이라는 심연에 의해 지배되고 있음을 밝혀냈다. '무의식'은 인간 내면 세계를 이해하는 열쇠이다. 무의식은 '억압된 욕망'과 '충동'의 영역이며, '인간 행동', '사고', '자아 구조'에 깊은 영향을 미친다.

의식, 전의식, 그리고 무의식의 심연

"인간은 자기 자신의 정신생활을 완전히 지배할 수 없다. 마음속에서 의식되지 않은 무의식이 지대한 역할을 한다" – 프로이트는 인간의 정신을 '의식 Conscious', '전의식 Preconscious', '무의식 Unconscious'이라는 삼층 구조로 설명했다. 그는 인간의 정신이 마치 빙산처럼 구성되어 있으며, '의식'은 빙산의 일각에 불과하고, 그 아래에는 '전의식'과 '무의식'이라는 훨씬 더 거대한 영역이 존재한다고 주장했다.

'의식'은 현재 우리가 자각하고 있는 생각, 감정, 경험을 포함하는 영역이다. 우리가 보고 듣고 느끼는 것, 논리적으로 분석할 수 있는 것이 '의식'의 영역에 속한다. 예를 들어, 지금 내가 읽고 있는 글, 방의 온도, 현재 느끼는 감정 상태 등이 '의식'에 해당한다. '의식'은 감각과 논리적으로 이해할 수 있는 정보를 포함하며, 인간이 인지하고 통제할 수 있는 부분이다. 우리가 일상적으로 다루는 정보는 대부분 의식의 영역에 속한다.

'전의식'은 현재 의식하지 않지만, 필요할 때 쉽게 떠올릴 수 있는 기억과 정보가 저장된 영역이다. '전의식'은 '무의식'처럼 깊이 억압되어 있는 것이 아니라, 잠시 의식에서 벗어나 있지만 필요하면 언제든 떠올릴 수 있는 기억과 지식이 저장된 기억 창고와 같다. 예를 들어, 이름, 주소, 전화번호와 같이 묻지 않으면 떠오르지 않지만, 생각해 보면 금방 떠오르는 정보나 오래전 친구와 있었던 일처럼 평소에는 기억하지 않지만, 특정한 계기가 있으면 떠올릴 수 있는 기억, 또는 영화에서 본 장면처럼 특정 단서를 보면 머릿속에 다시 떠오르는 정보 등이 전의식에 해당한다.

'무의식'은 '자아'와 '초자아'에 의해 억압된 감정, 충동, 욕망이 존재하는 영역이다. 의식적으로 떠올릴 수 없는 깊은 기억, 어린 시절의 트라우마, 강한 욕망 등이 '무의식'에 포함된다. 프로이트는 '무의식'이 인간 행동을 결정짓는 가장 중요한 요소라고 보았다. '무의식'은 의식적으로 접근할 수 없으며, 특별한 계기(꿈, 정신분석 치료 등)를 통해서만 드러난다. '무의식'은 억눌린 욕망의 저장소로 끝나지 않는다. 그것은 우리의 행동과 사고를 깊이 지배하며, 의식적으로 이해할 수 없는 방식으로 영향을 미친다. 프로이트는 '무의식'이 직접적으로 드러나지 않지만, 꿈, 실언, 예술적 창작 등을 통해 표현된다고 보았다. '무의식'은 종종 꿈에서 상징적 이미지로 나타나며, 이는 억압된 욕망과 충동이 상징적인 형태로 의식에 스며든 결과다.

"억압은 무의식의 형성 원리다" – 무의식이 의식되지 않는 이유는 '억압'이라는 심리적 '방어 기제'로 설명된다. 억압은 사회적 규범이나 도덕적 기준에 의해 용납될 수 없는 욕망이나 충동을 무의식 속으로 밀어내는 과정이다. 이러한 억압은 자아가 현실과 타협하며 심리적 안정성을 유지하는 데 기여한다. 그러나 무의식적 충동은 완전히 사라지지 않고, 다양한 방식으로 다시 나타난다. 이는 인간이 자신의 행동과 감정의 근본 원인을 종종 이해하지 못하는 이유를 설명하며, 프로이트는 이러한 무의식적 과정을 이해하고 해석하는 것이 심리학의 핵심 과제라고 보았다.

'전의식'은 의식과 무의식을 연결하는 역할을 한다. 무의식은 의식으로 직접 떠오를 수 없지만, 전의식을 거쳐 의식될 가능성이 있다. 예를 들어, 트라우마가 있는 사람이 갑자기 특정한 사건을 기억해 내거나, 꿈속에서 억압된 기억이 나타나는 경우가 있다. 또한, 정신분석 치료에서 전의식의 내용을 분석함으로써 무의식의 문제를 파악할 수 있다. 즉, 전의식은 단순한 기억 창고가 아니라, 무의식의 내용을 의식으로 끌어올리는 중요한 매개체 역할을 한다.

주체의 다층적 구조 – 이드, 자아, 초자아

프로이트는 인간의 정신을 '이드Id', '자아Ego', '초자아Superego'라는 세 가지 주체(에너지)의 상호작용으로 설명하는 모델을 제시했다. 이 모델은 인간 정신의 작동 방식을 이해하는 데 중요한 틀을 제공하며, 각 주체의 특징과 그들의 역동적인 관계를 통해 인간 심리의 복잡성을 드러낸다.

"이드는 우리 성격 중 어둡고 접근할 수 없는 부분이다" – '이드'는 본능에서 도달한 에너지로 가득 차 있으며, 조직도, 통일된 의지도 없고 오직 본능적 욕구 충족만을 추구한다. '이드'는 오직 쾌락 원리에 의해 작동한다. 즉, 즉각적인 만족을 추구하며 고통을 피하려는 욕망에 따라 움직인다. '이드'는 완전히 무의식 속에 존재하며, 의식으로 직접 떠오를 수 없다.

"자아는 현실을 고려하며, 현실 원리에 따라 행동한다" – '자아'는 이드의 욕망을 현실적인 상황에 맞게 조절하고 충족시키는 역할을 한다. '자아'는 의식과 전의식에서 활동하지만, 일부는 무의식에도 존재할 수 있다. '자아'는 이드의 욕망과 초자아의 규범 사이에서 균형을 잡는 중재자 역할을 수행한다. 예를 들어, 이드가 지금 당장 음식을 먹고 싶다고 외친다면, '자아'는 지금은 식사 시간이 아니니 조금만 기다리자고 달래는 역할을 한다.

"초자아는 도덕적 제약의 대표자이다" – '초자아'는 도덕적 판단을 담당하며, 도덕 원리를 따른다. 부모나 사회의 가치관과 규범을 내면화하여 형성되며, 자아의 행동을 평가하고 죄책감이나 수치심을 느끼게 한다. '초자아'는 의식과 전의식뿐만 아니라, 무의식에도 일부 존재할 수 있다. 지나치게 강한 '초자아'는 죄책감과 자기 검열을 심화시키며, 강박적인 행동을 유발할 수도 있다.

이드는 쾌락을 추구하고, 초자아는 도덕적 완벽을 추구하며, 자아는 이

둘 사이에서 현실적인 타협점을 찾는다. 이들의 관계는 역동적으로 변화하며, 인간 행동과 성격 형성에 큰 영향을 미친다. 예를 들어, 이드의 충동적인 욕망이 강하게 일어날 때, 자아는 현실적인 제약을 고려하여 욕망을 조절하려 하고, 초자아는 도덕적인 잣대로 자아를 감시하며 죄책감을 느끼게 할 수 있다. 이러한 갈등과 조절 과정을 통해 인간은 사회적으로 적응하며 살아가기도 하고, 때로는 이러한 갈등이 긴장을 형성하며, 종종 신경증이나 불안으로 나타나기도 한다.

욕망의 핵심: 리비도

"리비도는 단순한 성충동이 아니다. 그것은 인간이 사랑하고, 갈망하고, 예술을 만들고, 문명을 형성하게 하는 정신 에너지이다" – 프로이트는 인간의 내면을 해석하는 데 있어 과감하고 도발적인 접근을 시도했다. 그의 주장 가운데 가장 핵심적인 것은 인간 욕망의 중심에 성적 에너지, 즉 '리비도libido'가 자리하고 있다는 점이다. 이때 '리비도'는 육체적 성욕만이 아니다. 그것은 인간을 움직이게 만드는 원초적 에너지이며, 생존과 관계 형성, 창조적 표현, 정체성 형성의 동력이다.

'리비도'는 태어날 때부터 존재하며, 인간의 발달 과정에 따라 그 표현 방식이 변화한다. 유아기에는 구강적 만족에서 출발하고, 점차 항문기, 남근기를 거쳐 성숙한 성적 관심으로 발전한다는 것이 프로이트의 주장이다. 이 과정에서 '리비도'가 제대로 흐르지 못하고 특정 단계에 고착되거나 억압될 경우, 신경증이나 이상 행동으로 이어질 수 있다. 리비도는 단지 욕망의 근원이 아니라 인간 심리의 불안정성과 복잡함을 설명하는 핵심 열쇠이기도 하다. 억압된 리비도는 다양한 방식으로 튀어나온다. 꿈, 말실수, 예술,

농담, 병적 증상 등은 모두 억눌린 욕망의 우회적 표현이다. 예를 들어, 무의식 속에 숨겨진 성적 갈망이 꿈속에서 상징적으로 나타나기도 하고, 평소 하지 않던 실언 속에 감춰진 진심이 드러나기도 한다. 프로이트는 이러한 현상들을 분석하면서, 인간이 이성적인 존재라는 환상을 깨뜨렸다. 인간은 때로 비합리적이며, 무의식의 작용에 휘둘린다.

프로이트의 이론은 비판도 많이 받았다. 리비도 중심의 해석이 지나치게 성적인 것 아니냐는 지적도 있다. 하지만 그가 던진 질문은 여전히 유효하다. 욕망은 어디에서 오는가? 우리는 왜 어떤 것에 집착하고, 때로는 설명할 수 없는 방식으로 감정을 표출하는가? 이러한 질문에 리비도는 하나의 실마리를 제공한다.

자기 이해를 통한 삶의 방향 설정

"자아는 자기의 주인이 아니다. 무의식의 충동과 억압된 감정이 그것을 좌우한다" – 인간 삶의 방향은 무엇보다 '자기 이해'에서 시작된다. 왜 나는 같은 실수를 반복하는가? 왜 특정 감정에 쉽게 휘둘리는가? 그 질문에 대한 답은 무의식 속에 있다. 프로이트에게 있어 '자기 이해'란 무의식적 욕망, 억압, 방어기제까지 포함한 전체 자아를 이해하는 과정이다. 그는 인간의 자아가 무의식에 의해 지배된다는 점을 강조한다.

프로이트는 무의식이 자기 이해를 방해하는 동시에, 그것 없이는 진정한 이해가 불가능하다고 본다. 이 과정에서 가장 큰 장애물은 방어기제이다. 인간은 불편한 감정이나 충동을 피하기 위해 무의식적으로 다양한 방어기제를 사용한다. 예를 들어 '억압'은 불쾌한 기억을 무의식에 감추며, 이는 실제 감정이나 경험을 부정하게 만든다. '투사'는 자신의 공격성을 타인의 것으로 돌리는 메커니즘으로, 내면의 감정을 외부로 전가해 자신조차 인식하지 못하게 한다. '합리화'는 실패나 실수의 이유를 그럴듯하게 설명하면서 자기 책임을 회피한다. 이러한 방어기제는 자아를 보호하면서도 동시에 자기 이해를 왜곡시킨다. 따라서 진정한 자기 이해는 이 방어기제를 인식하고 해체하는 과정을 반드시 포함해야 한다.

"자기 이해는 무의식을 의식화하는 데 달려 있다" – 프로이트에게 '자기 이해'는 심리적 해방을 위한 치료적 과정이다. 이를 실현하기 위해 그는 정신분석이라는 방법을 제시한다. 대표적인 기법으로는 '자유 연상', '꿈 해석', '전이 분석'이 있다. '자유 연상'은 환자가 떠오르는 생각을 검열 없이 말하도록 유도하여 무의식의 단서를 포착하는 방식이고, '꿈 해석'은 꿈 속 상징을 통해 억압된 무의식을 분석하는 작업이다. '전이 분석'은 분석가에게 투사된 감정을 해석함으로써 과거의 상처와 감정을 드러내고 직면하게 만든다.

프로이트가 말한 '자기 이해'의 궁극적 목표는 현실 원칙에 따라 자아를 강화하고 통합된 자아를 형성하는 것이다. 성숙한 자아란 무의식적 충동과 도덕적 요구 사이에서 현실적인 중재를 하며, 자기 욕망을 성찰하고 이를 조화롭게 통합할 수 있는 힘을 지닌 자아다. 이것은 단순히 과거의 상처를 아는 데 그치지 않고, 그것을 현재의 삶 속에서 의미 있게 전환하고 창조적으로 활용하는 능력까지 포함한다.

프로이트의 정신분석학은 인간의 내면적 갈등과 욕망을 탐구하는 도구로 활용되며, 인간 존재의 본질에 다가가는 데 기여했다. 특히 무의식의 개념은 억압된 욕망과 사회적 규범 사이의 갈등을 조명하며, 현대 사회와 문화의 억압적 특성을 분석하는 틀을 제공하고 있다.

프로이트는 인간을 단순한 이성적 존재로 보지 않고, 심층적인 내면의 힘, 즉 무의식, 억압, 욕망에 의해 끊임없이 움직이는 복합적 존재로 바라보았다. 이런 그의 사상은 우리에게 한 가지 중요한 메시지를 남긴다. 진정한 자기 이해는 이성만으로는 도달할 수 없으며, 무의식이라는 심연을 직시하고 그 안에서 작동하는 심리적 역학을 이해하는 데서 시작된다는 것이다.

인간은 어쩌면 결코 완전히 투명하게 자신을 이해할 수 없는 존재일지 모른다. 그러나 그 한계를 인식하는 순간, 우리는 더 겸허하게 자신을 마주하고, 더 성숙한 방식으로 삶을 구성할 수 있다. 자기 자신을 이해한다는 것은 단지 스스로를 설명하는 것이 아니라, 자신 안의 낯선 타자와 화해하는 일이다. 그리고 그 길 위에, 프로이트는 여전히 유효한 길잡이다.

✒ 주요 저술

- **꿈의 해석**(The Interpretation of Dreams, 1899/김기태, 2024) | 꿈을 무의식의 표현으로 간주하며, 꿈 분석을 통해 억압된 욕망과 무의식적 동기를 탐구하였다. 정신분석학의 기초 이론을 정립한 대표작이다.

- **정신분석 입문**(Introductory Lectures on Psychoanalysis, 1916-1917/우리글 발전소, 2022) | 정신분석의 기본 개념과 이론을 체계적으로 설명. 무의식, 억압, 꿈 해석, 신경증의 기초를 강의 형식으로 정리하였다.

29 | 융 1875~1961
자기 실현은 어떻게 이뤄지는가?

"집단무의식은 개인의 경험에 의해 획득된 것이 아니라, 인류 전체가 공유하는 심층 구조다. 그것은 우리의 마음속에 이미 존재하는 원형들의 저장소이며, 신화, 꿈, 종교를 통해 반복적으로 모습을 드러낸다. 개인은 자신이 만들어낸 존재가 아니라, 인류의 심연에서 떠오른 존재다."

— 『무의식의 심리학』, 1916

지그문트 프로이트(1856~1939)가 무의식의 존재를 드러내며 인간 이해의 패러다임을 뒤흔들었다면, 그의 제자였던 칼 구스타프 융(Carl Gustav Jung, 1875~1961)은 그 무의식의 세계를 더 넓고 깊게 확장시켰다. 프로이트가 인간의 심리를 개인의 억압된 욕망과 충동에 집중했다면, 융은 개인을 넘어선 보편적 차원, 즉 '집단무의식Collective Unconscious'이라는 개념을 통해 인간 존재의 더 깊은 층위를 탐색했다.

프로이트가 '억압'을 중심으로 인간의 내면을 해석했다면, 융은 '통합'을 중심으로 인간 정신의 자기실현 과정을 바라보았다. 인간은 억압된 욕망의 포로인가, 아니면 더 큰 전체성과 의미를 향해 나아가는 존재인가? 프로이트가 불안과 갈등의 기제를 설명했다면, 융은 그 갈등을 극복하고 자기(Self)를 향해 나아가는 개성화Individuation의 여정을 강조했다. 인간 이해의 여정은 이제 억압을 넘어서, 내면의 통합과 상징의 세계로 들어간다. 융의 사상은 바로 그 입구에 서 있다.

집단무의식과 원형

"인간의 의식 그 깊은 곳에는 시대와 문화를 초월하는 공통된 심상이 존재한다" – 인간은 언제부터 자신을 알기 시작했을까. 우리는 '나'를 의식하며 살아간다고 믿지만, 실상 인간 정신의 구조는 훨씬 더 깊고 넓은 무의식의 바다 위에 떠 있는 섬에 가깝다. 카를 구스타프 융은 인간 정신의 구조를 탐험하면서, 우리가 일상적으로 생각하는 '개인 의식' 너머에 더 오래되고 더 보편적인 무의식의 차원, 즉 '집단 무의식'이라는 심층을 발견해냈다. 그리고 그는 이 '집단 무의식' 속에 존재하는 반복적 이미지와 이야기의 원형들을 '아키타입 archetype', 곧 '원형'이라 불렀다.

"집단무의식은 인류 진화의 전체 정신적 유산을 담고 있으며, 이는 각 개인의 뇌 구조 안에서 새롭게 태어난다" – '집단 무의식'은 단순히 개인의 생애 경험에서 형성된 심리적 흔적이 아니다. 융은 그것을 인류 전체의 정신적 유산, 생물학적 진화와 함께 축적된 보편적 심상(이미지)과 상징의 저장소로 보았다. 마치 우리 몸이 유전자의 정보로 구성되어 있듯, 정신 또한 유전되는 깊은 구조를 가진다고 보았던 것이다. 이 '집단 무의식'은 개인의식 아래에 흐르며, 우리가 직접 경험하지 않은 이야기와 상징을 꿈, 신화, 종교, 예술을 통해 드러낸다.

"원형은 유전된 생각이 아니라, 유전된 기능 방식이다" – 무의식의 보편적 형태들이 바로 '원형'이다. 융은 원형을 단지 정해진 이미지나 모양이 아니라, 경험을 조직하는 틀로 보았다. 우리가 특정한 인물, 상징, 이야기 구조에 감응하고 반응하는 이유는 그 안에 인류의 정신적 구조를 따라 반복되어온 원형들이 있기 때문이다. '어머니'라는 이미지가 전 인류 문화권에서 보호, 양육, 생명의 상징으로 나타나는 것, '영웅' 서사가 유사한 구조로 반복되는 것, '그림자'가 우리 내면의 두려움으로 나타나는 것 모두 원형적 구조의 증거다.

융은 이러한 원형을 몇 가지 대표적 유형으로 제시한다. '자기 Self'는 통합된 인격의 중심이자 궁극적 원형으로, 개인이 정신적으로 통합되어 갈 때 도달하는 상징이다. '그림자 Shadow'는 우리가 억압하고 인정하지 못하는 자아의 또 다른 측면이며, 자아의 어두운 거울이다. '아니마/아니무스 Anima/Animus'는 각각 남성 내면의 여성성, 여성 내면의 남성성을 가리키며, 성별을 넘어서 인간 정신의 이중성과 내면적 대화를 가능하게 한다. 그리고 '영웅 Hero', '현자 Sage', '트릭스터 Trickster', '아버지 Father', '어머니 Mother' 같은 원형들은 문학과 신화, 종교, 꿈을 통해 끊임없이 되살아난다.

이러한 사유는 심리이론을 넘어서, 인간 존재의 깊이와 그 집단적 기억을 사유하는 철학적 질문으로 확장된다. 인간이란 단지 개인의식으로 살아가는 존재가 아니다. 우리는 수천 년 동안 반복되어온 상상력의 계보, 감정의 기호, 상징의 무의식적 흐름 속에서 살아가는 존재다.

개성화 과정: 무의식과 의식의 조화

"개성화란 단일하고 동질적인 존재가 되는 것을 의미한다" – 융은 인간이 무의식을 단순히 억압하는 것이 아니라, 이를 인식하고 조화롭게 받아들일 때 진정한 자아를 실현할 수 있다고 보았고, 이 과정을 '개성화 Individuation'라고 불렀다. '개성화'는 개인이 자신의 본질을 발견하고, 내면의 갈등과 원형의 영향을 수용하며, 심리적 통합과 균형을 이루는 과정이다.

"당신이 무의식을 의식하지 않으면, 그것은 당신의 삶을 지배하며 당신은 그것을 운명이라 부를 것이다" – 인간이 자신의 심연 깊이의 무의식과 직면하고 무의식과 조화를 이루는 것은 운명과 관련된 중요한 문제이다. 융은 이 과정을 여러 단계로 나누어 설명하며, 각 단계는 인간이 내면의 세계를 탐험하고 진정한 자기 자신을 찾아가는 여정을 나타낸다.

첫 번째 단계는 '페르소나Persona'와의 분리이다. 우리는 사회적 역할을 수행하기 위해 페르소나, 즉 가면을 쓴다. 가정, 직장, 친구들 앞에서 다른 모습을 보이는 것이 그 예이다. 페르소나는 사회적 적응에 필요하지만, 자신의 진정한 본질을 가리기도 한다. 개성화의 첫걸음은 페르소나를 자신의 진정한 자아와 동일시하지 않는 것이다. 성공한 직장인이 자신의 직업적 성취를 '자신'이라고 착각하는 경우가 대표적인 예시이다.

두 번째 단계는 '그림자Shadow'와의 대면이다. 그림자는 자아가 받아들이기 힘든 부정적인 측면을 의미한다. 융은 '그림자', 즉 자신이 부정하고 억압하는 부분을 직면하는 것이 개성화의 필수 과정이라고 주장한다. 융은 빛을 가진 사람만이 그림자를 가질 수 있다고 주장하며, 자신의 어두운 면을 인정하고 통합해야 진정한 '자기Self'에 도달할 수 있다고 강조한다. 질투, 분노, 공포와 같은 감정들은 우리가 외면하고 싶어 하지만, 무의식 속에서 우리의 행동에 영향을 미칠 수 있다. 개성화 과정에서 우리는 이러한 그림자를 인식하고 받아들여야 한다. 그림자를 억누르면 정신적 불균형이 발생하고, 폭력적인 방식으로 표출될 수도 있다. "나는 절대 이기적이지 않아!"라고 주장하는 사람이 실제로는 타인을 조종하려는 경향을 보이는 것이 그 예시이다.

세 번째 단계는 '아니마·아니무스Anima/Animus'와의 화해이다. '아니마'는 남성 내면의 여성적 심리 요소, '아니무스'는 여성 내면의 남성적 심리 요소를 의미한다. 융은 남성과 여성 안에 반대의 성적 요소가 내재한다고 보았다. 개성화 과정에서는 아니마·아니무스를 억압하지 않고 통합해야 한다. 감정을 드러내지 않던 남성이 자신의 감정을 받아들이고 표현하면서 더욱 온전한 사람이 되는 것이 그 예시이다.

네 번째 단계는 '자기Self'와의 합일이다. '자기'는 인간이 통합해야 할 최종적인 심리적 중심으로, '자아ego'와 '무의식'의 모든 요소(그림자, 아니마·아니무스, 원형 등)가 통합된 상태를 의미한다. 이 과정에서 인간은 진정한 자기 자신을 발견하고 내면의 조화를 이룬다. 삶의 의미를 찾은 사람이 더 이상 외부의 평가에 흔들리지 않고 자신의 길을 걸어가는 모습은 자기와의 합일을 이룬 사람의 특징을 잘 보여준다.

"당신의 비밀스러운 깊은 내면을 탐구하는 것이야말로, 삶에서 가장 중요한 여행이다" – 칼 융에 따르면 '개성화'는 진정한 자기를 찾는 심오한 과정이다. 자신의 그림자를 인정하고, 사회적 페르소나를 넘어 자신의 본질을 탐색하는 여정인 것이다. 이러한 개성화 과정은 심리적 성숙, 창조성과 자기 표현, 타인과의 관계 개선, 내면적 평화 등 인간의 삶에 다양한 긍정적인 영향을 미친다. 개성화는 한 순간에 이루어지는 것이 아니라, 끊임없이 자신을 탐구하고 성장하는 과정이다.

"평생의 특권은 진정한 자신이 되는 것이다" – 자아가 무의식과 대면하고 이를 통합하는 것은 도전적인 과정이지만, 이를 통해 인간은 온전한 자기가 되어 보다 의미 있는 삶을 살아갈 수 있다. 융은 개성화가 단순한 '자기계발'이 아니라, 무의식과의 조화를 통해 인류가 나아가야 할 방향이라고 보았다. 자신의 내면을 깊이 탐구하고, 진정한 삶을 살아가고 싶은 사람들에게 개성화 과정은 필수적인 심리적 여정이다.

카를 융의 인간 이해와 MBTI

"바깥을 보는 자는 꿈꾸는 자이며, 안을 바라보는 자는 깨어나는 자이다" - 칼 융은 1921년 저서『심리 유형』에서 인간의 성격을 설명하기 위하여 두 가지 기본 차원을 제시하였다. 그는 인간이 에너지를 얻는 방식에 따라 외향형과 내향형으로 구분되며, 외향형은 외부 세계와 타인과의 상호작용을 통해 에너지를 얻는 반면, 내향형은 내부 세계에서 에너지를 얻고 사색과 내면적 탐구를 선호한다고 설명하였다. 또한, 인간이 세상을 인식하고 판단하는 방식에 있어서도 중요한 네 가지 기능을 제시하였다. 인식 기능에서는 감각형과 직관형으로, 판단 기능에서는 사고형과 감정형으로 나뉜다.

이러한 융의 이론은 1940년대 캐서린 쿡 브릭스(1875~1968)와 그녀의 딸 이사벨 브릭스 마이어스(1897~1980)에 의해 더욱 구체화되어, 16가지 성격 유형을 도출하는 MBTI Myers-Briggs Type Indicator로 발전하게 되었다. MBTI는 융의 심리학적 유형을 토대로 외향(E) vs 내향(I), 감각(S) vs 직관(N), 사고(T) vs 감정(F)에 판단(J) vs 인식(P)을 더하고 이를 구조화하여 성격 유형을 도출해내는데 사용한다. MBTI는 융의 심리학을 실용적으로 확장한 도구로, 개인이 자기 자신을 이해하는 데 큰 도움을 주며 기업, 교육, 심리 상담 등 다양한 분야에서 활용되고 있다. 융이 제안한 자기 이해와 개성화 개념과 연결되어, 사용자가 자신의 성격 특성과 잠재력을 인식하고 발전시킬 수 있는 계기를 마련한다.

융은 인간의 궁극적인 목표를 '개성화'라고 보았다. 개성화는 자신의 무의식과 의식을 통합하여 온전한 자기를 실현하는 과정으로, 자기 탐구의 여정을 의미한다. MBTI는 이러한 융의 개념과 맞닿아 있어, 개인이 자신의 심리적 경향성을 인식하고 이해하는 데 도움을 준다. 예를 들어, 한 사람이 내향형(INTP)으로 진단받는 경우, 개성화 과정에서 자신의 외향적인 요소를 개발함으로써 더욱 균형 잡힌 인격을 형성할 수 있다. 이처럼 MBTI는 단순한 성격 유형 분류를 넘어, 융이 강조한 자기 탐구 철학과 깊이 연결되어 있다.

융의 집단 무의식 이론은 심리학, 철학, 예술, 종교 등 다양한 분야에 심대한 영향을 미쳤다. 그의 분석심리학은 무의식의 갈등과 욕망을 탐구하는 심리치료의 새로운 길을 열었으며, 신화와 종교의 보편적 패턴을 이해하는 데 기여했다. 또한, 문학과 예술 연구에서는 작품 속 상징과 내러티브를 분석하는 중요한 틀로 활용되었다. 그의 이론은 인간의 내면 세계를 탐구하고, 삶의 의미와 목적을 재조명하는 데 있어 탁월한 통찰을 제공했다.

주요 저술

- **무의식의 심리학**(The Psychology of the Unconscious, 1916/정명진, 2022) | 프로이트와의 협력에서 분리되는 계기를 마련한 초기 저작. 무의식의 구조를 집단적 무의식과 개인적 무의식으로 구분하며, 원형 개념을 제시한다.

- **심리 유형**(Psychological Types, 1921/정명진, 2019) | 인간의 성격을 외향형과 내향형으로 구분하고, 사고, 감정, 감각, 직관의 네 가지 심리 기능을 제시하여 현대 심리학의 성격 유형론에 기초를 제공한다.

- **인간과 상징**(Man and His Symbols, 1964/김영순, 2016) | 융이 생전에 대중을 위해 직접 기획한 유일한 대중서로 융이 심리학 이론을 일반 대중이 이해하기 쉽게 설명한 책. 심볼과 꿈, 무의식에 대한 설명이 상세하다.

30 | 아들러 1870~1937
열등감은 어떻게 삶을 이끄는가?

"인간은 결코 객관적인 환경이나 과거의 경험 때문에 고통받는 것이 아니다. 그가 의미를 부여한 것 때문에 고통받는 것이다. 중요한 것은 무엇이 주어졌는가가 아니라 그것을 어떻게 활용하느냐이다."

— 『삶의 의미』, 1931

알프레드 아들러(Alfred Adler, 1870~1937)는 초기 정신분석 운동의 일원이었으나, 프로이트(1856~1939)의 결정론적 무의식 이론과 충돌하며 독자적인 심리철학 체계를 구축하였다.

인간은 누구나 내면에 '열등감 Inferiority Complex'을 품고 태어나기도 하고, 또 성장 과정에서 열등감을 갖는다. 알프레드 아들러는 이러한 열등감이 단순히 결함이 아니라, 성장과 발전을 자극하는 원동력이라고 보았다. 그는 인간이 열등감을 극복하고자 하는 과정에서 '우월성 추구 Striving for Superiority'라는 심리적 에너지가 발생한다고 보았다.

아들러의 인간 이해는 존재론적·윤리적 함의를 지닌 실천 철학으로서 특징지을 수 있다. 그는 인간을 고정된 본능이나 과거의 경험에 의해 환원되지 않는, 목표 지향적이고 사회적으로 구성된 존재로 간주하였다. 그의 이론은 『인간이해(1927)』, 『삶의 의미(1931)』 등의 저술을 통해 일관되게 전개되며, 현대 심리치료, 교육학, 실존철학에도 지대한 영향을 끼쳤다.

열등감과 우월성 추구

알프레드 아들러는 인간의 심리를 이해하는 데 있어 독창적인 관점을 제시하였다. 그는 당시 심리학계의 지배적 사유였던 지그문트 프로이트의 성충동 중심 이론에서 벗어나, 개인의 자기극복 욕구와 사회적 맥락에 주목하였다. 그 핵심에는 바로 '우월성 추구 Striving for Superiority' 개념이 존재한다. 이는 지배욕이 아닌, 인간이 자신의 '열등감 Inferiority Complex'을 극복하고 보다 나은 자아를 향해 나아가려는 심리적 원동력이다.

"열등감은 인간의 성장을 위한 동력이다" – 인간은 생물학적, 사회적, 심리적 조건 속에서 성장하면서 다양한 형태의 무력감, 소외, 실수와 실패를 경험하게 된다. 이러한 경험이 반복되면 일시적인 감정 상태로 머무르지 않고, 개인의 자아 인식과 세계에 대한 반응 양식을 형성하는 열등감으로 전환된다. 그러나 아들러는 이러한 열등감을 병리적 현상으로 치부하지 않는다. 그는 오히려 열등감을 인간이 '보다 나은 존재'로 나아가기 위한 원동력으로 간주했다. 다시 말해, 인간은 스스로의 부족함을 인식하는 바로 그 지점에서 성장의 가능성을 품는다. 열등감은 단순한 결핍이 아니라, 그것을 넘어서고자 하는 능동적 에너지를 내포한 상태인 것이다. 아들러에게 있어 열등감은 모든 인간에게 나타나는 정상적이고 보편적인 감정이다. 열등감을 느끼지 않는 사람은 존재하지 않는다. 열등감은 인간이 완전함을 향해 노력하는 근본적인 추진력이었다.

이러한 관점은 인간 존재를 '결핍된 존재'로 규정한 실존주의의 관점과도 일맥상통하지만, 아들러는 특히 그 결핍으로부터 생성되는 방향성과 창조성에 더 큰 비중을 둔다. 실존의 불안과 한계를 수동적으로 수용하기보다는, 그것을 극복하고 자기초월을 추구하는 과정 자체에 의미가 있다고 본다. 이러한 의미에서 열등감은 목적 지향적이다.

"모든 인간 행동의 목적은 열등감을 극복하고 우월성을 향해 나아가는 것이다" - 아들러는 유년기의 열등감이 인간의 성격 형성에 결정적인 영향을 준다고 보았다. 예를 들어 신체적 장애나 정서적 결핍은 강한 보상 심리를 유발하고, 이 보상 욕구는 종종 우월성 추구로 나타난다. 아들러는 인간의 기본적인 동기를 쾌락이나 성적 충동(프로이트) 혹은 집단무의식(융)이 아니라, 자신의 열등감을 극복하고 더 나은 존재가 되려는 방향성에서 찾았다. 우월성 추구는 선천적 본능이 아니라 목적 지향적인 힘이며, 아동기의 신체적, 심리적 불완전함(열등감)으로부터 출발한다, 우월성 추구는 타인을 지배하려는 '지배적 우월성'과는 구분되며, 개인의 성장, 창의성 발현, 사회적 공헌으로 이어질 수 있다.

"우리는 경험에 의해 결정되는 것이 아니라, 그 경험에 우리가 부여하는 의미에 의해 스스로를 결정한다" - 아들러 인간론의 가장 근본적인 특성은, 인간을 '목적 지향적 존재'로 파악한 데 있다. 이는 그가 프로이트와 결별하게 된 사유의 출발점이며, 그의 심리철학 전체를 관통하는 핵심 개념이다. 원인에 의한 인과적 설명이 아닌, 목표에 따른 방향적 해석이라는 틀을 통해 인간의 삶을 이해한다는 점에서, 아들러는 심리학 내부에서 독자적인 존재론을 구축하였다.

인간은 자신의 행동을 과거의 외상이나 무의식적 충동에 의해 수동적으로 '야기된 결과'로 체험하는 것이 아니라, 현재를 바탕으로 미래를 향해 자기 삶을 구성하는 존재이다. 아들러의 목적론적 인간관은 인간은 무엇을 겪었느냐보다 그 사건에 어떤 의미를 부여하고 어떤 방향을 선택하느냐에 따라 자기 삶을 구성하는 존재라는 확신 위에 서 있다. 이러한 사유는 심리학을 단지 내면 진단의 도구가 아니라, 삶을 윤리적으로 책임 있게 살아가기 위한 철학적 실천의 장으로 확장하는 이론적 전환이라 할 수 있다.

공동체 감각: 인간 존재의 윤리적 조건

아들러의 '개인심리학'은 인간을 고립된 존재로 보지 않는다. 그는 '사회적 관계'야말로 인간 정신의 건강을 판단하는 핵심 잣대라고 본다. 우월성 추구는 타인과의 관계 속에서 자신의 유용성을 확장하려는 태도로 발현될 때 의미가 있다. 알프레드 아들러는 인간이 살아가는 데 있어 사회적 맥락을 벗어나 사고하거나 행동할 수 없다고 보았다. 우리는 사회의 일부로 태어나고, 그 안에서 협력과 상호존중, 책임감을 요구받으며 살아간다. 사회는 단지 생존을 위한 장이 아니라, 인간의 정신이 성장하고 방향을 잡는 토대가 된다. 개인은 혼자 존재할 수 없으며, 타인과의 관계 속에서 자신을 인식하고 삶의 의미를 발견하게 된다.

"공동체 감각이란 타인과의 연대감과 동일시의 감각이다" – 안정된 관계와 사회적 수용은 정신적인 안정을 제공하며, 이는 곧 개인의 행동과 감정에도 영향을 미친다. 인간은 사회적 안정감을 추구하며, 이를 위해 다양한 심리적 적응 방식을 개발한다. 이러한 적응은 단순한 환경 반응이 아니라, 삶을 영위하기 위한 적극적인 심리적 전략인 것이다. 그리고 그러한 심리적 전략의 중심에는 '공동체 감각 Gemeinschaftsgefühl'이 자리한다. 아들러가 강조한 이 '공동체 감각'은 타인과의 연결감, 연대의식, 그리고 소속감을 포함하며, 건강하고 의미 있는 삶을 위해 반드시 갖춰야 할 심리적 자산이다. 개인은 자신이 공동체의 일부라는 인식을 통해 삶의 목표를 설정하고, 타인을 배려하며, 더 큰 공동체의 일원으로 살아갈 수 있는 기반을 마련한다.

"모든 실패, 즉 신경증, 정신병, 범죄, 자살, 성도착 등은 공동체 감각의 결여에서 비롯된다" – '공동체 감각'은 단순히 친절해야 한다거나 이타적으로 살아야 한다는 도덕적 권고가 아니다. 그것은 인간이 사회적 관계 속에서 자기 자신을 윤리적으로 구성해야만 하는 존재론적 전제를 반영한다. 이는 타자의 존재를 불가피하고 본질적인 것으로 받아들이며, 공동체 안에서의 상호 존중과 연대를 인간성의 핵심 조건으로 제시하는 윤리적 입장이다. 공동체 감각이 발달한 사람은 타인의 고통에 민감하고, 사회적 책임을 내면화하며, 공동선을 지향하는 삶을 살아간다. 반대로 공동체 감각이 결여되면, 개인은 자아에 갇히고 자기만족만을 추구하게 되며, 이는 다양한 형태의 고립, 소외, 심리적 불안으로 이어질 수 있다.

생활양식과 인간의 자기구성

"생활양식은 우리가 목표를 향해 나아가는 방식 속에 드러나는 개별성이다" – 아들러는 인간의 성격이나 행동 패턴을 선천적 기질이나 본능이 아니라, '생활양식 Lebensstil'이라는 개념을 통해 설명한다. '생활양식'은 개인이 세상을 어떻게 이해하고, 자신과 타인의 관계 속에서 어떤 방식으로 살아가야 하는지를 결정짓는 일관된 심리 패턴이다. 이 개념은 크게 세 가지 요소로 구성된다. 나는 누구인가에 대한 믿음, 세상은 어떤 곳인가에 대한 관점, 그리고 나는 어떻게 살아야 하는가에 대한 삶의 전략이다. 이 세 가지는 대부분 어린 시절, 특히 5~6세 무렵에 무의식적으로 형성되며, 이후 성격, 목표 설정, 인간관계, 문제 해결 방식 등에 깊게 반영된다. 각 사람은 지문처럼 고유한 '생활양식'을 지니며, 이 패턴은 다양한 삶의 상황에서 반복적으로 드러난다.

아들러의 제자인 루돌프 드라이커스(1897~1972)는 생활양식을 네 가지 유형으로 나누어 설명했다. 첫 번째는 지배형 Ruling Type으로, 타인을 통제하려 하며 공격적인 태도를 보이는 경우다. 권위주의자나 독재자 같은 인물들이 여기에 해당한다. 두 번째는 의존형 Leaning Type으로, 스스로 행동하기보다는 타인의 도움을 기대하고 수동적인 자세를 취하는 유형이다. 사랑받고 싶은 욕구가 크며, 주로 받는 사람의 위치에 머무른다. 세 번째는 회피형 Avoiding Type으로, 실패나 어려움을 피하려는 경향이 강해 노력 자체를 회피한다. 현실 회피, 낙담, 우울, 혹은 지나친 내향성으로 표현되며, 사회적 은둔, 만성 회피, 과잉 방어 등으로 나타난다. 이 세 가지 유형은 모두 건강하지 않은 생활양식으로 간주된다. 반면, 마지막 네 번째 유형인 사회형 Socially Useful Type은 협력적이고 책임감이 있으며, 타인과의 관계에서 의미를 찾고자 하는 특징이 있다. 아들러는 이 유형만을 건강한 생활양식으로 보았다.

건강한 생활양식을 갖기 위해서는 먼저 자신의 생활양식을 자각하는 것이 중요하다. 반복되는 대인관계의 문제나 감정 반응, 실패에 대한 검토 등을 통해 자신이 어떤 방식으로 삶을 해석하고 대응하는지 관찰해야 한다. 또 하나 중요한 과정은 무의식 중에 세워진 가상의 목표, 즉 허구의 목표를 점검하는 일이다. 예를 들어, 완벽해야 사랑받을 수 있다거나 실수하면 무가치하다는 식의 신념은 현실에 맞지 않고 스스로를 옥죄기 쉽다. 이런 목표를 보다 유연하고 현실적인 방향으로 재구성하는 것이 필요하다. 또한 건강한 생활양식을 기르기 위해서는 사회적 관심을 키우는 노력이 필요하다. 공감, 협력, 봉사 활동 등 타인과의 관계 속에서 의미를 찾는 능력이 중요하다. 이는 내면의 방향을 외향적이고 건설적인 쪽으로 이끄는 데 큰 도움이 된다. 마지막으로, 생활양식을 바꾸는 데에는 상담이나 코칭과 같은 재교육의 과정도 효과적이다. 아들러의 심리치료에서는 이러한 과정, 특히 열등감에서 비롯된 반복적인 행동 패턴을 인식하고 그것을 바탕으로 새로운 삶의 방향을 설정하는 것을 핵심으로 본다.

아들러는 인간을 고정된 본질에 묶인 존재가 아니라, 삶을 해석하고 구성하는 역동적 주체로 파악했다. 그의 이론은 실천적 통찰과 적용 가능성에 강점을 가지며, 인간을 불완전하지만 변화 가능하고 책임을 질 수 있는 존재로 이해한다.

그의 사유는 결핍을 결함이 아닌 가능성으로, 열등감을 실패가 아닌 동력으로 전환시키며, 자기초월과 공동체적 윤리를 통합한 인간 존재론적 철학으로 재해석될 수 있다.

✒ 주요 저술

- **삶의 의미**(What Life Could Mean to You, 1931/최호영, 2019) | 아들러 사상의 핵심인 목적론적 관점과 개인의 주체적 선택을 강조한 대표 저서로, 인간의 삶을 결정하는 것은 과거의 경험이 아니라 현재의 삶에 부여하는 목적과 의미라는 점을 밝히고 있다.

- **개인심리학에 관한 아들러의 생각**(The Practice and Theory of Individual Psychology, 1927/정명진, 2017) | 아들러의 '개인심리학'을 체계적으로 정리한 저작으로, 열등감, 우월성 추구, 사회적 관심 등 그의 이론적 틀을 가장 명확하게 제시한 기본서이다.

- **인간이해**(Understanding Human Nature, 1927/홍혜경, 2016) | 인간 본성에 대한 이해를 통해 어떻게 타인과 관계를 맺고 협력적 공동체를 형성할 수 있는지 탐구한 저술. 개인의 행동과 감정, 사고방식을 구체적 사례를 들어 설명하며 아들러 철학의 실제적 측면을 강조한다.

31 | 매슬로우 1908~1970
인간의 욕구는 계층성을 갖는가?

"사람은 빵이 없을 때는 정말로 빵으로만 살아간다. 하지만 빵이 충분히 주어지고, 배가 항상 가득 찬다면 인간의 욕구는 어떻게 변할까? 그 순간부터 다른(그리고 더 고차원적인) 욕구들이 등장하며, 생리적 욕구가 아니라 이들이 인간을 지배하게 된다."

— 『인간 동기의 이론』, 1943

인간은 왜 살아가는가, 무엇을 원하는가, 그리고 어떻게 충족을 추구하는가? 이 질문은 고대 철학에서부터 현대 심리학에 이르기까지 꾸준히 탐구되어온 주제이다. 특히 20세기 중반, 인간의 내적 동기와 성장 가능성에 주목한 심리학자 아브라함 매슬로우(Abraham Maslow, 1908~1970)는 인간 욕구를 계층적으로 구조화한 '욕구 단계 이론 hierarchy of needs'을 통해 이 물음에 명료한 이론적 틀을 제시하였다.

매슬로우는 미국의 심리학자로, 인간 중심 심리학의 창시자 중 한 명이다. 그는 '욕구 단계 이론 Hierarchy of Needs'을 통해 인간의 동기가 단계적으로 충족되며, 궁극적으로 '자아실현'을 추구한다고 주장했다. 이 이론은 인간의 내적 성장과 자아실현을 이해하는 중요한 틀로 자리 잡았으며, 심리학뿐만 아니라 다양한 분야에 적용되었다.

욕구 단계 이론의 구조

매슬로우는 인간의 욕구를 다섯 단계로 구분하며, 이들 욕구가 계층적 순서를 따른다고 보았다. 가장 기본적인 단계에서 시작해 상위 단계로 발전하며, 각각의 단계는 다음과 같다.

1단계는 생리적 욕구이다. 음식, 물, 공기, 수면 등 인간 생존에 필수적인 기본 욕구로, 이 욕구가 충족되지 않으면, 인간은 상위 욕구에 집중할 수 없으며 생존 본능에 의존하게 된다.

2단계는 안전 욕구이다. 물리적, 경제적, 정서적 안전을 포함하며, 안정된 환경에서 살고자 하는 욕구로 직장, 건강, 주거 안정과 같은 요소가 이에 해당한다.

3단계는 소속과 사랑의 욕구이다. 인간 관계, 사회적 유대, 애정과 사랑을 추구하는 욕구로, 가족, 친구, 연인과의 관계뿐만 아니라 사회적 소속감을 포함한다.

4단계는 존중 욕구이다. 자기존중과 타인으로부터의 존경을 얻고자 하는 욕구로 성취, 자신감, 타인에게 인정받고 싶어 하는 욕구를 포함한다.

5단계는 자아실현 욕구이다. 자신의 잠재력을 실현하고, 창의적이고 진정한 자신이 되고자 하는 욕구로 이는 개인의 고유한 성장과 자기초월을 목표로 한다.

연구 후반기에 매슬로우는 더 깊이 있는 인간 동기의 이해를 위해 세 가지 욕구를 추가하여 총 8단계로 이론을 확장하였다.

확장된 6단계는 인지적 욕구로 지식, 이해, 의미, 학습에 대한 욕구이고, 7단계는 심미적 욕구로 아름다움, 질서, 조화에 대한 욕구이다. 마지막 8단계는 자기초월 욕구로 타인의 성장, 영적 가치, 우주적 통합을 추구한다.

매슬로우는 초기 5단계 설까지는 대체로 각 욕구가 고정된 순서로 진행되며, 하위 욕구가 충족되어야만 상위 욕구를 추구할 수 있다고 설명했다. 예를 들어, 배고픔이나 경제적 불안정 같은 기본적 욕구가 해결되지 않으면, 사랑이나 자아실현에 관심을 기울이기 어렵다.

그러나 매슬로우는 생애 후반기에 계층적 구조가 유동적일 수 있음을 인정했다. 그는 개인의 경험과 맥락에 따라 욕구가 서로 얽히고 겹칠 수 있으며, 특정 상황에서는 하위 욕구를 충족하지 않아도 상위 욕구를 추구할 수 있다고 보았다. 예를 들어, 생리적 욕구가 충족되지 않은 상태에서도 예술적 창작에 몰두하거나, 경제적으로 불안정한 상태에서도 사랑과 관계를 중시하는 경우가 있다. 이는 인간이 단순히 기계적으로 욕구를 충족하는 존재가 아니라, 문화적 맥락, 개인의 가치관, 심리적 특성에 따라 욕구의 우선순위가 달라질 수 있음을 보여준다. 특히 후기에 추가된 인지적 욕구나 심미적 욕구, 자기초월 욕구는 우선순위가 의미없다. 예컨대 인지적 욕구는 자아실현의 필요조건처럼 작동하기도 하고, 심미적 욕구 역시 본능과 직관에 따른 것으로 계층성이 약하다. 자기초월 욕구는 하위 단계의 욕구를 벗어버리는 욕구로 오히려 다른 욕구와 충돌 가능성도 존재한다.

자아실현과 자기초월

"자아실현을 이룬 사람은 예외 없이 자기 자신을 넘는 무언가에 몰입하고 있다" – 매슬로우는 자아실현을 이룬 사람들을 연구하면서 몇 가지 공통적인 특징을 제시했다. 매슬로우가 연구한 자아실현자들은 '현실 중심적', '문제 해결 중심적', '수단과 목적의 구분', '사생활 욕구', '자율성', '신선함의 추구', '절정 경험', '인류애', '깊은 인간 관계', '민주적인 성격 구조', '도덕적 기준', '유머 감각', '창의성', '사회적 관습에 대한 저항' 등의 특성을 보였다.

"될 수 있는 것이라면, 인간은 반드시 그렇게 되어야 한다" – 매슬로우는 '자아실현'을 인간의 본질적 가능성이 온전히 실현되는 상태로 보았다. 이는 단순히 목표를 달성하거나 자기만족을 느끼는 상태가 아니다. 자아실현은 자신이 가지고 있는 재능, 잠재력, 가치, 창조성을 완전히 발휘하는 과정이다. 예술가가 예술을 통해, 과학자가 탐구를 통해, 부모가 양육을 통해 자신을 실현해나가는 모습 모두가 이에 해당한다. 하지만 이 개념은 곧 한계에 다다르게 된다. 자아실현은 여전히 자기 중심적 경향을 내포하고 있었기 때문이다.

"자아실현은 이야기의 끝이 아니라, 자기초월로 나아가는 디딤돌일 뿐이다" – 매슬로우의 후기 작업에서 등장한 '자기초월'은 그의 인간 이해의 가장 철학적이고 존재론적인 정점이라 할 수 있다. '자기초월'은 자아를 넘어서 타자, 우주, 절대적인 가치, 존재 전체에 연결되려는 충동이다. 이는 인간이 자신이라는 경계를 벗어나 더 큰 무엇을 위해 존재하려는 심오한 경향성을 의미한다. 자아실현이 내가 무엇이 될 수 있는가?에 대한 질문이라면, 자기초월은 내가 누구를, 무엇을 위해 존재하는가에 대한 응답이다.

"자기초월에 이른 사람들은 유신론적이든 무신론적이든, 깊이 있는 종교적·영적 경향을 지닌다" – 매슬로우는 자기초월을 실천하는 사람들을 통해 인간의 깊은 윤리성과 초월적 감수성을 보았다. 그들은 개인적인 성공이나 행복보다 공동체, 진리, 사랑, 정의, 신성한 가치를 위해 살아간다. 이 개념은 빅터 프랭클(1905~1997)의 실존주의나 동양 철학의 자기 부정적 초월 개념과도 통하는 지점을 지닌다. 매슬로우의 자기초월 개념은 인간을 단순히 개인적 성공을 추구하는 존재로 보지 않는다. 오히려 자기를 초과

하는 윤리적, 영적, 존재론적 실천의 가능성으로 확장된 인간상을 제시한다. 이는 존재의 방식에 대한 깊은 성찰이다. '나는 누구인가'에서 '나는 누구를 위해 존재하는가'로, '무엇을 성취할 것인가'에서 '무엇을 위해 헌신할 것인가'로 방향이 전환된다.

매슬로우는 인간 욕구의 계층을 통해 우리 삶의 동기를 설명했지만, 그의 이론은 단계론적 모델을 넘어 인간 존재의 질적 도약을 탐구하는 여정이었다. 자아실현은 단지 개인의 재능을 실현하는 단계가 아니라, 자기초월을 위한 전환점이며, 궁극적으로는 나 자신을 넘어서 타인과 세계에 기여하고자 하는 윤리적이고 영적인 성숙으로 이어진다.

이는 인간이 자기중심적 만족을 넘어서, '무엇을 위해 살아야 하는가'에 대한 깊은 물음과 마주하게 만든다.
"우리는 지금, 무엇을 욕망하고 있는가?"
"그리고 그것은 누구를 위한 것인가?"

✒ 주요 저술

- **인간 동기의 이론**(A Theory of Human Motivation, 1943/소슬기, 2018) | 인간의 욕구는 생리적 욕구, 안전 욕구, 소속 및 애정 욕구, 존경 욕구, 자아실현 욕구로 나뉘며, 하위 욕구가 충족되어야 상위 욕구로 나아갈 수 있다고 주장하였다.

- **동기와 성격**(Motivation and Personality, 1954, 1970 개정판/오해경, 2021) | '욕구 단계 이론'을 구체화하며 자아실현자의 특징과 절정 경험, 결핍 동기와 성장 동기라는 개념을 제시했다. 이 책은 인본주의 심리학의 핵심적인 고전으로 자리 잡았다.

32 | 라캉 1901~1981
욕망의 원천은 대타자의 시선인가?

"주체는 언어 속에서 존재하며, 언어는 욕망과 무의식의 구조를 규정한다. 언어는 주체를 형성하는 동시에 주체의 결핍을 드러낸다."
—『에크리』, 1966

자크 라캉(Jacques Lacan, 1901~1981)은 프랑스의 정신분석학자이자 철학자로, 프로이트(1856~1939)의 정신분석 이론을 언어학, 구조주의, 철학과 결합하여 현대 정신분석학의 지평을 확장했다. 그는 인간의 무의식이 언어적 구조 속에서 형성된다고 주장하며, 무의식은 언어처럼 구조화되어 있다는 독창적인 이론을 제시했다.

라캉은 프로이트 정신분석학을 언어학과 구조주의적 관점에서 재해석하여, 인간 주체가 언어, 무의식, 타자, 욕망의 복잡한 그물망 속에서 어떻게 구성되고 소외되며, 궁극적으로 자신의 근원적인 결여와 마주해야 하는지를 탐구하는 것을 철학적 사유의 목표로 삼았다. 그의 사유는 인간 존재의 심층적인 구조와 진실을 이해하는 데 중점을 두었다.

라캉은 프로이트의 중심적 개념을 재해석하며, 무의식, 욕망, 주체 형성의 과정을 언어와 타자의 관점에서 분석했다. 그의 작업은 심리학, 철학, 문학 이론, 그리고 비평 이론에 걸쳐 심대한 영향을 미쳤다.

상상계, 상징계, 실재계: 인간 정신 구조 분석

자크 라캉은 인간 정신의 복합적인 구조를 설명하기 위해 세 가지 주요 개념, 즉 '상상계 L'Imaginaire', '상징계 Le Symbolique', '실재계 Le Réel'를 제시하였다. 이 세 가지 계뽔는 인간 주체가 형성되고, 욕망하며, 세계와 관계 맺는 방식을 이해하는 데 필수적인 틀을 제공한다.

"상상계는 이미지의 세계이며, 기만과 오인의 세계이다" – 가장 먼저 경험되는 것은 '상상계'이다. 이는 주로 시각적 이미지와 동일시를 통해 형성되는 단계이다. 라캉의 유명한 '거울 단계 the Mirror Stage'가 바로 이 상상계의 대표적인 예이다. 생후 6개월에서 18개월 사이의 영아는 거울 속 자신의 모습이나 타인의 시선을 통해 파편화된 자신의 신체가 하나의 통일된 몸을 지닌 존재로 인식되는 경험을 한다. 이때 주체는 비로소 통일된 자아상을 얻게 되지만, 라캉은 이를 근본적으로 오인에 기반한 환상적인 통합이라고 보았다. 즉, 거울 속 이미지는 실제 자신이 아니라 이상화된 반영이며, 이러한 동일시는 주체의 정체성이 외부의 시선과 이미지에 의존하여 형성됨을 보여준다. 상상계는 이후에도 타인과의 관계에서 끊임없이 서로를 동일시하고 경쟁하며, 이미지에 현혹되는 인간의 근원적인 경향을 설명한다.

"상징계는 법과 질서, 금기의 이름으로 인간을 가능하게 하면서도 동시에 제한한다" – '상상계' 이후에 등장하며 인간 정신에서 지배적인 역할을 하는 것이 바로 '상징계'이다. 이는 언어, 법, 문화, 사회적 규범 등 사회적 질서가 작동하는 영역이다. 무의식은 상징계처럼 구조화되어 있다는 그의 핵심 명제가 여기서 그 의미를 찾는다. 주체는 언어를 습득하고 사회적 규칙에 편입되면서 비로소 사회적 존재로서 기능하게 된다. 상징계는 우리의 욕망을 명명하고 규정하며, 우리의 주체성을 형성하는 데 결정적인 역할을 한다. 우리가 사용하는 단어 하나하나, 우리가 지키는 사회적 약속 하나하나가 모두 상징계의 일부이며, 우리는 이 상징계의 질서 속에서 자신을 인식하고 타자와 소통한다. 주체가 상징계에 진입한다는 것은 곧 '대타자(le Grand Autre, 르 그랑 도 트르)'로서의 법과 언어에 종속되는 것을 의미하지만, 동시에 주체로서의 자리와 사회적 의미를 부여받는 과정이기도 하다.

"실재계는 상징화될 수 없는 것, 언어로는 도달할 수 없는 결핍 그 자체의 심연이다" – '실재계'는 '상상계'와 '상징계'로는 포착하거나 설명할 수 없는, 언어화될 수 없고 상징화될 수 없는 영역이다. 이는 '상상계'와 '상징계'의 바깥에 존재하며, 우리가 직접적으로 마주할 수 없는 근원적인 실재를 의미한다. 트라우마, 고통이나 결여나 욕망, 죽음과 같이 언어로는 완전히 표현되지 않는 경험들, 또는 우리가 아무리 노력해도 이해할 수 없는 비합리적인 측면들이 '실재계'의 영역에 속한다. '실재계'는 '상징계'의 그물망에서 벗어나며, 주체에게 충격과 불안을 야기한다. 라캉은 자신의 말년에 이 실재계를 이론적 탐사의 주요 초점으로 삼기도 하였는데, 이는 인간 존재의 가장 근원적인 한계와 직면하는 지점을 탐구하려는 시도였다.

라캉은 이 세 가지 계가 서로 얽혀 인간 정신의 복잡한 역동성을 형성한다고 보았다. 주체는 이 세 가지 계의 상호작용 속에서 끊임없이 분열되고 구성되며, 이러한 분석은 인간의 욕망, 무의식, 그리고 사회적 관계를 이해하는 데 심오한 통찰을 제공하였다.

무의식의 언어적 구조

 라캉의 철학적 사유는 프로이트 정신분석학의 재개념화로부터 시작되었다. 20세기 중반, 프로이트의 이론은 그 영향력이 퇴조하는 듯 보였다. 자크 라캉은 이 위기에 처한 정신분석학에 새로운 활력을 불어넣고자 하였다. 그는 당시 학계를 풍미하던 구조주의 철학과 현대 언어학, 특히 페르디낭 드 소쉬르(1857~1913)와 로만 야콥슨(1896~1982)의 사유를 프로이트의 무의식 개념에 접목시켰다.

 "무의식은 언어처럼 구조화되어 있다" - 라캉은 프로이트의 무의식을 생물학적 충동의 저장소로만 보지 않았다. 대신, 그는 무의식은 언어처럼 구조화되어 있다고 단언하였다. 이 명제는 인간의 정신이 단순히 개인적 경험의 축적이 아니라, 언어라는 상징계의 질서 속에서 형성되고 작동한다는 의미였다. 이는 무의식이 단순히 혼돈스러운 충동의 집합체가 아니라, 일정한 규칙과 패턴을 따른다는 것을 시사한다. 마치 우리가 언어를 통해 생각하고 소통하듯이, 무의식 또한 그 고유의 문법과 구문을 가지고 있다는 것이다. 라캉은 무의식의 언어적 구조를 설명하기 위해 언어학적 개념들을 활용하였다. 대표적으로 환유metonymy와 은유metaphor가 있다.

 환유는 어떤 것을 직접적으로 지칭하지 않고, 그와 연관된 다른 것을 통해 나타내는 방식이다. 예를 들어, 프로이트는 꿈에서 침대가 종종 성교를 의미한다고 보았다. 라캉에게 이는 침대라는 기표signifier가 성교라는 다른 기표와 연이어 나타나는 환유적 연결로 설명된다. 즉, 무의식은 하나의 기표가 다른 기표로 끊임없이 미끄러지면서 의미를 생성하는 언어적 연쇄를 가지고 있다는 것이다. "나는 더 이상 그것에 대해 생각하고 싶지 않아"라고 말하지만, 실제로는 그와 관련된 다른 단어들이나 이미지들이 끊임없이 떠오르는 것도 무의식의 환유적 작용으로 볼 수 있다. 마치 문장에서 다음 단어가 필연적으로 따라오듯이, 무의식 속에서는 어떤 대상에 대한 욕망이 만족되지 않을 때, 그와 연관된 다른 대상을 향해 끊임없이 나아가는 것이다.

은유는 한 기표가 다른 기표로 대체되면서 새로운 의미를 만들어내는 방식이다. 예를 들어, 어떤 사람이 '불안'을 느낄 때, 무의식적으로는 그 '불안'이 어릴 적 겪었던 특정 '상실감'의 은유일 수 있다. 즉, 상실감이라는 기표가 불안이라는 기표로 대체되면서 무의식적 의미가 응축되어 나타나는 것이다. 시에서 특정 이미지가 추상적인 감정을 표현하듯이, 무의식은 은유를 통해 억압된 의미나 욕망을 다른 형태로 변형하여 드러낸다.

이러한 라캉의 작업은 기존 정신분석학이 놓치고 있던 무의식의 언어적 본질을 탐구하는 것이었다. 라캉에게 언어는 단순히 의사소통의 도구가 아니라, 주체를 구성하고 욕망을 지배하는 근원적인 구조였다. 그는 인간의 정신적 고통과 주체의 분열 또한 언어적 질서 속에서 이해하고 해결하려 하였다.

욕망의 본질

"욕망은 대타자의 욕망이다" – 자크 라캉은 인간 존재를 이해하는 데 있어 '욕망désir'의 본질을 탐구하는 것을 핵심 목표로 삼았다. 자크 라캉에게 있어, '욕망'은 언어와 기호, 즉 '대타자(le Grand Autre, 르 그랑 도 트르)'의 구조 속에서 형성되고, 끊임없이 운동한다. 인간은 스스로의 내부에서 올라오는 욕망을 인식하고 추구하는 것이 아니라, 항상 '대타자'로서 의 언어 체계와 외부 질서, 사회 규범이 구성한 욕망의 좌표 안에서 자신을 욕망한다. 여기서 '대타자'는 라캉의 고유한 용어로, 사르트르(1905~1980)가 사용한 '타자 l'Autre'와는 다른 의미이다. 라캉에게 '타자'는 '대타자', 영어로는 'the Big Other'를 의미한다. 대타자는 구체적 개인이 아니라, 사회적 법칙, 언어, 문화, 관습, 윤리적 규범과 같은 무형의 상징적 구조로 특히 기표 signifiant들의 체계이자, 주체가 의미를 구성하는 언어의 장이다. 라캉에게 욕망은 근본적으로 언어와 사회 구조, 그리고 상징적 금지의 질서 속에서 형성되는 구조적 현상이다. 욕망은 인간 내면에서 자생하는 것이 아니라, 금지라는 외부의 명령에 의해 구성되는 사회적 산물이다.

"욕망은 항상 결핍 주위를 맴도는 운동이다" – 라캉은 또한 욕망이 상징계 안에서 끊임없이 순환하며, 결코 완전히 만족될 수 없다고 강조하였다. 언어와 법, 문화적 규범으로 이루어진 상징계는 우리의 욕망을 규정하고 통제하지만, 동시에 욕망의 대상을 끊임없이 미끄러지게 한다. 우리가 무언가를 얻으면 또 다른 것을 욕망하게 되고, 어떤 목표를 달성하면 다음 목표를 향해 나아가듯이, 욕망은 결코 채워지지 않는 결여, 즉 '결여-존재 manque-à-être'와 깊이 연결되어 있다. 이는 인간 존재가 본질적으로 무언가 결핍되어 있으며, 그 결핍을 채우기 위해 끊임없이 대상을 찾아 헤매는 존재라는 것을 의미한다.

결국, 라캉에게 욕망은 끊임없는 결여와 연결되어 있으며, 이러한 욕망의 구조를 분석하는 것이 그의 중요한 목표였다. 그는 이를 통해 인간 주체의 근원적인 결여와 소외를 밝히고자 하였다. 주체는 언어와 타자의 욕망 속에서 자신을 찾아 헤매지만, 진정으로 만족할 수 있는 완전한 대상은 존재하지 않는다.

주체의 재정의 및 탈중심화

자크 라캉은 데카르트(1596~1650) 이래 서구 철학을 지배했던 '생각하는 자아Cogito'에 대해 근본적 비판을 전개한다. 데카르트에게 자아는 의심할 수 없는 명증한 존재였으며, 의식적이고 통일된 이성의 주체였다. 그러나 라캉은 이러한 관념에 반기를 들었다. 그에게 주체는 의식적이고 통일된 존재가 아니라, 오히려 언어(무의식)와 타자(대타자)에 의해 구성되고 분열된 존재였다.

"자아는 오해로부터 형성된다" – 라캉은 '거울 단계' 이론을 통해 주체의 형성 과정이 이미 오인과 동일시의 산물임을 보여주었다. 어린아이는 거울 속 자신의 이미지나 타인의 시선을 통해 비로소 통일된 몸을 지닌 존재로 자신을 인식하지만, 이는 외부의 이미지에 의존한 환상적인 통합에 불과하다. 이처럼 주체는 처음부터 외부 세계, 즉 타자의 시선과 평가 속에서 자신의 모습을 구성하게 되는 것이다.

"나는 존재하지 않는 곳에서 생각한다. 고로 생각하지 않는 곳에서 존재한다" – 라캉은 주체가 언어적 무의식의 심대한 영향 아래 놓여 있음을 강조하였다. 여기서 '존재하지 않는 곳'은 무의식의 영역을 가리킨다. 즉, 생각하는 주체는 이성이 아닌 무의식의 영역에서 기인한다. '생각하지 않는 곳'은 무의식적 욕망과 충동이 작동하는 곳이며, '존재'는 주체의 진정한 욕망이 깃드는 것을 의미한다. 즉, 우리가 의식적으로 자신을 인식하는 순간에도, 무의식은 우리가 알지 못하는 방식으로 작동하며 우리의 욕망과 행동에 영향을 미치고 있다는 것이다. 이는 주체가 결코 자신의 모든 것을 투명하게 파악하고 통제할 수 없음을 의미한다.

결론적으로, 라캉에게 인간은 주체적으로 말하는 것이 아니라 '말해지는'

존재였다. 우리의 말과 생각은 우리가 속한 언어 체계, 즉 상징계의 법칙에 의해 제약되며, 무의식적 욕망과 타자의 언어가 우리의 말과 행동을 형성한다. 이러한 주체의 탈중심화는 인간이 스스로의 주인이라는 오랜 믿음에 도전하며, 인간 주체의 근원적인 분열과 소외를 직시하게 하였다.

자크 라캉은 인간 주체를 자기 동일성의 확신 속에 안정된 실체로서가 아니라, 끊임없이 자신을 언어 속에서 재구성하고, 타자의 시선 속에서 분열되는 구조적 존재로 파악했다. 그는 인간이 스스로를 완전히 이해하거나 실현할 수 있다는 통념, 곧 '자기실현'이라는 이상적 인간관에 근본적인 의문을 제기한다.

인간은 완전해질 수 없으며, 결핍과 타자성, 그리고 기표의 질서 속에 존재하는 불완전한 존재다. 그러나 이 불완전성은 결코 부정적인 것이 아니다. 오히려 라캉은 그 결핍과 불안, 분열의 구조 속에서 인간이 의미를 생성하고, 창조하고, 끊임없이 욕망하는 존재로 살아갈 수 있는 가능성의 원천을 본다. 다시 말해, 완전함이 아닌 불완전함이야말로 인간의 사유와 욕망을 움직이는 동력이다.

주요 저술

- **에크리**(Écrits, 1966/홍준기 외, 2019) | 라캉이 1945년부터 1960년대 초까지 발표한 논문, 강연, 글들을 모은 방대한 저작이다. 〈거울단계에 관하여〉, 〈무의식의 기능과 언어의 역할〉, 〈기표와 기의〉 등 라캉의 주체 이론, 무의식의 언어적 구조, 욕망의 구조, 상상계와 상징계를 담고 있다.

- **욕망 이론**(Écrits sur le désir, 1974/권택영 외, 1994) | 인간의 욕망 구조와 주체 형성 과정을 집중적으로 다룬 책이다. '욕망은 대타자의 욕망이다' 등 욕망에 관한 라캉의 유명한 이론들이 수록되어 있다.

PART
9

유전자와 환경: 진화와 생명의 시선

우리는 어디에서 왔는가? 인간은 특별한 존재인가, 아니면 자연의 한 흐름 속에 놓인 생명체일 뿐인가? 진화론은 인간 중심의 사고에 균열을 냈다. 인간은 창조된 존재가 아니라, 수많은 생명의 가지 중 하나일 뿐이라는 인식이 시작됐다.

찰스 다윈(1809~1882)은 자연선택을 통해 종의 기원을 설명했고, 리처드 도킨스(1941~)는 유전자의 자기 복제라는 관점에서 생명을 다시 정의했다. 스티븐 제이 굴드(1941~2002)는 진화의 우연성과 복잡성을 강조했고, 에벌린 폭스 켈러(1936~)는 복잡계로서의 생물학 담론을 전개하며 인간 이해의 지평을 넓혔다. 이 장에서는 진화와 생명의 시선으로 인간을 바라본다.

33 | 다윈 1809~1882
인간은 어떻게 인간으로 되었는가?

"인간은 자연의 일부로서, 진화의 법칙에 따라 형성된 생명체다. 인간과 고등 유인원은 공통의 조상에서 분화되었으며, 이는 생명의 연속성을 보여준다. 지능과 도덕성 같은 인간의 고유한 특징도 생존과 번식에 유리하도록 진화한 결과다."

— 『종의 기원』, 1859

찰스 다윈(Charles Darwin, 1809~1882)은 영국의 자연주의자로, 자연 선택을 통해 생물이 어떻게 진화하는지 설명하며 현대 생물학의 토대를 마련했다. 케임브리지 대학교에서 신학을 공부했지만, 비글호 항해를 통해 세계 곳곳의 생물을 관찰하며 생물 다양성과 진화의 단서를 발견했다. 그의 대표작 『종의 기원(1859)』은 '자연 선택 natural selection'의 개념을 제시하며, 생물 진화의 과학적 설명을 가능하게 했다. 이후 그는 『인간의 유래와 성에 관한 선택(1871)』을 통해 인간 기원의 진화론적 관점을 확장했다.

우리는 누구인가라는 오래된 철학적 물음은 19세기 후반 다윈에 의해 완전히 새로운 국면을 맞이한다. 그가 제시한 '자연 선택' 이론은 인간을 창조의 중심이 아니라, 생물학적 연속성과 우연성의 일부로 위치시켰고, 이에 따라 인간 본성과 정체성에 대한 전통적인 철학적 이해는 근본적인 도전을 받게 된다. 다윈 이후, 인간은 더 이상 본질적이거나 고정된 존재가 아니라,

변화 가능한 생물학적 존재, 시간 속에서 구성된 진화적 산물로 이해되기 시작한다.

자연 선택 이론의 정립

다윈은 생물 종의 다양성과 적응이 자연 선택의 결과라고 주장했다. 자연 선택이란 개체 간에 유전적으로 나타나는 다양한 변이 중, 환경에 유리한 형질을 지닌 개체가 생존하고 번식에 성공할 확률이 높아진다는 원리다. 이를 통해 종은 오랜 시간에 걸쳐 변화하고 분화된다. 자연 선택의 주요 과정은 아래와 같다.

1. **변이** Variation | 개체들 사이에는 유전적으로 다양한 특징이 존재한다.
2. **적자생존** Survival of the Fittest | 환경에 유리한 형질 개체가 더 잘 생존하고 번식한다.
3. **유전** Heredity | 생존에 유리한 형질은 다음 세대로 전달되어 종 전체에 퍼진다.

기린의 목이 점차 길어지거나, 갈라파고스 핀치새 부리 모양이 환경에 따라 다양하게 분화된 사례가 대표적 예시다. 다윈은 모든 생명체가 공통 조상에서 출발해 오랜 세월에 걸쳐 진화했다고 보았으며, 이를 증명하기 위해 지질학·생물학·생태학 등 다양한 분야의 증거를 종합했다. 그 결과 종이 고정된 실체라는 전통적 관념을 뒤집고, 환경과의 상호작용 속에서 변화하는 과정으로 이해하는 새로운 패러다임을 제시했다.

다윈의 가장 근본적인 혁신은 생명의 다양성과 복잡성을 초월적 설계자가 아닌 자연의 내적 메커니즘으로 설명한 데 있다. 그는 생명체의 변화가 목적론적 계획이나 신적 의도에 따른 것이 아니라, 환경 속에서의 생존과 번식의 차이에 의해 서서히 선택된 결과임을 밝혔다.

인간의 기원에 대한 새로운 해석

"인간과 고등한 유인원 사이에는 커다란 차이가 있지만, 그것이 연속성을 부정하는 것은 아니다" – 다윈은 인간 또한 자연 세계의 일부로서 고등 유인원과 공통 조상을 공유한다고 주장했다. 이는 그의 저서 『인간의 유래와 성에 관한 선택(1871)』에서 구체적으로 다뤄진다. 그는 인간의 신체적·심리적·사회적 특징 역시 진화의 산물이라고 보았으며, 이를 통해 인간을 자연 법칙에 따라 진화한 존재로 재정의했다. 이러한 주장은 인간이 신적 창조물로서 특별하다는 전통적 세계관과 충돌을 일으켰으며, 인간이 자연의 일부로 이해되어야 한다는 관점을 확립함으로써 철학적·사회적 논쟁을 불러일으켰다.

"공감은 도덕의 씨앗이다. 그것이 없다면 어떤 도덕 체계도 성립할 수 없을 것이다" – 찰스 다윈의 사상 중에서도 가장 도전적인 측면 중 하나는, 도덕성과 윤리의 기원을 이성적 사고나 종교적 계시의 산물이 아닌, 자연적인 본능과 진화의 산물로 설명한 점이다. 그는 『인간의 유래와 성에 관한 선택』에서 인간의 윤리적 감정, 특히 공감sympathy과 사회적 본능social instincts이 생존과 번식을 위한 진화적 적응의 결과로 형성되었다고 보았다. 다윈에 따르면, 도덕은 인간만의 고유한 능력이 아니라, 고등 동물과 연속적인 특성을 가진 본능의 복합체이다. 예컨대, 공감은 집단 내 협력과 연대, 그리고 자손 보호에 유리한 행동을 촉진하며, 이는 생존률을 높이고 결과적으로 자연선택에 의해 강화된다. 이러한 주장들은 도덕의 형이상학적·절대적 기원을 가정했던 전통적인 관념론이나 종교적 윤리학에 정면으로 맞서는 입장이었다. 다윈에게 도덕은 신의 명령이 아니라, 자연 속에서 유용한 감정의 진화적 응결물이며, 이로 인해 윤리와 자연 사이의 인위적 간극은 해체된다.

진화론이 철학적 사유에 미친 영향

다윈의 진화론은 생물은 고정된 형태로 창조된 것이 아니라 자연선택을 통해 변화·진화하며, 인간 또한 그 연장선에서 이해될 수 있다는 견해를 제시했다. 이 이론은 생물학 자체를 혁신했을 뿐만 아니라, 기존 철학적·신학적·사회적 통념에도 커다란 충격을 던졌다.

다윈 이전에는 아리스토텔레스(BC 384~322)와 중세 스콜라 철학에서 이어진 종은 고정된 본질을 가진다는 본질주의적 세계관이 주를 이뤘다. 다윈은 종이 고정된 본질을 지닌 것이 아니라, 개체가 자연선택을 통해 누적되는 변이를 보이면서 점진적으로 변화한다는 사실을 강조했다. 이는 종을 더 이상 영원히 불변하는 실체로 보지 않고, 끊임없이 분화·변화하는 개체들의 집합으로 간주하게 만든 전환점이었다. 이로 인해 전통적인 목적론적 형이상학이나 플라톤적 이데아론이 도전에 직면하게 됐고, 본질이란 과연 실재하는 것인가, 아니면 인간이 만들어낸 범주적 틀인가라는 철학적 물음을 더욱 심화시켰다.

또한 인간이 갖는 고유성은 무엇인가라는 질문이 새롭게 제기되었고, 도덕이나 윤리 역시 생존·번영에 유리한 적응적 기원에서 비롯되었을 가능성이 주장되었다. 인간은 본질적으로 도덕적인 존재라기보다, 도덕을 형성하도록 진화해 온 존재이며, 그 윤리적 감정은 자연과 우연의 산물이다.

다윈의 이론은 또한 사회·정치 영역으로 확장되어 '적자생존survival of the

fittest'을 인종주의나 제국주의를 정당화하는 논리에 이용하려는 시도가 나타났다. 이것이 소위 '사회다윈주의 Social Darwinism'였다. 다윈 자신이 이런 사회철학적 해석을 직접 옹호한 것은 아니었지만, 그의 진화론이 생물학적 환원주의나 우열 논리를 강화하는 데 사용된 것만은 사실이었다. 이후 사회다윈주의에 대한 반작용으로 인본주의, 마르크스주의, 실존주의 등 다양한 사상에서 강력한 비판이 제기되었다. 이것은 과학 이론이 가치 판단과 결합될 때 어떤 문제가 생기는가라는 과학철학적 · 윤리학적 주제를 환기하는 계기가 되었다.

다윈 이래로 자연주의 Naturalism가 부상하면서 생명 현상을 초월적 원리나 형이상학적 가정 없이 설명하려는 흐름이 가속화되었다. 이는 프래그머티즘(John Dewey 등)과 같이 경험주의적, 실용주의적 철학에서 인간의 지식 · 도덕 · 사유를 자연환경과의 상호작용 맥락으로 이해하려는 시도로 이어졌다.

또한 모든 생명체가 공통의 조상으로부터 갈라져 나왔다는 '공통 조상설'은 생명 세계 전체를 하나의 거대한 가족 나무로 묶어주었다. 이는 각 생명체가 독립적으로 존재하는 것이 아니라 서로 깊이 연관되어 있으며, 지구의 모든 생명이 장엄한 역사를 공유하고 있음을 시사했다. 이 거대한 생명의 계보 앞에서 인간과 다른 동물들 사이에 놓였던 절대적인 경계는 허물어졌으며, 모든 생명은 근원적으로 연결되어 있다는 인식이 확산되었다. 더 나아가 이는 생명의 다양성이 단일한 뿌리에서 비롯된 장대한 드라마임을 보여주며, 자연 세계에 대한 경외심과 탐구심을 동시에 자극했다.

찰스 다윈의 진화론은 생물학은 물론, 철학 · 신학 · 윤리학 · 인식론 전반에 걸쳐 지대한 영향을 미쳤다. 종이 고정된 본질을 가진다는 통념을 깨고,

무작위적 변이와 자연선택이라는 비목적론적 과정을 통한 진화 모델을 제시함으로써, 형이상학적 목적론과 신학적 세계관에 큰 도전을 던졌다.

인간 또한 자연의 산물로서 동물과 연속성을 가진다는 입장은 인간의 본질, 윤리, 정신에 대한 논의를 근본부터 재정립하도록 이끌었다. 동시에 사회다윈주의 등 극단적 해석이 초래한 부작용도 있었으나, 이는 과학 이론과 가치 판단의 경계를 성찰하게 만드는 계기가 되었다. 결과적으로 다윈 진화론은 인간과 세계를 어떻게 이해해야 하는가라는 근원적 질문에 끊임없는 자극을 주며 현대 사유 체계 전반에 깊은 족적을 남겼다.

📝 주요 저술

- **비글 호 항해기**(The Voyage of the Beagle, 1839/장순근, 2021) | 다윈이 영국 해군 함선 '비글 호'를 타고 남미·갈라파고스 제도·오스트레일리아 등을 탐험했던 기록. 현지의 지질·생물에 대한 관찰 기록이 담겨 있으며, 진화론을 구상하는 계기가 되었다.

- **종의 기원**(On the Origin of Species, 1859/김창한, 2020) | 다윈의 가장 중요한 저서이자 진화론을 학계와 대중에 본격적으로 알린 책이다. '자연 선택'이라는 개념을 체계적으로 제시하며, 생물학계뿐 아니라 종교·철학·사회 전반에 논쟁을 불러일으켰다.

- **인간의 유래와 성에 관한 선택**(The Descent of Man and Selection in Relation to Sex, 1871/이종호, 2019) | 인간이 동물과 공통 조상을 공유하며, 자연 선택과 성 선택을 통해 진화했다는 내용을 주장한다. 특히 인간의 기원과 도덕성, 사회성 등 인간 특유의 특성을 진화론적 관점에서 설명하고 있다.

- **인간과 동물의 감정 표현**(The Expression of the Emotions in Man and Animals, 1872/김성한, 2020) | 표정·제스처·감정 표현이 어떻게 진화해왔는지를 다루며, 인간과 동물 사이의 연속성을 강조한다. 감정 표현의 생물학적 기원, 얼굴 근육의 작용, 행동 양태 등을 분석함으로써 심리학·생물학에 새 시각을 제공했다.

34 | 도킨스 1941~
모든 것은 유전자로부터 시작되는가?

"진화는 유전자의 이기적 논리에 의해 움직인다. 그 속에서 이타성도, 희생도, 사랑조차도 설명된다. 인간은 유전자의 복제를 위한 생존 전략일 뿐이다. 그러나 우리는 그런 유전자를 이해함으로써, 그 논리로부터 벗어날 수도 있다."

—『이기적 유전자』, 1976

20세기 후반 생명과학에서 근본적인 철학적 전환을 이끈 사상가 중 한 명이 리처드 도킨스(Richard Dawkins, 1941~)이다. 그는 진화생물학자로 출발하여 생명의 본질에서 인간 이해, 윤리, 종교 비판에 이르기까지 넓은 철학적 스펙트럼을 형성했다. 그의 대표 저술인 『이기적 유전자(1976)』, 『확장된 표현형(1982)』, 『눈먼 시계공(1986)』은 과학 해설서에 그치지 않고 인간 중심주의, 목적론적 사고, 신적 설계 개념에 대한 도전장으로 되었다. 도킨스는 유전자를 통해 생명과 존재를 다시 묻고, 과학을 철학의 언어로 확장시킨다.

유전자 중심 진화론 – 『이기적 유전자』의 혁명

"유전자란 세대를 거치며 비교적 변하지 않고 전해지는 자기복제 가능한

염기서열의 단위이며, 자연선택이 실질적으로 작용하는 대상이다" - 1976년 출간된 리처드 도킨스의 『이기적 유전자』는 진화생물학은 물론 철학, 윤리학, 인문학에까지 깊은 충격을 던진 저작이었다. 이 책은 다윈의 자연선택 이론을 계승하면서도, 그 분석 단위를 '개체'에서 '유전자gene'로 전환시키는 새로운 패러다임을 제시하였다. 도킨스는 기존의 진화론이 개체 수준에서의 선택과 변화를 중심으로 설명했던 점을 비판하며, 진화의 진정한 주체는 '복제 가능한 유전자'라고 주장했다. 그에 따르면, 유전자는 생명의 본질적 단위이자 생존 전략의 중심축이다.

"우리는 이기적 유전자의 생존 기계다" - 유전자는 자신의 생존과 복제를 위해 동물의 형질을 구성하고, 그 형질은 환경과의 상호작용을 통해 '선택'된다. 이 과정에서 개체는 유전자의 생존을 위한 일종의 '운반 수단', 즉 '생존 기계survival machine'로 해석된다. 도킨스에게 생명체는 자율적 존재가 아니라, 유전자의 복제를 위한 전략적 껍데기에 불과하다. 그 안에는 이기심, 욕망, 감정뿐만 아니라 이타성, 협력, 도덕성까지도 유전자의 전략에 따라 '기획된 행동'으로 재해석된다. 이는 다윈주의의 자연선택 이론을 한층 정밀하게 분석할 수 있게 했을 뿐 아니라, 도덕과 인간 본성, 심지어 윤리 체계까지도 진화론적으로 설명할 수 있게 했다.

예컨대, 도킨스는 우리가 타인을 도우려는 감정이나 집단을 위한 희생을 감수하는 행동도 개체의 이익이 아니라, 동일한 유전자를 가진 자손이나 친족의 번식을 유리하게 만들기 위한 유전자의 전략으로 설명한다. 이것은 도덕철학의 자연화, 즉 '윤리는 어디서 오는가'에 대한 과학적 대답이 된다. 이러한 시각은 전통적인 인간 이해를 송두리째 바꿔놓는다. 인간은 이성적이고 자유로운 도덕적 주체라기보다, 생존과 복제를 최우선 목표로 하는 유전자의 생화학적 장치라는 관점으로 이해된다. 이 때문에 도킨스는 철학자들로부터 '생명에 대한 환원주의적 시선'이라는 비판을 받기도 했지만, 반대로 이는 생명을 설명하는 가장 단순하면서도 강력한 원리로 받아들여지기도 했다.

생명의 외연 — 『확장된 표현형』과 존재론의 재설정

"확장된 표현형은 유전자의 영향이 개체의 피부를 넘어서 환경으로까지 이어질 수 있음을 보여준다" — 리처드 도킨스는 『확장된 표현형』에서 유전자 중심 진화론을 한 단계 더 밀고 나가, 생물학적 개체의 경계를 넘어선 생명의 새로운 철학적 구성을 제안한다. 기존의 진화생물학에서는 유전자의 영향이 개체 내부(예를 들어 피부색, 체형, 면역력, 생리적 반응 등)에 국한된 것으로 보았다. 하지만 도킨스는 유전자의 작용이 생명체 외부, 더 나아가 환경 및 타 생물체에까지 실질적 영향을 미친다고 주장하며, 진화의 단위에 대한 기존 개념을 급진적으로 재구성한다. 생물은 더 이상 고립된 주체가 아니라, 유전자의 표현이 외연화된 사건의 일부이다.

그는 이를 '확장된 표현형 the extended phenotype'이라 명명하며, 생물의 행동, 환경 개조, 타 생명체와의 상호작용까지도 유전자의 '표현' 범위에 포함된다고 본다. 예컨대 비버가 댐을 짓는 행동이나, 거미가 만드는 거미줄, 기생벌이 숙주의 행동을 조종하는 사례 등은 모두 그 생물체 내부의 유전자가 외부 환경에 미치는 '물리적/행동적 효과'로 설명될 수 있다. 이처럼 유전자는 단지 단백질 합성만이 아니라, 행동 패턴, 생태 환경, 종 간 상호작용까지도 유도하는 행위자로 간주된다. 이 개념은 생명의 단위를 다시 정의하도록 강제한다. 개체란 단순히 유전자의 운반체가 아니라, 자기 자신을 환경 속에 새겨 넣는 열린 시스템이며, 개체의 영향은 그 물리적 몸체를 초월해 외부 세계에 지속적 흔적과 변화를 야기하는 유전자의 전략으로 확장된다. 이에 따라 도킨스는 전통 생물학이 고수하던 '개체 중심 존재론individual-based ontology'을 해체하고, 생명과 진화를 복잡한 상호작용 네트워크로 구성하려 한다.

이러한 사고는 생물학적 존재를 정태적인 실체가 아닌 과정과 관계 속의 사건으로 이해하게 하며, 존재론의 수준에서 큰 전환을 촉발한다.

설계자의 환상 — 『눈먼 시계공』과 창조론 비판

"진화는 목적도, 방향도, 의도도 없이 움직인다. 자연선택은 시계공처럼 의식적으로 설계하지 않는다. 그럼에도 불구하고, 그것은 시계공처럼 보이는 복잡한 구조를 만들어낸다" — 리처드 도킨스는 저서 『눈먼 시계공』을 통해 목적론적 세계관과 설계 중심적 신학에 대한 본격적인 철학적 반박을 시도한다. 이 책은 윌리엄 페일리(1743~1805)가 『자연신학(1802)』에서 제시한 고전적 '설계 논증argument from design'을 정면으로 비판하는 데서 출발한다. 페일리는 들판에서 시계를 발견했을 때, 그것의 정교함과 목적성은 '시계공'이라는 설계자의 존재를 가정하게 만든다고 주장했고, 이를 우주와 생명체의 정밀함에 그대로 적용했다.

도킨스가 말하는 '눈먼 시계공'은 바로 이 무의식적이면서도 결과적으로 정교한 진화 메커니즘인 '자연선택natural selection'을 비유한 것이다. 그는 생물학적 복잡성, 예컨대 눈의 구조, 날개의 공기역학, 유전자 복제 체계 등이 인위적 설계 없이도 점진적인 변화의 누적cumulative selection을 통해 형성될 수 있음을 설명한다. 이 방식은 단순한 무작위 돌연변이random mutation와 자연선택의 반복을 통해, 수천 세대에 걸쳐 적합도가 높은 형질이 선택되고 유지되는 과정을 통한 진화를 의미한다.

"자연선택은 한 번에 한 단계씩만 나아가며, 각 단계는 그 이전보다 생존에 유리해야 한다" – 이 말은 곧, 복잡성은 '비약'이 아니라 '누적'에 의해 탄생한다는 도킨스의 핵심 명제를 요약한다. 그는 컴퓨터 시뮬레이션을 통해 진화 과정에서 단계적 변화가 어떻게 설계처럼 보이는 결과를 낳는지 시각화하며, 설계라는 환상이 불필요함을 지적한다. 도킨스는 신 중심적 존재론, 인격적 설계자 개념, 목적론적 우주관을 해체하고, 그 자리에 비의도적 과정이 만들어낸 질서를 설명하는 자연주의적 세계관을 제시한다.

도킨스는 신의 존재를 부정하면서도, 진화 자체가 얼마나 아름답고 정교한 설명력을 갖는지를 과학의 언어로 증명하고자 한다. 이러한 자연주의는 기적, 목적, 섭리라는 종교적 개념들을 확률, 환경압력, 복제 메커니즘으로 대체하며, 과학이 종교보다 더 설득력 있는 이야기로 세계를 설명할 수 있다는 자신감을 드러낸다.

문화도 유전한다 – 밈 Meme 이론의 제안

"우리는 복제자의 새로운 종류, 즉 문화적 복제자를 찾고 있다. 유전자의 유사어로 적절한 단어가 필요했으며, 나는 그것을 '밈'이라 부르겠다" – 『이기적 유전자』의 후반부에서 리처드 도킨스는 유전자의 생물학적 복제를 설명하는 맥락에서 전혀 새로운 개념 하나를 제안한다. 그것이 바로 오늘날 너무도 익숙한 단어가 된 '밈 meme'이다.

"밈은 복제되는 문화의 단위이며, 뇌를 통해 전파되는 아이디어, 행동, 스타일이다. 종교, 유행어, 건축 양식, 패션 등은 모두 밈의 예다" – '밈'은 생물학적 유전자인 'gene'에 대응하는 문화적 정보의 단위로서, 인간의 언어,

음악, 종교, 제도, 패션, 사고방식 등 문화적으로 복제되고 전파되는 모든 정보 요소를 포함한다. 도킨스는 이 개념을 통해, 문화도 유전자처럼 선택과 경쟁, 전파의 메커니즘을 갖고 있으며, 진화한다고 주장한다.

도킨스는 문화를 정보가 복제되고 살아남는 진화적 장場이라고 보았다. 이때 밈은 '문화적 유전자'로서 인간 정신과 언어, 사회 구조에 침투하여 자기 자신을 복제하고 확산하려는 자기 복제 전략을 수행한다. 즉, 어떤 밈이 인간 사회에서 널리 퍼지는 이유는 그것이 진실하거나 아름답기 때문이 아니라, 복제되기에 유리한 성질을 가졌기 때문일 수 있다는 설명이다.

이러한 사유는 문화적 현상조차도 진화론적 틀에서 분석할 수 있게 하며, 철학과 인문학의 오래된 개념들, 창의성, 전통, 종교성, 의미 등을 복제와 적응성으로 재해석하게 만든다. 예컨대 도킨스에 따르면, 종교는 단순한 신앙 체계가 아니라, 밈적 생존전략의 부산물일 수 있다. 신의 개념, 예배 의례, 신화는 인간의 뇌 구조와 사회적 조건에 효과적으로 적응하여 자신을 더 잘 복제하고 확산시키는 밈들의 집합이라는 것이다.

"우리의 두뇌는 유전자의 생존 기계였지만, 이제는 밈의 생존 기계가 되었다. 문화는 생명의 또 다른 진화의 장이다" – 도킨스는 유전자의 복제 원리를 문화에도 적용함으로써, 인간 정신과 집단 지식의 형성마저도 무의식적인 전파 구조와 경쟁의 산물로 설명할 수 있는 가능성을 제시했다. 이때 인간의 사유, 창의력, 심지어 도덕까지도 자기복제를 시도하는 밈의 작용 공간으로 재구성된다. 이는 인간 주체를 의식적 창조자에서 정보의 매개자이자 수용체로 격하시킨다는 점에서, 철학적으로 매우 급진적인 사고 전환이었다. 요컨대 『이기적 유전자』의 밈 이론은 생물학을 넘어 문화, 언어, 인간 정신까지 진화론의 설명 아래로 포섭하려는 도킨스 사유의 핵심 연장선상에 위치한다. 이로써 그는 유전자 중심주의를 단지 생명체의 유전 원리로 끝내는 것이 아니라, 인간 세계 전체를 이해하는 인식론적 렌즈로 확장시킨다.

인간 윤리와 존재론의 재해석

"이기적 유전자는 이타적인 개체를 만들어낼 수 있다" – 리처드 도킨스의 사유는 생물학적 원리와 진화의 작동 방식을 설명하는 데 머무르지 않는다. 그는 인간 존재에 대한 철학적 이해, 특히 도덕성과 윤리적 정체성의 기원을 자연주의적 기반 위에서 재구성하려 한다. 전통적으로 윤리는 이성과 자유의지, 또는 종교적 계시와 신의 명령에 기초한 것으로 간주되어 왔다. 그러나 도킨스는 윤리조차도 진화의 산물이며, 자연선택의 산출물로 설명될 수 있다고 주장한다.

그에 따르면 인간의 이타성, 협력, 공감 능력은 유전자의 생존 전략이 빚어낸 복잡한 적응적 행위 양상이다. 예컨대 친족 선택 이론kin selection, 상호적 이타주의theory of reciprocal altruism, 집단 선택group selection 등의 진화이론은 도덕적 행동이 결국 유전자의 생존과 복제에 기여할 수 있는 방식으로 형성되었음을 설명한다. 즉, 인간은 이기적인 유전자를 가지고 있지만, 그 이기심은 때로 이타적 행동을 통해서도 실현된다는 것이다.

이러한 시각은 윤리를 더 이상 초월적 실체나 절대적 법칙의 산물로 간주하지 않는다. 도덕은 자연 속에서 발생하며, 감정과 행동, 생존 전략의 진화적 산물로 구성된다. 이는 칸트적 자율 윤리, 혹은 기독교적 계시 윤리와는 정반대의 입장이며, 도킨스는 이를 통해 윤리의 '탈형이상학화'를 추진한다. 윤리는 우주적 진리가 아니라, 지속 가능성과 번식 가능성을 높이는 전략의 부산물이라는 생물학적 현실로 환원된다.

"우리는 유전자에 의해 프로그램되었지만, 그 프로그램을 인식하고 초월할 수 있는 유일한 존재다" – 도킨스의 사유는 종교적 도덕이나 초월적 가치를 부정하면서도, 이기적 유전자의 전략 속에서도 이타성과 협력이 등장할 수 있음을 보여주었다. 동시에 도킨스는 과학이 윤리로 나아가야 한다고 주장한다. 리처드 도킨스는 생물학적 환원주의로 인해 인간이 단지 유전자의 꼭두각시가 되는 것을 경계하면서 과학과 합리성에 기반한 새로운 윤리적 인간상을 제안한다. 그는 진화의 결과로 형성된 윤리적 감정 위에 합리적 선택, 공감적 사유, 비판적 사고를 통해 과학적 인간주의scientific humanism를 구축할 수 있다고 본다. 즉, 진화가 우리에게 도덕의 씨앗을 주었다면, 과학은 그것을 의식적으로 계발하고 책임 있는 방향으로 운용하는 도구가 될 수 있다는 입장이다. 도킨스는 인간을 진화적 산물로 보되, 그 산물 속에서도 합리성과 도덕적 책임을 재정의할 수 있는 가능성을 탐색한다. 이는 윤리를 생물학에 환원시키는 동시에, 다시 그것을 의식적 실천의 문제로 되돌려주는 이중적 접근이다. 그는 과학적 세계관이 도덕과 무관하지 않으며, 오히려 가장 강력한 윤리적 기반이 될 수 있다고 주장한다. 이로써 도킨스의 사유는 유전자의 눈으로 인간을 바라보되, 그 시선은 오히려 인간성의 깊이를 새롭게 제시하는 철학적 모험으로 귀결된다.

리처드 도킨스는 유전학과 진화생물학이라는 과학의 언어를 통해 생명과 인간을 재해석하는 철학적 작업을 수행한 사상가다. 그의 저작들은 과학 설명을 넘어서, 세계관의 전환, 종교적 신념에 대한 비판, 인간의 윤리와 자아 개념에 대한 재사유를 촉발한다. 도킨스는 우리에게 묻는다.
"당신은 왜 존재하는가?"
그리고 그는 유전자의 언어로, 자연의 우발성과 누적성 속에서 스스로를 이해하라고 말한다. 그의 사상은 철학과 과학, 진화와 윤리의 경계를 허물며, 인간이라는 존재를 다시 생각하게 만든다.

주요 저술

- **이기적 유전자**(The Selfish Gene, 1976/홍영남 외, 2023) | 가장 영향력 있는 저작으로, 유전자를 생명의 중심 단위로 보고 생물의 행동을 설명한다. 유전자 중심 진화론, 생존 기계, 밈(meme) 개념 등을 다루며, 인간의 이타적 행위도 유전자의 자기 복제를 위한 전략으로 분석한다.

- **확장된 표현형**(The Extended Phenotype, 1982/홍영남 외, 2022) | 유전자의 영향은 단지 개체의 몸을 넘어서 환경과 타 개체에까지 미친다는 혁신적 관점을 제시한다. 생명현상에서 개체 중심주의를 해체하고, 유전자의 표현 작용 전체를 진화의 단위로 확장하고 있다.

- **눈먼 시계공**(The Blind Watchmaker, 1986/이용철, 2004) | 생명체의 정교함과 복잡성은 설계자가 아니라 '눈먼' 자연선택의 결과임을 설명한다.

- **만들어진 신**(The God Delusion, 2006/이한음, 2007) | 종교와 신의 존재를 강하게 비판하며, 무신론적 자연주의를 옹호한다. 인간의 종교성조차도 진화적 부산물로 간주하면서, 과학적 합리성의 관점에서 신념 체계의 진화적, 심리적 기원을 탐구한다.

35 | 굴드 1941~2002
진화는 우연과 다양성을 향하는가?

"우리는 역사의 산물이며, 상상할 수 있는 가장 다양하고 흥미로운 이 우주 속에서 스스로의 길을 개척해야 한다. 이 우주는 우리의 고통에 무관심하며, 그렇기에 우리는 스스로 번영하거나 실패할 수 있는 최대한의 자유를 부여받는다."

—『원더풀 라이프』, 1989

20세기 후반의 진화생물학은 리처드 도킨스(1941~)처럼 유전자 중심적이고 점진적인 선택 메커니즘에 의해 움직이는 과학적 세계관을 강화했다. 하지만 그와는 전혀 다른 목소리를 낸 사상가가 있었으니, 바로 스티븐 제이 굴드(Stephen Jay Gould, 1941~2002)다.

그는 진화의 속도와 방향, 그리고 인간 존재의 의미에 대해 보다 역사적이고 비결정론적인 해석을 제시하였다. 굴드에게 진화는 생물학적 기제 이상이었고, 생명은 우연과 불확정성, 다양성 속에서 펼쳐지는 역사적 사건이었다.

단속평형과 비선형 진화

"진화는 강물처럼 흐르지 않는다. 그것은 오히려 정체의 평지와 간헐적인 급류로 이루어진, 불균일하고 예측 불가능한 패턴을 지닌다" - 스티븐 제이 굴드는 전통적인 다윈주의 진화 이론에서 가장 핵심적인 전제로 여겨졌던 '점진적 진화gradualism', 즉 모든 생물 종은 아주 느리고 연속적인 변화를 통해 새로운 종으로 진화한다는 가정에 정면으로 도전했다. 다윈 이후 많은 생물학자들은 진화란 마치 강물처럼 점진적이고 끊김 없이 흐르는 자연의 법칙이라고 생각해왔으며, 이 전제는 생명의 복잡성과 다양성을 설명하는 데 있어 거의 자명한 것으로 받아들여졌다.

하지만 굴드는 방대한 화석 기록을 면밀히 분석한 끝에, 실제로는 많은 종들이 오랜 기간 동안 거의 변화 없이 '정체 상태stasis'를 유지하다가, 비교적 짧은 지질학적 시간 내에 급격하게 출현하거나 사라지는 현상이 자주 관찰된다는 점에 주목했다. 그는 이 현상을 '단속평형 이론punctuated equilibrium theory'으로 명명하고, 1972년 학술지에 발표했다. 이 이론에 따르면, 생물의 진화는 단선적이거나 매끄러운 흐름이 아니라, '정지'와 '도약'이 교차하는 리듬을 가지고 있다. 즉 대부분의 시간 동안 종은 거의 변화하지 않으며(평형 상태), 특정한 환경 변화나 지리적 고립 등 극한 조건이 발생했을 때만 상대적으로 급속한 진화(종분화, speciation)가 일어난다는 것이다.

"진화는 지시된 행진이 아니라, 편도성 비가역 사건들의 집합이다. 그것은 자연이 써내려가는 이야기이며, 그 안에는 방향도 목표도 없다" - 굴드는 자연을 필연과 진보의 법칙이 지배하는 질서정연한 체계로 보지 않았다. 오히려 자연은 우연, 비연속성, 비가역성으로 구성된 복잡한 역사적 장이고, 생명은 이 속에서 비선형적 방식으로 변화하고 분화하는 존재라고 보았다. 따라서 굴드의 진화론은 생명을 수학적 함수나 기계적 모델로 환원하려는 시도와는 달리, 자연을 '이야기narrative'로 이해하려는 역사주의적 접근에 가깝다. 이러한 사유는 철학적으로도 매우 중요한 의미를 지닌다.

전통적인 서양 자연관은 '진보progress'와 '최적화optimization'를 자연의 본질로 간주해왔다. 생명은 점점 더 복잡해지고, 더 적응적으로 진화하며, 인간은 그 정점에 선다는 목적론적 진화관이 암묵적으로 전제되어 있었다. 하지만 굴드는 이런 통념에 철저히 반론을 제기했다. 진화는 목적을 향한 행진이 아니라, 사건들의 축적, 우발적인 조건의 결합, 그리고 비선형적 분화로 이루어진 '역사적 과정historical process'이라는 것이 그의 핵심 주장이었다.

우연의 힘 – 진화의 경로 다양성

"진화는 더 뛰어난 것을 향한 경주가 아니다. 그것은 우연한 사건들이 축적된 결과일 뿐이다" – 스티븐 제이 굴드는 그의 저서 『원더풀 라이프 (1989)』에서 생명에 대한 전통적 인식, 특히 진화를 '진보' 혹은 '완성을 향한 선형적 경로'로 보는 시각에 대한 강력한 도전장을 던진다. 그는 이 책에서 5억 년 전 캄브리아기에 번성했던 고생물의 화석군, 즉 '버지스 셰일 Burgess Shale'을 분석하며, 생명의 초기 진화가 단순히 단일한 선을 따라 확장된 것이 아니라, 훨씬 더 풍부하고 무질서하며 복잡한 다양성의 망이었다는 점을 밝힌다. 버지스 셰일에는 오늘날의 생명체 계통과 전혀 다른 기묘하고 다양한 생물 종들이 다수 포함되어 있었고, 이들 대부분은 이후 진화의 흐름에서 완전히 소멸하였다. 이 사실은 기존의 진화사관, 예컨대 자연은 점점 더 복잡하고 정교한 방향으로 나아가며, 인간은 그 최종적 정점에 있다는 '목적론적 관점'을 근본적으로 뒤흔든다.

굴드는 진화의 비선형성과 불균일성을 통해, 인간 존재에 대한 과학적 겸손humility을 요구한다. 인간은 진화의 정점이나 목표가 아니며, 단지 복잡한 역사 과정 속의 수많은 우연한 갈래 중 하나의 결과에 불과하다.

"진화의 테이프를 다시 돌릴 수 있다면, 같은 결과가 반복될 가능성은 극히 희박하다. 인간이라는 종도 아마 등장하지 않았을 것이다" – 이 말은 수사적 의미가 아니라, 굴드 사유의 핵심인 '역사적 우발성 historical contingency' 개념의 요약이다. 그는 생물 진화의 경로가 내재된 목적이나 구조에 따라 미리 결정된 것이 아니라, 수많은 작은 사건들, 예컨대 멸종, 지질학적 변화, 유전자 변이 등이 누적되어 생긴 우연의 역사라고 강조한다. 따라서 생명의 발전은 법칙에 따른 필연적 진보가 아니라, 되돌릴 수 없는 경로들의 선택적 누적이며, 현재 우리가 존재하는 이유는 그 모든 우연이 우연하게 겹쳤기 때문이다. 전통 서구 형이상학은 우주와 생명의 발전 속에 질서, 목적, 위계가 있다고 믿어 왔다. 진화 또한 그 흐름 속에 일정한 방향성과 필연성을 부여받았고, 인간은 그 과정의 중심 혹은 목표로 여겨졌다. 하지만 굴드는 이와 같은 형이상학적 신념, 특히 '목적론적 진화관 teleological evolutionism'을 철저히 해체한다.

'전체 분포'를 보라

"중심값이 변화하지 않는다고 해서, 시스템이 정체되어 있는 것은 아니다. 전체 분포의 형태가 바뀌는 것이 진짜 진보다" – 스티븐 제이 굴드는 『풀하우스(1996)』에서 진화와 인간 사회를 바라보는 통계적·철학적 시각에 대한 전복적인 전환을 제안한다. 그는 우리가 생명과 복잡성, 탁월성, 그리고 인간성 자체를 평가하는 방식이 심각하게 왜곡되어 있다고 진단한다. 왜곡의 핵심은 바로 중심값만 보고 전체 분포를 보지 않는 사고 방식이다.

이는 곧 우리가 익숙하게 받아들이는 '우월한 존재로서의 인간', '정상적인 인간 지능', '진화의 정점으로서의 복잡한 생물' 같은 통념들이 통계적

오해, 인식적 환원주의, 형이상학적 편향에 기반하고 있다는 점을 굴드는 날카롭게 드러낸다.

그는 진화의 방향이 특정한 목표를 향해 나아간다고 보는 대신, 모든 생명체가 그 나름의 방식으로 다양하게 변화하고 분화해온 결과가 '현재의 생명 분포'라고 주장한다. 이 분포는 우열이 아니라, 생존 전략과 환경 적응의 총합으로서의 다양성이며, 여기엔 복잡한 생물만이 아니라 단순한 미생물, 기형적 형태, 사라진 생물들까지 포함된다. 진화란 '더 나은 존재'가 출현하는 것이 아니라, 더 적합한 존재들이 통계적으로 퍼지고 살아남는 것이라는 말이다.

이러한 통찰은 생명과 진화뿐 아니라 지능, 질병, 인종, 성별, 능력 등 인간을 규정하는 모든 영역에 적용된다. 굴드는 인간의 '지능'을 평가하는 IQ 개념이나, '표준적 신체'를 중심에 놓고 변이를 병리화하는 관행, 또는 정상성과 일탈이라는 이분법적 구분 자체가 통계적 평균주의 statistical essentialism에 기반한 위험한 개념이라고 비판한다. 그는 '정상'이라는 말 자체가 정치적이고 역사적인 발명품이며, 실제 분포는 항상 불균일하고 비대칭적이며 예외로 가득하다고 주장한다.

"진화는 진보가 아니라 다양성의 역사다" – 이와 같은 통계학적 사유는 굴드가 비판하는 플라톤주의 Platonism와도 연결된다. 그는 서구 사유의 깊은 뿌리로 자리잡은 '이데아적 정상성', 즉 본질주의적 사고방식이 생물학과 사회학 모두에서 문제적 결과를 낳았다고 본다. 플라톤(BC 472~347)은 세상에 존재하는 개별 사물들은 불완전한 이데아의 그림자에 불과하다고 주장했지만, 굴드는 오히려 현실 속에서 변이와 분산, 예외야말로 실재의 본질이라고 보았다. 즉, 이상형은 존재하지 않으며, 다양성의 전체 구조야말로 생명의 본질이다.

스티븐 제이 굴드의 철학은 생명을 단순한 적응적 진화의 결과가 아니라, 우연과 역사 속에서 구성된 복잡한 패턴으로 바라보는 사유였다. 그는 진화를 목적이 아닌 결과로, 우월성이 아닌 분포로, 진보가 아닌 다양성으로 설명하려 했다.

이러한 관점은 우리에게 과학을 절대화하거나 인간을 중심에 놓는 사고방식을 넘어설 것을 요구한다. 굴드의 진화론은 과학이란 무엇인가, 인간이란 무엇인가, 의미란 어떻게 구성되는가에 대한 근본적인 성찰을 촉구하며, 현대 과학철학과 생명윤리의 중요한 사유 자원이 되고 있다.

주요 저술

- 원더풀 라이프(Wonderful Life, 1989/김동광, 2018) | 진화가 우연성과 역사적 사건의 산물이라는 주장을 강력하게 전개한다. 버지스 셰일 화석군을 분석하며, 초기 생명 다양성이 얼마나 풍부했고 얼마나 급격히 사라졌는지를 보여주며, 인간의 존재는 진화의 필연적 결과가 아니라, 역사의 한낱 우연이었음을 주장한다.

- 인간에 대한 오해(The Mismeasure of Man, 1981/김동광, 2003) | 인간 지능에 대한 측정 방식(두개골 크기, IQ 검사 등)의 과학적 편향과 인종주의적 사용을 비판한다. 과학이 항상 객관적이지 않으며, 사회적 이데올로기에 깊이 얽힐 수 있음을 보여주고 있다.

- 다윈 이후(Ever Since Darwin: Reflections in Natural History, 1977/홍욱희 외, 2009) | 진화론에 대한 비판적 시각을 담았다. 진화의 역사성, 다양성, 자연의 비가역성 등을 철학적으로 사유한다.

- 풀하우스(Full House: The Spread of Excellence from Plato to Darwin, 1996/이명희, 2002) | 진화생물학, 과학철학, 통계학의 철학적 의미를 다룬다.

36 | 켈러 1936~2023
생명은 복잡계인가?

"유전자는 일종의 세속적 영혼처럼 작동해왔다. 그것은 궁극적인 결정자, 정체성의 자리, 생명의 본질로 간주된다.
그러나 이러한 생각은 허구다. 유전자는 스스로는 아무것도 하지 않는다. 그것은 오직 세포, 유기체, 환경이라는 맥락 속에서만 작용한다."

—『유전자의 세기』, 2000

현대 생명과학은 인간을 이해하는 핵심적인 기반으로 자리 잡았다. 특히 20세기 후반 이후 유전자 중심적 진화론과 분자생물학의 발달은 인간의 정체성을 생물학적·유전적 코드로 환원하는 경향을 강화시켜왔다. 찰스 다윈(1809~1882)이 자연선택을 통해 인간을 동물의 연장선 위에 놓은 이래, 리처드 도킨스(1941~)는 『이기적 유전자』에서 인간을 '유전자의 생존 기계'로 묘사하며, 생명의 목적과 감정, 윤리마저도 진화의 부산물로 해석했다. 반면 스티븐 제이 굴드(1941~2002)는 생명의 다양성과 진화의 우연성을 강조하며, 인간 중심의 해석을 해체하려 했다.

이러한 흐름 속에서 이블린 폭스 켈러(Evelyn Fox Kelle, 1936~2023)는 보다 근본적인 질문을 던진다.

"우리는 정말로 유전자를 통해 인간을 설명할 수 있는가?"

유전자 결정론의 해체 – 유전자는 설계도가 아니다

"유전자는 설계도가 아니다. 그것은 생명이라는 전체 시스템 속에서 반응하고 조율되는 참여자다" – 이블린 폭스 켈러는 『유전자의 세기(2000)』에서, 20세기를 지배해온 유전자의 개념이 과도하게 단순화된 비유와 환원주의적 사고에 기초하고 있다고 지적한다. 과학자들은 유전자를 종종 '생명의 프로그램'이나 '청사진'으로 비유하며, 인간의 성격, 질병, 행동까지도 유전자의 결과물로 설명하려 한다. 이는 곧 '유전자 결정론genetic determinism'의 시대를 열었으며, 인간은 마치 유전자의 수동적 산물처럼 이해되기 시작했다.

켈러에 따르면 유전자는 정보의 단위로서 독립적으로 작동하지 않는다. 생명현상은 DNA, 세포, 단백질, 환경 사이의 복잡한 상호작용의 산물이며, 유전자 발현조차도 그 구조적 맥락과 외부 조건에 따라 달라진다. 유전자는 전체 생명 시스템의 하나일 뿐, 결정적 인과의 시발점이 아니다. 그녀는 생명의 본질을 유전자 하나로 환원하는 태도를 과학적이라기보다 신화적이라고 비판한다. 이 비판은 도킨스의 유전자 중심 진화론에 대한 명확한 반대이자, 생명은 복잡계로서 이해되어야 한다는 새로운 관점의 출발점이 된다.

생명 개념의 역사성과 구성성

"우리가 생명을 어떻게 말하느냐가, 우리가 생명을 어떻게 이해하느냐를 결정한다" – 켈러는 생명이란 무엇인가라는 오래된 질문을 다시 던진다. 그녀는 이 물음이 단순한 생물학적 정의의 문제를 넘어, 과학의 언어, 방법, 철학이 어떻게 현실을 구성해 왔는가에 대한 질문이라는 점을 강조한다. 전통적으로 생명은 고정된 본질, 일정한 핵심을 지닌 실체로 여겨져 왔다. 특히 20세기 중반 이후, 생명에 대한 설명은 유전자 중심의 패러다임 속에서 점점 더 분자적 결정론에 기초해왔다. 유전자는 생명의 '설계도'로 간주되었고, 생명체는 이러한 유전 정보가 해석되어 작동하는 기계적 유기체로 인식되었다.

켈러는 이러한 통념에 대해 근본적인 철학적 반론을 제기한다. 그녀에 따르면, '생명'이라는 개념은 과학이 자연에서 발견한 절대적 진리가 아니라, 특정한 역사적 조건과 문화적 상상력이 결합되어 형성된 구성적 산물이다. 다시 말해, 생명은 우리가 사용하는 모델, 은유, 실험적 장치, 기술적 능력에 따라 정의되고 설명되어 왔다는 것이다. 켈러는 이 점에서 생명 개념을 생물학적 대상이 아닌 인식론적 구조물로 간주한다. 즉, 우리는 생명을 있는 그대로 바라보는 것이 아니라, 특정한 언어와 기술적 감각으로 '이해하고 해석하는' 방식에 따라 생명을 '만들어내고 있다'는 것이다.

"생명은 고정된 실체가 아니라, 끊임없이 변화하는 관계의 네트워크다" – 그녀는 특히 기계적 유기체 모델, 즉 생명체를 물리적 부품의 정렬로 환원하는 사고방식을 비판한다. 이 모델은 17세기 데카르트적 자연관과 산업혁명의 기계론적 세계관에 뿌리를 두고 있으며, 생명을 예측 가능하고 통제 가능한 시스템으로 간주한다. 그러나 현대 생물학이 밝혀낸 생명현상은 단순한 기계의 조립을 훨씬 초월하는, 비선형적이고 자율적이며 복잡계적 상호작용으로 이루어져 있다. 켈러는 이 점을 강조하며, 생명을 설명하기 위해서는 동역학적 시스템 dynamical system, 복잡성 이론 complexity theory, 발생적 상호작용 emergent interactions과 같은 새로운 틀을 도입해야 한다고 주장한다.

켈러는 생명을 '정상적인 경로'나 '이상적 모델'의 표현으로 보는 시각에도 반대하며, 생명은 다층적인 상호작용과 비예측적 과정이 중첩된 역사적 장場이라고 주장한다.

나아가 켈러는 '생명'이라는 개념의 전개가 기술의 발전과 실험실의 언어와도 깊이 얽혀 있다는 점에 주목한다. 분자생물학 시대에 들어서면서, 생명은 정보, 코드, 네트워크와 같은 정보론적 은유로 재구성되었고, 이는 우리가 생명을 계산 가능하고 프로그래밍 가능한 대상으로 간주하게 만든다. 그러나 이러한 은유는 과학적 분석 도구로서는 유용할 수 있으나, 실제 생명의 복잡성과 역사성을 은폐하는 효과도 함께 가진다는 점에서 비판적으로 검토되어야 한다. 그녀는 따라서 과학이 사용하는 은유와 모델조차 철학적·문화적 해석 대상이 될 수 있음을 주장한다.

유전자, 생명, 그리고 복잡성의 윤리

"우리는 유전자의 명령을 수행하는 자동 기계가 아니다" – 에블린 폭스 켈러는 유전자를 생명의 궁극적 설명 단위로 간주하는 기존 생명과학의 관점을 전면적으로 재구성하며, 이를 통해 '인간이란 무엇인가'라는 철학의 근본 질문을 현대 생물학적 세계관 속에서 새롭게 성찰하고자 한다. 그녀에게 인간은 유전자의 결정적 산물이 아니다. 오히려 인간 존재는 생명 시스템 내 다양한 층위들의 상호작용, 즉 유전자와 세포, 생명체와 환경, 생물학과 사회 속에서 끊임없이 구성되고 재형성되는 관계적 존재로 이해된다.

켈러는 이와 같은 관계적 생명 개념을 바탕으로, 인간 이해의 고전적 모델을 해체한다. 예를 들어, 찰스 다윈은 인간도 동물과의 연속선상에 존재한다는 통찰을 제시함으로써, 인간을 초월적 존재가 아닌 생물학적 존재로 위치시켰다. 이 연속성은 이후 생물학의 전개 속에서 때로는 유전자의 절대성과 생물학적 본질주의로 고착되기도 했다. 그 대표적인 사례가 바로 리처드 도킨스의 『이기적 유전자(1976)』다. 도킨스는 인간을 유전자의 생존 기계로 정의하면서, 이기성과 이타성, 감정과 윤리까지도 유전적 전략의 부산물로 환원한다. 그의 견해에 따르면 인간은 유전자의 자기복제를 위한 하나의 도구이며, 진화는 철저히 '이기적 유전자'의 논리에 따라 작동한다.

"우리는 생명이라는 시스템의 복잡한 흐름 속에서 생겨난, 다층적이고 역사적인 존재다" – 반면 켈러는 인간이 진화적 연속선상에 있다는 사실을 인정하면서도, 그 연속성이 단순하거나 일방향적인 것이 아님을 강조한다. 인간은 단지 '진화된 생명체'라는 범주에 머무르지 않으며, 오히려 유전, 발달, 환경, 사회, 역사 등이 얽히고설킨 다층적 상호작용의 산물로 재구성된다.

유전적 환원주의는 인간의 다양성과 특이성을 평가절하하며, 개인을 생물학적으로 고정된 정체성에 가두는 오류를 범한다. 반대로 관계적 존재로서의 인간 이해는 생물학적 차원을 넘어서 사회적, 윤리적, 문화적 책임의 지평을 열어준다. 생명은 단지 살아있는 것이 아니라, 구성되고 의미화되는 과정이며, 그 안에서 인간 역시 끊임없이 변화하고 성장하는 역사적·윤리적 주체로 자리 잡는다.

본성과 양육 이분법 비판

"인간은 타고나는가, 아니면 길러지는가?" 이 질문은 오랜 시간 동안 과학자, 철학자, 교육자들에게 중요한 쟁점이었다. 인간의 성격, 능력, 행동, 심지어 윤리적 성향까지 '본성 nature' 혹은 '양육 nurture' 중 어디에서 비롯되는가를 가늠하는 일은, 인간 이해의 핵심으로 여겨져 왔다. 에블린 폭스 켈러는 『본성과 양육이라는 신기루(2010)』에서 이 질문 자체가 잘못된 전제에서 출발한 것이라며, '본성과 양육'이라는 이분법은 허구적인 경계일 뿐이라고 강하게 주장한다. 켈러의 주장은 현대 생물학과 유전체학의 최신 연구 결과를 반영하고 있다. 그녀는 생명현상에서 실제로 벌어지는 복잡한 얽힘과 상호작용의 관점에서, '구분'이 아닌 '관계성'으로 인간을 이해할 필요를 제기한다.

"본성과 양육의 구분은 실체가 아니라 은유에 가깝다" – 켈러의 첫 번째 비판은 매우 직접적이다. 우리는 오랫동안 유전과 환경, 생물학과 문화, 본성과 양육을 서로 독립적이고 구별 가능한 범주로 간주해왔다. 그러나 그녀는 이러한 구분이 과학적 사실에 근거한 것이 아니라, 언어적·사고적 편의에 의해 구성된 프레임일 뿐이라고 말한다. 즉, '본성과 양육 사이'라는 표현 자체가 존재하지 않는 경계를 실재하는 것처럼 오인하게 만든다는 것이다. 이 이분법은 특히 20세기 유전학과 심리학의 전개 속에서 강화되었다. 유전자는 인간의 본질을, 환경은 후천적 영향을 설명한다고 여겨졌으며, 이로 인해 유전자=운명이라는 결정론적 환원이 대중적으로 확산되었다. 하지만 켈러에 따르면, 생명현상은 그 자체로 이미 유전자와 환경이 분리 불가능하게 얽혀 있는 상호구성적 과정이다. 인간의 모든 특성은 유전적 요소와 환경적 요소가 동시에 작용하고 서로를 조절하면서 만들어진 결과이다.

켈러는 단지 이분법적 사고를 비판하는 데 그치지 않고, 흔히 대안으로 제시되는 본성과 양육 모두 중요하다는 상호작용론interactionism 역시 근본적으로 동일한 오류를 반복한다고 지적한다. 이론적으로는 중립적이고 균형 잡힌 입장처럼 보이지만, 이 입장 또한 여전히 '본성과 양육'이라는 전제된 범주가 독립적으로 존재함을 가정하기 때문이다. 즉, 상호작용론은 두 요소가 마치 독립된 존재처럼 각각의 기여도를 나누는 방식으로 인간을 이해하려 한다. 하지만 켈러는 실제 생명과정은 이런 식의 가산적 계산이 불가능한 통합적 상호작용으로 이루어진다고 강조한다. 발달 생물학, 후성유전학

epigenetics, 신경가소성 등의 분야는 이미 이러한 통합적 시각을 실증적으로 뒷받침하고 있다.

"우리는 본성과 양육 사이가 아니라, 유전자와 환경의 끊임없는 상호작용 안에 산다" – 켈러는 생물학의 최신 흐름이 주는 메시지에 주목한다. 인간의 유전체 프로젝트, 세포 수준의 발달 기전, 그리고 환경 요인과 유전자 발현 사이의 상호작용 등은 모두 이분법 대신 '얽힘 entanglement'이라는 개념을 중심에 둔 새로운 사유 방식이 필요함을 시사한다. 그녀는 이 얽힘을 관계적 존재론 relational ontology의 관점에서 이해한다. 유전자는 환경 속에서만 의미를 가지며, 환경 또한 유전적 감수성과의 상호작용 속에서 구성된다. 인간은 단지 유전자나 환경에 '영향받는' 존재가 아니라, 그 자체로 얽힌 관계들의 산물인 것이다.

그녀의 사유는 단순히 과학적 사실을 수정하자는 제안을 넘어, '인간이란 무엇인가'를 묻는 방식 자체를 근본적으로 재구성하자는 철학적 요청이다. 인간은 타고나는 것도, 길러지는 것도 아닌, 끊임없이 상호작용 속에서 생성되고 구성되는 관계적 존재이며, 이 존재를 이해하는 데 필요한 것은 분리와 계산이 아니라, 복잡성과 얽힘을 포용할 수 있는 새로운 언어와 사고 체계이다.

이블린 폭스 켈러는 유전자 중심의 생명관을 넘어서, 생명과 인간을 복잡하고 구성적인 체계로 이해할 수 있는 철학적 전환을 이끈다. 그녀의 사유는 도킨스처럼 생명을 '복제 전략의 수단'으로 환원하려는 시도에 반대하며, 굴드처럼 생명을 역사와 우연, 분포의 맥락에서 재구성하려는 흐름과 연결된다. 동시에 그녀는 생명을 단지 진화의 산물이 아닌, 언어적·모델적 구성물로서의 생명으로 이해하려 한다.

오늘날 인간을 이해하려는 많은 시도가 여전히 유전자와 생물학에 기대고 있다. 그러나 켈러는 우리에게 묻는다.
"유전자만으로 인간을 말할 수 있는가?"
그 질문은 단지 생물학의 것이 아니라, 인문학과 철학, 과학의 교차점에서 다시 사유되어야 할 '인간 이해'의 핵심 과제이다.

✒ 주요 저술

- **유전자의 세기**(The Century of the Gene, 2000/이한음, 2002) | 유전자 결정론 비판과 생명 개념 해체를 다룬다. 유전자를 인간 성격, 행동, 질병, 재능 등의 원인으로 간주하는 유전자 결정론을 비판한다.

- **본성과 양육이라는 신기루**(The Mirage of a Space Between Nature and Nurture, 2010/정세권, 2013) | 본성과 양육의 구분 자체가 잘못된 프레임이라고 주장한다. 이 이분법은 생물학과 문화, 유전과 환경을 인위적으로 분리하며, 실제 생명현상에서 벌어지는 상호작용과 얽힘의 복잡성을 왜곡한다고 비판한다.

PART
10

관계와 책임:
나와 너, 그리고 인간됨

우리는 어떻게 타인과 마주하는가? 진정한 만남은 가능한가? 인간의 존재는 더 이상 고립된 '개인'이 아니라, '관계 속의 존재'로 다시 정의되기 시작했다. 나와 너의 만남, 타인을 향한 책임, 사랑과 공감은 인간 존재의 본질적인 조건으로 떠올랐다. 마르틴 부버(1878~1965)는 '나-너'의 관계를 통해 존재의 깊이를 말했고, 빅터 프랭클(1905~1997)은 고통 속에서도 의미를 찾는 인간의 힘을 강조했다. 에리히 프롬(1900~1980)은 소유가 아닌 존재로서의 삶을 주장했으며, 엠마누엘 레비나스(1906~1995)는 타인의 얼굴 앞에서 시작되는 윤리를 이야기했다.

이 장에서는 관계 속에서 드러나는 인간의 가능성과 책임을 살펴본다.

37 | 부버 1878~1965
인간은 타자와의 관계 속에서 완성되는가?

"내가 한 인간을 '너'로 마주하고 그에게 '나-너'라는 근원적인 말을 건넬 때, 그는 더 이상 사물들 사이의 하나가 아니며, 어떤 성질들의 조합도 아니다. 그는 더 이상 '그'나 '그녀'가 아니고, 시공간의 좌표에 찍힌 점도 아니며, 설명 가능하거나 분석 가능한 존재도 아니다. 그는 '너'이며, 온 하늘을 가득 채운다."

— 『나와 너』, 1923

   인간은 홀로 존재하는가, 아니면 관계 속에서만 존재할 수 있는가? 우리는 타인을 어떻게 바라보아야 하며, 관계란 무엇을 의미하는가?
   마르틴 부버(Martin Buber, 1878~1965)는 오스트리아-유대 철학자이자 신학자로, 인간 존재의 본질과 관계를 탐구한 사상가다. 그의 철학은 실존주의, 유대 신비주의(하시디즘), 현상학 등의 영향하에 20세기 초 유럽에서 인간관계의 윤리적 위기에 대한 깊은 응답 속에서 형성되었다.
   그의 철학의 중심에는 인간은 타자와의 관계 속에서 완성되는가라는 물음이 자리하며, 이를 통해 그는 인간의 본질이 단순히 독립적인 주체가 아니라, 관계 속에서만 온전해질 수 있는 존재임을 강조했다. 이 철학은 그의 대표작 『나와 너(1923)』에서 집약적으로 제시되며, 인간 존재의 근본은 관계에 있다는 주장을 담고 있다. 그는 인간이 타자와의 관계 속에서 자신의 존재를 이해하고 완성한다고 주장하였다. 부버는 인간이 단순히 자아 안에서 완성되는 것이 아니라, 타자와의 '나-너Ich-Du' 관계 속에서 참된 존재의 의미를 발견한다고 보았다.

'나-그것' vs '나-너'

부버는 인간 관계를 두 가지 기본적 태도로 구분했다. '나-그것Ich-Es'은 객체화된 관계로 타자를 대상으로 여기는 관계를 뜻한다. 여기서 타자는 하나의 대상으로 간주되며, 도구적이고 기능적인 방식으로 상호작용이 이루어진다. 이러한 관계는 인간의 삶에서 불가피한 측면도 있지만, 이는 타자를 본질적으로 이해하거나 진정한 교감을 이루는 데는 한계가 있다. '나-너Ich-Du'는 존재 자체를 마주하는 관계로 타자를 독립적이고 고유한 존재로 바라보며, 상대방과의 만남을 통해 깊은 상호작용과 교감을 이루는 관계를 의미한다. 이 관계에서는 주체와 타자가 서로를 존중하며, 상호의존 속에서 존재의 본질적 가치를 발견한다.

우리는 일상 속에서 타인을 자주 '그것'으로 취급한다. 상대를 이해하려 하기보다, 그들을 나의 필요를 위한 도구로 사용한다. 예를 들어, 우리는 회사 동료, 점원, 낯선 사람을 종종 기능적인 대상으로 바라본다. 부버는 인간이 관계 속에서만 진정한 '실존'을 경험할 수 있으며, 타인을 어떻게 대하느냐에 따라 우리 자신의 존재 방식도 달라진다고 주장했다. 그가 말한 '나-너Ich-Du'와 '나-그것Ich-Es'의 개념은 인간 존재 방식 자체를 설명하는 근본원리였다.

"모든 참된 삶은 만남이다" - 부버는 인간이 진정으로 완성되는 순간은 '나-너' 관계에서 이루어진다고 보았다. 그는 이러한 관계가 단순히 사람 간의 만남에 국한되지 않고, 자연, 예술, 그리고 궁극적으로 신과의 관계에서도 이루어질 수 있다고 주장한다. '나-너' 관계는 인간이 자신의 한계를 넘어 타자를 진정으로 받아들이고, 그 안에서 자신의 존재를 재발견하는 경험이다. 이를 통해 인간은 자신을 초월하여 더 높은 차원의 삶을 영위하게 된다. 이 관계에서는 상대를 역할이나 기능이 아니라, 온전한 존재로 인정하며 진정한 만남을 경험한다.

"사랑하는 것은 상대를 하나의 개체로 보는 것이 아니라, 그의 영혼과 만나는 것이다" - 진정한 사랑, 깊은 우정, 영적인 깨달음이 일어나는 순간은 '나-너' 관계 속에서만 가능하다. 이 관계는 '상호성'이 중요하다. 일방적이지 않고 서로가 영향을 주고받는다. 관계는 일방적인 것이 아니라, 서로의 존재를 통해 서로를 형성한다. 예를 들어, 진정한 대화를 통해 우리는 정보를 주고받는 것을 넘어, 서로의 존재를 확인하고 성장시킨다. 부버는 이러한 상호적 관계가 인간 존재를 형성하는 본질적 요소라고 주장하며, 인간의 완성은 타인과의 만남에서 비롯된다고 주장한다.

부버는 궁극적으로 신과의 관계를 모든 '나-너' 관계의 정점으로 보았다. 그는 신을 '영원한 너'라고 부르며, 인간이 신과의 관계를 통해 자신의 한계를 넘어선 존재로 성장할 수 있다고 보았다. 이 관계는 삶 전체에서 신의 임재를 경험하고, 이를 통해 모든 존재와의 관계를 조화롭게 만들어가는 과정을 포함한다.

'나-너' 관계에서 인간은 자유로워진다

"진정한 변화는 거창한 혁명에서 오는 것이 아니라, 우리가 서로를 대하는 방식에서부터 시작된다" - 현대 사회는 자유를 개인의 독립적인 선택과 자율성으로 이해하지만, 부버는 자유가 관계 속에서 발견되는 것이라고 보았다. 타인을 '그것'으로만 대하면, 우리는 결국 타인의 시선과 판단 속에서 억압당하게 된다. 하지만 '나-너' 관계 속에서 우리는 진정한 존재의 자유를 경험할 수 있다. 부버는 현대 사회가 점점 '나-그것' 관계로만 가득 차고 있다고 비판했다. 우리는 서로를 '소비자', '노동자', '경쟁자'로만 바라보며 진정한 만남을 잃어버렸다. 소셜 미디어와 디지털 커뮤니케이션은 '나-그것' 관계를 강화하고 있다. 우리는 화면을 통해 타인을 바라보며, 진정한 '나-너'의 만남을 경험할 기회가 줄어들고 있다.

"사랑은 욕망이나 소유가 아니라, '너'를 너로서 만나는 태도이다" – 현대인은 사랑도 점점 소비적인 방식으로 접근한다. 부버는 사랑이 '나-너' 관계에서만 진정한 의미를 가질 수 있음을 강조하며, 사랑이 단순한 감정적 경험이 아니라 존재 자체를 마주하는 과정임을 역설했다. 우리는 사랑을 소비하는 것이 아니라, 사랑을 통해 존재해야 한다. 부버는 인간이 다시 '나-너' 관계를 회복해야 한다고 주장했다.

무엇보다 진정한 대화를 회복하는 것이 필요하다. 부버에게 대화는 단순히 정보를 교환하는 행위를 넘어, 서로의 다름을 인정하고 상대방의 말에 진심으로 귀 기울이며 응답하는 상호적 행위이다. 진정한 대화는 일방적인 독백이나 논쟁이 아니라, 서로를 향해 열려 있는 마음으로 참여하는 과정이며, 이를 통해 '사이betweenness'의 영역이 창조된다. 이 '사이'에서 인간은 고독을 극복하고 공동체적 유대를 형성하며, 삶의 의미를 발견할 수 수 있게 된다. 다음으로 타인을 있는 그대로 바라보는 것이 중요하다. 타인을 내 필요에 의해 판단하는 것이 아니라, 그 자체로 받아들이는 태도가 중요하다. 사랑이란 상대를 소유하는 것이 아니라, 존재 자체를 받아들이는 과정이다. 마지막으로 사회의 구조적 변화를 넘어, 개인적 태도의 변화를 시도하여야 한다. 사회 구조를 바꾸는 것도 중요하지만, 결국 인간 관계는 개인의 태도 변화에서 출발해야 한다. 우리가 타인을 '그것'이 아닌 '너'로 대할 때, 관계와 사회는 자연스럽게 변화한다.

그의 사상은 인간 존재를 관계적 관점에서 이해하며, 인간이 타자와의 교감을 통해 온전해질 수 있음을 강조한다. 이는 개인주의적 세계관이 팽배한 오늘날, 타자와의 관계의 중요성과 대화적 삶의 가치를 되새기게 한다. 부버는 우리에게 타자를 대상으로 보지 말고, 삶의 동반자이자 영혼의 거울로 바라보라고 촉구한다. 인간은 관계를 통해 비로소 자신을 발견하고, 더 깊은 존재의 의미를 이해하게 된다.
우리는 타인을 그것으로만 바라보며 살아가고 있지는 않은가?
우리는 진정한 대화를 하고 있는가, 아니면 단순한 정보 교환을 하고 있는가?
우리는 사랑을 통해 상대를 온전히 바라보고 있는가?

✒ 주요 저술

- **나와 너**(Ich und Du, 1923/김천배, 2020) | 마르틴 부버의 대표작이자, '나-너' 철학의 핵심 개념을 제시한 저서. '나-그것'과 '나-너'의 두 가지 관계를 설명하고 있다.
- **인간의 문제**(Das Problem des Menschen, 1943/윤석빈, 2007) | 마르틴 부버의 인간 이해를 체계적으로 정리한 저서로, 인간 존재의 본질과 인간이 관계 속에서 어떻게 자기 자신을 발견하는지를 탐구하는 철학적 논의가 담겨 있다.
- **열계단**(Zehn Rungs, 1958/고미숙 강신보, 2009) | 유대 신비주의(하시디즘, Hasidism)의 가르침을 바탕으로 쓴 영적 성장과 인간의 내면적 성찰을 위한 에세이를 담고 있다.

38 | 프랭클 1905~1997
고난 속에서도 삶의 의미를 찾을 수 있는가?

"인간에게서 모든 것을 빼앗을 수 있다. 하지만 단 하나는 누구도 빼앗을 수 없다. 그것은 어떤 상황에서도 자신의 태도를 선택할 자유, 자신만의 방식으로 대응할 수 있는 자유이다. 우리는 늘 선택할 수 있다."

―『의미의 의지』, 1969

빅터 프랭클(Viktor E. Frankl, 1905~1997)은 오스트리아 출신의 신경정신과 의사, 철학자이자 홀로코스트 생존자로 인간이 고난과 역경 속에서도 삶의 의미를 찾을 수 있다고 주장하였다.

프랭클에게 삶의 의미는 인간 존재의 핵심이었다. 그는 니체의 말을 빌려 "왜 살아야 하는지 아는 사람은 어떻게든 견딜 수 있다"고 강조하며, 인간이 고난을 견딜 수 있는 힘은 삶의 목적과 의미를 발견하는 데 있다고 보았다. 그는 특히 자신의 수용소 경험을 통해, 극한 상황에서도 삶의 의미를 발견하는 것이 가능하며, 오히려 고난이 의미를 찾는 과정의 일부가 될 수 있다고 주장했다.

빅터 프랭클의 삶은 20세기 가장 어두운 시기 중 하나를 통과하며 인간 존재에 대한 깊은 통찰을 남겼다. 나치 치하에서 그는 아우슈비츠를 포함한 여러 강제수용소에 수감되었고, 그 과정에서 가족 대부분을 잃었다. 그러나 그는 극한의 고통과 상실 속에서도 삶의 의미를 찾을 수 있다는 믿음을 지켜냈다. 수용소에서의 경험은 그에게 인간 존재의 본질에 대한 철학적 질문을 던지게 했다. 어떻게 인간은 절망 속에서도 살아갈 이유를 찾을 수 있는가? 고통과 죽음 앞에서도 삶을 포기하지 않을 수 있는가? 이런 질문들에 대한 답을 그는 철저히 현실의 바닥에서 고민했고, 결국 그것이 '로고테라피 logotherapy'라는 독자적인 심리치료 이론으로 이어졌다.

인간은 의미를 원한다

프랭클은 수용소에서 얻은 깨달음을 바탕으로 『죽음의 수용소에서(1946)』와 『의미의 의지(1969)』 같은 책을 통해 인간이 처한 어떤 상황 속에서도 스스로 의미를 만들어낼 수 있는 존재임을 역설했다. 그의 철학은 단순한 생존의 이야기를 넘어, 고통조차 삶의 일부로 받아들이며 의미를 찾는 인간의 존엄에 대한 증언이었다.

"인간은 쾌락을 추구하지도 않고, 권력을 추구하지도 않는다. 인간의 가장 깊은 동기는 삶의 의미를 찾는 것이다" – 현대 심리학과 철학은 오랫동안 인간의 동기에 대해 질문해왔다. 인간은 왜 행동하는가? 무엇을 추구하는가? 니체(1844~1900)는 '권력 의지'를 강조하였고, 지그문트 프로이트(1856~1939)는 인간이 본능적 욕망과 쾌락을 추구한다고 보았다. 그러나 빅터 프랭클은 이와 다른 길을 걸었다. 그는 인간의 가장 깊은 동기는 쾌락도 아니고 권력도 아닌, 바로 삶의 '의미 의지 will to meaning'라고 보았다. 프랭클에 따르면, 인간은 단순히 고통을 피하거나 즐거움을 추구하는 존재가 아니다. 인간은 자신의 존재에 대한 이유, 삶의 가치와 목적, 즉 내가 왜 살아야 하는가?라는 질문에 대한 해답을 필요로 한다. 이 질문은 고통의 순간에 가장 선명하게 떠오른다. 특히, 프랭클 자신이 경험한 아우슈비츠 수용소에서의 극한 상황은 이 철학적 통찰을 실천적으로 증명하는 배경이 되었다. 아우슈비츠 수용소의 극한 상황에서 피어난 '의미 의지'에 대한 프랭클의 사유는 세 가지 원칙으로 요약된다.

첫째, 삶에는 어떤 상황 속에서도 의미가 존재한다는 믿음이다. 아무리 극단적인 고통이나 죽음 앞에서도, 인간은 그 안에서 삶의 의미를 찾을 수 있다는 점에서 로고테라피는 깊은 실존적 위기를 겪는 사람들에게도 희망을 제시한다.

둘째, 인간은 본질적으로 의미를 찾으려는 의지를 지닌 존재라는 점이다. 이는 프로이트가 주장한 '쾌락 의지'나 니체의 '권력 의지'와는 다르다. 프랭클에게 인간을 움직이는 가장 근본적인 힘은 '의미 의지'다. 다시 말해, 사람은 자신이 왜 살아야 하는지를 알고자 하는 욕구를 가지고 있다.

셋째, 그 의미는 누가 대신 만들어줄 수 있는 것이 아니라, 개인이 스스로 발견해야 한다는 것이다. 의미는 삶 속에서 마주치고 깨닫는 대상이다. 프랭클은 이를 '발견적 존재론'이라고 불렀다. 인생의 의미는 정해진 답이 아니라, 각자의 삶 속에서 질문을 던지고 응답하며 발견해가는 것이다. 프랭클은 인간이 어떤 상황에 놓이든, 그 상황에 대한 자신의 태도를 선택할 자유를 가지고 있으며, 이 선택을 통해 삶의 의미를 창조할 수 있다고 보았다.

의미를 추구하는 충동은 인간 존재의 본성에 깊이 뿌리내려 있으나, 현대 사회는 이 본성을 쉽게 외면한다. 물질주의, 기술주의, 쾌락주의는 인간에게 다양한 자극을 제공하지만, 정작 왜 살아야 하는가?라는 질문에는 침묵하거나, 쾌락이나 성공으로 대체하려 한다. 프랭클은 이로 인해 많은 현대인이 '실존적 공허'에 빠졌다고 진단하였다. '실존적 공허'란, 외부적 조건은 갖추었으나 내면의 목적과 방향이 결여된 상태이다. 이 공허는 권태, 무기력, 우울로 이어지며, 극단적으로는 중독이나 자살로도 표출된다. 프랭클은 이를 단순한 병리로 보지 않았다. 그는 이것을 의미 결핍에 대한 경고 신호로 이해하였고, 인간은 그 공허 속에서 의미를 찾아야만 한다고 보았다.

의미는 '발견하는 것'

"인간은 삶이 어떤 상황에 있든지, 의미를 발견할 수 있는 능력을 지닌 존재다" – 프랭클은 의미를 주관적인 환상으로 치부하지 않았다. 오히려 그는 의미는 현실 속에 존재하며, 우리가 그것을 '발견'해야 한다고 강조하였다. 삶의 의미는 고정된 것이 아니라, 개별적인 삶의 순간마다 다르게 주어질 수 있으며, 그것은 사랑, 고통, 책임, 창조, 용서 등의 다양한 방식으로 드러난다.

그는 의미를 발견하는 세 가지 방식으로 창조적 가치, 체험적 가치, 태도적 가치를 제시한다.

창조적 가치는 어떤 일을 하거나 창조하는 것이다. 인간은 자신이 하는 일이나 창작을 통해 삶의 의미를 발견할 수 있다. 이는 예술, 학문, 또는 일상적인 노동을 포함하며, 개인이 자신만의 독창적인 방식으로 세상에 기여할 때, 삶의 목적이 드러난다.

체험적 가치는 자연, 예술, 인간관계 등을 경험하는 것이다. 인간은 사랑이나 자연과의 교감을 통해 의미를 찾을 수 있다. 프랭클은 사랑이야말로 인간이 고통 속에서도 희망을 잃지 않게 하는 가장 강력한 원천이라고 보았다. 그는 수용소에서 아내와의 추억을 떠올리며 고통을 견뎌냈다고 회고하며, 사랑이 삶의 궁극적 의미를 상징한다고 강조했다.

태도적 가치는 피할 수 없는 고통에 대해 어떻게 반응할 것인가를 선택하는 것을 의미한다. 프랭클은 고난 자체도 의미의 원천이 될 수 있다고 보았다. 그는 고난이 불가피한 상황에서, 인간이 이를 받아들이고 자기 태도를 결정함으로써 내면의 자유를 유지할 수 있다고 주장했다. 이는 인간이 고난을 피할 수 없을 때, 그것을 어떻게 바라보고 대응하느냐에 따라 삶의 가치를 새롭게 정의할 수 있음을 의미한다.

"자극과 반응 사이에는 공간이 있다. 그 공간에서 우리는 반응을 선택할 자유와 능력이 있다" – 특히 그는 '태도적 가치'를 가장 고귀한 형태로 보았다. 왜냐하면 인간은 모든 것을 잃을 수 있지만, 고통에 어떻게 응답할 것인가라는 태도만큼은 자유롭게 선택할 수 있기 때문이다. 프랭클의 사상에서 가장 강렬한 메시지는 어떠한 상황에서도 우리는 우리의 태도를 선택할 수 있다는 것이다. 그는 아우슈비츠 수용소에서도 고통에 무너지는 사람이 있는 반면, 고통 속에서도 존엄을 지키는 사람이 있다는 사실을 관찰했다.

"삶이 우리에게서 모든 것을 빼앗을 수 있어도, 마지막 자유는 남는다. 그것은 주어진 상황에서 자신의 태도를 선택하는 자유다" – 그는 인간이 피할 수 없는 조건 속에서도 어떤 태도를 취할지를 선택할 수 있다고 본다. 운명이 나에게 닥칠 수는 있지만, 그 앞에서 어떤 자세를 취할지는 내 몫이다. 고통이 무의미하게 느껴질 수 있지만, 우리가 그 고통에 어떤 의미를 부여하느냐에 따라 전혀 다른 차원의 경험이 될 수 있다. 그리고 죽음 역시 삶의 부정이 아니라, 현재의 순간을 더 진지하게 받아들이게 하는 계기로 작용한다.

절망 속에서 함께 피는 꽃

"우리는 타인과의 관계, 타인에 대한 책임을 통해 삶의 의미를 발견한다"

― 프랭클의 철학은 절망의 땅에서 피어난 실존주의다. 인간이 삶의 의미를 묻는 존재가 아니라, 오히려 삶이 우리에게 너는 어떻게 살 것인가라고 묻는다. 우리가 삶의 질문, 즉 너는 어떻게 살 것인가에 '책임 있는 태도'로 응답할 때 의미는 발견된다. 여기서 '책임 있는 태도'란 바로 타인과의 관계 속에서 실현된다. 인간은 고립된 개체로 의미를 찾을 수 없으며, 오히려 타인을 사랑하고 타인의 삶에 기여함으로써 자신의 존재 의미를 더욱 분명하게 발견하게 된다.

"사람은 타인을 통해서만 완전한 자신이 될 수 있다" ― 프랭클의 철학에서 타인은 우리 존재의 진정한 의미를 발견하도록 이끄는 중요한 대상이며, 관계는 의미 발견의 본질적 요소이다. 그는 수용소라는 극단적 상황 속에서도 타인과의 관계, 사랑, 책임을 통해 인간이 삶의 의미를 발견하고, 절망을 희망으로 바꿀 수 있음을 직접 경험했다. 즉, 가장 절망적인 상황에서도 타인과의 관계는 인간을 의미 있는 존재로 만드는 결정적 역할을 한다.

이러한 관점은 마르틴 부버(1878~1965)의 '나와 너' 관계론과도 밀접히 연결된다. 부버가 말하는 참된 삶이 타자와의 진정한 만남을 통해 이루어진다고 주장하는 것처럼, 프랭클 역시 타인과의 책임 있고 진정한 관계 속에서 인간은 삶의 근본적 의미를 찾게 된다고 본다. 프랭클의 '의미 의지'는 타인과의 관계를 통해서만 온전히 이해될 수 있다. 인간 존재는 고립된 채로 의미를 발견할 수 없으며, 관계와 책임을 통해 비로소 진정한 자기를 실현하게 된다. 이것이 바로 프랭클 철학의 핵심이다.

이런 관점은 실존적 역설에 가깝다. 무력한 상황 속에서 오히려 인간의 의지는 더 분명히 드러난다. 의미 없는 고통 속에서도 의미를 찾으려는 노력, 타인과 함께 하려는 노력은 인간을 무너지지 않게 만든다. 피할 수 없는 죽음이야말로 지금을 살아야 할 이유가 된다. 프랭클은 이처럼 불확실한 세계에서 의미를 선택하고 발견하려는 인간의 힘을 믿었고, 그 믿음이 그의 철학을 단단하게 만들었다.

프랭클의 '의미 의지'는 인간 존재에 대한 근본적인 정의이자 선언이다. 인간은 의미 없이는 살아갈 수 없으며, 의미는 고통조차 견디게 하는 내면의 힘이다. 그는 절망의 시대, 죽음이 일상이었던 수용소에서도 삶은 끝까지 의미가 있다는 사실을 발견하였다. 그리고 그에게 있어 '의미'는 항상 '타인'과 함께 꽃피는 것으로 이해된다.

그의 철학은 우리에게 이렇게 말한다.

삶은 무의미하지 않다. 오히려 우리가 의미를 찾고자 하는 한, 삶은 언제나 응답을 기다리는 질문으로 우리 앞에 존재한다.

📝 주요 저술

- **죽음의 수용소에서**(Man's Search for Meaning, 1946/이시형, 2020) | 아우슈비츠 수용소 체험을 바탕으로 의미의지와 인간 존엄성을 증언하였고, 고통 속에서도 삶의 의미를 찾을 수 있음을 철학적으로 서술하였다.
- **의미의 의지**(The Will to Meaning, 1969/이시형, 2017) | '로고테라피'의 이론과 기법을 보다 체계적으로 설명한 심리학적 텍스트이다. 프로이트(쾌락), 아들러(권력)와 대비되는 의미의지를 강조한다.

39 | 프롬 1900~1980
사랑은 인간을 자유롭게 하는가?

"사랑은 태도이며, 인격의 성숙을 필요로 한다. 사랑은 주는 것이다, 주는 행위 자체가 기쁨의 표현이기 때문이다."

—『사랑의 기술』, 1956

오늘날 우리는 자유로운 시대를 살아간다고 믿는다. 누구도 우리의 신념을 강요하지 않고, 우리는 원하는 것을 소비하며, 스스로의 삶을 선택할 수 있다고 생각한다. 그러나 아이러니하게도, 이러한 '자유의 시대' 속에서 많은 이들이 정체성의 혼란과 고립, 관계의 단절을 경험하고 있다. 자유는 약속된 해방이 아니라, 때로는 무거운 짐이자 존재의 불안을 일으키는 요소로 다가오기도 한다.

에리히 프롬(Erich Fromm, 1900~1980)은 이러한 인간의 내면을 꿰뚫는 질문을 던졌던 사상가다. 그는 두 차례의 세계대전과 전체주의, 그리고 자본주의의 급격한 확산이라는 격동의 시대를 통과하면서, 인간이 진정으로 자유롭고 인간답게 살아간다는 것이 무엇인지에 대해 끊임없이 탐색했다. 프롬은 『자유로부터의 도피(1941)』, 『소유냐 존재냐(1976)』, 그리고 『사랑의 기술(1956)』을 통해 우리 각자가 스스로에게 던져야 할 질문, 그리고 우리가 맺고 있는 삶의 방식에 대한 성찰을 촉구하는 실존적 물음을 던진다.

자유로부터의 도피

에리히 프롬의 사유는 두 차례의 세계대전과 나치즘, 그리고 미국 자본주의 사회의 부상이라는 격변의 시대 속에서 형성되었다. 프롬은 유대인으로서 나치 독일에서 탄압을 받았고, 결국 미국으로 망명해야 했다. 표면적으로 보자면 그는 억압적인 체제에서 벗어나 개인의 자유를 보장받는 땅에 도착한 셈이었다. 그러나 그가 미국 사회에서 마주친 것은 또 다른 형태의 불안과 소외였다. 독재와 전쟁에서 벗어난 자유민주주의 사회에서조차, 사람들은 여전히 불안에 시달리고 있었고, 그들은 기계적으로 살아가며 정작 '자기 자신'으로 존재하는 데에는 실패하고 있었다. 프롬은 바로 이 지점에서 질문을 던진다. 왜 인간은 자유를 원하면서도 그 자유를 감당하지 못하는가?

"사람은 자유를 원하면서도 동시에 그것을 견디지 못한다" – 이 문장은 1941년에 출간된 『자유로부터의 도피』에서 등장하며, 프롬 사상의 핵심을 드러낸다. 자유는 억압에 대한 해방일 수 있지만, 그 해방은 동시에 새로운 책임과 선택을 동반한다. 권위적 체제에서는 타인이 모든 것을 정해주었다. 어디에 속해야 하고, 무엇을 믿어야 하며, 어떤 삶을 살아야 하는지를 외부에서 제공해줬다. 하지만 자유를 얻게 되면, 모든 결정은 개인의 몫이 된다. 무엇을 믿을 것인지, 어떤 삶을 살 것인지를 스스로 선택해야 하며, 그 선택의 결과 또한 고스란히 자신이 감당해야 한다. 이로 인해 자유는 해방이면서도 무거운 짐이 된다.

"인간은 자유를 통해 자신을 실현하거나, 자유로부터 도피함으로써 자신을 잃는다" – 프롬은 이러한 자유의 이중성을 깊이 들여다본다. 자유는 인간에게 자율성과 주체성을 제공하지만, 그에 수반되는 책임과 불확실성은 때로 사람들로 하여금 자유로부터 도망치고 싶게 만든다. 그래서 그는 인간이 종종 자유를 회피하려는 경향이 있다고 말한다. 전체주의, 권위주의, 소비주의는 바로 이러한 자유로부터의 도피 방식으로 기능한다. 사람들은 자유를 누리는 대신, 다시금 외부의 지시와 규범에 자신을 맡기려 한다. 권위에 복종하거나, 대중 속에 자신을 녹여버리거나, 물질 소비에 몰입함으로써 자신의 존재를 잊으려 한다. 이는 불안을 해소하려는 인간의 방어적 기제지만, 결국에는 존재의 본질적 공허를 해결하지 못한다.

"자유는 자기 자신으로 존재할 용기를 요구한다. 진정한 자유는 고립 속에서도 자기를 잃지 않는 것에 있다" – 결국 프롬이 말하는 진정한 자유란 단지 외부로부터 해방되는 것이 아니다. 그것은 자기 자신과 마주하는 용기, 자기 삶의 방향을 스스로 설정하고 그에 대한 책임을 질 수 있는 성숙함을 요구한다. 자유는 혼자라는 고독을 견뎌야 하는 일이지만, 동시에 그것을 통해 우리는 더 깊은 관계, 더 진실된 삶에 도달할 수 있다.

소유냐 존재냐

에리히 프롬은 현대 자본주의 사회가 인간의 존재방식을 근본적으로 왜곡하고 있다고 보았다. 그의 대표작 『소유냐 존재냐(1976)』에서 그는 우리가 살아가는 방식이 점점 더 '소유'를 중심으로 움직이고 있다고 비판한다. 사람들은 자신이 누구인지를 느끼고 성찰하기보다, 무엇을 가졌는지에 따라 정체성을 정의한다. 그에 따르면 우리는 존재하기보다 소유하려 한다. 사랑, 우정, 지식, 심지어는 시간과 감정마저도 대상화되고 거래된다. 프롬은 특히 현대 사회에서조차 '사랑'이 마치 하나의 상품처럼 다루어진다는 점을 통렬히 비판했다. 사람들은 자신이 진정으로 사랑하는지를 묻기보다는, 상대방이 '가치 있는 대상'인지, 내가 이 관계에서 무엇을 얻을 수 있는지를 따진다. 이로써 사랑은 한 인간과 인간 사이의 깊은 만남이 아니라, 손익 계산과 효율에 따라 소모되는 감정으로 전락한다. 과거에는 인간이 누구인지를 고민하고, 자신의 내면을 돌아보는 것이 삶의 본질적인 태도였다면, 이제는 무엇을 얼마나 가지고 있느냐가 곧 자아를 대변하는 기준이 되어버렸다.

"현대인은 물건을 소비함으로써 살아있음을 확인하려 한다" – 이 말은 단지 소비행위만을 비판하는 것이 아니라, 우리가 삶의 증명을 외부적 수단에 의존하게 되었다는 점을 지적하는 것이다. 존재의 진정한 증거는 내면의 성찰과 타인과의 진실된 관계 속에 있지만, 사람들은 오히려 소유한 물건, 소비한 경험, 보여줄 수 있는 외양을 통해 자신이 '살아있다'고 느끼려 한다. 관계는 얕아지고, 사람은 '누군가'가 아니라 '무엇인가'로 인식되며, 삶은 존재가 아니라 축적의 게임이 된다. 존재가 아닌 소유를 통해 자신을 증명하려는 이 태도는 결국 인간을 비인간적인 방향으로 몰아간다. 사람 사이의 관계는 점점 진정성을 잃고, 타인과의 연결은 깊이보다 효율이나 교환 가치에 의해 판단된다.

"우리는 무엇을 가졌는가보다 어떻게 존재하는가를 물어야 한다. 존재하는 삶은 창조하고, 사랑하고, 나누는 삶이다" – 프롬은 이러한 흐름을 근본적으로 되돌려야 한다고 믿었다. 그의 철학에서 중요한 것은 단순히 자본주의 소비문화에 대한 반발이 아니다. 그는 더 근본적으로, 인간이 진정으로 '인간답게' 살기 위해 어떤 삶의 태도를 회복해야 하는지를 물었다. 그는 존재의 방식으로 살아가는 것이야말로 인간의 본질을 실현하는 길이라

보았다. 존재의 삶은 타인을 있는 그대로 만나고, 자신과 세계에 대해 깨어 있는 감각을 유지하며, 끊임없이 성찰하는 삶이다. 그것은 빠르게 지나가는 순간의 쾌락이 아니라, 깊이 있는 삶에 대한 태도다. 나는 지금 어떻게 존재하고 있는가라는 물음은 자본주의 시스템을 넘어서, 개인의 삶과 방향, 그리고 인간성에 대한 근원적인 성찰로 이어진다.

프롬은 인간이 인간으로 존재하기 위해서는 타인을 거래의 대상이 아니라 만남의 대상으로, 삶을 점유의 대상이 아니라 경험의 장으로 다시 인식해야 한다고 말한다. 그것이야말로 우리가 '다시 인간으로 살아가기' 위한 첫걸음일 것이다. 프롬은 진정한 삶이란 소유를 통해 얻어지는 것이 아니라, 타인과의 진실된 관계 속에서, 그리고 자신과 세계에 대해 자각하며 살아가는 '존재의 방식' 속에서 가능하다고 믿었다.

사랑의 기술

"사랑은 소유가 아니다. 사랑은 만남이며, 상대를 있는 그대로 받아들이는 태도다" – 프롬은 자본주의 사회의 소유적 삶을 벗어나 진정한 삶을 살기 위한 태도로 사랑을 강조하면서, 『사랑의 기술』을 저술한다. 프롬의 철학에서 '사랑love'은 인간이 고립에서 벗어나 타인과 연결되는 행위다. 그는 현대 사회에서 인간이 기술적 진보와 경제적 풍요 속에서도 고립감과 소외를 경험한다고 보았다. 이러한 고립은 인간에게 두려움을 주며, 이를 극복하려는 시도로 비생산적인 관계(소유적 사랑, 지배와 복종의 관계 등)가 나타난다. 그러나 이러한 관계는 오히려 자유를 억압하고, 인간을 더욱 소외시킨다. 프롬은 진정한 '사랑'이 이러한 고립을 극복하고, 인간을 자유롭게 한다고 주장했다.

'사랑'이 인간을 자유롭게 하는 이유는 그것이 자아초월을 가능하게 하기 때문이다. 프롬은 인간이 자신의 이기심과 고립된 자아를 넘어서, 타인과의 관계 속에서 진정한 자아를 발견한다고 보았다. 사랑은 단순히 주는 행위가 아니라, 자신을 타인에게 열어 보이고, 타인의 존재를 완전히 받아들이는 행위다. 이를 통해 인간은 더 이상 고립된 존재가 아니라, 타인과의 상호작용 속에서 자신을 완성해 간다. 또한 '사랑'은 자율적 선택의 결과라는 점에서 인간을 자유롭게 한다. 사랑은 타인의 존재를 인정하고, 그가 자유롭게 성장하도록 돕는 행위다. 이러한 사랑은 타인을 지배하거나 소유하려는 욕망에서 벗어나, 타인의 자유를 보장하며 인간 관계를 더욱 깊고 풍요롭게 만든다.

"진정으로 사랑하는 사람은 상대방이 성장하고 자신이 되는 것을 돕는다. 그는 소유하지 않으며, 지배하지 않는다" – 프롬은 사랑이 인간을 자유롭게 한다는 주장을 그의 개념인 '존재적 사랑being love'과 '소유적 사랑having love'의 대비를 통해 설명한다. 소유적 사랑은 타인을 통제하고 소유하려는 욕망에서 비롯되며, 이는 자유를 억압하고 관계를 파괴한다. 반면, 존재적 사랑은 타인의 존재를 있는 그대로 받아들이며, 그와 함께 성장하는 것을 목표로 한다. 존재적 사랑은 인간을 고립에서 해방시키고, 자유로운 관계를 형성하게 한다. 존재적 사랑은 자신을 사랑하는 것에서 시작된다. 자기 자신을 사랑할 줄 모르는 사람은 타인을 온전히 사랑할 수도 없다. 여기서 말하는 자기애는 이기적인 태도가 아니라, 건강한 자존감을 형성하고, 자신을 있는 그대로 받아들이는 과정이다. 존재적 사랑은 받는 것이 아니라 주는 것이다.

"사랑은 단순한 감정이 아니다. 사랑은 하나의 태도이며, 인간 존재의 방식이다" – 프롬은 현대인들이 사랑을 감정적 흥분이나 순간적인 감각적 만족으로 착각하고 있다고 비판했다. 그는 사랑이란 감정이 아니라 '행동'이며, '삶의 태도'이며, '윤리적 실천'이라고 보았다. 사랑은 주어지는 것이 아니라, 만들어가는 것이다. 사랑은 수동적으로 기다리는 것이 아니라, 능동적으로 실천하는 행위이다. 프롬은 진정한 사랑을 위해서 갖추어야 할 네 가지 필수 요소가 있다고 설명한다. 프롬은 이 네 가지 요소가 결합될 때만이 진정한 사랑이 이루어진다고 보았다.

첫번째는 '배려 Care'이다. 사랑은 타인의 존재를 인정하고, 그가 성장할 수 있도록 돕는 과정이다. 사랑하는 사람을 단순히 소유하거나 통제하는 것이 아니라, 그의 성장을 위해 배려해야 한다.

두번째는 '책임 Responsibility'이다. 사랑하는 사람에게 도덕적, 정서적 책임을 느끼는 것이 중요하다. 사랑은 단순한 감정이 아니라, 상대방의 필요를 이해하고 응답하는 책임감 있는 태도이다.

세번째는 '존경 Respect'이다. 상대방을 있는 그대로 존중하고, 그의 개성과 자유를 인정하는 것이 사랑의 본질이다. 진정한 사랑은 상대를 변화시키려 하지 않고, 그의 존재 자체를 인정하는 것에서 시작된다.

네번째는 '이해 Knowledge'이다. 사랑하는 사람을 깊이 이해하는 것이 필요하다. 상대방을 단순한 이상화된 존재가 아니라, 그의 진짜 모습을 이해하고 받아들이는 것이 사랑이다.

　에리히 프롬은 사랑이 단순한 감정이 아니라, 배우고 실천해야 하는 기술이라고 강조했다. 우리는 사랑을 일시적인 감정으로 소비하는 것이 아니라, 지속적인 노력과 실천을 통해 깊이 있는 관계로 발전시켜야 한다. 사랑은 능동적인 실천이다. 사랑은 단순한 감정적 흥분이나 순간적인 열정이 아니다. 사랑은 지속적인 노력과 실천이 필요한 능동적인 행위이며, 삶의 태도다.

프롬은 인간이 인간으로 존재하기 위해 회복해야 할 것은 삶을 대하는 태도의 전환이라고 말한다. 그는 자유를 감당할 수 있는 내적 성숙, 소유보다 존재를 중시하는 자기 인식, 그리고 타인을 지배나 거래의 대상이 아닌, 있는 그대로 받아들이는 사랑을 통해 비로소 인간은 자신으로 존재할 수 있다고 보았다. 그의 사유는 우리에게 묻는다.

"당신은 지금 어떻게 존재하고 있는가?"

이 질문은 우리가 타인과 어떻게 연결되어 있고, 어떻게 사랑하고, 어떤 세계를 만들어가고 있는지에 대한 근원적 물음이다.

프롬이 바라본 진정한 인간다움은 외부의 규범이나 물질의 풍요에서 비롯되지 않는다. 그것은 오직 내면의 자유와 진실한 관계, 그리고 자기 자신을 넘어서는 사랑의 실천 속에서 실현된다. 우리가 오늘날의 불안과 소외 속에서 다시 인간으로 살아가기 위해서는, 그의 말처럼 '자유를 향한 용기'와 '사랑을 향한 의지'를 회복해야 한다. 프롬의 사유는 여전히 우리에게 유효하다. 아니, 지금 이 시대야말로 그의 물음에 더욱 절실히 귀 기울여야 할 때다.

주요 저술

- **자유로부터의 도피**(Escape from Freedom, 1941/김석희, 2020) | 자유와 인간의 심리적 갈등, 권위주의적 체제, 현대 사회와 소외 등의 문제를 다룬다.
- **사랑의 기술**(The Art of Loving, 1956/황문수, 2019) | 사랑은 감정이 아니라, 배워야 할 기술(Art)이라고 주장하였고, 사랑의 기본 원칙과 유형 등을 다루고 있다.
- **소유냐 존재냐**(To Have or To Be, 1976/차경아, 2020) | 소유 방식(Having Mode)과 존재 방식(Being Mode)을 대비하며 삶의 가치관을 제시한다.

40 | 레비나스 1906~1995
타자의 얼굴은 나에게 책임을 묻는가?

"얼굴은 포섭되기를 거부함으로써 그 자체로 드러난다. 그 표현 속에서, 그 현현 속에서, 얼굴은 윤리의 최초 차원을 연다. 얼굴은 나에게 말을 걸고, 그로 인해 권력으로는 결코 다다를 수 없는 관계로 나를 초대한다. 이것이 윤리의 표현이다."

―『전체성과 무한』, 1969

철학은 오랫동안 나는 누구인가라는 질문을 중심으로 발전해왔다. 에마뉘엘 레비나스(Emmanuel Levinas, 1906~1995)는 그 철학의 방향을 근본적으로 뒤집는다. 그는 우리가 철학을 시작해야 할 출발점은 '나'가 아니라 '타자 the Other'라고 주장한다. 타자의 얼굴 앞에 선 순간, 우리는 더 이상 고립된 사유 주체가 아니라 윤리적 책임을 지닌 존재가 된다. 철학은 더 이상 자아에 대한 사유가 아니라, 타자에게 응답하는 윤리의 사건이어야 한다는 것이 그의 근본 명제이다.

레비나스에게 타자는 단순한 외부의 객체가 아니다. 그는 타자를 존재론으로 환원될 수 없는 '타자성 alterity'으로 바라본다. 우리는 타자를 이해하거나 소유할 수 없으며, 그 타자의 얼굴은 항상 우리를 넘어서 있다. 바로 그 넘어서 있음이 우리로 하여금 윤리적 책임의 긴장을 발생시키며, 존재보다 윤리가 우선한다는 그의 급진적 명제가 여기서 출현한다. 그는 말한다.

"윤리란 타자의 얼굴에 대한 무한한 책임이다."

에마뉘엘 레비나스의 철학은 실존주의나 해석학과는 다른 길을 걷는다. 그것은 후설(1859~1938)이나 하이데거(1889~1976)의 존재 중심 현상학을 극복하려는 윤리 중심 현상학이며, 철학을 존재의 물음에서 타자와의 관계의 물음으로 전환시키는 사유의 급진적 재배치다. 특히 홀로코스트 이후의 유럽 문명에 대한 응답으로, 그는 존재의 본질보다 책임의 윤리, 관계의 윤리를 요청하며 현대 철학의 윤리적 전환을 이끈다.

이제, 철학은 더 이상 "나는 존재한다"로 시작하지 않는다. 레비나스는 철학의 첫 문장을 이렇게 바꿔 놓았다.

"나는 타자에게 책임을 진다, 그러므로 나는 존재한다."

철학적 배경: 동일성 중심 철학에 대한 비판

에마뉘엘 레비나스의 철학은 서구 형이상학 전통에 깊이 뿌리내린 '동일성 중심주의'에 대한 급진적인 비판에서 출발한다. 플라톤(BC 427~347)에서 하이데거(1889~1976)에 이르기까지 서양 철학은 언제나 '존재'와 '자아'를 중심 축으로 삼아왔다. 이 전통은 타자를 '이해 가능한 것', 즉 자아가 수용 가능한 범위 안에서 해석하고 포섭할 수 있는 대상으로 간주해왔다.

레비나스는 이러한 사유 구조가 타자의 고유한 이질성과 독립성을 지워 버리고, 결국 타자를 동일자의 연장선상에 위치시키는 폭력적 환원을 낳는다고 본다. 특히 그는 하이데거의 '현존재' 개념이 지닌 존재론적 자기중심성에 주목한다. 하이데거는 존재의 물음을 인간 실존을 통해 해명하려 했지만, 레비나스는 이러한 방식이 여전히 동일자의 틀을 벗어나지 못한다고 본다. 존재를 중심에 두는 철학은 필연적으로 타자를 부차적 존재로 밀어내기 때문이다. 레비나스는 철학이 더 이상 '존재론'을 최우선으로 삼아서는 안 되며, 그보다 앞서 '윤리학'이 자리해야 한다고 주장한다.

그는 '존재보다 선한 것 le Bien au-delà de l'être'이라는 개념을 통해, 존재를 초월하는 근원적 윤리적 책임을 강조한다. 이 말은 존재 이전에 선善이 있다는 선언이 아니라, 타자에 대한 책임과 응답 가능성이라는 윤리적 관계가 철학의 출발점이자 궁극적 목적이어야 함을 뜻한다. 즉, 레비나스에게 철학은 자아의 이해를 위한 사유가 아니라, 타자와의 관계에서 비롯되는 책임의 요구로부터 시작되어야 한다.

전체성과 무한

"전체성은 타자를 말살한다. 무한성은 타자의 무한한 이질성을 존중하는 것이다" – 레비나스의 대표작 『전체성과 무한(1961)』은 철학적 전환의 정점을 보여준다. 그는 이 저작에서 서구 철학 전통이 추구해온 인식론과 존재론 중심 사유를 급진적으로 재구성하며, 철학의 방향을 존재론에서 윤리로 옮긴다. 이 책에서 그는 '전체성과 무한'이라는 개념을 통해 두 가지 상반된 사유 구조를 제시한다. 전체성은 동일성이 주도하는 닫힌 구조를, 무한은 타자의 이질성과 불가해성을 끝없이 열어두는 윤리적 구조를 의미한다.

'전체성'은 자아가 타자를 자신 안으로 끌어들여 의미화하고 통제하려는 방식이다. 레비나스는 이를 단순히 인식의 방식이 아닌, '전쟁의 구조'라고 부른다. 전쟁은 타자를 이해하려 하기보다는 정복하고 제거하려는 폭력의 논리다. 마찬가지로, 존재론적 사유도 타자를 동일자의 범주 안에 가두고, '대상'으로 환원함으로써 독자성을 말살한다.

레비나스가 말하는 '무한'은 이와 정반대에 있는 개념이다. 무한은 타자를 이해 불가능한 존재, 나의 사유가 결코 다 닿을 수 없는 절대적인 타자로 인정하는 태도에서 출발한다. 이 무한성은 인식이 아닌 응답을 요구하며, 윤리는 이 응답의 자리에서 비로소 시작된다. 철학은 더 이상 나는 누구인가를 묻는 자아의 탐구가 아니라, 너는 누구인가라는 타자의 목소리에 대한 응답이어야 한다.

"타자는 내가 정의되기 이전에 나를 향해 다가오는 책임이다" – 레비나스에게 타자의 출현은 구체적으로 '얼굴le visage'이라는 개념을 통해 설명된다. 여기서 '얼굴'은 단순한 물리적 외형이 아니다. 그것은 말 그대로 '나를 향해 말하는 것'이며, 윤리적 요청의 형식이다. 타자의 얼굴은 '죽이지 말라'는 침묵 속의 외침으로, 나를 향해 무언의 요구를 던진다. 이때 타자는 객체가 아니라, 나에게 책임을 물을 수 있는 주체로 자리 잡는다. 중요한 점은 이 관계가 철저히 비대칭적이라는 것이다. 내가 타자에게 먼저 책임을 지고, 타자에 대한 응답 가능성을 지닌 존재로서만 나의 자아가 형성된다는 점에서, 레비나스는 자아를 '윤리 이전의 실체'가 아니라 '윤리 이후의 결과'로 본다.

"타자의 얼굴은 전체성의 체계에 균열을 낸다" – 이 말은 레비나스 철학의 핵심을 응축한 표현이다. 전체성, 즉 동일자의 사유 체계는 세계를 닫힌 질서로 구성하려 하지만, 타자의 얼굴은 그 질서에 균열을 내고, 자아가 중심이 아닌 타자의 요구에 의해 구성되는 새로운 질서를 제안한다. 타자는 나에게 다가와 해석되기보다는 나를 호출하고, 윤리적 책임을 지우며, 자아를 넘어선 관계의 지평을 연다. 이러한 사유 속에서 철학은 더 이상 '존재란 무엇인가'라는 물음에서 출발하지 않는다.

존재 이전에 타자가 있고, 사유 이전에 책임이 있으며, 인식 이전에 관계가 있다. 레비나스는 철학이 존재론에서 출발한 한, 필연적으로 폭력적 동일화의 구조를 반복하게 된다고 본다. 따라서 철학은 이제 윤리에서, 타자의 무한성에서, 그리고 그 무한성이 나에게 던지는 응답의 요청에서 시작되어야 한다. 레비나스의 철학은 인간의 자율성과 인식 능력보다는 타자에 대한 비가역적 책임을 중심에 놓는다. 이는 근대 철학이 쌓아온 주체 중심의 사유에 대한 근본적 해체이자, 철학이 인간적이며 윤리적인 것이 되는 길을 열어젖히는 시도다.

환대: 무한성과 타자에 대한 책임의 정치화

레비나스의 철학은 『전체성과 무한』을 통해 시작된 존재론 비판에서 출발하지만, 이후의 저작들에서는 타자에 대한 윤리적 책임이 제도적이고 정치적인 차원으로 확장된다. 그 확장 과정에서 등장하는 핵심 개념이 바로 '환대 hospitalité'다. 레비나스가 말하는 환대는 단순한 공간의 개방이나 관대한 태도를 의미하지 않는다. 그것은 타자를 마주하는 존재가 자신의 주체성을 해체하면서까지 책임지는 윤리적 행위이며, 근본적인 자아의 재정의다.

"환대란 타자를 받아들이는 것이다. 그가 누구인지, 무엇을 원하는지 알기 전에, 아무 조건 없이 그에게 나의 집을 열어주는 것이다" – 『존재와 달리 또는 존재성을 넘어』에서 그는 타자를 맞이하는 것이 주체의 지배가 아닌 무조건적 책임임을 분명히 하며, 진정한 '환대'란 타자에게 아무 조건 없이 나의 자리를 열어주는 것이라고 본다. 나의 법과 기준, 선호를 넘어선 무제한적 수용이야말로 '환대'의 본질이며, 그 속에는 나에게 위협이 될 수도 있는 타자조차 포함된다. 바로 이 지점에서 '환대'는 윤리적 제스처를 넘어, 정의롭고 지속 가능한 정치의 조건이 된다. 타자를 초대하는 행위는 인간애에 기대는 도덕의 문제가 아니라, 공동체를 어떻게 구성할 것인가에 대한 근본적인 물음이 된다.

"정치는 윤리에 의해 심판되어야 한다" – 이러한 사유는 현대의 정치적 위기들과도 깊은 관련을 맺는다. 난민 위기, 이민 정책, 국경 통제와 같은 문제들은 단지 행정적, 경제적 사안이 아니라 윤리적 실패의 결과로 볼 수 있다. 타자를 수용하지 않겠다는 결정은 결국 타자의 고유성과 존엄을 부정하는 동일성의 폭력으로 이어지며, 이는 철학적으로도, 정치적으로도 정당화되기 어렵다. 환대는 법률이나 이념 이전에 인간으로서 타자에게 응답해야 한다는 윤리적 정당성을 부여한다. 이는 경계와 국가 주권 개념을 해체하는 것이 아니라, 그 경계가 누구에게 어떻게 책임을 질 것인가라는 방향으로 재사유되어야 함을 의미한다.

또한 민주주의의 토대 역시 동일한 시민들의 계약이 아니라, 타자에 대한 응답 가능성과 책임의 구조 위에 세워져야 한다. 민주주의는 같은 사람들끼리만의 합의가 아니라, 낯선 타자를 어떻게 다룰 것인가에 대한 응답의 정치다. 세계화, 이주, 다문화 사회 속에서 타자성은 더 이상 예외적인 문제가 아니라 정치의 본질이 되고 있다. 우리는 타자를 완전히 이해할 수는 없지만, 타자에게 응답할 수는 있다. 바로 그 지점에서 정치가, 그리고 철학이 시작된다.

레비나스는 철학을 존재의 문제에서 탈주시키고 윤리의 문제로 초점화함으로써, 20세기 철학의 존재 중심주의, 동일성 중심주의에 강력한 대안을 제시한다. 그는 철학은 침묵이 아니라 응답이어야 한다고 주장했다. 그 응답은 질문보다 앞서며, 자아보다 타자에 근거하고, 존재보다 관계에 뿌리를 둔다.

레비나스에게 윤리란 규범의 준수가 아니라, 타자의 고통에 응답할 수 있는 존재 방식 자체의 전환이다. 그의 철학은 철저히 인간 중심적인 윤리이면서도, 오히려 타자 중심적 인간 이해를 지향하며, 우리가 타인을 '이해'하거나 '포섭'하려는 모든 폭력적 사유의 충동을 경계한다. 그래서 그의 철학은 단지 이론적 성찰이 아니라, 매일의 삶 속에서 타자와 마주치는 방식에 대한 윤리적 태도의 요청이다.

주요 저술

- **전체성과 무한**(Totalité et Infini, 1961/김도형 외, 2018) | 타자성, 윤리적 책임, 무한성 등의 중심 개념이 등장한다. 그는 존재론 중심의 전통 철학(특히 하이데거의 영향권)에 맞서서, 철학의 출발점을 윤리에서 찾아야 한다고 주장한다.

- **존재와 달리 또는 존재성을 넘어**(Autrement qu'être ou au-delà de l'essence, 1974/문성원, 2021) | 『전체성과 무한』의 후속작이자 심화된 저작으로, 윤리적 주체의 구조와 언어, 그리고 책임의 불가능성 속 가능성을, 환대 등을 다룬다.

PART
11

자연과 윤리:
인간 너머의 시선

우리는 자연과 어떤 관계를 맺고 있는가? 자연은 인간을 위한 자원인가, 함께 살아가는 존재인가? 인간 중심의 사고는 문명을 발전시켰지만, 동시에 자연을 파괴해 왔다. 이제 철학은 인간을 중심에서 내려놓고, 생명 전체를 아우르는 새로운 윤리를 묻는다. 알도 레오폴드(1887~1948)는 '땅 윤리'를 통해 인간과 생태계를 하나의 공동체로 보았고, 마사노부 후쿠오카(1913~2008)는 자연과의 조화를 바탕으로 하는 농업을 실천했다. 에드워드 윌슨(1929~2021)은 생물다양성의 가치를 과학적으로 증명했고, 발 플럼우드(1939~2008)는 생태계 속에서의 인간의 위치를 다시 사유하며 생태 페미니즘의 시선을 제시했다.

이 장에서는 자연과 생명의 관점에서 인간의 삶과 윤리를 다시 바라본다.

이제, 우리는 인간 너머를 바라본다. 공존의 가능성을 묻고, 생명 전체를 위한 윤리를 고민한다.

41 | 레오폴드 1887~1948
인간은 땅의 주인인가?

"땅 윤리는 공동체의 경계를 넓혀, 토양, 물, 식물, 동물, 곧 '대지' 전체를 포함시키는 것이다. 공동체를 보는 이러한 시각의 변화는 생태적 양심을 키우는 데 있어 가장 중요한 첫걸음이다. 요컨대, 땅 윤리는 인간을 '땅 공동체'의 정복자가 아닌, 평범한 구성원이자 시민으로 자리매김하도록 만든다."

— 『샌드 카운티 연감』, 1949

현대 사회는 기후 위기와 생태계 붕괴라는 전례 없는 도전에 직면해 있다. 인간은 자연과 맺고 있는 관계를 근본적으로 성찰할 필요가 있다. 이같은 요구에 응답하듯 등장한 사상가 중 한 명이 바로 알도 레오폴드(Aldo Leopold, 1887~1948)이다. 그는 인간 중심주의적 자연관에서 벗어나, 자연을 도덕적 고려의 대상으로 삼는 새로운 윤리적 패러다임을 제시하였다.

그의 저서 『샌드 카운티 연감(1949)』에서 제시한 '땅 윤리 Land Ethic'는 인간이 자연의 일부로서 생태계를 도덕적 고려의 대상으로 삼아야 한다는 철학을 담고 있다. 레오폴드는 인간이 자연을 자원의 원천으로 간주하는 전통적 사고에서 벗어나, 자연과의 상호 의존성을 인식하고 책임감을 가지는 윤리적 태도가 필요하다고 역설했다.

알도 레오폴드는 미국 중서부 위스콘신 주에서 자연과 밀접하게 접하며 성장했고, 초기에는 미국 산림청의 임업 관리자로 활동했다. 그는 처음에는 숲을 효율적으로 관리하고, 인간을 위한 자원으로 활용하는 보존주의적 관점을 취했다. 그러나 시간이 흐르며 그는 이러한 방식이 자연의 복잡성과 자율성을 간과하고 있음을 깨닫게 된다. 특히 사냥과 개발로 파괴되는 야생을 목격하면서, 그는 점차 생태계 전체의 건강성과 균형을 중시하는 생태 윤리로 나아가게 된다. 이러한 변화의 총체적 결과물이 바로 그의 대표작인 『샌드 카운티 연감』이다.

생명 연속성과 윤리적 공동체로서의 자연

"땅 윤리란 인간을 땅 공동체의 정복자에서, 땅의 일원으로 전환시키는 것이다" – 레오폴드는 인간을 자연 위에 군림하는 '지배자'가 아니라, 생명의 긴 흐름 속에서 진화해온 한 존재로 이해했다. 레오폴드에게 인간은 생명 공동체 속의 하나의 일원일 뿐이며, 토양, 물, 식물, 동물과 더불어 서로 얽혀 있는 존재들 중 하나이다. 그는 이러한 생태계의 상호작용을 '생물학적 공동체biotic community'라 명명하며, 인간의 존재도 이 공동체의 건강성과 균형 위에 기반한다고 보았다. 레오폴드 사유의 핵심은, 자연을 단순한 경관 혹은 보존의 대상이 아니라, 도덕적 관계의 주체로 간주했다는 점이다. 그는 인간과 자연을 분리된 존재로 보았던 근대 서구 철학의 이분법적 사고, 즉 주체/객체, 인간/자연, 이성/감성 등의 개념에 강한 문제의식을 가지고 있었다.

그는 기존의 윤리가 '누구를 도덕적 고려의 대상에 포함시킬 것인가'라는 문제를 진화시켜왔다고 보았다. 인류의 역사 속에서 윤리는 처음엔 가족, 부족, 공동체로 한정되었지만, 시간이 흐르면서 타인, 타문화, 동물까지 확대되어 왔다. 이 흐름의 연장선에서, 레오폴드는 도덕적 공동체를 자연 전체로 확장해야 한다고 주장한다. 이러한 관점은 자연을 비인간이지만 의미 있고 도덕적으로 고려해야 할 타자로 인식하는 윤리학의 전환점을 형성한다.

땅 피라미드: 생명 공동체

"땅 피라미드는 수많은 생명 형태들이 서로 얽혀 있는 구조이다" – 알도 레오폴드가 제시한 '땅 피라미드 Land Pyramid'는 생태계의 복잡한 구조와 그 안에서 에너지가 순환하는 방식을 탁월하게 시각화한 개념이다. 레오폴드에 따르면, 이 피라미드의 가장 낮은 층은 태양에너지와 무기물에 기반한 토양과 물로 이루어져 있다. 이 기반 위에서 식물 군집이 형성되고, 이를 바탕으로 초식동물, 그리고 다양한 단계의 육식동물들이 차례로 층을 이루며 생명의 거대한 건축물을 구성한다. 이 피라미드 구조에서 핵심적인 것은 에너지의 흐름과 각 구성 요소 간의 유기적인 상호의존성이다. 에너지는 태양으로부터 시작하여 각 영양 단계를 거치면서 상위 계층으로 전달되지만, 이 과정에서 상당 부분 소실된다. 이는 상위 포식자로 갈수록 개체 수가 줄어들고, 그만큼 생존을 위해 광범위한 하위 계층의 건강한 생태계에 의존해야 함을 의미한다. 또한, 생명이 다한 유기물은 분해자들을 통해 다시 토양으로 돌아가 새로운 생명의 자양분이 되는 순환의 고리를 형성한다.

레오폴드의 가장 중요한 메시지 중 하나는 인간의 위치에 대한 근본적인 성찰이었다. 그는 이 장대한 생명의 피라미드 안에서 인간 역시 특별한 지배자나 정복자가 아닌, 자연의 다른 구성원들과 마찬가지로 상호 의존하며 살아가는 '평범한 시민 plain member and citizen'임을 강조하였다. 과거 인간이 자연을 이용하고 개발해야 할 대상으로만 여겼다면, 땅 피라미드 모델은 인간을 생태계의 한 부분으로 겸허히 자리매김하게 한다.

"어떤 행위가 생명 공동체의 통합성, 안정성, 아름다움을 보존하는 데 기여한다면 그것은 옳고, 그렇지 않다면 그르다" – 인간의 모든 행위는 이 피라미드 전체의 건강과 균형, 그리고 아름다움을 유지하는 방향으로 이루어져야 한다는 것이 레오폴드의 주장이었다. 그는 인간이 다른 종보다 강력한 힘과 지능을 가졌기에 이 피라미드에 더 큰 영향을 미칠 수 있지만, 그 힘은 '지혜로운 관리 intelligent tinkering'를 위해 사용되어야 하며, 결코 '폭력적인 파괴 violent destruction'로 이어져서는 안 된다고 경고한다. 인간의 무분별한 개발, 특정 종의 남획이나 절멸, 환경오염 등은 피라미드의 특정 연결고리를 끊거나 특정 층을 과도하게 훼손시켜 피라미드 전체의 안정성을 연쇄적으로 무너뜨릴 수 있다.

생태학적 양심

"땅에 대한 사랑이 곧 생태학적 양심이다" – 알도 레오폴드는 인간과 땅 사이의 건강한 관계를 정립하기 위해서는 인간의 '생태학적 양심 ecological conscience'의 함양이 절대적으로 필요하다고 역설하였다. 그가 말하는 생태학적 양심이란, 개인의 가장 깊은 내면에서 자발적으로 우러나오는, 생명 공동체 전체에 대한 윤리적 책임감과 도덕적 의무감을 의미한다. 이러한 내적 규율은 외부의 감시나 처벌이 없더라도 개인이 스스로 올바른 행동을 선택하도록 이끄는 강력한 동기가 된다. 법이나 규제는 종종 사후 약방문 격으로 작용하거나 최소한의 기준만을 제시하는 데 그치지만, 생태학적 양심은 보다 근원적이고 예방적인 차원에서 땅을 존중하고 보호하는 행동을 이끌어낸다.

"보전은 단지 야생을 지키는 일이 아니다. 그것은 우리가 자연과 맺는 관계 전체를 재조명하는 문제다" – 레오폴드는 땅을 대하는 인간의 두 가지 근본적으로 다른 유형, 즉 'A타입'과 'B타입'을 제시한다. 'A타입'의 인간에게 땅이란 주로 경제적 효용성의 관점에서만 평가되는 대상이다. 이들은 땅을 사유재산이자 개발과 이용을 통해 이익을 창출해야 할 자원의 집합체로 간주하며, 자연을 인간의 필요를 충족시키기 위한 도구로 바라본다. 이러한 관점은 단기적인 이익 극대화에 치중하게 만들어 토양의 황폐화, 수질 오염, 생물 다양성의 감소와 같은 심각한 환경 파괴를 야기할 수 있으며, 자연이 지닌 본래적 가치나 생태계의 복잡한 연결성은 간과되기 쉽다. 'B타입'의 인간은 땅을 단순한 경제적 객체가 아닌, 살아 숨 쉬는 유기적인 생명공동체로 인식한다. 이들은 인간 역시 그 공동체의 일원임을 자각하며, 토양, 물, 식물, 동물을 포함한 모든 구성원의 존재 가치를 깊이 존중한다. B타입의 인간에게 땅의 건강과 안정성, 그리고 아름다움은 인간의 경제적 이익보다 우선시될 수 있는 중요한 가치이다. 이들의 행동은 생태계 전체의 장기적인 안녕을 고려하며, 인간의 활동이 공동체에 미칠 영향을 신중하게 성찰하는 책임감 있는 자세를 특징으로 한다.

레오폴드는 이러한 생태학적 양심이 저절로 생겨나는 것이 아니라, 적극적인 교육과 풍부한 경험을 통해 의식적으로 함양될 수 있다고 믿었다. 그는 생태학적 지식 교육을 통해 개인이 생명 공동체의 복잡한 작동 원리와 상호의존성을 이해하는 것이 중요하다고 보았지만, 단순한 지식 전달만으로는 충분하지 않다고 생각했다. 무엇보다 중요한 것은 자연과의 직접적이고 친밀한 교감을 통해 생명 공동체에 대한 깊은 애정과 존경심을 키우는 것이었다. 농사, 사냥, 낚시, 하이킹 등 자연 속에서의 다양한 활동과 세심한 관찰은 인간으로 하여금 자신이 자연의 일부임을 체감하게 하고, 추상적인 생태학적 원리를 살아있는 경험으로 내면화하도록 돕는다. 이러한 과정을 통해 길러진 사랑과 존중이야말로 진정한 생태학적 양심의 뿌리가 되어, 땅을 위한 자발적이고 헌신적인 행동을 이끌어내는 원동력이 된다고 레오폴드는 강조하였다.

레오폴드의 땅 윤리는 현대 생태철학과 환경윤리학의 초석이 되었다. 그가 도입한 '도덕 공동체의 확장'이라는 개념은 오늘날 인간-비인간 관계 재구성의 핵심 원칙으로 간주된다.

오늘날 기후위기, 생물 다양성 붕괴, 자원 고갈 등은 모두 인간이 자연을 자율성과 권리를 지닌 존재가 아닌 자원과 대상으로만 간주해온 사고방식의 결과물이다. 레오폴드의 땅 윤리는 이에 맞서 윤리의 근본 구조를 다시 설계하자고 요구한다. 자연을 지배하거나 보존하는 대상이 아닌, 함께 살아가는 존재로 대우하자는 그의 사상은 지금 이 시대에 더욱 절실한 울림을 지닌다.

🪶 주요 저술

- **샌드 카운트 연감(A Sand County Almanac, 1949/이동신, 2023)** | 가장 대표적인 저서로, 레오폴드의 철학적 사유와 자연 관찰을 바탕으로 쓰였다. '땅 윤리(Land Ethic)'의 개념이 이 책에서 구체화되었고, 자연과 인간의 관계에 대한 사색적 에세이들과 생태계 보전의 필요성을 담았다. 오늘날에도 환경철학, 보전 생태학의 주요 교과서로 사용된다.

42 | 후쿠오카 1911~2008
간소한 삶은 자연과 어떻게 조화하는가?

"자연에 순응한다는 것은 아무것도 하지 않는 것이다. 아무것도 하지 않는다는 것은 인간의 보잘것없는 지식(지혜)에 기대 인위적인 일을 하지 않는 것이다."

— 『짚 한 오라기의 혁명』, 1975

마사노부 후쿠오카(Masanobu Fukuoka, 1911 - 2008)는 일본의 농업 철학자이자 자연 농법의 창시자로, 현대 농업의 관행을 비판하고 자연과 조화를 이루는 간소한 삶과 농업 방식을 제안한 혁신가다. 그는 전통적 농업 방식과 현대적 과학 기술의 남용이 자연을 파괴하고, 인간과 자연의 관계를 왜곡시킨다고 주장했다.

그의 대표작 『짚 한 오라기의 혁명(1975)』은 자연 농법과 간소한 삶의 철학을 제시하며, 전 세계적으로 지속 가능한 농업 운동의 중요한 이정표가 되었다. 후쿠오카는 화학비료와 농약에 의존하지 않고, 자연의 흐름을 따르는 '비경작non-cultivation'을 실천하며, 간소한 삶이 자연과 인간 모두에게 이로운 방식임을 주장한다.

그의 철학은 농업 기술에 국한된 것이 아니라, 인간이 간소하고 절제된 삶을 통해 자연을 보호하고 지속 가능한 환경을 만들 수 있다는 메시지를 전달한다.

짚 한 오라기에 담긴 무위자연의 혁명

20세기 농업과 생태 철학에 혁명적인 족적을 남긴 후쿠오카는 '자연농법自然農法'이라는 독창적인 농사법을 통해 단순한 농업 기술을 넘어선 깊이 있는 철학적 사유를 제시하였다. 그의 저서『짚 한 오라기의 혁명(1975)』은 전 세계적으로 큰 반향을 일으켰다. 이는 현대 농업의 문제점을 지적하고 자연과 인간의 조화로운 공존 가능성을 모색하는 이들에게 깊은 영감을 주었다. 후쿠오카의 철학은 동양의 노장사상에 뿌리를 둔 '무위자연無爲自然'의 원리를 농업에 접목하였다. 그는 이를 통해 인위적인 개입을 최소화하고 자연 본연의 힘을 신뢰하는 삶의 방식을 탐구하였다.

후쿠오카 철학의 출발점은 젊은 시절 겪었던 깊은 깨달음에서 비롯되었다. 식물병리학자로서 연구에 매진하던 그는 어느 날 문득 '자연은 완전하고 세상에는 아무것도 없다'는 직관적인 통찰을 얻었다. 그리고 인간의 지식과 노력이 오히려 자연을 해치고 있다는 생각에 이르렀다. 그는 당시 주류를 이루던 과학적 농법, 즉 경운, 시비, 제초, 농약 사용 등이 토양을 파괴하고 생태계의 균형을 무너뜨린다고 보았다. 또한, 이는 결국 인간에게 더 많은 노동과 불안을 안겨준다고 생각하였다. 이러한 문제의식은 그로 하여금 '아무것도 하지 않는 농사', 즉 자연농법을 실험하고 정립하는 길로 이끌었다.

"자연은 스스로 완전한 시스템을 이루고 있다" – 후쿠오카는 전통적인 농업 방식과 현대의 기계화된 산업 농업을 모두 비판하며, 자연의 흐름에 최대한 간섭하지 않는 농업 방식을 고안했다. 그는 인간이 자연의 과정에 개입하면 오히려 생태계의 균형을 해친다고 주장했다. 그의 자연 농법은 네 가지 핵심 원칙, 즉 무경운不耕耘, 무비료無肥料, 무제초無除草, 무농약無農藥으로 요약된다. 이는 땅을 갈지 않고, 화학비료나 퇴비를 사용하지 않는 것이다. 또한 제초제를 쓰거나 인위적으로 풀을 제거하지 않으며, 농약도 사용하지 않는 것을 의미한다. 얼핏 보면 방임 농법처럼 보일 수 있다. 그러나 후쿠오카의 자연농법은 자연에 대한 깊은 관찰과 이해를 바탕으로 한다. 이는 자연 스스로가 가진 질서와 회복력을 최대한 활용하는 정교한 방식이다. 예를 들어, 그는 밭을 갈지 않는 대신 볏짚이나 보릿짚으로 땅을 덮어 지력을 유지하고 잡초 발생을 억제하였다. 그리고 녹비작물인 흰 클로버 등을 활용하여 토양의 비옥도를 높이고 해충의 천적을 불러들였다. 또한, 점토에 씨앗을 뭉쳐 파종하는 '점토 종자환seed balls' 방식은 새나 벌레로부터 씨앗을 보호한다. 이는 적절한 시기에 자연스럽게 발아하도록 돕는 지혜로운 방법이다.

'아무것도 하지 않는다何もしない'는 그의 원칙은 단순한 게으름이나 방치를 의미하는 것이 아니다. 이는 인간 중심적인 사고에서 벗어나 불필요하고 과도한 인위적 개입을 최대한 줄이는 것이다. 그리고 자연 스스로의 질서와 회복력을 신뢰하는 태도를 말한다. 후쿠오카는 '자연은 완전하며, 인간이 자연을 개선하려는 시도는 오만'이라고 보았다. 농부는 자연의 지휘자가 아니다. 자연의 순환 과정에 겸손하게 참여하고 최소한의 도움을 주는 조력자여야 한다는 것이다. 이는 마치 노자가 말한 '무위이무불위(無爲而無不爲, 아무것도 하지 않지만 모든 것을 이룬다.)'의 경지와 맞닿아 있다. 그는 이러한 농법을 통해 오히려 관행농법보다 더 건강하고 풍요로운 수확을 거둘 수 있음을 실증적으로 보여주었다.

자연과 조응하는 간소한 삶

　마사노부 후쿠오카는 그의 혁명적인 자연농법을 통해 농업 기술을 넘어선 깊은 철학적 통찰을 제시하였다. 그 철학의 핵심적인 귀결 중 하나는 바로 '간소한 삶'에 대한 옹호와 실천이다. 자연과 조화하며 최소한의 것으로 만족하는 삶의 방식은 그의 농사법만큼이나 중요한 메시지를 담고 있다. 인위적인 것을 최대한 배제하고 자연의 순리에 따르는 그의 농사법은 필연적으로 삶의 간소화를 요구한다. 후쿠오카는 자연과 조화를 이루는 삶을 위해 다음과 같은 원칙을 제안하였다.

　먼저, 자급자족의 삶으로 자신이 필요한 식량을 직접 재배하며, 자연의 리듬에 따라 생활한다. 다음으로 지역 사회와의 협력을 통해 지역 공동체 안에서 상호 의존하며 자원을 나누는 삶을 추구한다. 마지막으로 자연 속에서의 소박한 삶으로, 기술에 의존하지 않고 자연에서 얻은 재료로 생활을 꾸린다.

　"자연은 인간에게 필요한 모든 것을 제공한다. 하지만 인간의 욕심이 그 균형을 깨뜨린다" – 후쿠오카는 간소한 삶이 자연을 보존하는 첫걸음이라고 주장했다. 그는 인간의 과도한 소비와 물질적 욕망이 자연을 파괴하고 생태계의 균형을 무너뜨린다고 보았다. 간소한 삶은 인간이 필요한 것만을 소비하며, 자연에서 빌려온 자원을 절제와 감사의 태도로 사용하는 삶의 방식이다. 그는 인간이 자연의 일부임을 자각하고 그에 맞게 삶의 방식을 단순화해야 한다고 강조했다. 이는 단순히 소비를 줄이는 것을 넘어, 삶의 철학적 전환을 요구하는 메시지였다.

마사노부 후쿠오카의 철학은 단순히 농업 방식을 바꾸는 데 그치지 않는다. 그는 인간이 자연의 일부로서 자연과 공존하며 살아가는 방식, 그리고 물질적 풍요 대신 내적 평화를 추구하는 삶의 가치를 설파했다. 그의 '자연 농법'과 '간소한 삶'의 철학은 환경 문제와 소비주의에 직면한 현대 사회에 깊은 성찰을 제공하며, 지속 가능한 미래를 위한 실천적 대안을 제시한다. 후쿠오카의 자연 농법은 화학적 농업의 폐해와 기후 변화가 심각해지는 오늘날, 지속 가능한 농업의 대안으로 주목받고 있다. 그의 철학은 현대 유기농 운동과 퍼머컬처permaculture 등에도 큰 영향을 미쳤다. 그는 현대 문명이 가져온 과잉 소비와 환경 파괴를 비판하며, 간소한 삶과 자급자족의 중요성을 일깨웠다. 그의 사상은 물질적 풍요를 넘어서, 생태적 지속 가능성과 내적 평화를 추구하는 현대인들에게 큰 영감을 준다.

우리는 자연의 일부로서 자연과 함께 살아가고 있는가?
물질적 소유를 넘어, 자연과 조화로운 삶 속에서 진정한 풍요를 발견할 수 있을까?
이러한 질문은 현대인들에게 삶의 본질을 재고하고, 자연과 인간이 공존할 수 있는 새로운 가능성을 모색하도록 촉구한다.

✒ 주요 저술

- **짚 한 오라기의 혁명**(The One-Straw Revolution, 1975/최성현, 2011) | 그는 화학 비료, 농약, 경작 없이 자연의 리듬에 맞춘 농업이 가능하며, 이를 통해 인간과 자연이 공생할 수 있음을 주장했다. 더불어, 그는 물질적 풍요와 과잉 소비를 경계하며, 간소한 삶의 중요성을 강조했다.

- **자연 농법**(The Natural Way of Farming, 1985/최성현, 2018) | 자연 농법의 실천적 방법을 구체적으로 제시한 책으로, 농업 종사자들이 자연 농법을 직접 적용할 수 있도록 돕는 실용적 지침서이다.

43 | 윌슨 1929~2021
인간은 자연의 주인인가? 아니면 관리자인가?

"우리가 다른 생명체를 이해하게 되는 만큼, 우리는 그들을 더 소중히 여기게 되고, 결국 우리 자신도 더 소중히 여기게 된다. 모든 종은 하나의 걸작품이며, 극도의 정성과 천재성으로 조립된 창조물이다. 가장 미미한 생명체조차도 예술작품이며, 존중받을 가치가 있다."

— 『바이오필리아』, 1984

에드워드 윌슨(Edward Osborne Wilson, 1929~2021)은 생물학자로, 특히 사회생물학과 생물 다양성 연구에서 중추적인 역할을 했다. 그는 개미를 포함한 사회성 곤충들의 생태를 연구하며, 인간 행동의 생물학적 기초와 사회적 상호작용에 대한 깊은 이해를 제시했다. 윌슨은 '생물 다양성 Biodiversity'이라는 개념을 대중화하며, 인간과 자연의 관계를 재조명했다. 그는 또한 환경 보존과 지속 가능성의 중요성을 강조하며, 이를 통해 인간의 사고를 더욱 윤리적이고 창의적으로 변화시켰다.

생태중심주의와 생물다양성

"인류는 지구상 생명의 관리자이지, 주인이 아니다" – 윌슨이 남긴 가장 강력한 철학적 메시지는 인간 중심적 사고에서 벗어나 생명을 존중하는 시선으로의 전환이었다. 그의 사상은 '생태중심주의 ecocentrism'와 '본래적 가치 intrinsic value'라는 두 축 위에 서 있다. 현대 문명은 자연을 '이용 가능한 자원'으로 보는 경향이 강하다. 숲은 목재로, 바다는 어장으로, 동물은 실험재료나 애완동물로 대상화된다. 이 모든 시선은 '인간 중심주의 anthropocentrism'에서 비롯된다. 윌슨은 이러한 시각이 생태계 파괴의 근본 원인이라고 보았다.

그는 인간은 자연계의 한 갈래 branch일 뿐이라며, 자연 속 다른 생명체들과 위계적 관계가 아닌 평등하고 상호의존적인 관계 속에 있다고 주장했다. '생태중심주의'는 바로 이 지점에서 출발한다. 윌슨은 자연 전체를 하나의 유기적 시스템으로 보고, 모든 구성원이 고유한 역할과 가치를 지닌 존재로 여긴다. 윌슨에게 있어 인간은 '우주의 주인'이 아니라, 복잡한 생태적 그물망 속에서 '공존해야 할 하나의 존재'였다.

"지구는 생명으로 가득 차 있고, 각각의 생명체는 독특하며, 모두가 서로 얽혀 있다. 이 복잡함이 바로 우리가 지켜야 할 이유다" – 윌슨은 생명체의 가치를 경제적 효용이나 인간의 이익에만 의존해 판단하는 것을 경계했다. 모든 생명은 그 자체로 존재의 이유가 있으며, 인간이 그것을 필요로 하건 말건 상관없이 고유한 가치를 지닌다. 이것이 윌슨이 강조한 '본래적 가치'의 핵심이다. 예컨대, 어떤 희귀 곤충이 생태계에 큰 영향을 미치지 않더라도, 혹은 인간에게 실질적인 이득을 주지 않더라도, 그것은 존재 자체로 의미가 있다. 생명체는 인간의 기준으로 '쓸모 있음'을 입증하지 않아도 존중받아야 한다.

"생물 다양성은 우리가 아직 다 이해하지 못한 채 파괴하고 있는 지구 생명의 위대한 책이다" – 윌슨은 '생물 다양성 Biodiversity'을 지구 상에 존재하는 모든 생명체와 그것들이 이루는 생태적 상호작용의 총체로 정의하였다. 그는 '생물 다양성'이 인간 생존의 필수적 조건이라고 보았는데, 이는 인간이 자연과 분리된 독립적인 존재가 아니라, 생태계의 복잡한 네트워크 속에서 살아가는 생명체 중 하나이기 때문이다.

"생물 다양성은 지구 생명의 보험이다. 그 손실은 돌이킬 수 없는 파국을 초래할 수 있다" – 지구상의 모든 생명체는 복잡하게 연결된 '생명의 그물 web of life'을 이루고 있다. '생물 다양성'은 이 그물의 다양성을 의미하며, 이는 곧 지구 생태계의 건강과 직결된다. 윌슨은 '생물 다양성'은 우리가 먹는 음식, 마시는 물, 숨 쉬는 공기, 그리고 우리가 사는 땅의 기초라고 강조했다. 윌슨은 '생물 다양성'이 생태계 서비스를 통해 인간에게 직접적이고 간접적인 혜택을 제공한다고 강조하였다. 예컨대, 농업 생산을 돕는 수분 매개 곤충, 깨끗한 물과 공기를 제공하는 숲, 기후를 조절하는 해양 생태계 등이 모두 생물다양성 덕분에 가능하다.

바이오필리아

우리는 도시의 콘크리트 속에 살면서도 여전히 바다와 숲, 새소리와 풀내음에 마음이 끌린다. 공원을 산책하고 집 안에 식물을 들이며 반려동물과 교감하는 행위는 단순한 취향의 문제가 아니다. 윌슨은 이러한 자연에 대한 끌림이 인간 본성 깊숙이 내재된 진화적 감응이라고 본다. 그는 자신의 전반기 연구 중심이었던 '생물 다양성' 개념을 기반으로 인류와 생명 공동체와의 역사적 생성적 연관 관계와 그 흔적을 추적하여 이를 '바이오필리아 가설 Biophilia Hypothesis'이라 명명하며, 1984년 출간한 저서 『바이오필리아』에서 본격적으로 이 개념을 소개했다.

"바이오필리아란 인간이 다른 생명체를 직관적으로 이해하고, 그들과 정서적으로 연결되기를 바라는 본능이다" – 바이오필리아는 그리스어 어원에서 비롯된 '생명을 사랑하는 성향'을 뜻하며, 윌슨은 이를 인간이 다른 생명체와 자연환경에 본능적으로 끌리는 경향이라고 정의한다. 여기서 중요한 것은 이 성향이 후천적인 교육이나 문화에 의해 길러진 것이 아니라, 수백만 년에 걸친 진화 과정에서 형성된 심리적 구조라는 점이다.

"우리는 살아 있는 것들을 사랑하도록 진화했다. 그리고 그것을 통해 우리는 더 잘 살아남아왔다" – 인간은 본능적으로 자연과 연결되고자 하는 심리적 욕구를 가지고 있다. '바이오필리아'의 본능을 통해 인간이 자연의 아름다움과 경이로움을 느끼고, 이를 기반으로 문화와 예술, 철학을 발전시켜 왔다. 모든 생명체는 하나의 생태계 안에서 유기적으로 연결되어 있으며, 인간 또한 그 일부라는 사실은 인간 사고를 새로운 차원으로 이끌었다. 그는 자연의 복잡성과 조화로움에서 인간이 배울 수 있는 점을 지적하며, 생태적 사고를 통해 인간이 자연과 조화로운 관계를 맺는 방식을 제시했다.

"인간은 나무, 새, 곤충, 개울의 물소리, 그리고 바람 속의 생명에 감응하며 존재한다. 우리는 자연의 일부이며, 자연 속에서 온전해진다" – 윌슨은 인간이 숲, 강, 산 등 자연적 환경에서 영감을 받아 신화와 문학, 회화와 음악을 창조했음을 지적하였다. 이러한 본능은 단순히 아름다움을 향한 갈망을 넘어, 인간이 자신의 정체성과 존재 의미를 자연 속에서 찾으려는 깊은 심리적 동기를 반영한다. 윌슨은 '바이오필리아'를 '지혜의 창고'라고 불렀다. 지구상에는 수많은 생물 종이 존재하며, 각 종은 고유한 생존 방식을 통해 진화해 왔다. 이들의 생존 방식은 인간에게 다양한 영감을 제공한다. 예를 들어, 홍합의 접착 단백질은 강력한 접착제 개발에 영감을 주었고, 박쥐의 음파 탐지 능력은 레이더 기술 개발에 기여했다. 우리는 '바이오필리아'로부터 무한한 지혜를 얻을 수 있다.

또한, '바이오필리아'는 '창의적 자극의 원천'으로서의 가치를 지닌다. 자연에서 발견되는 다양한 생명체와 생태계의 작동 원리는 인간 문제 해결에 혁신적인 아이디어를 제공한다. 윌슨은 생물학적 다양성에서 얻은 통찰이 공학, 디자인, 철학 등 다양한 분야에서 응용될 수 있음을 강조하며, 생물 다양성이 단순히 생태적 자원 이상이라는 점을 밝혔다.

윌슨은 '바이오필리아'가 인간에게 '미적 영감'을 제공한다고 보았다. 자연의 아름다움은 인간에게 심리적 안정감을 주고 창의성을 자극한다. 윌슨은 '자연은 우리의 정신을 풍요롭게 하고, 삶의 의미를 되새기게 한다'고 말했다. 실제로 많은 예술가들이 자연으로부터 영감을 받아 작품을 창조해 왔다.

'윤리적 책임'은 '바이오필리아'의 또 다른 핵심 측면이다. 윌슨은 인간이 자연을 관리하고 보존해야 하는 책임이 단순히 실용적인 차원을 넘어선 도덕적 의무라는 점을 주장했다. 생물 다양성은 지구의 건강과 인류의 지속 가능한 발전을 위한 필수적인 요소로, 이를 보존하지 않는다면 인간과 자연 모두의 미래는 위태로워질 것이다.

"도시는 인간의 생물학적 본성을 고려하지 않은 인공적 세계다. 우리는 다시 자연으로 돌아가야 한다" – 윌슨은 현대 산업사회에서 인간이 지니고 있는 '바이오필리아'적 본성이 억눌리고 왜곡되고 있다고 경고한다. 도시화, 정보화, 인공화된 삶은 인간을 자연으로부터 분리시키고, 그 결과 정서적 고립, 스트레스, 공감 능력의 결핍, 생태 감수성의 상실 같은 다양한 심리적·사회적 문제가 나타난다. 그는 이를 극복하기 위해 교육과 도시계획, 문화 정책 등 사회 전반에 걸친 바이오필리아 회복 전략이 필요하다고 말한다.

'통섭'과 책임있는 행동

"지식의 궁극적인 목적은 단절이 아니라 통합이다" – '바이오필리아'가 설은 윌슨이 주장한 '통섭Consilience', 즉 인간 지식의 통합이라는 관점과도 맞닿아 있다. 에드워드 윌슨이 1998년에 출간한 책 『통섭』은 학문 간 통합을 넘어, 인간이 세계를 이해하고자 할 때 왜 경계를 허물어야 하는지를 묻고 있다. 그는 '통섭'을 과학, 인문학, 예술, 종교, 철학 등으로 분절된 지식의 섬들을 하나의 강으로 다시 잇는 작업으로 보았다. 현대 문명이 직면한 복잡한 문제들을 해결하려면, 이 분절을 넘어서는 지적 통합이 필수라는 것이다.

'통섭consilience'이라는 말은 원래 19세기 자연철학자 윌리엄 휘웰(1794~1866)이 사용한 용어다. 서로 다른 증거들이 하나의 이론으로 수렴할 때, 그 현상을 '통섭'이라 불렀다. 윌슨은 이 용어를 현대에 다시 꺼내 들며, 학문 간 장벽이 높아진 시대에 새로운 방향을 제시했다.

"과학은 세상을 설명하고, 인문학은 그 설명의 의미를 묻는다. 통섭은 그 둘을 하나의 이야기로 엮는다" – 과학은 현실을 설명하고, 인문학은 그 현실 속 인간의 자리를 묻는다. 윌슨은 이 둘을 결합할 때 비로소 인간 사회가 지적으로 진화할 수 있다고 보았다. 윌슨은 자신의 생물학자로서의 배경을 바탕으로, 인간의 본성과 윤리를 설명할 때조차 생물학, 심리학, 사회학, 윤리학을 통합적으로 접근했다. 그의 '바이오필리아' 이론이나, 생물다양성 보존에 대한 주장은 단순한 과학적 설명을 넘어선 윤리적 제안이었다. 그는 자연에 대한 이해가 곧 인간 자신에 대한 이해로 이어질 수 있음을 보여주려 했다.

"우리는 지구라는 하나의 생명 시스템 속에 있고, 그 안에서 모든 지식은 결국 하나로 이어진다" — 이러한 통섭의 태도는 단순히 학문적 융합을 넘어, 세계에 대한 새로운 인식의 틀을 제시한다. 단편화된 정보의 시대를 살아가는 우리에게 윌슨은 '지식은 연결되어야 한다'고 말한다. 그 연결을 통해 우리는 더 깊이 이해하고, 더 책임감 있게 행동할 수 있다.

에드워드 윌슨은 과학자의 언어와 철학자의 감각으로 인간에게 새로운 윤리를 제시한다. 자연은 소유물이 아니라 관계의 대상이며, 그 안의 모든 생명은 도구가 아닌 주체다.

오늘날 기후위기와 생물다양성의 붕괴 속에서, 윌슨의 철학은 더욱 선명하게 다가온다. 우리는 묻지 않을 수 없다. 인간은 과연 자연의 주인인가, 아니면 동반자인가? 윌슨은 그 답을 이미 알고 있었다. 그리고 그는 우리에게도 그것을 깨닫기를 요구한다.

🖋 주요 저술

- **인간 본성에 대하여**(On Human Nature, 1978/이한음, 2017) | 인간의 본성을 진화론적 관점에서 분석한 책으로, 인간 행동에 대한 생물학적 이해를 넓히는 데 기여했다. 윌슨에게 첫 번째 퓰리처상을 안겨주었으며, 인간 본성에 대한 다양한 논의를 촉발시켰다.

- **바이오필리아**(Biophilia, 1984/안소연, 2010) | 생명 사랑'을 뜻하는 '바이오필리아'라는 개념을 다룬다. 자연에 대한 인간의 사랑, 환경 보전의 윤리를 재구축할 수 있을 것이라는 거대한 지적 비전을 제시한다.

- **생명의 다양성**(The Diversity of Life, 1992/황현숙, 1995) | 생물 다양성의 중요성을 강조하고, 생물 다양성 보존을 위한 실천적인 방안을 제시한 책이다. 생물 다양성 문제에 대한 사회적 관심을 불러일으키는 데 크게 기여했다.

- **통섭: 지식의 대통합**(Consilience: The Unity of Knowledge, 1998/최재천, 2005) | 과학·인문학·예술·종교 등 분절된 학문들을 하나로 잇는 '지식의 통합'을 제안한다. 과학과 인문학 간의 대화와 융합이 인류의 미래 과제를 해결하는 데 필수적이라고 강조하고 있다.

44 | 플럼우드 1939~2008
자연은 배경인가? 주체인가?

"자연은 인간을 위한 배경이 아니라, 인간과 함께 살아가는 행위자이며 타자이다. 내가 악어에게 공격당했을 때, 나는 비로소 자연이 나를 응시하고 있었다는 것을 느꼈다."

—『악어의 눈』, 2012

서구 철학은 오랫동안 이원론적 사고에 기반해 세계를 이해해왔다. 이성은 감성을 지배하고, 인간은 자연을 도구화하며, 남성은 여성보다 우위에 있다는 전제가 당연시되었다. 발 플럼우드(Val Plumwood, 1939~2008)는 이러한 이원론이 단순한 구분이 아니라, 억압과 배제를 정당화하는 구조였다고 비판한다. 그녀는 이 사고방식이 인간 중심주의와 성차별, 환경 파괴의 철학적 토대였음을 지적하며, 근본적인 인식 전환을 요구한다.

철학적 전제: 서구 이원론의 해체

"서구 사유에서 자연은 단지 배경이며, 말할 수 없는 존재로 설정되었다. 자연은 인간 주체의 드라마에 침묵한 채 머무르도록 강요받는다" – 발 플럼우드는 서양 근대철학의 뿌리에 자리 잡고 있는 이원론적 사유 방식을 비판한다. 그녀가 말하는 이원론의 해체는 이원론은 억압적이라고 주장하는 식의 선언적 비판이 아니다. 그것은 서구 철학 전통 전반에 내재한 사유 방식, 즉 인간과 세계를 나누고 위계화하는 철학적 구조에 대한 정밀하고 근본적인 해석이자 전복의 시도이다.

이원론은 '차이'를 위계화한다. 자연/문화, 감성/이성, 여성/남성이라는 구별은 '다름'이 아니라, 우월/열등의 가치 위계로 조직된다. 자연은 수동적이고 감정적인 것으로, 문화는 능동적이고 이성적인 것으로 평가된다. 위계화된 차이는 종속적 통합으로 표현된다. 열등한 것으로 분류된 항은 주도적 항에 의해 '내포'되거나 '도구화'되어야 할 대상으로 간주된다. 즉, 자연은 인간 문명의 발전을 위한 자원이 되고, 여성은 남성의 감정 조절 장치로 환원된다. 이원론은 또한 두 항의 경계 넘기를 금지한다. 여성은 '이성적'이거나 '객관적'일 수 없고, 자연은 '주체'가 될 수 없다. 대상은 영원히 대상의 자리에 고정된다. 이원론은 그 자체로 '자연스럽다'고 여겨지며, 비판을 막는 언어적·이데올로기적 장치로 기능한다. 가령 '자연은 원래 정복 대상이다'라는 생각은 너무도 '상식적'이라 의심받지 않는다.

"이원론은 차이의 구별이 아니라, 지배의 정당화 체계이다" – 자연과 문화, 이성과 감성, 남성과 여성, 인간과 자연을 이분화하는 이러한 전통적 구분은 지배와 배제를 정당화한다. 이원론은 우월한 주체와 열등한 타자를 구성하며, 인간이 자연과 여성을 도구화하고 침묵시키는 방식으로 현실화되었다. 자연은 인간의 욕망을 위한 배경이자 자원으로 전락하고, 여성은 이성과 이성의 산물인 철학적 질서에서 배제되거나 하위의 위치에 놓이는 구조가 형성된 것이다. 그녀는 이 구조가 단지 철학의 언어 속에서만 작동하는 것이 아니라, 사회적 실천과 윤리, 주체 형성의 방식 안에서도 강력하게 작동하고 있다는 점을 지적한다. 인간이 "나는 생각한다, 고로 존재한다"고 말할 때조차, 그 명제는 자연적이고 감각적인 몸, 그리고 타자와의 관계를 배제한 채 성립된 고립된 자아를 전제로 한다.

"우리는 주체와 타자를 분리하는 방식으로 세계를 사고해왔다. 그러나 관계는 실재이며, 그 안에서 우리는 다시 생각해야 한다" – 플럼우드는 이처럼 위계화된 이분법 자체를 해체하고자 하며, 상호연결성과 관계적 차이를 인정하는 새로운 사유 방식을 제안한다. 그녀는 단순히 두 항을 동등하게 만들자는 것이 아니라, 억압을 가능하게 했던 근본적인 사유의 틀, 곧 이원론이라는 구조 자체를 비판적으로 성찰하고 재구성할 것을 요구한다.

자연의 타자성 회복

"자연은 단지 우리가 바라보는 대상이 아니다. 자연 또한 우리를 바라본다" – 그녀가 자연을 '행위자'로 인식해야 한다고 말할 때, 그것은 단지 수사적인 표현이 아니라, 존재론과 윤리의 전면적 전환을 요청하는 철학적 제안이다. 즉, 자연은 단지 응답 받는 대상이 아니라, 응답하는 타자로서의 자격을 회복해야 하며, 그 관계 안에서 인간은 더 이상 절대적 중심이 아닌, 상호적 공동체의 일부로서 다시 자리매김되어야 한다. 인간이 자연과 맺는 관계는 일방적인 지배나 이용의 관계가 아니라, 이해하고 돌보며 응답할 수 있는 관계로 전환되어야 한다. 이러한 응답 가능성, 다시 말해 자연의 목소리를 들을 수 있는 능력은 윤리적으로 인간이 갖추어야 할 태도이며, 자연을 하나의 도덕적 타자로 존중하는 데서 비롯된다.

"악어는 나에게 자연이 무엇인지 가르쳐주었다. 그것은 통제의 대상이 아니라, 응시하고 응답하는 존재였다" – 플럼우드가 이처럼 자연의 주체성을 강조하게 된 것은 그녀가 1985년 호주 북부의 카카두 국립공원에서 직접 악어에게 공격당한 경험에서 비롯되었다. 그때까지 플럼우드 역시 자연을 일종의 배경, 인간이 안전하게 탐험할 수 있는 공간쯤으로 여겼다. 그러나 그녀가 포식자의 시선 속에 놓여 있었을 때, 인간으로서의 특별함, 자연을 통제 가능한 대상으로 보는 시선, 인간의 우월성과 중심성에 대한 믿음이 무너졌다. 이후 그녀는 이 사건을 단순한 생존기 이상의 철학적 성찰로 확장시켰고, 이를 바탕으로 자연을 '응시하는 타자'로 보아야 한다는 주장을 전개한다.

그녀가 집필한 유고집 『악어의 시선』에는 이 경험에 대한 깊은 사유가 담겨 있다. 플럼우드는 이 책에서 자연은 그 자체의 시선을 가지고 있으며, 인간 역시 그 시선 속에서 응시당하는 존재라는 점을 강조한다. 즉, 인간은 자연을 일방적으로 바라보는 주체가 아니라, 자연의 시선 안에서 자신의 취약성과 경계를 자각하게 되는 존재이다. 이러한 인식은 인간이 자연을 단지 대상화하거나 설명하는 데 그치는 것이 아니라, 응답과 책임의 관계 속에서 살아가야 하는 존재임을 의미한다.

"우리는 자연을 해석해야 할 텍스트가 아니라, 응답해야 할 목소리로 들어야 한다" – 철학적으로 볼 때, 플럼우드가 말하는 자연의 타자성은 레비나스(1906~1995)의 타자 윤리와도 유사한 측면이 있다. 레비나스는 인간이 타자를 만날 때, 그 얼굴 앞에서 책임을 지게 된다고 말하였다. 플럼우드 역시 자연을 타자로 마주할 때, 우리는 더 이상 자연을 소비하거나 관리해야 할 대상으로 볼 수 없으며, 윤리적 '응답 가능성 response-ability'을 지닌 존재로서 자연과 마주해야 한다고 말한다.

플럼우드의 주장은 알도 레오폴드의 '땅 윤리'와도 연결되지만, 한층 더 급진적이다. 레오폴드가 자연을 생명 공동체의 일원으로서 도덕적 배려의 대상에 포함시키자고 했다면, 플럼우드는 자연이 단지 공동체의 구성원이 아니라, 주체적 존재로서 인간과 대등한 윤리적 타자임을 주장한다. 자연은 인간을 위해 존재하는 배경이 아니며, 그 안에서 침묵하는 존재가 아니다. 자연은 말할 수 있고 응답할 수 있으며, 고유한 존재론적·윤리적 지위를 지닌 타자이다. 인간은 더 이상 자연의 주인이 아니라, 그 목소리를 들을 줄 아는 존재, 다시 말해 타자와의 관계 속에서 책임을 다하는 존재로 새롭게 자리매김해야 한다.

플럼우드는 인간과 자연, 자아와 타자 사이의 관계를 새롭게 묻는다. 그녀의 사유는 철학적 비판을 넘어, 윤리와 삶의 방식을 다시 설계하자는 요청이다. 생태적 자아, 응답 가능한 자연, 관계 기반 윤리는 모두 인간이 세계 속에서 어떤 존재로 살아갈지를 근본적으로 되묻는 질문이다. 이원론적 사고를 넘어서는 것은 이념의 문제가 아니라, 함께 살아가기 위한 생존의 윤리다. 플럼우드가 말한 철학적 전환은 곧 우리가 타자에게 응답할 수 있는 존재가 되는 길이며, 그것이야말로 생태적 미래의 출발점이다.

✎ 주요 저술

- **여성과 자연에 대한 지배**(Feminism and the Mastery of Nature, 1993) | 이성/감성, 인간/자연, 남성/여성, 주체/객체의 위계 질서를 비판하고 자연의 타자화 개념을 제시하였다.
- **환경문화: 자연의 위기와 문화적 반성**(Environmental Culture: The Ecological Crisis of Reason, 2002) | 현대 생태위기는 '이성의 위기'라는 철학적 성찰을 제시하면서, 자연은 단순한 배경이 아니라, 윤리적 관계의 '상호주체'임을 주장하였다.
- **악어의 눈**(The Eye of the Crocodile, 2012, 유고집/김지은, 2023) | 그녀가 악어에게 공격당한 경험을 철학적으로 성찰한 에세이. 인간이 자연에서 '포식자'가 아닌 '먹이'가 될 수 있다는 전환적 인식을 담고 있다.

PART 12

몸과 정체성: 완전한 존재로서의 인간

우리는 어떻게 여성, 남성, 그 너머가 되는가? 성별은 본질인가, 사회적 구성물인가? 오랜 시간 인간은 보편적 존재로 이야기되었지만, 그 '보편'은 종종 남성의 시선에서 정의된 것이었다. 이제 철학은 성별, 몸, 정체성이라는 주제를 통해 인간을 다시 묻는다. 메리 울스턴크래프트(1759~1797)는 여성도 이성적 존재로서 교육받아야 함을 주장했고, 시몬 드 보부아르(1908~1986)는 여자는 태어나는 것이 아니라, 만들어지는 것이라며 존재와 성의 문제를 제기했다. 이브 세지윅(1950~2009)은 젠더와 섹슈얼리티의 경계를 해체하며, 정체성의 다층성을 드러냈다.

이 장에서는 몸과 젠더를 둘러싼 철학적 질문을 통해, 인간 정체성의 다양성과 그 형성 과정을 살펴본다. 이제, 우리는 인간이라는 이름 아래 감춰졌던 차이와 억압을 드러내며, 성별과 존재의 경계를 다시 묻는다.

45 | 울스턴크래프트 1759~1797
여성은 인간인가?

"이제는 여성의 행동 방식에 혁명을 일으켜야 할 때다. 그들이 잃어버린 존엄을 회복하고, 인류의 일부로서 자신을 개혁함으로써 세상을 바꾸는 데 이바지해야 한다."

— 『여성의 권리 옹호』, 1792

18세기 유럽, 계몽주의와 프랑스 혁명의 열기 속에서 메리 울스턴크래프트(Mary Wollstonecraft, 1759~1797)는 단호한 질문을 시대에 던졌다. "여성은 인간인가?"
그리고 이 물음에 응답하기 위해 그녀는 철학의 언어로, 계몽의 이성으로, 정치적 열정으로 글을 써 내려간다. 그녀의 대표 저작인 『여성의 권리 옹호(1792)』는 남성 중심의 사회 구조와 그릇된 여성관에 정면으로 도전하며, 후대 페미니즘 사상의 중요한 출발점이 되었다. 당대 여성은 감정적이고 비이성적인 존재로 치부되어 교육의 기회조차 제대로 보장받지 못하였으나, 울스턴크래프트는 이러한 통념을 비판하며 여성 역시 남성과 동등한 이성적 주체임을 역설하였다.

그녀는 여성의 권리를 주장하면서, 동시에 인간이란 무엇인가, 그리고 인간답게 산다는 것은 어떤 조건을 필요로 하는가에 대해 철학적으로 질문했다. 여성은 결코 남성의 보조물이 아니며, 이성을 지닌 도덕적 주체로서 인간됨의 조건을 공유하는 존재라는 그녀의 주장은 시대를 앞섰다.

인간의 자격: 성과 이성, 그리고 교육

울스턴크래프트의 철학은 이성이라는 계몽주의 핵심 개념에 뿌리를 둔다. 그녀는 여성 역시 남성과 마찬가지로 이성을 타고났으며, 이를 통해 도덕적 자율성과 판단 능력을 발휘할 수 있다고 보았다. 그러나 당시 여성은 정규 교육을 받을 수 없었고, 심지어 교육 자체가 여성에게 필요 없다는 인식이 만연했다. 울스턴크래프트는 여기에 강력히 반발하며 다음과 같이 말한다.

"이성이 인간의 본질이라면, 여성에게도 그 본질이 있음은 분명하다. 따라서 여성은 인간으로서 대우받아야 하며, 교육은 인간됨의 기본 조건이다" – 이 말은 평등의 외침이자, '인간이란 무엇인가'라는 질문에 대한 정의를 재구성하고 있다. 인간은 성별이 아니라, 도덕과 이성을 발현할 수 있는 능력을 통해 인간다워지는 존재이다. 데카르트는 "나는 생각한다, 고로 존재한다"고 말했다. 울스턴크래프트는 "나는 생각할 수 있으나, 사회는 내가 그렇게 존재하지 못하게 한다"고 말하고 있다.

울스턴크래프트는 여성이 그 능력을 잃은 것이 아니라, 상실되도록 만들어졌다는 점에 주목했다. 그녀는 여성들이 사회적 조건 속에서 멋진 인형처럼 길러진다고 비판하면서, 그들이 이성과 덕을 기를 수 있는 환경이 주어진다면 남성과 다를 바 없는 도덕적 존재가 될 수 있음을 주장했다.

"여성의 정신을 넓힘으로써 그것을 강하게 하라. 그러면 맹목적 복종은 사라질 것이다" – 울스턴크래프트는 여성에 대한 기존의 통념을 사회가 만든 타자화라고 보았다. 여성은 타고난 열등한 존재가 아니라, 남성 중심 사회의 가치 체계 속에서 의도적으로 이성과 주체성으로부터 소외된 존재로 만들어졌다. 여성에게 요구되는 덕목, 즉 유순함, 순결, 감성, 침묵 등은 모두 남성의 시선과 욕망을 충족시키기 위한 외적 규율에 불과하며, 그것은 여성에게 진정한 존재가 될 기회를 박탈한다. 여성은 단지 남성에게 사랑받기 위해 태어난 존재가 아니다. 그녀들은 스스로 사고하고, 선택하고, 책임질 수 있는 존재이다.

"나는 여성이 합리적인 존재로서, 인간으로서의 권리를 주장한다." – 울스턴크래프트의 인간관은 성별의 경계를 넘는 보편적 주체성의 회복을 요구한다. 여성을 위해 말하는 것이 곧 인간의 가능성 전체를 위해 말하는 일이 되는 지점에서 그녀가 연 '페미니즘Feminism'은 처음부터 완전한 존재로서의 인류를 향한 길이었다.

그녀의 인간관은 인간을 이성적이고 자율적인 존재로 보았던 칸트적 인간주의와 닿아 있지만, 그 윤리는 훨씬 더 구체적이며 정치적이다. 인간이 도덕적 주체가 되기 위해 필요한 것은 이성의 보편성만이 아니라, 그 이성을 발현할 수 있는 실질적인 사회적 조건과 기회의 평등이라는 점에서 그녀는 진보적 계몽주의의 철학자라고 할 수 있다.

여성의 3대 권리

울스턴크래프트는 『여성의 권리 옹호』에서 여성의 교육권, 시민적 참여권, 결혼 제도에서의 남녀의 평등을 주장한다.

"교육이야말로 이성을 실현하는 수단이며, 따라서 인간이 인간다워지기 위한 출발점이다" – 울스턴크래프트의 가장 강력한 현실적 요구는 남성과 동등한 교육의 기회이다. 당시 여성 교육은 음악, 자수, 프랑스어 등 결혼 시장에서 유리하게 작용할 '교양' 중심으로 이루어졌으며, 논리학, 수학, 과학, 정치학 등 비판적 사고 능력을 기르는 과목은 금기시되었다. 이에 대해 그녀는 말한다. 여성이 진정한 인간으로서 삶을 살아가기 위해서는, 단지 감정을 통제하는 법이 아니라 자율적으로 사고하고 판단하며 결정할 수 있는 능력을 길러야 한다고 본다.

"권리는 성별이 아니라 인간됨으로부터 나오는 것이다" – 울스턴크래프트는 또한 프랑스 혁명기의 『인권 선언』을 수용하면서, 여성은 왜 그 권리에서 배제되는가?라는 질문을 던진다. 그녀는 여성도 인간이고, 따라서 시민으로서의 권리, 즉 법 앞의 평등, 교육 참여, 경제적 자립, 정치적 대표성을 보장받아야 한다고 주장한다. 권리는 인간에게 주어지는 것이지, 성별에 따라 분배되는 것이 아니다. 이 주장은 후대의 존 스튜어트 밀(1806~1873), 시몬 드 보부아르(1908~1986), 주디스 버틀러(1956~) 등에게로 이어지는 중요한 철학적 요청이 되었다.

"결혼은 자유로운 우정이어야 한다. 그렇지 않다면 그것은 노예제에 불과하다" – 울스턴크래프트는 당대 결혼 제도를 사랑이 아닌 권력의 제도, 즉 여성을 남성에게 종속시키는 사회적 계약으로 보았다. 여성은 경제적으로, 법적으로, 심리적으로 남편에게 의존하게 되며, 자율성과 존엄을 잃어버린다. 그녀는 이런 결혼을 매매혼, 즉 법적으로 허용된 매춘이라고까지 표현하였다. 그녀는 진정한 결혼은 상호 존중과 평등을 바탕으로 한 '우정에 기반한 결합'이어야 한다고 주장하였다. 남성과 여성은 서로의 인격을 이해하고 지지하는 도덕적 동반자가 되어야 하며, 그 관계 속에서 비로소 각자의 인격이 성숙해질 수 있다고 보았다.

메리 울스턴크래프트는 이성과 교육을 통해 여성이 종속적인 상태에서 벗어나 독립적인 주체로 설 수 있다고 주장하며 '페미니즘' 사상의 새벽을 열었다. 그녀는 남성 중심의 사회에서 여성에게 씌워진 굴레를 벗겨내고, 여성 스스로 자신의 가치를 깨닫고 권리를 행사해야 한다고 역설하였다. 2세기가 넘는 시간이 흘렀지만, 여성이 동등한 인간으로서 존중받고 자신의 잠재력을 최대한 발휘할 수 있는 사회를 만들고자 했던 그녀의 열정과 통찰은 오늘날 페미니즘 논의에도 여전히 깊은 영감과 중요한 기초를 제공하고 있다. 그녀의 사유는 억압받는 모든 존재의 해방을 향한 끊임없는 투쟁의 역사에서 불멸의 가치를 지니는 등불이다.

메리 울스턴크래프트는 또한 인간이란 어떤 존재이며, 어떻게 살아가야 하는지를 근본적으로 재구성한 철학자였다. 인간은 이성적 존재이면서 도덕적 결단을 내릴 수 있는 자율적 주체이며, 그 주체성은 성별과 무관하게 교육과 사회적 조건 속에서 실현될 수 있어야 한다.

울스턴크래프트의 물음은 오늘날에도 유효하다. 인간이라는 이름은 누구에게 열려 있는가? 여성은 여전히 그 보편성에서 배제되어 있는 것은 아닌가? 그녀는 여성에게 '여성답게' 살 것을 요구하는 사회를 넘어서, 인간답게 살 기회를 요구하였다. 그리고 이 요청은 단지 한 세기의 외침이 아니라, 인간과 인간됨을 둘러싼 사유 전체에 던지는 철학적 질문으로 남아 있다.

✎ 주요 저술

- **여성의 권리 옹호**(A Vindication of the Rights of Woman, 1792/문수현, 2018) | 가장 대표적인 저작으로, 근대 페미니즘의 기초를 놓은 고전이다. 여성도 남성과 동일한 이성을 가진 존재이므로, 도덕적·정치적 평등, 특히 동등한 교육의 권리를 가져야 한다고 주장하였다.

46 | 보부아르 1908~1986
여성은 어떻게 인간이 되는가?

"여성은 태어나는 것이 아니라, 여성으로 만들어지는 것이다. 여성이라는 존재는 남성과 거세된 자 사이의 중간적 존재로서, 문명 전체가 만들어낸 산물이다. 오직 타인의 개입을 통해서만 개인은 '타자'로 규정된다."

— 『제2의 성』, 1949

"여성은 태어나는 것이 아니라, 만들어지는 것이다"
이 한 문장은 철학자 시몬 드 보부아르(Simone de Beauvoir, 1908~1986)의 사유 전체를 상징하는 상징적인 선언이자, 20세기 실존주의와 페미니즘 철학을 통틀어 가장 많이 인용된 구절 중 하나이다. 드 보부아르는 단순한 여성 해방의 사상가가 아니라, 존재와 자유, 타자성과 윤리라는 주제를 통해 인간이란 무엇인가라는 근본적인 질문에 실존주의적으로 응답하였다. 그녀의 철학은 '여성'이라는 특수한 존재를 조명하면서도, 그 분석을 통해 보편적인 인간 존재의 구조와 과제를 드러내는 작업이었다.

타자화된 인간, 자유를 향한 여성의 응답

시몬 드 보부아르는 20세기 중반, 철학이 다루지 못했던 한 영역, 즉 '여성의 존재'를 실존주의라는 철학의 언어로 드러내고, 전면으로 끌어올렸다. 그녀는 존재는 본질에 앞선다는 실존주의의 명제를 여성 문제에 적용하였다. 그녀의 대표작 『제2의 성(1949)』은 여성 억압의 실태를 고발하는 사회 비평서이자, 여성의 존재 조건을 철학적, 역사적, 생물학적, 심리학적, 문학적 차원에서 다층적으로 분석한 이론서이다. 이 책에서 드 보부아르는 여성이라는 정체성이 단순히 생물학적 사실에서 비롯된 것이 아니라, 사회적 맥락과 역사적 제도, 타자의 시선 속에서 구성된 존재양식임을 밝힌다.

"자유는 우리 자신이 되는 것을 선택할 수 있는 가능성이다" – 시몬 드 보부아르는 인간 존재의 본질을 향해 날카롭게 질문을 던졌다. 인간은 정해진 목적을 향해 수동적으로 움직이는 객체가 아니라, 자유롭게 선택하고 의미를 창조하며 스스로를 형성해나가는 과정적 존재라는 것이 그녀의 근본적인 전제였다. 동시에 그녀는 이 자유가 항상 온전히 실현되는 것이 아니라, 사회적 구조와 타자의 시선 속에서 왜곡되고 억압될 수 있다는 사실에 주목하였다. 여성은 바로 그러한 타자화의 구조가 가장 선명하게 드러나는 존재였다.

"여성은 자기 자신이 아닌 타인의 시선을 통해 자신을 이해하도록 강요받는다" – 여성은 생물학적 차이만으로 규정되는 것이 아니라, 역사적·사회적으로 남성의 기준에 의해 구성된 존재였으며, 그 안에서 끊임없이 객체로 자리매김되었다. 이때 여성은 자신의 주체적 자유를 실현하기보다는 타자의 기대와 시선 속에 포섭된 자아, 즉 타자에게 종속된 '비자기 non-self'로 존재하게 된다. 드 보부아르는 이를 통해 인간 실존이 처할 수 있는 보편적인 소외의 구조를 드러낸다. 인간은 누구나 타자에 의해 규정되고, 때로는 자신을 잃어버릴 수 있는 존재이며, 그로부터 벗어나기 위한 철학적 각성과 윤리적 실천이 요구된다.

"진정한 자유는 타인의 자유를 조건으로 한다" - 이 말은 인간의 자유가 고립된 자율성으로 이루어지는 것이 아니라, 타자와의 관계 속에서 윤리적으로 확장되어야 한다는 요구를 포함한다. 인간은 자신의 자유만을 추구할 것이 아니라, 타자와 함께 자유로워져야 하며, 그 연대를 통해 스스로를 해방할 수 있다. 드 보부아르는 남성 중심적 주체 개념이 여성의 경험과 존재를 외면하고 배제해왔음을 비판하면서, 철학이 놓치고 있던 절반의 인간, '여성'에 대한 근본적인 질문을 던졌다.

"나는 여성의 자유를 단순히 남성과 동일한 권리를 갖는 것이 아니라, 스스로를 주체로 인식하고 선택하는 존재가 되는 것이라 본다" - 그녀는 여성 해방이 제도 개혁이나 권리 확장으로 완성되지 않음을 통찰했다. 여성은 억압받는 존재일 뿐 아니라, 그 억압에 적응하고 내면화한 주체이기도 하다. 따라서 해방은 외부에서 주어지는 것이 아니라, 자신의 상황을 인식하고 선택하는 능력, 즉 실존적 결단을 통해 스스로의 삶을 구성하려는 자기 형성의 실천이어야 한다. 이 점에서 드 보부아르는 여성주의를 존재론과 윤리학을 결합한 실존의 철학으로 승화시켰고, 그 사상은 단순한 해방의 구호를 넘어, 자유롭고 책임 있는 인간이 된다는 것의 철학적 의미를 다시 묻게 했다.

내재성을 넘어 주체적 초월을 향한 여정

"여성은 자신의 내면으로, 내재성에 갇힌다" - 시몬 드 보부아르는 여성이 역사적으로 '내재성 immanence'이라는 한정된 영역 속에 갇혀 있었다고 심층적으로 분석하였다. 그녀가 지적한 내재성이란, 창조적 지향 없이 끝없이 반복되고 정체된 삶의 양태를 의미한다. 이는 구체적으로 출산과 양육이라는 종種의 유지에 헌신하는 생물학적 순환, 그리고 일상적인 가사노동과 같이 매일 반복되지만 새로운 가치를 창출하기보다는 현상 유지를 목적으로 하는 삶의 방식과 깊이 연관되어 있었다. 이러한 내재적 삶 속에서 여성은 자신의 고유한 프로젝트를 통해 미래를 기획하고 세계를 변혁하는 주체로 서기보다는, 주어진 현실과 육체의 필연성에 순응하는 존재로 머물도록 강요당하였다. 여성의 시간은 마치 자연의 순환처럼 원형적으로 흐르며, 개인의 특이성보다는 종족 보존이라는 보편적 기능 아래 놓이는 경향이 있었다.

"남성은 초월성을 통해 자신을 세계로 던진다" – 반면, 남성은 역사적으로 사회적, 정치적, 지적, 예술적 활동을 통해 기존의 한계를 끊임없이 넘어서고 새로운 의미를 창조하려는 '초월 transcendence'을 추구하며 문명과 역사의 주체로서 군림해왔다. 남성에게는 자신의 아이디어를 현실로 만들고, 세계에 자신의 흔적을 남기며, 역사를 만들어가는 주역으로서의 역할이 당연시되었다. 그들의 삶은 미래를 향해 뻗어 나가는 직선적 시간관 속에서 파악되었고, 각자의 고유한 프로젝트를 통해 실존의 의미를 스스로 구축하는 것이 가능하였다. 그러나 여성에게 이러한 초월을 향한 기회는 극도로 제한되었거나 체계적으로 배제되었다. 여성은 남성의 위대한 프로젝트를 위한 보조자, 영감의 원천이라는 미명 하에 대상화되거나, 혹은 남성이 초월적 활동에 전념할 수 있도록 내재성의 영역을 묵묵히 떠맡는 수단적 존재로 전락하곤 하였다. 여성의 지성과 창의성은 평가절하되거나 남성의 이름 아래 흡수되기 일쑤였고, 여성 스스로 주체가 되어 세계를 변혁하려는 시도는 종종 '여성스럽지 못하다'는 사회적 낙인에 직면해야 했다.

"자유로운 주체로서의 여성은 내재성을 넘어서 초월성으로 나아가야 한다" – 이에 보부아르는 여성 해방의 본질적인 길이 여성이 바로 이러한 수동적이고 반복적인 내재성의 굴레에서 벗어나, 남성과 마찬가지로 스스로 삶의 목표와 '프로젝트'를 설정하고, 주체적인 지적 · 창조적 활동을 통해 '초월'을 실현하는 데 있다고 역설하였다. 여성이 더 이상 주어진 운명에 순응하는 존재가 아니라, 자신의 자유의지로 세계와 관계 맺고 미래를 만들어가는 실존적 주체로 거듭나야 한다는 것이다.

"여성이 경제적으로 자립하지 않으면, 해방은 허상이다" – 이러한 주체적 초월을 실현하기 위한 구체적인 전제 조건으로, 보부아르는 무엇보다 여성의 '경제적 독립'을 강조하였다. 경제적 자립은 여성이 남성에게 의존하지 않고 자신의 삶을 스스로 결정할 수 있는 가장 기본적인 토대가 되기 때문이었다. 다음으로 '교육의 평등'은 여성이 남성 중심 사회의 신화와 편견을 간파하고, 비판적 사고 능력과 지적 도구를 갖추어 자신의 잠재력을 최대한 발휘할 수 있도록 하는 데 필수적이라고 보았다. 마지막으로, 피임과 낙태의 자유를 포함한 '재생산권의 확보'는 여성이 자신의 신체에 대한 통제권을 가짐으로써 원치 않는 임신과 출산으로 인해 내재성의 영역에 발목 잡히는 것을 막고, 자신의 삶을 주체적으로 계획할 수 있도록 하는 근본적인 조건이라고 주장하였다.

결국 보부아르가 제시한 여성 해방의 비전은, 여성이 더 이상 남성의 시선이나 사회적 통념에 의해 규정되는 '제2의 성'으로 머무는 것이 아니라, 자신의 삶을 스스로 기획하고 그 선택에 책임을 지는 온전하고 자유로운 실존적 주체로 당당히 서는 것이었다. 이는 곧 여성이 타자로서의 위치를 거부하고, 남성과 동등하게 인간으로서의 존엄과 자유를 누리며 자신의 고유한 의미를 창조해 나가는 끊임없는 과정이다.

『제2의 성』은 출간 당시부터 격렬한 논쟁을 불러일으켰고, 이후 제2물결 페미니즘을 비롯한 전 세계 여성운동과 젠더 연구에 결정적인 영향을 미쳤다. 여성의 문제를 개인적인 차원이 아닌 사회 구조적인 문제로 인식하게 하였으며, 젠더라는 개념을 학문적으로 정립하는 데 크게 기여하였다. 여성에 대한 고정관념과 사회적 압력이 여전히 존재하는 현실 속에서, 보부아르의 사유는 여성이 스스로를 타자화하는 내면의 억압까지도 극복하고 진정한 주체로 서도록 독려한다.

시몬 드 보부아르는 실존주의 철학을 바탕으로 여성의 종속적 지위의 근원을 파헤치고, 여성이 '만들어진 존재'로서의 한계를 넘어 스스로를 재창조하는 주체적 실존으로 나아갈 것을 촉구하였다. 보부아르의 철학은 단지 여성 해방의 이론을 넘어, 모든 인간이 사회적 억압과 편견으로부터 벗어나 자신의 고유한 가치를 실현하고 평등하게 공존할 수 있는 사회를 향한 실천적 지혜를 담고 있다. 그녀의 사유는 시대를 초월하여 우리에게 끊임없이 자유와 평등의 의미를 되묻게 하는 강력한 울림을 지닌다.

🖋 주요 저술

- **제2의 성**(Le Deuxième Sexe, 1949/조홍식, 2016) | 여성의 사회적·문화적 타자화를 분석하며, "여성은 태어나는 것이 아니라 만들어지는 것이다"라는 유명한 명제를 제시하였다. 존재론과 실존주의를 기반으로 한 젠더 비판 철학을 확립하였다. '사실과 신화'와 '살아가는 경험'의 2권으로 구성되었다.

- **레 망다랭**(Les Mandarins, 1954/이송이, 2020) | 장편 소설로, 실존주의 문학, 정치적 지식인의 역할, 사랑과 자유의 긴장 등을 문학적으로 풀어낸 작품이다. 이 작품은 실존적 갈등과 도덕적 선택의 문제를 소설이라는 형식을 통해 구체화하고 있다.

47 | 세지윅 1950~2009
사랑은 성을 뛰어넘는가?

"벽장은 이 시대 동성애 억압을 구성하는 결정적인 구조이다. 이 구조는 동성애자들이 빠져나올 수 없는 인식론적 이중 구속을 가능하게 만든다. 커밍아웃은 직업, 가족, 안전을 잃을 위험을 의미하고, 침묵은 자기 존재의 부정과 지워짐에 동참하는 길이다."

— 『벽장의 인식』, 1990

이브 코소프스키 세지윅(Eve Kosofsky Sedgwick, 1950~2009)은 성, 욕망, 정체성이라는 주제를 통해 근대 서구 지식 체계의 기초를 뒤흔들었다. 그녀는 성적 소수자에 대한 이해를 단순히 사회적 권리의 문제로 보지 않았다. 대신, 인간 존재 자체를 구성하는 가장 깊은 층위(언어, 욕망, 정체성, 지식의 형식)에서 성적 차이와 억압이 어떻게 작동하는지를 탐구했다.

세지윅에게 있어 '성sexuality'은 단지 행동이나 취향이 아니라, 인간이 자신을 인식하고 세계를 구성하는 방식 그 자체였다. 그녀의 철학은 전통적인 '이성애적 질서'에 질문을 던지며, 억압된 욕망과 숨겨진 정체성의 가능성을 사유의 전면에 불러냈다.

그녀는 단순히 억압의 기제를 폭로하는 데 그치지 않고, 정동affect의 중요성을 강조하며 상처받은 주체들이 세계와 관계 맺는 새로운 방식, 즉 '회복적 읽기'를 제안하기도 하였다.

이성애 중심주의 비판

"이성애 중심주의는 모든 사람이 이성애자일 것이라는 기대를 정상성의 전제로 삼는다. 이때 정상이라는 말은 폭력이다" – 이브 코소프스키 세지윅의 철학적 탐구에서 가장 본질적이고도 지속적으로 문제 삼았던 개념은 바로 '이성애 중심주의heteronormativity'이다. '이성애 중심주의'란 남성과 여성, 남성성과 여성성, 정상과 비정상이라는 엄격한 이분법적 구분을 사회적 삶과 지식의 중심으로 삼고, 그 경계 밖에 있는 성적 욕망과 정체성들을 배제하거나 비정상적인 것으로 낙인찍는 사고방식과 규범적 언어의 체계를 말한다. 세지윅이 비판하고자 했던 것은 성적 정체성 자체가 아니라, 이성애를 중심으로 한 하나의 정체성 규범이 다른 모든 성적 가능성과 욕망을 억압하고 은폐시키는 구조적이고 권력적인 담론 체계였다.

세지윅은 이러한 비판적 문제의식을 자신의 저작 『벽장의 인식(1990)』에서 구체적이고 역사적으로 펼쳐 보였다. 그녀에 따르면, 근대 서구 사회에서 성적 정체성은 결코 자연적이거나 고정된 본질이 아니라, 19세기 후반부터 의학적·법적·사회적 담론을 통해 인위적으로 구성되고 제도적으로 통제된 사회적 구성물이었다. 이전까지 성적 행위나 욕망은 개인의 특정한 속성이나 정체성으로 규정되지 않고 단지 '행위'의 영역에 머물렀던 반면, 19세기 후반부터는 인간의 성적 욕망과 정체성이 이분법적 카테고리, 즉, '이성애'와 '동성애'로 엄격히 구분되고 정의되었다. 이 과정에서 '동성애'라는 범주는 '이성애'라는 개념이 형성될 때 동시에 만들어졌으며, 이 두 개념은 처음부터 상호 배타적인 것으로 설계되었다. 다시 말해, '동성애'가 비정상으로 규정된 것은 '이성애'가 정상으로 설정되었기 때문이며, 이 두 범주는 서로를 지탱하면서도 끊임없이 배제하는 방식으로 작동해 왔다고 세지윅은 지적했다.

"성적 정체성은 고정된 본질이 아니라, 권력과 담론 속에서 끊임없이 생산되고 재조정되는 수행적 효과다" – 세지윅은 성적 정체성에 대한 기존의 상식을 근본적으로 전복시켰다. 그녀는 성적 정체성을 단지 개인의 내면적이고 심리적인 문제로 보는 것이 아니라, 보다 근본적으로 정치적이고 문화적인 기획과 권력 구조 속에서 만들어진 '지식의 문제'로 보았다. 여기서 세지윅의 핵심적 통찰은 '이성애 중심주의'가 단순히 동성애자를 비롯한 성적 소수자들만 억압하는 체계가 아니라, 인간 일반의 정체성과 욕망, 그리고 존재 방식의 가능성을 제한하고 위축시키는 보편적이고 억압적인 구조라는 점이었다. 세지윅에 따르면, '이성애 중심주의'가 지배하는 사회에서는 누구나 자신의 성적 욕망과 정체성을 자유롭게 탐구하거나 표현하기 어렵고, 심지어 스스로의 욕망을 인식하는 것조차도 금기시되거나 왜곡될 수밖에 없게 된다. 따라서 이성애 중심주의에 대한 비판은 특정 성적 소수자 집단의 문제에 국한되지 않고, 모든 인간의 정체성과 삶의 가능성 전체를 억압하고 제한하는 문제에 대한 비판으로 이어질 수밖에 없었다.

세지윅이 이성애 중심주의를 문제 삼은 것은 그것이 특정한 소수자를 차별하고 배제하기 때문만이 아니라, 인간이 자신과 타인의 다양하고 복합적인 욕망과 정체성을 자유롭게 인식하고 표현할 수 있는 가능성 자체를 막기 때문이었다.

성적 욕망과 억압

그녀는 특히 '남성 간의 유대 male homosociality'에 주목하면서, 동성애적 긴장과 이성애 중심 질서 사이에서 발생하는 복잡한 관계를 철학적이자 문학적으로 정교하게 분석했다. 이는 그녀의 대표적인 저작 중 하나인 『남성들 사이에서』에서 상세히 다루어진다.

"남성 간의 유대는 우리 사회에서 강하게 장려된다. 하지만 그 유대가 성적으로 해석되는 순간, 가장 두려운 금기가 된다" – 세지윅은 남성들 간의 친밀한 유대가 근대 이후 사회적으로 적극 권장되고 정상화되는 동시에, 그것이 성적 욕망과 연결될 가능성에 대해서는 극도의 공포와 억압이 작용한다는 모순적 현상에 주목했다. 즉, 남성들 간의 우정이나 연대, 경쟁과 같은 다양한 감정적 연결은 사회적으로 허용되고 권장되는 영역이지만, 그것이 성적인 욕망의 영역으로 넘어가는 순간부터 급격히 '위험'하거나 '비정상'적인 것으로 금기시되며 강력히 억압된다는 것이다. 세지윅은 이러한 사회적·문화적 현상을 '동성애적 패닉 homosexual panic'이라는 개념을 통해 설명했다.

"동성애적 패닉은 욕망이 발각될 때의 공포가 아니라, 욕망이 존재할 수 있다는 사실 자체에 대한 공포다" – '동성애적 패닉'은 남성 간의 친밀함이 성적인 욕망으로 드러나거나 암시될 때, 남성들이 스스로의 정체성과 사회적 지위를 위협받는다고 느끼는 공포감과 불안을 뜻한다. 세지윅에 따르면, 근대적 이성애 중심 사회는 남성들 간의 친밀감을 적극적으로 장려하지만, 성적 욕망의 가능성을 엄격하게 차단하고 제거하려는 이중적이고도 모순적인 태도를 취한다. 이 과정에서 사회는 남성 간의 욕망을 엄격히 관리하고 통제하며, 나아가 욕망의 존재 자체를 은폐하거나 부정하기 위한 문화적 장치와 담론을 발전시켰다.

"정체성이라는 단어는 욕망을 포착하기엔 너무 무겁고, 너무 느리다" – 이러한 맥락에서 세지윅은 욕망이 단순히 '이성애'와 '동성애'라는 명확한 이분법으로 나누어질 수 없다고 강조한다. 오히려 그녀가 욕망을 이해하는 방식은 훨씬 더 유동적이고, 중첩적이며, 복합적이다. 욕망은 하나의 고정된 정체성이 아니라, 타자에 대한 섬세한 '정동적affective' 반응이며, 특정한 순간과 맥락에 따라 다양하게 변형되고 교차하는 경험이다. 하지만 이성애 중심주의는 이러한 욕망의 다층적이고 유연한 속성을 인정하지 않고, 그저 욕망을 명확히 정의된 두 개의 범주로 억지로 나누며, 그 사이의 애매성과 모호성을 끊임없이 삭제하려 한다.

퀴어 이론과 정체성의 확장

세지윅의 이성애 중심주의에 대한 비판과 성적 욕망의 구조적 분석은 그녀가 '퀴어Queer' 이론의 핵심 개념을 발전시키는 데 중요한 배경이 되었다. '퀴어'라는 용어는 본래 19세기 말부터 20세기 초에 걸쳐 '기묘한' 또는 '비정상적인'이라는 부정적 의미로 사용되었으며, 주류 사회가 성적 소수자들을 비하하고 배제하는 용어로 작용했다. 그러나 1980년대 이후 미국과 유럽의 급진적인 성소수자 운동가들과 학자들은 바로 그 부정적인 의미를 적극적으로 전복시켜 이 용어를 자신들의 정체성과 정치적 투쟁의 상징으로 '재전유reclaim'하기 시작했다.

"퀴어는 단순히 누가 무엇을 하는가의 문제가 아니라, 어떤 가능성이 열려 있는가에 대한 질문이다" – 이러한 흐름 위에서 1990년대 초, 세지윅은 퀴어를 단순히 성적 소수자 집단을 지칭하는 용어 이상의 철학적이고 정치적인 개념으로 발전시켰다. 그녀에게 퀴어는 '성적 지향'을 나타내는 하나의 정체성 범주로 고정되는 것이 아니라, 기존의 성별, 욕망, 정체성의 엄격한 경계를 끊임없이 흔들고 교란하며, 그 경계 너머로 새로운 가능성을 열어젖히는 근본적으로 '탈정체성적post-identitarian'이고 전략적인 위치였다. 다시 말해 퀴어란, 이성애 중심주의와 그로부터 파생된 '정상'과 '비정상', '남성성'과 '여성성', '동성애'와 '이성애' 같은 기존 언어 구조와 사회적 규범 체계 자체를 해체하는 철학적이며 정치적 실천이었다.

"퀴어는 정체성의 경계선을 지키려 하지 않는다. 퀴어는 그 경계에서 질문을 던지고, 틈을 만들고, 흐름을 열어젖힌다" – 세지윅은 퀴어 정체성을 특정한 고정된 집단으로서의 '동성애자', '트랜스젠더', 혹은 '양성애자'로 축소하는 것을 경계했다. 오히려 그녀에게 '퀴어'는 본질적으로 어떤 명확한 정의나 범주화 자체에 저항하며, 언제나 주변에 머무르면서 중심을 향해 도전하고, 확실성을 흔들고, 새로운 질문을 던지는 존재적 방식이자 사유의 자세였다. 이런 맥락에서 퀴어는 지속적으로 변화하고 확장되는 개념이 될 수밖에 없었다.

실제로 '퀴어'라는 용어는 1990년대 이후 학문과 운동의 영역에서 LGBTQ, LGBTQ+, 나아가 LGBTQIA+와 같이 지속적으로 확장되면서 단지 성소수자뿐 아니라 성적 정체성의 모든 유동성과 다양성을 포괄하는 보다 개방적이고 포괄적인 개념으로 자리 잡게 되었다. 이러한 퀴어 이론의 흐름에서 세지윅이 주장한 '퀴어적 사유'의 핵심은 모든 정체성의 경계를 재검토하며, 그것을 초월하거나 횡단하는 것이다. '퀴어'는 안정적이고 고정된 자리를 찾기보다는 끊임없이 이동하고, 변화하며, 다양성을 지향하는 존재론적이며 인식론적인 전략이다. 따라서 퀴어적 접근은 단순히 특정한 성적 욕망이나 정체성을 인정하는 데 그치지 않고, 정체성 자체가 형성되는 사회적·문화적 과정과 권력 구조를 근본적으로 문제 삼는 철학적 태도로 발전했다.

세지윅에게 퀴어는 인간의 삶을 제한하는 이성애 중심주의의 규범적 담론을 넘어설 뿐 아니라, 인간이 자기 자신과 타자, 그리고 세계를 새롭게 인식하고 관계 맺는 근본적인 사유 방식이다. 이는 인간의 정체성을 기존의 규범적이고 억압적인 틀에서 해방시키고, 다양한 삶의 가능성을 철학적이고 실천적으로 탐색하는 길이다. 세지윅의 퀴어 이론은 단지 특정 소수자 문제를 다루는 협소한 담론이 아니라, 인간 삶 전체의 가능성을 근본적으로 확장하고 풍부하게 만드는 철학적 탐구였다고 할 수 있다.

정동, 그리고 '회복적 읽기'의 심화

"정동은 이론이 닿기 어려운, 감각과 경험의 층위에서 삶을 구성한다" – 세지윅은 인간의 경험과 관계를 이해하는 데 있어 이성적 분석만으로는 포착할 수 없는 영역, 즉 '정동affect' 이론에 깊이 주목하였다. 그녀에게 정동은 단순한 개인적 감정을 넘어, 개인과 개인, 개인과 사회, 나아가 텍스트와 독자 사이를 순환하며 관계를 맺게 하고 의미를 생산하는 강력한 힘이었다.

특히 세지윅은 '수치심shame'이라는 정동이 퀴어 정체성 형성과 공동체 구성에 미치는 복합적인 영향에 천착하였다. 수치심은 사회적 낙인과 배제의 경험에서 비롯되는 고통스럽고 개인을 고립시키는 정동이지만, 동시에 세지윅은 이것이 퀴어 주체들에게는 역설적으로 자기 인식의 계기가 되고 타인과의 유대를 형성하는 중요한 매개가 될 수 있다고 보았다. 수치심은 자신의 존재나 욕망이 사회적 규범에 의해 어떻게 인식되는지를 첨예하게 드러내는 순간이며, 이러한 경험의 공유는 퀴어 공동체 내에서 상호 이해와 연대의 기반이 되기도 하였다. 수치심을 단순히 극복하거나 제거해야 할 부정적 감정으로만 치부하는 대신, 그것이 지닌 관계적이고 수행적인 힘을 탐구함으로써, 세지윅은 퀴어 경험의 복잡성과 그 안에서 생성되는 독특한 창조성과 회복력을 조명하였다. 사랑, 슬픔, 기쁨과 같은 다른 정동들 역시 이러한 맥락에서 개인의 서사를 구성하고, 타인과의 관계를 심화하며, 대안적인 공동체를 상상하고 실현하는 데 핵심적인 동력으로 작용한다고 분석하였다.

이러한 정동에 대한 관심은 세지윅으로 하여금 기존 비판 이론, 특히 문학 비평에서 지배적이었던 해석 방식에 의문을 제기하게 만들었다. 그녀는 당대의 많은 비판 이론이 '악의 세력이 얼마나 강력하고 교묘하게 작동하는지를 드러내는 데 주력'하는 일종의 '편집증적 읽기 paranoid reading'에 경도되어 있다고 진단하였다. 편집증적 읽기는 텍스트나 사회 현상 이면에 숨겨진 억압의 기제, 권력의 불균형, 폭력의 징후를 예리하게 포착하고 폭로하는 데 중요한 역할을 수행해왔다. 이는 의심의 해석학으로서, 당연하게 여겨지는 것들 뒤에 숨은 부정성을 드러내어 비판적 인식을 고양하는 데 기여하였다. 그러나 세지윅은 이러한 접근 방식이 때로는 모든 현상을 이미 예견된 부정성의 틀 안에서만 해석하게 만들고, 해석 주체를 끊임없는 경계와 불신 속으로 몰아넣어 결국 지적·정서적으로 소진시킬 수 있다고 우려하였다. 편집증적 읽기는 세상을 부정적으로 예측하고 그 예측이 맞아떨어지는 것을 확인하는 과정에서 일종의 만족감을 줄 수 있지만, 동시에 새로운 가능성이나 예상치 못한 긍정성을 발견할 기회를 차단할 위험이 있었다.

"회복적 읽기는 손상된 것들 속에서 여전히 기능하는 가능성을 본다" – 이에 대한 대안이자 보완으로서 세지윅은 '회복적 읽기 reparative reading'라는 실천적 방법론을 제안하였다. 회복적 읽기는 텍스트와 세계를 대면할 때, 이미 존재하는 상처와 파괴의 흔적들 속에서도 여전히 살아남아 있는 놀라움, 기쁨, 위안, 희망, 그리고 치유와 연결의 가능성을 적극적으로 탐색하고 구성하려는 시도이다. 이는 세상을 순진하게 긍정하거나 억압의 현실을 외면하는 것이 아니라, 파괴적인 힘에 맞서 삶을 지속하고 의미를 부여하며 공동체를 형성하려는 다양한 노력과 창조적 실천들에 주목하는 태도이다.

회복적 읽기는 '나쁜 소식에 의해 놀라지 않으려는 노력'보다는 '좋은 소식에 의해 놀라워할 수 있는 능력'을 중시하며, 예상치 못한 연결과 기쁨의 순간들을 통해 주체가 세계와 관계 맺는 방식을 재구성하고자 하였다. 특히 사회적으로 소외되고 상처받은 경험이 많은 퀴어 주체들에게 있어, 회복적 읽기는 과거의 트라우마를 재해석하고, 현재의 삶에서 지지 자원을 발견하며, 미래를 향한 희망을 구축해 나갈 수 있는 실질적이고도 창조적인 지혜를 제공하는 중요한 실천으로 자리매김하였다. 이는 단순히 텍스트를 해석하는 방법을 넘어, 세계와 관계 맺고 살아가는 하나의 윤리적 태도이자 생존의 기술이기도 하였다.

"정체성은 단일하지 않으며, 고정된 것도 아니다. 인간의 주체성은 서로 다른 충동과 서사, 가능성의 접점에서 끊임없이 만들어지고 해체된다" — 이 말은 세지윅 철학의 핵심을 요약한다. 그녀는 정체성을 본질로 보지 않고, 실천되고 반복되며, 권력과 욕망, 언어의 장 안에서 구성되는 사건으로 이해하였다. 따라서 퀴어 이론은 성소수자만을 위한 이론이 아니라, 모든 인간이 억압에서 벗어나 자신의 욕망을 재구성하고, 새로운 자유의 언어를 모색할 수 있는 사유의 실천으로 확장된다.

이브 코소프스키 세지윅의 철학은 이성애 중심주의 사회의 인식론적 폭력성을 섬세하게 분석하고, 억압적인 이분법을 해체하며, 정동의 중요성을 일깨웠다. 나아가 편집증적 비판을 넘어 회복적 실천을 통해 다양성과 차이를 긍정하고, 보다 유연하고 포용적인 방식으로 세계와 관계 맺을 것을 제안하였다. 그녀의 지적 유산은 오늘날에도 여전히 우리에게 복잡한 세계와 자아를 탐구하고, 기존의 지식 체계를 비판적으로 성찰하며, 상처를 치유하고 희망을 구성하는 방식에 대해 고민하게 하는 중요한 영감을 제공한다. 세지윅의 사유는 규범의 벽장 너머에 있는 무수한 가능성을 향해 우리를 계속해서 이끌고 있다.

✒ 주요 저술

- **남성들 사이에서(Between Men, 1985)** | 남성 간의 욕망 구조를 통해 가부장적 사회에서의 성적 억압과 권력 관계를 분석하고, 동성 간 욕망이 어떻게 사회적 질서를 유지하거나 교란하는지 탐구한다.

- **벽장의 인식(Epistemology of the Closet, 1990)** | '벽장'이라는 개념을 통해 성적 정체성이 은폐되고 억압되는 방식을 탐구하며, 성 정체성의 인식론적 · 정치적 구조를 밝히고, 이를 사회 전체의 문제로 확장한다.

- **감정 만짐(Touching Feeling, 2003)** | 성적 정체성과 감정, 신체성 간의 관계를 분석하여 '정동(affect)' 이론과 퀴어 이론을 접목한 새로운 접근을 시도하며 성 정체성과 감정의 연결을 탐색한다.

PART 13

저항과 실천:
바꾸는 인간

우리는 세상을 어떻게 바꿀 수 있는가? 인간은 단지 존재하는 것이 아니라, 행동하고 저항하는 존재다. 억압과 부조리한 현실 앞에서 철학은 머무르지 않고 움직이기 시작했다. 생각은 실천으로, 비판은 변화를 위한 무기로 나아간다. 헤르베르트 마르쿠제(1898~1979)는 소비사회와 이성의 도구화를 비판하며 진정한 해방의 가능성을 탐색했고, 체 게바라(1928~1967)는 실천하는 인간, '새로운 인간상'을 몸으로 보여주었다. 피터 싱어(1946~)는 고통받는 존재에 대한 윤리적 책임을 확장하며, 실천 가능한 윤리를 주장했다.
이 장에서는 비판과 실천, 윤리적 선택의 관점에서 인간의 능동성과 책임을 살펴본다. 이제, 우리는 변화의 주체로서 인간을 바라본다. 사유에서 멈추지 않고, 세계에 응답하는 존재로서…

48 | 마르쿠제 1898~1979
억압적 관용에 순응할 것인가?

"현대 사회의 고도로 발달된 영역에서는 생산 장치와 그것이 만들어내는 상품 및 서비스가 사회 전체 체제를 '판매'하거나 강요한다. 이 상품들은 사람들을 세뇌하고 조종하며, 거짓임에도 그것에 면역된 '허위의식'을 촉진시킨다."

— 『일차원적 인간』, 1964

헤르베르트 마르쿠제(Herbert Marcuse, 1898~1979)는 프랑크푸르트 학파의 대표적인 사상가로, 철학과 사회 비판을 통해 인간 해방의 가능성을 탐구하였다.

그는 특히 사회적 억압이 단순히 정치적·경제적 지배에서 오는 것이 아니라, 현대 사회의 문화와 기술, 소비주의를 통해 은밀하게 지속된다고 보았다. 그는 진정한 자유를 위해서는 정치적 혁명을 넘어서 의식과 생활방식을 근본적으로 변화시키는 실천이 필요하다고 주장했다.

억압적 관용

"자유로운 표현의 장은 평등한 경쟁의 장이 아니다" – 현대 자본주의 사회는 '자유'와 '관용'을 핵심 가치로 삼아 다원주의적 세계관을 구축하고 있다. 그러나 마르쿠제는 그의 저서 『억압적 관용(1965)』에서 이러한 관용이 실제로는 억압을 유지하는 도구로 기능할 수 있다고 비판한다. 마르쿠제는 '억압적 관용Repressive Tolerance'을 표면적으로는 모든 의견과 관점을 허용하지만, 실제로는 기존의 권력 구조를 유지하는 역할을 하는 관용으로 정의했다. 자유 민주주의 사회는 다양한 의견과 사상의 공존을 허용하는 것처럼 보이지만, 이는 결과적으로 지배 계급의 권력을 보호하고, 체제 비판적 목소리를 억압하는 기제로 작용한다.

자본주의 체제에서 대형 미디어와 교육은 자본가 계급의 이념을 우선적으로 다루며, 노동자 계급의 요구나 급진적 목소리는 과격하거나 비현실적인 것으로 치부된다. '억압적 관용'은 기존 권력 구조에 이로운 사상과 행동은 과도하게 허용하는 반면, 이를 비판하거나 도전하려는 급진적 목소리는 묵살하거나 억압한다.

"관용은 권력에 의해 구조화되어 있다" – 자본주의 사회는 비판적 목소리를 억압하는 것뿐만 아니라, 이를 체제 내부로 흡수하여 희석시키는 전략을 사용한다. 환경 문제에 대한 목소리는 친환경 소비 캠페인과 같은 방식으로 상업화되며, 문제의 근본 원인을 해결하기보다는 기존 체제 안에서 소비자의 선택으로 축소된다. 현대 미디어와 소셜 미디어 역시 마르쿠제의 '억압적 관용'이 작동하는 중요한 장이다. 알고리즘은 주류 이념과 콘텐츠를 우선적으로 노출시키며, 비판적 목소리는 묻히거나 왜곡된다. 이는 정보의 다양성을 제한하고, 기존 권력 구조를 공고히 하는 결과를 낳는다.

일차원적 인간

"현대 사회는 인간을 일차원적 사고로 제한하며, 저항할 수 없도록 만든다" – 우리는 자유롭다고 믿지만, 그 자유는 철저히 체제에 의해 규정된 것이다. 현대 자본주의는 인간의 사고를 단순화하고, 체제에 대한 의문을 제기할 기회마저 차단한다. 마르쿠제는 그의 저서 『일차원적 인간(1964)』에서 이 과정을 날카롭게 분석하며, 어떻게 현대 사회가 인간을 비판적 사고 없이 체제에 순응하는 존재로 길들이는지를 설명한다. 마르쿠제의 일차원적 인간이란 비판 능력을 잃고, 체제 내 삶을 자연스럽게 받아들이는 존재다. 끊임없는 소비와 노동에 몰두하며, 더 나은 사회를 꿈꾸기보다 주어진 환경에서의 안락함에 만족한다. 더 심각한 문제는, 그가 스스로 억압받고 있음을 인식하지 못한다는 점이다. 일차원적 인간은 단순히 외부의 억압에 의해 형성되는 것이 아니다. 그는 이미 체제 속에서 태어나고, 길러지며, 생각하는 법을 배운다.

"소비는 해방이 아니라 통제의 형식이다" – 자본주의 사회에서 소비는 단순한 경제 활동이 아니라, 인간의 사고를 마비시키는 강력한 도구다. 기업들은 필요하지 않은 욕망을 끊임없이 만들어내고, 사람들은 이를 충족시키기 위해 노동하고, 다시 소비한다. '좋은 삶'은 더 많은 소비와 동일시되며, 비판보다는 소유의 만족감이 우선시된다. 새로운 기술과 상품은 삶을 더 편리하게 만들지만, 동시에 현실에 대한 불만을 무디게 한다. 대중문화와 광고는 특정한 욕망을 주입하며, 기존 질서를 의심하는 대신 동조하도록 유도한다. 이처럼 소비는 단순한 경제 행위가 아니라, 체제에 대한 비판을 무력화하는 핵심적인 수단이 된다.

"기술적 합리성은 인간 해방의 도구가 아니라, 사회 통제의 수단이 되었다" – 기술의 발전은 인류에게 엄청난 편리함을 제공했지만, 동시에 우리의 사고방식을 효율성과 실용성이라는 틀 안에 가두었다. 자동화된 시스템과 관료적 절차는 개인의 창의적 사고를 제한하고, 정해진 틀에 맞추어 살아가도록 만든다. 기술적 합리성이 사회적 합리성을 대체하며, '가능한 것' 과 '옳은 것'을 구분하는 감각이 점점 무뎌진다. 대중은 복잡한 정치·경제 시스템을 이해할 필요 없이, 주어진 정보만 받아들이며 사고의 주도권을 잃어간다. 결국, 효율성과 생산성을 강조하는 사회 속에서 인간은 자유롭게 사유할 기회를 박탈당한 채, 체제의 부속품처럼 기능하는 존재가 된다.

"비판적 개념은 일상 언어에서 제거된다. 말은 체제의 현실만을 반영한다" – 언어는 사람들의 사고를 형성하고, 특정한 방식으로 현실을 이해하도록 만드는 가장 강력한 도구다. 미디어는 특정한 프레임을 설정하여, 사람들이 체제에 의문을 갖지 못하도록 유도한다. 이데올로기적 용어들은 '안정', '성장', '자유' 등의 개념을 체제 유지의 수단으로 활용한다. 비판적인 담론은 점점 사라지고, 대중은 표면적인 이슈에 집중하며 본질적인 문제를 인식하지 못하게 된다.

"자본주의는 자유를 약속하지만, 결국 인간을 체제에 복종하도록 길들인다" – 자유는 단지 억압으로부터의 해방이 아니다. 그것은 다른 세계를 상상하고, 그 세계 안에서 살아갈 수 있는 능력이다. 우리는 익숙한 것에 둘러싸여 있다. 깨어 있는 순간부터 잠들 때까지, 우리의 일상은 특정한 질서 속에 반복된다. 아침의 뉴스, 브랜드 로고가 찍힌 커피잔, 시간 단위로 조율된 업무, 그리고 피로한 저녁의 TV 드라마. 그러나 마르쿠제는 이 익숙함 속에 지극히 이질적인 것, 즉 '자유의 부재'를 보았다. 현대 자본주의는 더 이상 강압적인 폭력으로 우리를 억압하지 않는다. 대신, 쾌락과 편의, 기술과 효율의 이름으로 우리를 '만족'시키며, 비판적 사유를 마비시키는 기제를 작동시킨다.

에로스와 문명

"억압은 생산성과 질서의 이름으로 정당화되며, 억압된 에로스는 문명에 복무하도록 전환된다" – 『에로스와 문명』에서 마르쿠제는 프로이트(1856~1939)가 제기한 문명과 본능의 갈등이라는 테제를 비판적으로 계승하고 발전시켰다. 프로이트는 문명이 존속하기 위해서는 인간의 원초적 본능, 특히 성적 본능인 '에로스Eros'와 파괴 본능인 '타나토스Thanatos'에 대한 억압이 불가피하다고 보았다. 마르쿠제는 현대 자본주의 체제에서는 이러한 억압이 모든 문명에 보편적으로 필요한 '기본적 억압basic repression'을 넘어, 특정 사회 체제를 유지하기 위해 부과되는 '과잉억압surplus repression'의 형태로 나타난다고 주장하였다. 그에 따르면, 특히 현대 자본주의 사회는 '성과원리'를 통해 개인을 끊임없는 경쟁과 노동으로 내몰며, 생존에 필요한 수준 이상의 과도한 억압을 가한다. 이 과정에서 인간의 에로스, 즉 생명력, 창조성, 유희적 본능, 그리고 타인 및 자연과의 합일을 추구하는 힘은 심각하게 위축되고 왜곡된다. 노동은 소외된 활동이 되고, 여가는 상업화된 형태로 변질되며, 인간관계마저 도구화되는 현실이 바로 이 과잉억압의 결과라는 것이다.

"해방된 에로스는 삶 그 자체의 미학화를 가능하게 한다" – 마르쿠제는 암울한 진단에만 머무르지 않았다. 그는 프로이트가 비관적으로 보았던 문명의 미래에 대해, 과잉억압이 철폐되고 에로스가 해방된 '비억압적 문명'의 가능성을 제시하였다. 이는 기술적 진보가 인간을 억압하는 대신 해방에 복무하고, 노동이 유희와 창조적 자기실현의 과정으로 전환되며, 인간의 감성이 풍요롭게 발현되는 사회에 대한 전망이었다. 그는 이러한 사회에서는 억압적 이성이 아닌 해방된 감성, 즉 '미학적-에로스적 차원'이 삶의 주된 원리가 될 수 있다고 보았다. 이는 성적 해방을 넘어, 삶의 전 영역에서 아름다움, 조화, 평화, 그리고 비도구적 관계가 회복되는 것을 의미한다.

의식의 전복과 삶의 혁명

"진정한 해방은 의식의 전환 없이는 불가능하다" – 마르쿠제의 철학에서 실천은 곧 진정한 욕구를 회복하는 과정이다. 그것은 소비와 경쟁, 효율성과 이윤 중심의 삶을 넘어서, 자유·창조성·연대성을 욕망할 수 있는 인간으로 다시 태어나는 일이다. 우리의 삶은 외적 구조의 변화를 기다릴 수 없다. 삶의 양식을 바꾸는 일은 지금 여기, 내 안에서 시작되어야 한다.

"진정한 실천은 기존 현실을 넘어설 수 있는 새로운 가능성을 감각하는 능력이다" – 마르쿠제에게 실천이란 억압을 단순히 인식하는 데서 멈추지 않는다. 그것은 억압된 구조에 대한 비판적 거리 두기와 함께 다른 가능성을 감각하는 능력을 키우는 것이다. 그러한 가능성은 예술과 철학, 교육과 같은 영역에서 시작된다. 이 공간들은 기존의 현실 원리에 종속되지 않고, 탈일차원적 감수성과 해방의 잠재성을 품고 있다. 예술은 기존 질서의 리듬에서 벗어나 인간, 자연, 사물 간의 새로운 관계를 상상하게 하며, 철학과 교육은 질문을 던지고 사유하게 하면서 현실의 당연함을 해체한다. 교육은 단순히 지식을 전달하는 것이 아니라, 억압된 구조를 인식하고 저항할 수 있는 비판적 사고를 길러내는 해방의 장이 되어야 한다.

"위대한 거부란 체제 전체에 대한 거부다. 그것은 다른 삶의 가능성에 대한 감수성과 상상력이다" – 마르쿠제의 의식의 전환과 새로운 가능성에 대한 감각은 정치적으로는 '위대한 거부 The Great Refusal'로 이어진다. 기존 체제 내에서의 점진적 개혁이나 부분적인 반항만으로는 억압의 고리를 끊을 수 없다. '위대한 거부'란 바로 이러한 총체적인 억압 시스템과 그 가치관, 생활양식 전체에 대한 단호하고도 전면적인 거부 행위를 의미한다. 이는 기존 질서의 게임 규칙을 따르기를 거부하고, 체제가 강요하는 허위 욕구와 억압적 만족으로부터 의식적으로 이탈하는 실존적 결단이자 정치적 실천이다.

마르쿠제는 이 '위대한 거부'를 실천할 수 있는 주체로서, 전통적인 노동자 계급보다는 체제의 주변부로 밀려나거나 그 허위성을 민감하게 감지하는 집단, 예컨대 학생, 지식인, 예술가, 소수자, 그리고 제3세계 민중 등에게서 희망을 찾았다. 이들은 기존 질서에 완전히 통합되지 않았기에, 체제의 모순을 더욱 첨예하게 인식하고 새로운 사회에 대한 급진적인 상상력을 발휘할 수 있다고 보았다.

'위대한 거부'는 억압적 현실 너머의 새로운 삶의 가능성을 창조하려는 열망과 맞닿아 있다. 이는 필연적으로 인간의 감성과 욕구 자체의 변화, 즉 경쟁과 소유 중심의 가치에서 벗어나 평화롭고 연대하며 생태적인 삶을 지향하는 '새로운 감성 New Sensibility'의 형성을 동반하고 또 촉진한다. 예술과 상상력은 이러한 새로운 감성을 일깨우고 해방된 미래를 예감하게 하는 중요한 매개가 된다.

그의 사유는 심오하지만 차갑지 않다. 오히려 그는 인간 삶의 감성적·감각적 차원을 강조했다.

오늘 우리는 정보의 바다 속에서 무수한 데이터와 '합리적' 설명을 소비한다. 그러나 그것은 우리가 어떻게 살아야 하는지, 무엇을 '좋다'고 여겨야 하는지를 가르쳐주지 않는다. 우리가 필요로 하는 것은 더 많은 정보가 아니라 더 깊은 감각이다. 즉, 억압된 삶을 감지하는 능력, 그리고 그것에 저항

거인의 어깨
연표와 개념어

자이언톡

- 거인의 어깨에서 묻다 철학편 3부작에 등장하는 사유의 거인들을 연대 순으로 정리하였다.
- 국적을 표시하였고 괄호 안은 이주한 곳을 의미한다.
- 색상 구분 | ■ 존재와 참 ■ 사회와 힘 ■ 인간과 삶

- **크리슈나Krishna** | BC3228~3102경, 인도: 자아Atman, 절대자 Brahman, 카르마Karma, 다르마Dharma, 아르타Artha, 카마Kama, 모크샤Moksha

- **복희伏羲** | BC 3000경, 중국: 팔괘八卦, 하늘, 땅, 물, 불, 산, 천둥, 바람, 연못

- **아케나톤Akhenaten** | 재위 BC 1353~1336년, 이집트: 아텐Aten

- **헤시오도스Hesiod** | BC 8세기 후반~7세기 초반, 그리스: 카오스Chaos, 뮤즈Muse, 무에서의 창조 Creatio ex Nihilo, 코스모스Cosmos

- **탈레스Thales** | BC 624 경~546경, 그리스: 아르케archē, 필연 Necessitas, 수분water

- **헤라클레이토스Heraclitus** | BC 535~475경, 그리스: 판타레이Panta Rhei, 불, 전쟁Polemos

- **파르메니데스Parmenides** | BC 510~450경, 그리스: 존재Ens, 진리 aletheia의 길과 억견doxa 의 길

- **노자老子** | BC6세기경, 중국: 무위자연無爲自然, 상선약수上善若水, 도가도비상도可道非常道, 소국과민小國寡民

- **공자孔子** | BC 551~479, 중국: 덕德, 인仁, 예禮, 천명天命

- **소크라테스Socrates** | BC470~399, 그리스: 무지의 자각conscientia ignorantiae, 반증법elenchus, 영혼의 돌봄epimeleia heautou, 다이몬 daimon

- **석가모니釋迦牟尼** | Śākyamuni, BC6~4세기, 인도(네팔): 사성제四聖諦, 팔정도八正道, 중도中道

- **프로타고라스Protagoras** | BC490~420경, 그리스: 인간척도론Homo Mensura, 불가지론 Agnosticism

- **고르기아스Gorgias** | B.C483~375, 그리스: 소피스트Sophist, 수사학자 rhetorician, 회의주의Skepticism, 3중 부정

- **데모크리토스Democritus** | B.C. 460 ~370년경, 그리스: 원자 atomon, 공허kenon, 영혼psyche

- **플라톤Plato** | BC 427~347, 그리스: 현상phenomena, 이데아Idea, 동굴의 비유Allegory of the Cave, 에피스테메episteme, 상상Eikasia, 믿음Pistis, 이성적 사유Dianoia, 지성Noesis, 선의 이데아Idea of the Good, 철학자 왕Philosopher King

- **아리스토텔레스Aristotle** | BC384~322, 그리스: 실체ousia, 질료hylē, 형상eidos, 목적론적 세계관 Teleology, 가능태와 실제태 Dynamis vs. Energeia

- **에피쿠로스Epicurus** | BC 341~270, 그리스: 클리나멘 Clinamen, 세계들 사이의 공간 metakosmia, 평온ataraxia

- **맹자** | BC372~289, 중국: 성선설性善說, 항산恒產과 항심恒心, 왕도정치

- **피론Pyrrho of Elis** | BC 360~270, 그리스: 현상phainomenon, 아타락시아ataraxia, 에포케epokhē

- **한비자韓非子** | BC280?~233, 중국: 법法, 세勢, 술術

- **세네카Lucius Annaeus Seneca** | BC 4?~AD 65, 로마 제국: 이성logos, 지혜sapientia, 용기fortitudo, 절제 temperantia, 정의iustitia, 아파테이아apatheia, 아모르파트Amor fati

- **키케로Marcus Tullius Cicero** | BC106~43, 로마 공화국: 사회적 동물animal sociale, 자연 법lex naturalis, 공화주의Res Publica, 시민의 권리와 의무

- **예수Jesus of Nazareth** | BC4년경?~기원후 30/33년, 유대 지역(로마령 팔레스타인): 아가페Agapē, 아피에미 Aphiemi, 메타노이아metanoia

- **아우렐리우스Marcus Aurelius** | 121~180년, 로마 제국: 스토아적 덕, 공동체communitas

- **엠피리쿠스Sextus Empiricus** | 160~210, 로마 제국: 이소스테네이아isostheneia, 아타락시아ataraxia, 에포케epokhē, 트로포스Modes, 아이네시데모스의 10가지 논변, 아그리파의 5가지 논변

- **나가르주나Nagarjuna** | 2~3세기 경, : 공空, Śūnyatā, 연기緣起, Pratītyasamutpāda, 무자성 Niḥsvabhāvatā

- **플로티노스Plotinus** | 204/5~270, 로마 제국(이집트): 일자to Hen, 유출이론Emanation Theory, 헤노시스 Henosis

- **아우구스티누스Augustine of Hippo** | 354~430, 로마 제국(북아프리카): 신Deus, , 입숨 에쎄Ipsum Esse, 영원한 현재aeternitas, 악malum, , 인 테 입숨 레디In te ipsum redi, 신적 조명Divina Illuminatio, 행복 beatitudo

- **마호메드Muhammad** | 570~632, 아라비아: 타우히드Tawhid, 샤하다Shahada, 살라트Salat, 자카트 Zakat, 사움Sawm, 하지Hajj

질서Wertordnung, 가치 파악 Wertnehmung, 사랑하는 존재ens amans, 정신Geist, 인격Person

- **융Carl Gustav Jung** | 1875~1961, 스위스: 집단무의식Collective Unconscious, 원형Archetype, 아니마/아니무스Anima/Animus, 개성화Individuation

- **부버Martin Buber** | 1878~1965, 오스트리아~헝가리 제국(체코): 나-그것Ich-Es, 나-너I-Thou, 절대적 너Eternal Thou

- **아인슈타인Albert Einstein** | 1879~1955, 독일: 특수 상대성이론Special Relativity, $E=mc^2$, 일반 상대성 이론General Theory of Relativity

- **야스퍼스Karl Jaspers** | 1883~1969, 독일: 한계상황Grenzsituation, 초월자Transzendenz, 포괄자Das Umgreifende, 소통Kommunikation

- **폴라니Karl Polanyi** | 1886~1964, 헝가리: 배태성embeddedness, 허구적 상품fictitious commodities, 이중적 운동double movement, 재배태re-embedding

- **레오폴드Aldo Leopold** | 1887~1948, 미국: 땅 윤리Land Ethic, 생명 공동체Biotic Community, 생태 중심주의Ecocentrism

- **하이데거Martin Heidegger** | 1889~1976, 독일: 존재Sein, 존재자Seiendes, 현존재Dasein, 세계-내-존재In-der-Welt-sein, 죽음을 향한 존재Sein-zum-Tode, 세인das Man

- **비트겐슈타인Ludwig Wittgenstein** | 1889~1951, 오스트리아~헝가리 제국(오스트리아): 논리 실증주의Logical Positivism, 그림 이론Picture theory, 언어게임Language-game, 생활양식Form of life

- **카르납Rudolf Carnap** | 1891~1970, 독일: 비엔나 서클Vienna Circle, 검증 가능성 원리Verifiability Principle, 강한 검증Strong Verification, 약한 검증Weak Verification, 의미조건, 논리적 실체logical entities, 과학적 실체scientific entities, 경험적 실체empirical entities

- **그람시Antonio Gramsci** | 1891~1937, 이탈리아: 시민사회Civil Society, 헤게모니hegemony, 유기적 지식인Organic Intellectual, 진지전War of Position, 역사적 블록Historical Bloc

- **플레스너Helmuth Plessner** | 1892~1985, 독일: 탈자적 위치성exzentrische Positionalität, 경계 존재Grenzwesen, 자연적 인공성natürlich künstlich, 매개된 직접성, 유토피아적utopisch 갈망

- **호르크하이머Max Horkheimer** | 1895~1973, 독일: 계몽주의 Enlightenment 비판, 도구적 이성Instrumental Reason, 문화산업Kulturindustrie 비판, 개별적 이성

- **마르쿠제Herbert Marcuse** | 1898~1979, 억압적 관용Repressive Tolerance, 일차원적 인간One-Dimensional Man, 허위욕구False Needs, 에로스와 문명Eros and Civilization

- **하이에크Friedrich Hayek** | 1899~1992, 오스트리아~헝가리 제국(체크, 이후 영국 거주): 자생적 질서spontaneous order, 가격 체계price system, 법의 지배rule of law, 신자유주의Neoliberalism

- **가다머Hans-Georg Gadamer** | 1900~2002, 독일: 해석학Hermeneutics, 선입견prejudice, 선이해Vorverständnis, 역사적 효과 의식wirkungsgeschichtliches Bewusstsein, 지평 융합Horizontverschmelzung

- **프롬Erich Fromm** | 1900~1980, 독일(미국으로 이주): 자유로부터의 도피 Escape from Freedom, 소외Alienation, 사랑의 기술The Art of Loving, 존재 대 소유Being vs. Having

- **하이젠베르크Werner Heisenberg** | 1901~1976, 독일: 불확정성 원리Uncertainty Principle, 행렬 역학Matrix Mechanics

- **라캉Jacques Lacan** | 1901~1981, 프랑스: 거울단계the Mirror Stage, 상상계Imaginaire, 이름의 아버지Nom du Père, 상징계Symbolique, 실재계Réel, 욕망désir, 대타자lAutre, 주이상스Jouissance

- **포퍼Karl Raimund Popper** | 1902~1994, 오스트리아(영국으로 이주): 반증 가능성Falsifiability, 물리적 세계The Physical World, 심리적 세계The Mental World, 지식과 문화의 세계The World of Knowledge & Culture, 열린 사회

- **아도르노Theodor Adorno** | 1903~1969, 독일: 계몽주의 Enlightenment 비판, 도구적 이성Instrumental Reason, 문화산업Kulturindustrie 비판, 개별적 이성

- **겔렌Arnold Gehlen** | 1904~1976, 독일: 결핍 존재Mängelwesen, 행위Handlung, 제도Institution, 행위하는 존재handelndes Wesen

- **모겐소Hans Morgenthau** | 1904~1980, 독일(미국으로 이주): 현실주의 국제정치학, 권력을 위한 투쟁struggle for power, 힘의 균형Balance of Power, 상대적 이익

- **프랭클Viktor E. Frank** | 1905~1997, 오스트리아: 로고테라피Logotherapy, 의미에의 의지Will to Meaning, 태도 선택의 자유

- **사르트르Jean-Paul Sartre** | 1905~1980, 프랑스: 실존이 본질에 앞선다 Lexistence précède lessence, 무Néant, 타자lAutre, 그 자체로 있는 존재en-soi, 자신을 의식하는 존재pour-soi, 자기 기만Mauvaise foi, 자유의 연대

- **아렌트Hannah Arendt** | 1906~1975, 독일(미국으로 이주) : 공적 영역public realm, 악의 평범성Banality of Evil, 전체주의Totalitarianism 비판, 이데올로기ideology 비판, 체적 자유subjective freedom

- **괴델Kurt Gödel** | 1906~1978, 독일(미국으로 이주) : 불완전성 정리 Incompleteness Theorems

- **레비나스Emmanuel Levinas** | 1906~1995, 리투아니아(프랑스) : 타자LAutre, 얼굴le visage, 전체성과 무한The Totality and the Infinite, 환대 Hospitalité

- **보부아르Simone de Beauvoir** | 1908~1986, 프랑스 : 비자기non-self, 성차의 구성성On ne naît pas femme, on le devient, 내재성immanence, 초월transcendence

- **매슬로우Abraham Maslow** | 1908~1970, 미국 : 욕구 단계 이론Hierarchy of Needs, 자기실현Self-Actualization, 자기초월Self-Transcendence

- **메를로 퐁티Maurice Merleau-Ponty** | 1908-1961, 프랑스 : 지각의 현상학, 몸-주체corps-sujet, 신체적 의식Embodied Consciousness, 의미의 육화incarnation of meaning

- **레비스트로스Claude Lévi-Strauss** | 1908~2009, 프랑스 : 구조주의 Structuralism, 신화 구조 분석 Mythologiques, 구조의 무의식 Unconscious structure

- **콰인Wilard Van Orman Quine** | 1908~2000, 미국 : 철학의 자연화 naturalization, 신념의 그물망the web of belief

- **벌린Isaiah Berlin** | 1909~1997, 러시아(영국) : 소극적 자유Negative Liberty, 적극적 자유Positive Liberty, 가치 다원주의Value Pluralism

- **후쿠오카Masanobu Fukuoka** | 1911~2008, 일본 : 자연농법自然農法, 무위의 농업無為の農業

- **맥루한Marshall McLuhan** | 1911~1980, 캐나다 : 미디어는 메시지다 The medium is the message, 기술적 연장Technological Extensions, 핫 미디어Hot Media와 쿨 미디어Cool Media, 지구촌 Global Village

- **프리드먼Milton Friedman** | 1912~2006, 미국 : 경제적 자유economic freedom, 법의 지배the rule of law, 시장 질서의 보호자preserver of the market order, 규칙 기반 통화정책rule-based policy, 교육 바우처 제도Education Voucher System, 음의 소득세Negative Income Tax

- **바르트Roland Barthes** | 1915~1980, 프랑스 : 기호학적 해체, 기표의 유희play of signifiers, 저자의 죽음 La mort de lauteur, 텍스트의 즐거움 Le plaisir du texte

- **알튀세르Louis Althusser** | 1918~1990, 프랑스 : 호명 interpellation, 이데올로기적 국가기구ISA: Ideological State Apparatuses, 인식론적 단절 coupure épistémologique, 계급재생산

- **롤스John Rawls** | 1921~2002, 미국 : 무지의 베일Veil of Ignorance, 동등한 기초 자유의 원리The Principle of Equal Basic Liberties, 차등 원리 The Difference Principle, 공정으로서의 정의Justice as Fairness, 최소극대화 원칙Maximin Rule

- **쿤Thomas Kuhn** | 1922~1996, 미국 : 정상과학Normal Science, 혁명적 과학Revolutionary Science, 패러다임 전환, 과학혁명Scientific Revolutions

- **리오타르Jean-François Lyotard** | 1924~1998, 프랑스 : 거대 서사Grand Narrative의 붕괴, 탈근대postmodern, 언어 게임language game, 디페랑differend

- **들뢰즈Gilles Deleuze** | 1925~1995, 프랑스 : 차이difference, 생성becoming, 반복Repetition, 다양체multiplicity, 리좀Rhizome

- **푸코Michel Foucault** | 1926~1984, 프랑스 : 지식의 계보학genealogy, 진리의 체제regime of truth, 규율discipline, 담론 discourse, 생명정치biopolitics, 규율권력anatomo-politics, 생명권력biopower, 미시권력의 물리학 micro-physics of power

- **바우만Zygmunt Bauman** | 1925~2017 폴란드(영국) : 유동하는 근대성liquid modernity, 액체 현대성liquid modernity, 배제형 사회Exclusive Society, 잉여 인간 superfluous people, 자유와 불안, 연대의 가능성

- **게티어Edmund Gettier** | 1927~2021, 미국 : 정당화된 참 믿음 justified true belief의 반례

- **헌팅턴Samuel P. Huntington** | 1927~2008, 미국 : 문명civilization, 서구 대 나머지the West versus the Rest, 문명의 충돌

- **체 게바라Che Guevara** | 1928~1967, 아르헨티나(쿠바) : 새로운 인간Hombre Nuevo, 자발적 노동Trabajo voluntario, 혁명 윤리 Ethics of Revolution

- **하버마스Jürgen Habermas** | 1929~, 독일 : 공론장Public Sphere, 목적 합리적 행위Strategic/Instrumental Action, 의사소통 행위communicative action, 담론 윤리 Discourse Ethics, 체계System와 생활세계Lifeworld

- **보드리야르Jean Baudrillard** | 1929~2007, 프랑스 : 시뮬라크르simulacre, 시뮬라시옹simulation, 하이퍼리얼리티hyperreality, 투명성transparency

- **윌슨Edward Osborne Wilson** | 1929~2021, 미국 : 생태중심

- 주의ecocentrism, 생물다양성 Biodiversity, 바이오필리아 가설Biophilia Hypothesis, 통섭Consilience, 지구 생명 공동체Gaia-like ethic

- 부르디외Pierre Bourdieu | 1930~2002, 프랑스: 자본Capital, 아비투스Habitus, 장Field, 상징적 폭력symbolic violence

- 데리다Jacques Derrida | 1930~2004, 프랑스: 해체주의Deconstruction, 이중 결여La double absence, 차연différance, différance, 보충Supplément

- 왈라스타인Immanuel Wallerstein | 1930~2019, 미국: 세계체제론World-Systems Theory, 중심축 분업axial division of labor, 핵심부core, 반주변부semi-periphery, 반체제 운동anti-systemic movements

- 로티Richard McKay Rorty | 1931~2007, 미국: 철학적 아이러니philosophical irony, 진리와 공동체, 대화·해석·실천

- 보엠Christopher Boehm | 1931~2021, 미국: 역지배 계층reverse dominance hierarchy, 정치적 자연선택political natural selection, 사회적 제재social sanctioning

- 네그리Antonio Negri | 1933~, 이탈리아: 제국Empire, 다중Multitude, 공통체Commonwealth, 어셈블리Assembly

- 켈러Evelyn Fox Kelle | 1936~2023, 미국: 결정주의 비판, 상호작용적 모델, 관계적 생명 개념, 얽힘entanglement

- 네이글Thomas Nagel | 1937~, 미국: 박쥐로서의 느낌, 주관적 경험qualia, 어디에도 없는 관점view from nowhere, 중첩적 관점layered perspective, 객관적 주관성objective subjectivity

- 노직Robert Nozick | 1938~2002, 미국: 자유지상주의libertarianism, 최소 국가minimal state, 소유적 정의Entitlement Theory of Justice, 획득의 정당성Justice in Acquisition, 이전의 정당성Justice in Transfer, 부정의의 교정 원칙Principle of Rectification of Injustice

- 플럼우드Val Plumwood | 1939~2008, 호주: 이원론적 구조 비판, 자연의 타자화Nature as the Other, 생태적 자아Ecological Self, 생태적 윤리Ecological Ethics

- 도킨스Richard Dawkins | 1941~, 영국: 이기적 유전자The Selfish Gene, 유전자 중심 진화론, 복제자/운반자 모델, 밈Meme, 확장된 표현형The Extended Phenotype

- 굴드Stephen Jay Gould | 1941~2002, 미국: 단속평형 이론punctuated equilibrium theory, 역사적 과정historical process, 역사적 우발성historical contingency

- 데닛Daniel Dennett | 1942~, 미국: 데카르트 극장Cartesian Theater, 다중 초안 이론Multiple Drafts Model, 명성Fame

- 스피박Gayatri Chakravorty Spivak | 1942~, 인도(미국): 서발턴subaltern, 대표representation의 이중 의미, 탈식민적 비판Postcolonial Critique, 해체주의와 마르크스주의의 결합

- 카스텔Manuel Castells | 1942~, 스페인: 네트워크 사회Network Society, 정체성 기반 사회운동Identity-Based Social Movements, 저항의 네트워크Network of Resistance

- 스티글리츠Joseph E. Stiglitz | 1943~, 미국: 정보 비대칭Asymmetric Information, 똑똑한 정부Smart Government, 낙수효과Trickle-Down Effect 비판, 공정한 경제Fair Economy, 포용적 성장Inclusive Growth

- 무페Chantal Mouffe | 1943~, 벨기에(프랑스): 자유주의 비판, 대립적 민주주의Agonistic Democracy, 민주 사회주의Democratic Socialism, 정동Affects과 열정Passion, 아고니즘적 민주주의Agonistic Democracy

- 해러웨이Donna Haraway | 1944~, 미국: 사이보그Cyborg, 반려종Companion Species, 포스트휴머니즘Posthumanism, 크툴루세Chthulucene, 트러블과 함께 하기Stay with the Trouble

- 싱어Peter Albert David Sing | 1946~, 호주: 실천 윤리학, 선호 공리주의preference utilitarianism, 이해관계의 동등한 고려equal consideration of interests, 종차별speciesism, 효율적 이타주의Effective Altruism

- 슬로터다이크Peter Sloterdijk | 1947~, 독일: 수행윤리performative ethics, 스페로로직Spherology, 거품Bubbles, 구Globes, 거품폼Foams, 인간의 실험성Human as Experiment

- 프레이저Nancy Fraser | 1947~, 미국 : 인정Recognition, 재분배Redistribution, 식인 자본주의Cannibal Capitalism 비판, 경계 투쟁boundary struggles

- 라투르Bruno Latour | 1947~2022, 프랑스: 행위자-네트워크 이론Actor-Network Theory, 대칭성 원칙Symmetry Principle, 재배열reassembling the social

- 누스바움Martha Nussbaum | 1947~, 미국: 기본 역량capabilities, 역량 접근Capabilities Approach, 감정의 도덕성The Intelligence of Emotions, 여성정의, 동물정의

- 커즈와일Ray Kurzweil | 1948~, 미국: 특이점Singularity, 지능의 기하급수적 성장, 불멸주의Immortality via Technology

- 울스턴크래프트Mary Wollstonecraft 1759~1797, 영국: 이성Rationality, 도덕적 평등주의Moral Equality, 여성의 3대 권리

- 피히테Johann Gottlieb Fichte 1762~1814, 독일: 자아Ich, 비자아 Nicht-Ich, 자아의 작용Tathandlung, 자유Freiheit

- 헤겔Georg Wilhelm Friedrich Hegel 1770~1831, 독일: 정립 Thesis, 반정립Antithesis, 종합 Synthesis, 세계 정신Weltgeist, 주인과 노예의 변증법Dialektik von Herr und Knecht

- 셸링Friedrich Wilhelm Joseph Schelling 1775~1854, 독일: 자연철학Naturphilosophie, 발생 Genesis, 포텐츠Potenz, 흐름Fluss

- 쇼펜하우어Arthur Schopenhauer 1788~1860, 독일: 표상Vorstellung, 의지Wille, 고통의 형이상학, 예술과 미적 경험, 도덕과 연민, 금욕과 해탈Askese

- 토크빌Alexis de Tocqueville 1805~1859, 프랑스: 다수자 전제 Tyranny of the Majority, 지방 자치 Local Government, 시민사회Civil Society

- 밀John Stuart Mill 1806~1873, 영국: 해악 원칙Harm Principle, 표현의 자유, 공리주의Utilitarianism, 여성 해방

- 다윈Charles Darwin 1809~1882, 영국: 자연 선택natural selection, 변이Variation, 적자생존Survival of the Fittest, 진화Evolution

- 키에르케고르Søren Kierkegaard 1813~1855, 덴마크: 실존Existens, 절망Fortvivlelse, 불안Angst, 믿음의 도약Leap of Faith, 주체적 진리Subjektiv Sandhed

- 소로Henry David Thoreau, 1817~1862, 미국: 자발적 단순성 Voluntary Simplicity, 자연Nature, 시민 불복종Civil Disobedience, 삶의 실험 Experiment in Living

- 마르크스Karl Marx 1818~1883, 독일: 물질Matter과 의식 Consciousness의 문제, 유물론 Materialism, 이데올로기Ideology, 소외Entfremdung, 유적 본질 Gattungswesen, 실천Praxis

- 엥겔스Friedrich Engels 1820~1895, 독일: 사적 유물론, 토대 base와 상부구조superstructure, 계급투쟁Class Struggle, 국가의 소멸

- 퍼스Charles Sanders Peirce 1839~1914, 미국: 실용주의 pragmatism, 삼원성 범주three categories, 기호sign, 귀추 abduction

- 제임스William James 1842~1910, 미국: 경험의 흐름 Stream of consciousness, 다원주의Pluralism, 의지로서의 믿음The Will to Believe, 개방된 우주Open universe

- 니체Friedrich Nietzsche 1844~1900, 독일: 가치 전도 Wertumwertung, 신의 죽음 Gott ist tot, 초인Übermensch, 힘에의 의지 Wille zur Macht, 영원회귀 Ewige Wiederkunft

- 프레게Gottlob Frege 1848~1925, 독일: 기호 논리학 formal logic, 의미Sinn와 지시 Bedeutung

- 프로이트Sigmund Freud 1856~1939, 오스트리아: 무의식 Unconscious, 이드Id, 자아Ego, 초자아Superego, 리비도Libido, 자기이해self-understanding

- 소쉬르Ferdinand de Saussure 1857~1913, 스위스(제네바): 기표Signifiant, 기의Signifié, 랑그 Langue, 빠롤Parole, 언어적 범주 language categories

- 뒤르켐Émile Durkheim 1858~1917, 프랑스: 사회적 사실 Social Facts, 집합의식Collective Conscience, 사회적 연대Social Solidarity

- 듀이John Dewey 1859~1952, 미국: 실용주의Pragmatism, 경험주의 Empiricism, 공중The Public

- 베르그송Henri Bergson 1859~1941, 프랑스: 지속la durée, 생의 충동élan vital, 기억Mémoire, 직관Intuition

- 후설Edmund Husserl 1859~1938, 오스트리아-헝가리 제국(현 우크라이나): 현상학Phenomenology, 지향성 Intentionality, 현상학적 환원 phenomenological reduction 에포케Epoché, 생활세계 Lebenswelt, 초월적 자아 Transzendentales Ich

- 베버Max Weber 1864~1920, 독일: 사회행동Social Action, 합리화 Rationalization, 지배의 유형Types of Domination, 철창Iron Cage, 관료제Bureaucracy

- 아들러Alfred Adler 1870~1937, 오스트리아: 열등감Inferiority Complex, 우월성 추구Striving for Superiority, 개인심리학Individual Psychology, 생활양식Lifestyle, 공동체 감각Gemeinschaftsgefühl

- 화이트헤드Alfred North Whitehead 1861~1947, 영국: 실제적 존재actual entities, 과정 Process, 실현actual entity, 과정 철학 Process Philosophy, 신God

- 러셀Bertrand Russell 1872~1970, 영국: 기술이론 Theory of Descriptions, 직접 지식 Knowledge by Acquaintance, 기술된 지식Knowledge by Description, 고유명proper name, 기술적 표현 definite description

- 셸러Max Scheler 1874~1928, 독일: 세계 개방적 존재 Weltoffenes Wesen, 가치 위계

- 혜능慧能 | 638~713, 중국: 돈오頓悟, 무자성無自性, 무념無念, 무상無相, 무주無住

- 샹카라Shankara | 788~820, 인도: 아드바이타 베단타不二論 Advaita Vedānta, 브라만Brahman, 아트만Ātman, 마야Māyā

- 알 파라비Al~Farabi | 872~950, 이슬람 제국(중앙아시아): 파라비즘 Al~Farabism, 궁극적 일자One, 발산emanation, 철학적 지도자 Philosopher-King 배움Taallum, 덕스러운 도시 al-madīna al-faḍīla

- 이븐 시나Ibn Sina | 980~1037, 이슬람 제국(페르시아): 필연적 존재 Ens Necessariume, 우연적 존재Ens Contingens, 존재Esse, 본질Essentia

- 안셀무스Anselmus of Canterbury | 1033~1109, 잉글랜드: 신 존재 증명ontological argument, 하나님을 찾는 존재 homo quaerit Deum, 자유의지 Libertas arbitrii

- 알 가잘리Al-Ghazali | 1058~1111, 이슬람 제국(페르시아): 영적 직관 dhawq, 자기 정화tazkiyah al-nafs, 신의 뜻에 맡기는 것tawakkul

- 솔즈베리John of Salisbury | 1116~1180, 잉글랜드: 기사 Knighthood, 폭군 정당 살해론 Tyrannicide

- 주자朱熹 | Zhu Xi, 1130~1200, 중국: 이理, 기氣, 격물치지格物致知, 거경궁리居敬窮理

- 오컴William of Ockham | 1287~1347, 잉글랜드: 오컴의 면도날Ockhams Razor, 유명론 Nominalism

- 마키아벨리Niccolò Machiavelli | 1469~1527, 이탈리아: 운명Fortuna, 힘Forza, 미덕Virtù

- 왕양명王陽明 | 1472~1529, 중국: 지행합일知行合一, 심즉리心卽理, 치양지致良知

- 루터Martin Luther | 1483~1546, 독일: 오직 믿음Sola Fide, 오직 은혜 Sola Gratia, 오직 성경Sola Scriptura

- 모어Thomas More | 1478~1535, 잉글랜드: 유토피아, 평등Equality, 정의Justice, 공공선Common Good

- 베이컨Francis Bacon | 1561~1626, 잉글랜드: 우상Idols, 귀납법induction, 지식은 힘이다.

- 갈릴레이Galileo Galilei | 1564~1642, 이탈리아: 귀납적 관찰 Observation-based Induction, 운동의 상대성과 관성, 천상과 지상의 동일성

- 홉스Thomas Hobbes | 1588~1679, 잉글랜드: 만인의 만인에 대한 투쟁, 리바이어던Leviathan

- 데카르트René Descartes | 1596~1650, 프랑스: , 코기토 에르고 숨Cogito, ergo sum, 명증성의 기준 Clarity and Distinctness Criterion, 실체이원론dualism of substance

- 소코山鹿素行 | 1622~1685, 일본: 무사도武士道, 충忠, 신信, 예禮, 의義, 용勇

- 스피노자Baruch Spinoza | 1632~1677,네덜란드: 신 혹은 자연 Deus sive Natura, 사유Cogitatio와 연장Extensio으로서의 인간, 지적 사랑amor intellectualis

- 로크John Locke | 1632~1704, 잉글랜드: 자연법과 자연권Natural Law & Rights, 사회계약Social Contract, 재산권Property Rights, 저항권right to revolution

- 뉴턴Isaac Newton | 1642~1726, 영국: 만유인력의 법칙Law of Universal Gravitation, 운동의 세 가지 법칙Three Laws of Motion

- 라이프니츠Gottfried Wilhelm Leibniz | 1646~1716, 독일: 모나드monad, 예정조화Pre-established Harmony, 작용 없는 지각perceptiones insensibles

- 버클리George Berkeley | 1685~1753, 아일랜드: 에쎄 에스트 페르키피Esse est percipi, 지각 Perception, 급진적 관념론radical idealism

- 몽테스키외Montesquieu | 1689~1755, 프랑스: 삼권분립 Separation of Powers, 법의 정신 Lesprit des lois, 법치, 공화정, 군주정, 전제정

- 프랭클린Benjamin Franklin | 1706~1790, 미국: 자기 계발Self-Improvement, 도덕적 완성Moral perfection, 13가지 덕목Thirteen Virtues, 공공의 덕Public virtue, 경제적 절제Frugality, 자치적 시민 Republican citizenship

- 흄David Hume | 1711~1776, 스코틀랜드: 인상Impression, 관념Idea, 관습Custom, 공감sympathy, 인과성Causality 비판

- 루소Jean~Jacques Rousseau | 1712~1778, 프랑스(스위스 출생): 자연 상태État de nature, 사회계약 Contrat social, 일반의지Volonté générale, 자연주의 교육

- 볼테르oltaire | François-Marie Arouet, 1694~1778, 프랑스: 이성 Raison, 관용Tolérance, 자유Liberté

- 스미스Adam Smith | 1723~1790, 스코틀랜드: 보이지 않는 손 Invisible Hand, 분업Division of Labor, 도덕감정Sympathetic Imagination

- 칸트Immanuel Kant | 1724~1804, 독일(프로이센): 현상 phenomena, 물자체Noumenon, 감성Sinnlichkeit, 오성Verstand, 이성Vernunft, 선험적 형식a priori forms, 범주Categories, 선험적 종합판단Synthetische Urteile a priori

- 헤르더Johann Gottfried Herder | 1744~1803, 독일: 언어 Sprache, 민족정신Volksgeist, 자연성Naturalität, 인문주의Humanität, 감정Empfindung

- 호네트Axel Honneth | 1949~, 독일: 인정 이론Recognition Theory, 사랑Love, 법적 인정Rights, 사회적 연대Solidarity, 인정 투쟁 Recognition Struggle

- 지젝Slavoj Žižek | 1949~ , 슬로베니아: 까다로운 존재Ticklish Subject, 시차Parallax, 분열된 존재subject manque, 숭고한 대상 objet petit a, 오브제 프티 아objet petit a, 공산주의 이념the Idea of Communism

- 세지윅Eve Kosofsky Sedgwick | 1950~2009, 미국: 이성애 규범성Heteronormativity, 퀴어 이론 Queer Theory, 남성 간의 유대male homosociality, 정동 이론Affect Theor

- 토마셀로Michael Tomasello | 1950~, 미국: 공유 의도성Shared Intentionality. 문화적 레칫 효과 cultural ratchet effect, 공동 행동 Collaborative Activities, 규범의 내면화 Internalization of Norms

- 주보프Shoshana Zuboff | 1951~, 미국: 감시 자본주의Surveillance Capitalism, 행동 잉여Behavioral Surplus, 행동 선물 시장 Behavioral Futures Markets, 박탈 주기 dispossession cycle, 피난처에 대한 권리right to sanctuary, 미래 시제에 대한 권리

- 후쿠야마Francis Fukuyama | 1952~, 미국: 역사의 종말The End of History, 티모스thymos, 정체성 정치identity politics, 비판, 절제 moderation

- 샌델Michael Sandel | 1953~, 미국: 공동체주의적 비판, 도덕적 공동체, 공공선public good, 자격의 도덕 meritocracy critique

- 브라이도티Rosi Braidotti | 1954~, 이탈리아(네덜란드): 포스트휴먼 Posthuman, 연결된 취약성의 윤리 ethics of embedded vulnerability, 탈이분법적 주체성Nomadic Subjectivity, 살아 있는 물질material vitality, 인류세의 윤리Ethics for the Anthropocene

- 버틀러Judith Butler | 1956~, 미국 : 젠더 수행성gender performativity, 이성애 규범성 heteronormativity 비판, 취약성vulnerability, 애도 가능성 grievability

- 바라드Karen Barad | 1956~, 미국: 행위적 실재론Agential Realism, 관계적 존재론relational ontology, 엔탱글먼트 Entanglement, 배제-형성적 절단 Exclusions / Cuts, 물질적-담론적 실천material-discursive practice, 회절diffraction, 신유물론 New Materialism

- 크렌쇼Kimberlé Crenshaw | 1959~, 미국: 교차성 Intersectionality, 비판적 인종이론 Critical Race Theory, CRT, 색맹인종주의Color-Blind Racism비판

- 왕후이汪暉, Wang Hui | 1959~, 중국: 서구식 자유민주주의 비판, 중국식 정치모델, 천하天下

- 하트Michael Hardt | 1960~, 미국 : 제국Empire, 다중Multitude, 공통체Commonwealth, 어셈블리 Assembly

- 킴리카Will Kymlicka | 1962~, 캐나다: 다문화주의multiculturalism, 다문화적 시민권multicultural citizenship, 사회적 문화 societal culture, 차등적 시민권 Differentiated Citizenship, 내부 제한internal restrictions, 외부 보호 external protections

- 하조니Yoram Hazony | 1964~, 이스라엘 : 자유주의 비판, 민족국가 nation-state, 민족보수주의National Conservatism

- 드닌Patrick J. Deneen | 1964~, 미국: 중간 공동체intermediate institutions, 포스트-리버럴 보수주의post-liberal conservatism, 지역주의localism

- 차머스David Chalmers | 1966~, 호주(미국): 의식 연구의 어려운 문제 hard problem of consciousness, 심-물리적 법칙psychophysical laws, 정보적 존재론Panprotopsychism

- 메이야수Quentin Meillassoux, 1967~, 프랑스: 상관주의 correlationism 비판, 절대적 우발성 absolute contingency, 위대한 외부, 사변적 실재론Speculative Realism

- 마추카토Mariana Mazzucato | 1968~, 이탈리아(영국): 기업가형 국가Entrepreneurial State, 인내심 있는 자본patient, strategic capital, 보상의 사유화, 공공가치Public Value

- 헨릭Joseph Henrich | 1968~, 미국: 문화적 학습 기계cultural learning machines, WEIRD 사회 비판, 사회 제도의 진화Institutions as Cultural Adaptations, 유전자-문화 공진화gene-culture coevolution

- 스나이더Timothy Snyder | 1969~, 미국: 폭정 Tyranny, 정치의 영원성 Politics of Eternity, 직업윤리, 용기

- 피케티Thomas Piketty | 1971~, 프랑스: 불평등inequality, 자본 소득율r, return on capital, 경제 성장률g, growth rate, r > g 법칙, 참여 사회주의participatory socialism, 노동자 공동 결정제Co-determination, 보편적 기본 자본Universal Basic Capital

- 보스트롬Nick Bostrom | 1973~, 스웨덴(영국): 시뮬레이션 가설 Simulation Hypothesis, 초지능 Superintelligence, 실존적 위험 Existential Risk, 트랜스휴머니즘

- 하라리Yuval Noah Harari | 1976~, 이스라엘: 인지 혁명 Cognitive Revolution, 상호주관적 실재 intersubjective reality, 허구fiction의 힘, 상상된 공동체imagined communities

- 가브리엘Markus Gabriel | 1980~, 독일 : 신실재론 New Realism, 의미장Fields of Sense, 세계 부재 선언, 의식과 자유

하고자 하는 욕망과 윤리이다.

　우리는 정말로 자유로운가? 그리고 우리는 진정으로 자유를 원하고 있는가? 마르쿠제는 변화는 거대한 혁명 이전에, 작지만 단호한 실천에서 시작된다고 보았다. 그것은 삶을 다른 감각으로 느끼고, 다른 언어로 말하고, 다른 가능성을 상상하는 데서 비롯된다.

✒ 주요 저술

- **이성과 혁명**(Reason and Revolution, 1941/김현일, 2023) | 헤겔 철학을 마르크스주의와 연결하여, 이성적 사고와 혁명의 역할을 강조하였다.

- **에로스와 문명**(Eros and Civilization, 1955/김인환, 2004) | 프로이트의 정신분석학을 재해석하여 억압적 문명의 구조를 비판하고, 억압을 넘어선 에로스(Eros) 중심의 사회 가능성을 탐구한다.

- **일차원적 인간**(One-Dimensional Man, 1964/박병진, 2009) | 현대 자본주의와 기술 사회가 인간을 일차원적으로 만든다고 주장하며, 비판적 사고와 혁신적 행동을 억압하는 소비주의와 기술적 합리성을 비판하였다.

- **억압적 관용**(Repressive Tolerance, 1965) | 자유 민주주의 사회에서 관용이 억압적 체제를 유지하는 도구로 작동할 수 있음을 비판한다.

49 | 체 게바라 1928~1967
새로운 인간은 어떻게 태어나는가?

"새로운 인간은 자기 자신과의 싸움에서 태어난다. 자신의 이기심을 억제하고 공동체를 위해 헌신하는 과정 속에서 비로소 사회주의적 인간이 완성된다. 우리는 사랑 없이는 혁명을 할 수 없다. 진정한 혁명가는 위대한 사랑에 의해 이끌린다."

―『사회주의와 인간』, 1965

    체 게바라(Che Guevara, 1928~1967)는 아르헨티나 출신의 혁명가이자 사상가로, 쿠바 혁명의 핵심 지도자로 활동하며 전 세계 반자본·반제국주의 운동의 상징이 되었다. 그는 혁명을 단순한 정치적 변화가 아닌, 윤리적 열정과 도덕적 원칙에 기반한 인간 해방의 과정으로 보았다. 그는 저서『게릴라 전쟁(1961)』과 다양한 연설에서 혁명이 인간의 윤리적 책임과 새로운 사회를 향한 열정으로 이루어진다고 강조했다.

    그는 자본주의적 착취와 제국주의에 맞서 싸우며, 억압받는 민중의 해방을 위해 혁명이 필수적이라고 보았다. 그의 사상은 마르크스주의와 반제국주의 투쟁을 바탕으로, 개인과 집단이 어떻게 행동해야 하는지를 고민하는 실천 철학이었다.

    체 게바라의 사후, 사진작가 알베르토 코르다(1928~2001)가 촬영한 그의 강렬한 이미지는 전 세계적으로 저항, 반항, 순수, 이상주의, 그리고 불멸의

청춘을 상징하는 아이콘으로 자리 잡았다. 그의 얼굴은 티셔츠, 포스터, 깃발 등에 새겨져 상업적으로도 널리 소비되었으며, 그의 삶과 사상은 다양한 정치적 스펙트럼의 사람들에게 각기 다른 방식으로 영감을 주었다.

왜 혁명이 필요한가?

"혁명은 인간이 자유롭기 위해 스스로 일어서는 과정이다" – 체 게바라는 억압받는 민중이 자유를 얻기 위해서는 혁명이 필수적이라고 보았다. 그는 가난한 자들이 단순한 시혜를 받는 것이 아니라, 스스로 권력을 쟁취해야 한다고 주장했다. 혁명이 필요한 이유로 그는 1) 불평등한 구조는 저절로 사라지지 않는다. 착취당하는 민중이 직접 행동하지 않으면, 억압적인 체제는 유지된다. 2) 개인의 변화가 곧 사회의 변화이다. 혁명은 거대한 사건이 아니라, 각 개인의 실천을 통해 이루어진다. 3) 자본주의는 가난한 자를 영원히 가난하게 만든다. 부의 불평등을 해결하기 위해서는, 기존의 시스템을 근본적으로 바꿔야 한다고 주장하였다.

체는 혁명가, 사상가, 행동주의자로서, 혁명을 단순한 권력 전복의 수단이 아닌, 인간의 윤리적·도덕적 변화를 통해 실현해야 한다고 주장했다. 그는 쿠바 혁명과 같은 실제 사례를 통해 사회 구조의 급진적 변화를 이끌어내기 위해 물리적 투쟁뿐만 아니라, 혁명가와 대중 모두의 윤리적 헌신이 필수적임을 강조했다.

새로운 인간: 혁명을 실천하는 인간

"혁명은 새로운 인간을 만드는 과정이다" – 그의 철학은 '새로운 인간

Hombre Nuevo, New Man'이라는 개념을 중심으로 펼쳐지며, 사회적 변화에 그치지 않고 인간의 의식과 삶의 방식을 근본적으로 재구성하는 것을 목표로 한다. 체 게바라는 혁명을 통해 인간이 변화하고, 새로운 사회적 관계를 창조하는 존재로 재탄생해야 한다고 믿었다.

체 게바라의 '새로운 인간'은 마르크스주의, 라틴아메리카의 역사적 현실, 그리고 그의 개인적 경험에서 비롯되었다. 체 게바라는 또한 쿠바 독립운동의 상징인 호세 마르티(1853~1895)의 사상을 통해 인간의 존엄성과 독립의 가치를 깊이 내면화했다. 마르티가 강조한 '도덕적 인간'의 이상은 게바라의 '새로운 인간' 개념에 중요한 영감을 주었으며, 인간의 자유와 정의에 대한 게바라의 열망을 심화시켰다.

"나는 점점 확신하게 되었다. 사회적 불평등을 목격하는 것만으로는 충분하지 않다. 우리는 행동해야 한다" — 체 게바라는 라틴아메리카의 빈곤과 불평등이 서구 제국주의의 착취적 구조에서 비롯되었다고 보았다. 그는 제국주의에 저항하고 새로운 사회를 건설하기 위해 혁명이 불가피하다고 믿었다. 이는 단순한 구조적 변화를 넘어, 인간의 의식과 가치 체계까지 근본적으로 변화시키는 과정이었다. 청년 시절 라틴아메리카를 여행하며 목격한 빈곤과 불평등은 체의 인간관을 구체화하는 중요한 계기가 되었다. 그는 억압받는 민중의 삶 속에서 인간의 고통을 직접 체험하며, 인간이 단순히 경제적 생산자가 아니라 도덕적 존재로서의 연대와 집단적 책임을 실천해야 한다는 결론에 도달했다.

쿠바 혁명(1953~1959)은 체 게바라에게 새로운 인간관을 실천적으로 탐구할 기회를 제공했다. 그는 혁명의 과정에서 인간의 도덕적 헌신과 집단적 연대가 혁명 성공의 핵심임을 깨달았다. 이러한 경험은 인간의 변화를 통한 사회적 변혁이라는 그의 철학적 비전을 더욱 확고히 했다.

새로운 인간은 어떻게 태어나는가?

"우리는 승리만을 원하는 것이 아니다. 우리는 새로운 인간을 원한다" – 그는 '새로운 인간'이 기존 사회의 개인주의와 이기심을 넘어 집단적 책임과 도덕적 가치에 헌신해야 한다고 보았다. 체는 우리의 임무는 단순한 체제 변화가 아니라, 새로운 인간을 창조하는 것이라고 말한다.

체 게바라는 혁명을 사회적 전복만이 아닌, 인간 본질과 윤리의 변화를 통해 새로운 인간을 창조하는 과정으로 이해했다. 혁명적 행위의 중심에는 물질적 변혁만이 아니라 윤리적 열정이 자리 잡아야 한다. 인간성과 공동체에 대한 깊은 사랑에서 비롯된 윤리적 헌신이야말로 혁명의 원동력이며, '새로운 인간'의 탄생이 혁명의 궁극적 목표이다.

"혁명의 가장 중요한 과정은 인간이 스스로를 변화시키는 것이다" – 체 게바라는 인간이 환경에 순응하는 존재가 아니라, 스스로를 변화시키고 재창조할 수 있는 가능성을 지닌 존재라고 보았다. 그는 사회적 조건과 의식의 변화를 통해 새로운 사회적 관계와 가치를 창조할 수 있다고 믿었다. 새로운 인간은 자신의 한계를 인식하고, 더 나은 사회를 만들기 위해 끊임없이 변화해야 한다.

"진정한 혁명가는 사랑에 의해 이끌린다" – 체 게바라는 새로운 인간이 단순히 정치적 목표를 추구하는 것이 아니라, 진정한 의미에서 공동체를 사랑하는 존재여야 한다고 보았다. 혁명은 단순한 권력 투쟁이 아니라, 인간의 가장 순수한 감정을 기반으로 한다. 새로운 인간은 개인적 이익을 초월하여, 집단적 이익을 우선시하는 존재이며, 그는 연대와 협력을 통해 공동체의 이익을 위해 헌신할 준비가 되어 있어야 한다. 이러한 이타적 태도가 혁명의 핵심적 원동력이 된다.

"우리에게 중요한 것은 한 사람이 얼마나 가졌느냐가 아니라, 한 사람이 얼마나 나누는가이다" – 체는 혁명적 열정은 인간성과 공동체에 대한 깊은 애정에서 비롯된다고 설명했다. 혁명은 단기적 성취에 머무르지 않으며, 지속적인 도덕적 헌신을 통해 정의와 평등을 실현하고 모두를 위한 더 나은 사회를 건설하는 데 목표를 둔다. 이러한 윤리적 열정은 혁명가가 타인의 복지를 자신의 복지로 여기는 이타주의와 공동체적 연대 속에서 구현된다. 체 게바라는 새로운 인간이 개인의 이익을 초월해 공동체를 위해 헌신해야 한다고 강조했다.

"노동은 새로운 인간이 자신의 사회적 역할을 자각하는 과정이다" – 체 게바라는 노동을 단순한 경제적 필요를 충족시키는 활동으로 보지 않았다. 그는 노동이 인간의 도덕적 성장과 혁명적 의식을 형성하는 중요한 과정이라고 강조했다. 이를 그는 '자발적 노동 Voluntary Work'이라고 부르며, 새로운 인간이 공동체의 이익을 위해 스스로 노동에 참여해야 한다고 주장했다. 새로운 인간은 노동을 단순한 생계 수단이 아니라, 혁명의 실천적 과정으로 받아들여야 한다.

"새로운 인간은 무지 속에서 태어나지 않는다. 그는 교육과 실천을 통해 성장한다" – 체 게바라는 새로운 인간이 물질적 조건에 의해서만 형성되지 않는다고 보았다. 그는 교육과 의식화를 통해 새로운 인간이 자신의 사회적 역할과 책임을 자각해야 한다고 주장했다. 새로운 인간을 구체적으로 실현하기 위해서는, 사회주의 교육 시스템이 필수적이다. 그는 올바른 교육이 민중을 각성시키고, 진정한 해방을 실현하는 길이라고 보았다. 그는 혁명적 사회가 성공하려면, 인간이 자신의 사회적 역할과 혁명적 책임을 깨달을 수 있도록 교육받아야 한다. 교육은 단순히 기술적 지식이나 정치적 이념을 주입하는 데 그치지 않고, 도덕적 성찰과 윤리적 성장을 통해 새로운 인간으로 재탄생하도록 돕는 과정이다. 게바라의 혁명론에서 교육은 새로운 인간관을 구체화하고 실현하기 위한 핵심적 역할을 담당했다.

"어디에서든 억압이 존재하는 곳에서 우리는 싸워야 한다" – 체 게바라는 새로운 인간이 단순히 자신의 나라만을 위해 싸우는 것이 아니라, 제국주의에 맞서 국제적 연대를 구축해야 한다고 주장했다. 그는 억압에 굴복하지 않고, 스스로의 자유와 주권을 지키기 위해 싸우는 것이 새로운 인간의 의무라고 보았다. 모든 착취받는 사람들은 같은 투쟁을 하고 있는 형제들이다. 새로운 인간은 국제적 연대 속에서 자유를 위해 싸우는 존재이다.

체 게바라의 혁명 사상은 쿠바 사회주의 체제 구축의 이론적 기초가 되었다. 쿠바는 그의 철학을 바탕으로 노동, 교육, 보건 분야에서 공동체 중심의 정책을 실행하며, 도덕적 인간과 집단적 연대를 강조했다. 이는 사회주의 국가에서 공동체 의식의 중요성을 부각시킨 사례로 평가된다. 체 게바라의 인간관은 라틴아메리카, 아프리카, 아시아의 여러 해방운동에 지대한 영향을 미쳤다. 그의 철학은 정치적 혁명에 그치지 않고, 인간의 의식 변화와 도덕적 성장을 요구하는 방향으로 제3세계의 사회 변혁을 이끌었다. 이는 혁명을 인간 중심적으로 재해석한 독창적 비전으로, 여전히 많은 정치운동의 사상적 지침으로 남아 있다.

게바라의 사상은 물질적 변화와 도덕적 혁신이 분리될 수 없음을 상기시키며, 지속 가능한 사회적 변혁을 위해 '새로운 인간'의 탄생이 요구됨을 보여준다. 현대의 사회적 운동과 정치적 변화가 성공하기 위해서는 단순히 체제 변화를 외치는 데 그치지 않고, 인간 내면의 윤리적 성장을 동반해야 한다. 이러한 철학은 오늘날 우리가 추구해야 할 '새로운 인간'관과 연대의 가치를 재정립하는 데 강력한 영감을 제공한다.

체 게바라는 20세기 역사에 지울 수 없는 흔적을 남긴 인물이며, 그의 삶은 우리에게 정의, 평등, 인간 해방이라는 근본적인 가치에 대해 끊임없이 질문을 던진다. 시대적 한계와 그 속에서 분출했던 불꽃같은 열정, 그가 보여준 모순과 그가 꿈꿨던 이상을 함께 성찰하는 것은 그의 유산을 올바르게 이해하는 길일 것이다. 그의 이상주의적 열정과 불의에 맞서 싸운 실천적 삶은 많은 이들에게 깊은 감동을 주지만, 그의 사상과 행적에 대한 평가는 빛과 그림자를 동시에 고려해야 하는 복합적인 과제이다.

🖋 주요 저술

- **모터사이클 다이어리**(The Motorcycle Diaries, 1993/홍민표, 2012) | 젊은 체 게바라가 남미를 여행하며 겪은 경험과 사회적 불평등에 대한 인식을 담은 자서전적 저술로, 그의 혁명적 사상을 형성하는 데 중요한 역할을 함. 체 게바라 사후 출간되었다.

- **게릴라 전쟁**(Guerrilla Warfare, 1961/남진희, 2022) | 게릴라 전쟁의 전략과 전술을 체계적으로 설명하며, 소규모 무장 단체가 대규모 적을 상대로 효과적으로 싸울 수 있는 방법을 제시함.

- **체 게바라의 볼리비아 일기**(El Diario del Che en Bolivia, 1968/김홍락, 2011) | 볼리비아 혁명 투쟁 중 체 게바라가 직접 쓴 일기. 그의 마지막 활동과 사상을 기록한 중요한 자료이다.

- **공부하는 혁명가**(Apuntes Críticos sobre Economía Política (2006)/한형식, 2013) | 체 게바라의 경제학 관련 비평과 분석을 담은 저작. 사후 출간된 미완성 원고로, 마르크스주의 정치경제학 비판이 핵심 내용이다.

- **체 게바라 자서전**(Che: A Memoir by Fidel Castro, 2005)/ 박지인, 2012) | 피델 카스트로가 회고하는 체 게바라의 삶과 혁명 이야기. 체 게바라의 기록과 함께 엮여 있는 전기적 서술이다.

50 | 피터 싱어 1946~
사회적 책임은 어디까지 확장되어야 하는가?

"만약 어떤 존재가 고통을 느낀다면, 그 고통을 고려하지 않을 도덕적 정당성은 없다. 존재의 종류가 무엇이든 간에, 평등의 원리는 그 고통이 다른 존재의 유사한 고통과 동등하게 고려되어야 함을 요구한다."
―『동물 해방』, 1975

철학이 삶의 문제에 대답하지 못할 때, 철학은 생기를 잃는다. 말보다 행동이 필요한 세계에서, 철학은 여전히 유효한가?
이 질문에 대하여 피터 싱어(Peter Albert David Sing, 1946~, 오스트레일리아)는 그렇다고 대답한다. 고통받는 동물, 굶주리는 아이, 의료 혜택 없이 죽어가는 사람들, 방치된 지구의 모든 존재에 대한 질문이 그에게는 곧 도덕적 행동의 명령이다. 그는 철학이 세계를 해석하는 언어이기만을 거부하며, 윤리가 삶을 바꾸는 실천이 되어야 한다고 말한다.

철학은 앎이 아니라 응답이다: 실천 윤리의 탄생

"윤리학은 고통받는 자의 목소리에 응답하는 것이다" – 피터 싱어는 현실의 고통과 마주하고 '지금, 여기'에서 우리가 마주하는 윤리적 딜레마에 대한 즉각적인 응답을 요구한다. 싱어에게 철학은 단순한 앎의 추구가 아니라, 삶의 모든 순간에 실천되는 윤리적 결단을 촉구하는 지적 도구이다. 그는 이론적 논의에서 멈추는 것이 아니라, 현실의 구체적인 문제에 대한 윤리적 해답을 찾아 나섰다. 그의 저서 『실천 윤리학』에서 싱어는 낙태, 안락사, 기아, 동물 실험, 환경 문제 등 첨예한 논쟁을 불러일으키는 주제들을 정면으로 다루었다. 이는 윤리가 추상적 규범의 영역이 아니라, 삶의 구체적인 결정의 순간에 발현되는 판단과 실천이라는 그의 철학적 신념을 보여준다.

"당신이 소비하는 방식이 누군가의 생존을 좌우할 수 있다는 사실을 받아들이는 것, 그게 윤리다" – 싱어는 우리의 소비 습관과 무관심이 누군가의 생존과 직결되어 있음을 통렬하게 지적한다. 그는 '알고도 행동하지 않는 것'은 무지보다 더욱 심각한 무책임이라고 일갈하며, 윤리적 무관심이 어떻게 방관자의 위치에서 끔찍한 결과를 초래할 수 있는지 보여준다. 싱어는 윤리적 무관심이라는 깊은 잠에서 깨어나, 고통받는 타인의 현실에 적극적으로 개입하도록 촉구한다. 그의 철학은 우리에게 지적 안락함에서 벗어나, 행동하는 지성이 될 것을 요구한다. 윤리는 이론적 담론이 아니라, 구체적인 실천을 통해 완성되는 삶의 예술이라는 것을 싱어는 우리에게 가르쳐준다.

선호 공리주의와 동등한 이해관계

"우리는 우리 자신의 선호만이 아니라, 타자의 선호도 고려해야 한다. 그것이 윤리적 삶의 시작이다" – 싱어의 철학은 제러미 벤담(1748~1832)과 존 스튜어트 밀(1806~1873)로 대표되는 고전적 공리주의의 전통을 계승하면서 시작된다. 고전적 공리주의는 어떤 행위의 옳고 그름을 판단하는 기준으로 '최대 다수의 최대 행복'을 제시하며, 쾌락을 증진하고 고통을 감소시키는 것을 도덕의 목표로 삼았다. 피터 싱어는 고전적 공리주의가 지닌 몇 가지 이론적 난점, 예를 들어 서로 다른 종류의 쾌락을 어떻게 비교하고 총량을 계산할 것인가의 문제나, 다수의 행복을 위해 소수의 본질적 선호가 무시될 수 있다는 비판 등을 검토하고, 이를 보완하고 발전시킨 형태인 '선호 공리주의preference utilitarianism'를 자신의 윤리적 입장으로 채택하였다.

선호 공리주의는 행위의 도덕성을 판단하는 기준을 관련된 모든 존재들이 표현하거나 가질 수 있는 '선호preference'의 최대한의 만족에 둔다. 여기서 '선호'란 단순한 순간적인 쾌락이나 고통의 회피를 넘어, 개인이 자신의 삶을 통해 이루고자 하는 목표, 지속적인 욕구, 중요한 관심사, 그리고 회피하고자 하는 상태 등을 포괄하는 보다 넓고 복합적인 개념이다. 예를 들어, 계속 살아가고자 하는 선호, 신체적 고통을 피하고자 하는 선호, 자유롭게 활동하고자 하는 선호, 자녀를 양육하고자 하는 선호 등이 이에 해당할 수 있다. 싱어는 선호 공리주의를 통해, 주관적이고 측정하기 어려운 '쾌락'의 양을 계산하려 하기보다는, 각 존재가 자신의 삶에서 무엇을 중요하게 여기고 추구하는지에 초점을 맞춤으로써 보다 현실적이고 적용 가능한 윤리적 틀을 마련하고자 하였다.

"동등한 고려란 똑같이 대하는 것이 아니라, 모든 존재의 이익을 그에 상응하는 무게로 다루는 것이다" – 이러한 선호 공리주의의 틀 위에서 싱어가 제시하는 가장 핵심적이고 혁명적인 행동 원칙이 바로 '이해관계의 동등한 고려equal consideration of interests'이다. 이 원칙은 어떤 존재가 고통을 느끼거나 즐거움을 경험할 수 있는 능력, 즉 '감응력sentience'을 지녀 이해관계를 갖는다면, 그 존재의 이해관계는 다른 존재의 유사한 이해관계와 동등하게 고려되어야 한다는 강력한 주장이다.

여기서 '이해관계를 갖는다'는 것은 자신의 삶이 더 나아지거나 나빠질 수 있는 방식을 경험할 수 있음을 의미하며, 특히 고통을 느낄 수 있는 능력은 이해관계를 갖는 가장 분명한 지표가 된다. 싱어에게 이 감응력은 바로 도덕적 고려의 경계선을 긋는 기준이다. 중요한 것은 '동등한 고려'가 모든 존재를 '동일하게 처우identical treatment'해야 함을 의미하지는 않는다는 점이다. 예를 들어, 인간과 돼지는 서로 다른 종류의 선호와 능력을 가지고 있으므로 동일한 방식으로 대우할 필요는 없다. 인간은 복잡한 지적 활동에 대한 선호를 가질 수 있지만 돼지는 그렇지 않을 수 있다. 그러나 고통을 피하고자 하는 돼지의 강력한 선호는, 동일한 강도의 고통을 피하고자 하는 인간의 선호와 그 중요성에 있어 동등하게 고려되어야 한다는 것이다.

고통은 경계가 없다: 도덕적 고려의 확장

"고통은 경계가 없다. 고통을 느낄 수 있는 모든 존재가 도덕적 고려의 대상이어야 한다" – '이해관계의 동등한 고려' 원칙이 지닌 진정한 혁명성은 그것이 도덕적 고려의 대상을 결정하는 데 있어 전통적으로 사용되어 온 자의적인 기준들을 거부한다는 데 있다. 싱어는 종species, 인종race, 성별gender, 지능 수준intelligence level 등은 어떤 존재의 이해관계를 동등하게 고려해야 하는지 여부를 결정하는 데 있어 본질적으로 무관한irrelevant 특성이라고 주장한다. 이러한 특성들은 한 존재가 고통을 느끼거나 선호를 가질 수 있는 능력과는 직접적인 관련이 없기 때문이다. 예를 들어, 피부색이나 성별이 고통을 느끼는 능력과 무관하듯이, 어떤 종에 속해있다는 사실 자체만으로는 그 존재의 고통을 덜 중요하게 취급할 근거가 될 수 없다는 것이다.

"인종, 성별, 종種의 차이는 도덕적 관심을 제한하는 근거가 될 수 없다" – 1975년 출간된 저서 『동물 해방』에서 싱어는 '종차별speciesism'이라는 개념을 통해 인간 중심의 윤리적 편견을 날카롭게 비판했다. 그는 동물을 인간보다 열등한 존재로 간주하는 생각이 인종차별이나 성차별과 같은 억압적 구조와 본질적으로 동일하다고 주장한다.

싱어의 주장은 우리로 하여금 고통스럽게 진실을 마주할 것을 요구한다. 우리가 소비하는 음식, 사용하는 제품, 즐기는 여가 활동은 동물의 고통과 밀접하게 연결되어 있다. 공장식 축산, 동물 실험, 모피 생산 등 인간의 편의를 위해 자행되는 잔혹한 행위들은 동물의 극심한 고통을 야기한다. 싱어는 이러한 현실을 외면하는 인간 사회는 여전히 비윤리적인 문명이라는 비판에서 자유로울 수 없다고 강력하게 주장한다.

"모든 생명체의 고통을 인식하고, 그것에 책임을 다하는 것이 성숙한 인간의 존재론적 태도다" – 싱어는 이러한 주장을 통해 '인간 중심주의'에서 벗어난 포괄적 윤리 공동체를 제안한다. 이 공동체는 인간뿐 아니라, 고통을 느끼는 동물, 생태적 균형에 기여하는 종, 그리고 아직 태어나지 않은 미래 세대까지도 도덕적 고려의 대상으로 포함하는 윤리적 상상력 위에 서 있다. 윤리는 실천을 통해 살아 움직이는 것이며, 우리가 만드는 선택들이 곧 지구의 미래를 좌우하게 된다. 피터 싱어의 윤리학은 우리에게 다음과 같은 질문을 던진다.

"지금 이 순간에도 고통받는 존재들이 있다면, 우리는 무엇을 해야 하는가?"

효율적 이타주의: 이성과 증거에 기반한 선의 실현

"우리는 가장 효과적인 방식으로 선을 행해야 할 도덕적 책임이 있다" – 피터 싱어의 다양한 윤리적 주장 가운데서도, '효율적 이타주의Effective Altruism'는 현대 사회의 윤리적 실천 방식에 커다란 반향을 일으키고 있는 개념이다. 이는 어떻게 하면 제한된 자원으로 최대한의 선善을 실현할 수 있는가?라는 질문을 중심으로, 단순히 선한 의도를 넘어, 이성과 증거에 기반하여 가장 효과적인 방식으로 타인의 고통을 줄이고 복지를 증진하려는 체계적인 접근법을 제시한다.

"고통을 줄이고 생명을 구할 수 있는 선택 앞에서 침묵할 수 없다" – 싱어는 우리가 만약 아주 작은 희생으로 타인의 극심한 고통이나 죽음을 막을 수 있다면, 그렇게 하는 것이 우리의 강력한 도덕적 의무라고 주장하였다. 그는 유명한 '물에 빠진 아이' 비유를 통해 이 주장을 뒷받침한다. 만약 한 아이가 얕은 연못에 빠져 허우적거리고 있고, 내가 그 아이를 구하기 위해 옷을 버리거나 약간의 시간을 지체해야 한다면, 대부분의 사람들은 아이를 구해야 한다고 직관적으로 판단할 것이다. 싱어는 이 논리를 확장하여, 지리적으로 멀리 떨어져 있다는 이유나 국적이 다르다는 이유만으로 기아나 질병으로 죽어가는 사람들을 외면하는 것은 도덕적으로 정당화될 수 없다고 역설하였다.

그에게 있어, 예방 가능한 질병으로 죽어가는 먼 나라의 아이는 우리 눈 앞의 연못에 빠진 아이와 도덕적으로 본질적인 차이가 없었다. 이러한 주장은 전통적인 자선의 개념을 넘어, 부유한 국가의 시민들이 전 지구적 빈곤과 고통에 대해 갖는 적극적인 책임과 의무를 강조하는 급진성을 내포하고 있었다.

"효율적 이타주의자는 얼마나 베풀었는가보다 얼마나 효과가 있었는가를 묻는다" – 효율적 이타주의는 이러한 싱어의 윤리적 의무론에 '효율성'이라는 이성적 잣대를 더한 것이다. 타인을 돕고자 하는 선한 의도나 감정적 연민만으로는 충분하지 않다. 우리는 우리의 한정된 자원(시간, 돈, 재능 등)이 실제로 가장 큰 긍정적 변화를 만들어낼 수 있도록 신중하게 사용하여야 한다.

이를 위해 효율적 이타주의는 감정적 호소나 개인적 인연에 의존하기보다는, 객관적인 데이터와 과학적 연구, 그리고 엄밀한 비용-효과 분석을 통해 어떤 개입 방식이나 자선단체가 가장 큰 임팩트를 창출하는지 평가하고 선택할 것을 요구한다. 예를 들어, 동일한 기부금으로 더 많은 생명을 살릴 수 있는 방법(가령, 특정 지역의 말라리아 예방을 위한 모기장 보급)이 있다면, 덜 효과적인 방법에 자원을 사용하는 것은 도덕적으로 최선이 아닐 수 있다는 것이다. 이러한 접근은 싱어의 근본적인 공리주의적 관점, 즉 세계 전체의 고통을 최소화하고 복지를 최대화하려는 목표와 깊이 연결되어 있다.

효율적 이타주의는 구체적인 실천 원리들을 통해 개인의 삶과 사회적 행동의 변화를 촉구한다. 대표적으로 자신의 소득 중 일정 비율(예: 10% 이상)을 가장 효과적인 자선단체에 기부하는 것이 권장된다. 또한, 특정 문제에 미리 헌신하기보다는 '대의 중립성 cause neutrality'의 관점에서 현재 인류가 직면한 가장 중요하고 해결 가능한 문제가 무엇인지 탐색하고, 그 문제 해결에 가장 효과적으로 기여할 수 있는 분야에 자원을 투입할 것을 제안한다. 더 나아가, 일부 효율적 이타주의자들은 자신의 직업 선택에 있어서도 직접적으로 사회에 기여하는 전통적인 방식 외에, 높은 소득을 올려 더 많은 금액을 기부하는 '기부하기 위해 벌기 earning to give'와 같은 전략을 고려하기도 한다. 효율적 이타주의 운동은 정부 정책이나 국제 구호 단체의 사업 방식에 있어서도 효율성과 투명성을 높여야 한다는 사회적 담론으로 확장되고 있다.

피터 싱어는 철학을 삶과 분리하지 않았다. 그는 철학이 곧 다른 존재의 고통에 응답하는 언어이며, 타인의 생존을 나의 일상과 연결시키는 윤리적 실천의 지도가 되어야 한다고 보았다.

오늘날 우리는 점점 더 많은 지식에 둘러싸여 있지만, 윤리적 감수성과 실천은 오히려 희미해지고 있다. 피터 싱어의 철학은 그 안에서 하나의 방향을 제시한다. 더 적게 소비하고, 더 많이 나누고, 더 깊이 공감하라는 요청. 그리고 그 요청을 따라 사는 삶이야말로, 철학이 살아 숨 쉬는 공간이라는 것을 보여준다.

철학이 무력하지 않으려면, 인간은 행동해야 한다. 그리고 피터 싱어는 우리에게 묻는다.
"지금, 당신은 무엇을 하고 있는가?"

주요 저술

- **동물 해방**(Animal Liberation, 1975/김성한, 2012) | 동물권, 이종차별(speciesism), 고통의 윤리학 등을 다룬다. 현대 동물권 운동의 기초를 세운 고전으로, 고통을 느낄 수 있는 존재는 모두 도덕적 고려 대상이 되어야 하며, 인간의 동물 착취는 비윤리적이다라고 주장한다.
- **실천 윤리학**(Practical Ethics, 1979/황경식, 2013) | 도덕 판단은 일관된 이유와 결과(효용)에 근거해야 하며, 윤리는 철저히 행동의 지침이 되어야 함을 주장한다.

PART 14

의식과 자아: 주관과 객관

'나'는 어디에 있는가? 우리는 어떻게 의식을 갖고, 스스로를 인식하는가? 과학과 철학이 만나는 지점에서, 인간 정신에 대한 새로운 탐구가 시작되었다. 의식은 뇌의 작용일 뿐인가, 아니면 물리적 설명을 넘어서는 무언가가 있는가?

대니얼 데닛(1942~)은 의식을 환원 가능한 정보 처리 과정으로 보고, '자아'는 여러 인지 작용의 산물이라고 주장한다. 반면 데이비드 차머스(1966~)는 물리적 설명으로는 해소되지 않는 '의식의 어려운 문제(hard problem)'를 제기하며, 자아와 의식의 본질에 대한 근본적인 질문을 던진다.

이 장에서는 인간 정신에 대한 현대 철학과 인지과학의 시선을 통해, 자아와 의식의 문제를 탐구한다.

이제, 우리는 '생각하는 나'의 경계로 들어간다. 뇌를 넘어서, 나를 묻는다.

51 | 데닛 1942~
의식은 두뇌가 만들어낸 '설명'인가?

"의식은 진화적 필요에 의해 발달한 적응적 특성이다. 의식은 단일하고 고정된 실체가 아니라, 두뇌가 환경과 상호작용하며 생성한 설명적 구성물과 '다중 서사'의 조합으로 이해될 수 있다."

— 『의식이라는 꿈』, 1991

　미국의 철학자 대니얼 데닛(Daniel C. Dennett, 1942~)은 현대 영미 분석철학, 특히 심리철학과 인지과학, 생물철학 분야에서 가장 독창적이고 논쟁적인 사상가 중 한 명으로 확고한 위치를 점하고 있다. 그의 철학은 찰스 다윈(1809~1882)의 진화론과 현대 뇌과학 및 인공지능 연구의 성과를 적극적으로 수용하여, 인간의 의식, 자유 의지, 자아, 그리고 종교와 같은 전통적인 형이상학적 문제들에 대해 일관된 자연주의적 설명을 제시하고자 하는 야심찬 시도이다. 데닛은 종종 '데카르트적 유산'으로 지칭되는 심신 이원론적 직관이나 신비주의적 설명을 단호히 거부하며, 복잡한 정신 현상 역시 물질적 과정의 결과물로서 과학적으로 해명될 수 있다고 주장하였다.
　그는 의식을 중심적이고 초월적인 자아의 속성으로 보는 전통적 관념을 비판하며, 이를 다양한 '신경 활동neural activity'의 통합적 결과로 재해석했다. 그는 인간 의식의 본질을 철학적 직관에서 벗어나 과학적이고 경험적인 관점에서 탐구하려 했다.

데카르트 극장

"의식은 중앙의 관찰자에게 상영되는 단일한 영화가 아니다" – 데닛은 전통적 의식 개념을 '데카르트 극장 Cartesian Theater'으로 명명하며 이를 비판했다. 이 이론은 의식이 모든 정보를 단일한 통합된 공간에서 처리하며, 중심적 자아가 이를 관찰한다고 가정한다. 전통적인 사고방식에서는 의식에는 특정한 중심이 있으며, 이곳에서 모든 감각 정보가 통합되어 자아가 경험한다고 간주되었다. 즉, 우리의 감각 정보(시각, 청각 등)는 하나의 '극장 스크린'에 투영되고, '중심 자아'가 이를 감상하며 사고하고 행동을 결정하는 것처럼 보인다. 마치 영화관에서 영화를 보는 관객처럼, '나'라는 주체가 의식이라는 극장 안에서 모든 경험을 지켜보고 해석한다는 것이다.

이러한 사고방식은 '데카르트적 실체 이원론 Cartesian Dualism'에서 유래하며, 의식과 물질이 분리된 존재라고 가정하는 전통적인 견해를 반영한다. 데카르트는 정신과 물질을 분리된 실체로 보았으며, 의식은 정신이라는 극장에서 일어나는 연극과 같다고 생각했다. 의식에는 중심적인 장소가 있고, 하나의 '중앙 프로세서(자아)'가 감각 정보를 조율하고 통합하며, '나'라는 자아는 의식의 중심에서 모든 경험을 조정하고 해석한다는 관념이 곧 전통적인 의식에 대한 이해였으며, 데닛은 이를 '데카르트 극장'이라고 칭한 것이다.

데닛은 이러한 전통적인 의식 모델에 의문을 제기한다. 의식에는 중심적인 장소나 '나'라는 주체가 존재하지 않는다는 것이다. 대신, 의식은 다양한 모듈로 구성되어 있으며, 각 모듈은 특정한 기능을 수행한다. 예를 들어, 시각 정보를 처리하는 모듈, 청각 정보를 처리하는 모듈, 기억을 담당하는 모듈 등이 각각 독립적으로 작동하며, 이러한 모듈들의 상호작용을 통해 의식이 생성된다는 것이다. 마치 오케스트라처럼, 각 악기가 독립적으로 연주하면서도 전체적인 조화를 이루는 것과 같다.

의식은 기능적 허구이자 진화적 적응의 결과

"내면의 빛도, 중심의 목격자도 없다. 우리가 의식이라고 부르는 것은 뇌가 자기 자신과 대화하는 과정일 뿐이다" – 다니얼 데닛은 의식이 신비로운 현상이 아니라 뇌에서 일어나는 물리적 과정의 산물이라고 주장하였다. 컴퓨터의 인터페이스가 복잡한 내부 작동을 숨기고 사용자에게 필요한 정보만을 보여주듯이, 의식 또한 뇌의 복잡한 활동을 단순화하고 요약하는 것이다. 즉, 의식은 뇌의 작용을 있는 그대로 반영하는 것이 아니라, 생존과 적응에 필요한 정보만을 선택적으로 처리하고 보여주는 '기능적 허구'라고 주장한다.

"우리의 뇌는 통일된 중심 자아라는 환상을 만들어내기 위해서 우리를 속이도록 진화했다" – 데닛에게 의식은 두뇌가 환경을 해석하고, 인간이 자기 자신과 세계를 이해하도록 돕기 위해 만들어낸 설명적 구성물이다. 그는 이를 통해 의식이 '진화적 적응'의 결과임을 강조했다. 의식은 인간이 생존과 환경 적응의 문제를 해결하기 위해 발전시킨 도구로, 생물학적 필요에 의해 형성된 복잡한 적응적 특성이다. 의식은 인간이 주변 환경을 인지하고, 위험을 감지하고, 계획을 세우고, 다른 개체와 소통하는 데 도움을 주는 능력이다.

의식이 있는 개체는 생존 경쟁에서 더 유리했기 때문에, 자연선택을 통해 의식이 점차 발달하게 되었다. 마치 동물의 보호색이나 날카로운 발톱처럼, 의식도 생존에 유리한 특징으로 진화 과정에서 선택되었다. 데닛은 '설계 없이 형성된 설계'라는 개념을 강조했다. 인간의 지능과 의식은 어떤 신적인 존재나 설계자가 의도적으로 만들어낸 것이 아니라, 자연적인 진화 과정에서 우연히 발생하고 선택된 결과물이라는 것이다. 마치 강물이 흐르면서 자연스럽게 바위를 깎아 조형물을 만드는 것처럼, 의식과 도덕, 언어, 사고는 모두 자연적인 과정 속에서 점진적으로 형성되었다.

의식의 판도라 상자: 다중 초안 이론

"의식은 단일한 흐름이 아니다. 여러 서사가 동시에 편집되고 경쟁하는 과정이다" – 전통적인 철학은 의식을 '하나의 중심적 자아'가 경험하는 것으로 가정했지만, 데닛은 이를 비판하며 '다중 초안 이론Multiple Drafts Model'을 제시했다. 이 이론에 따르면, 뇌에서는 여러 가지 정보가 동시에 처리되고 있으며, 특정한 정보가 우세하게 작용할 뿐이지 특정한 '중심 의식'이 존재하는 것은 아니다. 마치 여러 편집자가 동시에 하나의 원고를 수정하는 것처럼, 뇌에서도 다양한 인지적 과정이 동시다발적으로 일어나고 있다는 것이다.

두뇌는 다양한 신경적 서사를 통합하여 인간이 경험을 이해하고 이를 하나의 통일된 이야기처럼 느끼게 한다. 이 과정은 의식을 인간의 주체적 경험으로 나타나게 하며, 동시에 서사들이 가진 복잡성과 다층성을 반영한다. 각각의 서사는 환경에서 받은 자극과 내부의 신경적 프로세스를 기반으로 생성되며, 서로 간의 조화를 통해 최종적으로 통합된다. 데닛은 이 과정을 통해 의식이 고정된 실체가 아니라, 항상 변화하고 상호작용하는 유동적 시스템이라고 주장했다.

다중 서사의 조합은 또한 의식의 주체적 성격을 이해하는 데 핵심적인 역할을 한다. 각각의 서사는 단순히 정보의 흐름일 뿐 아니라, 두뇌가 환경을 인식하고 이에 대응하기 위해 만들어낸 독립적이고도 상호 연결된 이야기들이다. 이러한 서사들은 때로는 경쟁하며, 때로는 협력하며, 인간이 경험을 통합적으로 이해하도록 돕는다.

명성: 의식의 문턱을 넘는 정보의 향연

"뇌 속에서 명성을 얻은 정보가 곧 의식이 된다. 그것이 영향력을 획득할 때, 우리는 그것을 의식의 일부로 경험한다" – 다니엘 데닛은 그의 저서 『의식의 수수께끼』에서 의식을 설명하기 위해 '명성 Fame'이라는 독특한 개념을 제시하였다. 데닛은 전통적인 철학이 가정하는, 뇌 속 어딘가에 '나'라는 관찰자가 존재하고 그곳에서 의식 경험이 펼쳐진다는 '데카르트 극장' 관점을 비판하며, 의식이 뇌의 특정 장소에서 일어나는 것이 아니라 뇌 전체에 분산된 정보 처리 과정의 결과라고 주장하였다. 이때 '명성'은 수많은 정보 조각들 사이에서 의식의 문턱을 넘기 위한 경쟁의 핵심 원리로 작동한다.

데닛은 그의 의식 이론인 '다중 초안 모델'에서 뇌가 끊임없이 다양한 감각 정보, 기억, 생각 등을 병렬적으로 처리하며, 이 과정에서 여러 버전의 '초안'들이 생성된다고 보았다. 이 초고들은 마치 소설가가 여러 버전의 초고를 작성하듯, 서로 경쟁하고 수정되며, 최종적으로 우리가 의식하는 내용은 이 경쟁에서 승리한 초고에 해당한다. 여기서 '명성'은 특정 정보 조각(초고)이 뇌의 다른 영역에 얼마나 널리 퍼져나가고 영향을 미치는지를 나타내는 개념이다. 데닛은 뇌가 마치 정당과 같다고 비유하였는데, 다양한 정보 처리 과정들이 각자의 이익을 추구하며 경쟁하고, 그중에서 가장 큰 영향력을 얻은 정보가 의식의 내용이 된다는 것이다.

그렇다면 어떤 정보 조각이 '명성'을 얻어 의식의 문턱을 넘게 되는가? 데닛은 다음과 같은 요인들이 정보의 명성에 영향을 미친다고 보았다. 첫번째는 '감각적 현저성 Sensory Salience'이다. 강렬한 감각 자극(예: 큰 소리, 밝은 빛, 강한 통증)은 뇌의 주의를 끌고, 더 많은 처리 자원을 할당받아 명성을 얻기 쉽다. 두번째는 '정서적 중요성'이다. 생존과 번식에 중요한 정보(예: 위험, 기회, 사회적 신호)는 정서적 반응을 유발하고, 뇌에서 우선적으로 처리되어 명성을 얻을 가능성이 높다. 세번째는 '인지적 관련성 Cognitive Relevance'이다. 현재의 목표, 관심사, 믿음 등과 관련된 정보는 뇌의 다른 정보 처리 과정과 연결되어 명성을 얻기 쉽다. 네번째는 '반복과 강화 Repetition and Reinforcement'이다. 반복적으로 제시되거나 긍정적인 결과와 연결된 정보는 뇌에서 더 강하게 표상되고, 명성을 얻을 가능성이 높아진다.

데닛은 명성이 의식의 내용을 결정하는 핵심 요인이라고 보았지만, '승자독식' 모델을 주장하는 것은 아니다. 즉, 가장 명성이 높은 정보 조각 하나만이 의식되는 것이 아니라, 여러 정보 조각들이 동시에 의식될 수 있으며, 서로 경쟁하고 협력하며 복잡한 의식 경험을 만들어낸다고 보았다. 예를 들어, 우리가 숲길을 걷고 있을 때, 아름다운 풍경(시각 정보), 새소리(청각 정보), 발밑의 촉감(촉각 정보), 숲의 냄새(후각 정보) 등 다양한 감각 정보가 동시에 의식될 수 있다. 이 정보들은 모두 뇌의 여러 영역에서 병렬적으로 처리되며, 각자의 명성을 놓고 경쟁한다. 이때 갑자기 뱀이 나타나면, 뱀에 대한 시각 정보가 가장 높은 명성을 얻어 의식의 중심을 차지하고, 우리는 뱀을 피하기 위한 행동을 하게 된다.

인공지능과 철학적 기능주의

데닛의 관점은 인공지능Artificial Intelligence 연구와도 긴밀히 연결된다. 그는 인간 의식이 다중적 서사와 경험의 통합이라는 점을 강조하며, 이를 통해 인간 의식을 모방하려는 인공지능 설계에 철학적 기반을 제공했다. 그의 이론은 기계적 사고와 인간적 사고의 차이를 이해하는 데 도움을 주며, 인간 의식의 복잡성과 독특성을 조명한다. 데닛은 인간과 기계의 사고 방식이 근본적으로 다를 수 있음을 논의하며, 인공지능의 한계와 가능성을 평가하는 데 중요한 틀을 제시했다.

다니얼 데닛은 인공지능AI의 가능성을 긍정적으로 평가하며, 기계도 인간처럼 사고하고 의식을 가질 수 있을 것이라고 주장했다. 그는 기능주의Functionalism 철학을 바탕으로 의식의 본질을 특정한 물질(뇌)에 종속된 것이 아니라고 보았다.

데닛은 앨런 튜링(1912~1954)의 계산주의 철학을 계승하며, 기계도 인간과 같은 방식으로 정보를 처리할 수 있다면 '사고한다'고 볼 수 있다고 주장했다. 튜링은 튜링 테스트를 통해 기계가 인간과 동일한 사고 능력을 가질 수 있는지 판별하고자 했다. 데닛은 튜링의 아이디어를 발전시켜, 사고의 본질은 특정한 물질에 있는 것이 아니라 정보 처리 방식에 있다고 주장했다. 즉, 뇌든 컴퓨터든 정보를 처리하고 문제를 해결하는 방식이 동일하다면, 둘 다 '사고한다'고 볼 수 있다는 것이다. 심장의 기능이 혈액을 순환시키는 것이듯, 의식의 기능은 정보를 처리하고 행동을 결정한다. 컴퓨터가 인간과 같은 방식으로 정보를 처리하고, 환경에 반응하고, 의사 결정을 내릴 수 있다면, 그 컴퓨터도 의식을 가졌다고 볼 수 있다는 것이다.

데닛은 의식을 두뇌가 생성한 설명과 서사의 조합으로 정의하며, 이를 통해 인간 경험의 본질을 새롭게 이해하도록 돕는다. 그는 의식이 단일한 실체가 아니라, 분산된 과정과 다중적 서사의 결합임을 강조하며, 이를 진화적, 기능적 관점에서 탐구했다. 이러한 접근은 의식 연구를 새로운 차원으로 확장하며, 인간 사고와 인공지능, 그리고 자기 이해의 가능성을 성찰하는 데 기여한다. 데닛의 사상은 철학과 과학의 경계를 넘나들며, 현대 의식 연구의 지평을 확장한 중요한 공헌으로 평가받는다.

주요 저술

- 의식이라는 꿈(Consciousness Explained, 1991/문규민, 2024) | 의식을 단일한 실체가 아니라 다중 서사의 조합으로 설명하며, 다중 초안 이론을 통해 의식의 본질과 형성을 탐구하고 있다.
- 다윈의 위험한 생각(Darwin's Dangerous Idea, 1995/신광복, 2025) | 진화론이 과학, 철학, 윤리 등에 미친 영향을 분석하며, 자연 선택의 개념이 세계관 전반에 걸쳐 혁신적인 변화를 이끌었음을 주장한다.
- 마음의 진화(Kinds of Minds: Toward an Understanding of Consciousness, 1996/이희재, 2016) | "마음(의식)은 어떻게 발생했으며, 다양한 형태의 지능과 어떻게 구별되는가?"라는 문제를 논의한다. "인간의 의식과 동물의 사고는 어떻게 다를까?", "AI가 인간과 같은 의식을 가질 수 있을까?" 같은 문제를 철학적으로 분석한다.
- 의식의 수수께끼를 풀다(Sweet Dreams: Philosophical Obstacles to a Science of Consciousness, 2005/유지화, 2013) | 의식 연구에서 철학이 직면하는 주요한 문제들을 분석하며, 기존의 의식 이론이 해결하지 못한 난제들을 비판적으로 검토한다.
- 박테리아에서 바흐까지, 그리고 다시 박테리아로(From Bacteria to Bach and Back, 2017/신광복, 2022) | 의식의 진화적 기원을 설명하며, 세균에서 인간의 고등 사고와 창조적 활동으로 이어지는 과정을 탐구. 인간의 독특한 사고 능력을 문화와 언어의 진화와 연결짓는다.

52 | 차머스 1966~
무엇을 느끼는 것의 본질은?

"의식 경험은 우리가 가장 즉각적으로 알 수 있다. 그러나 그것만큼 설명하기 어려운 것도 없다. 왜 물리적 정보 처리 과정이 풍부한 내면적 삶을 만들어내는가? 그렇게 되어야 할 어떤 객관적 이유도 없어 보이지만, 분명히 그렇게 된다."

—『의식하는 마음』, 1996

우리는 깨어 있고, 생각하며, 고통을 느끼고, 기쁨을 경험한다. 그러나 이처럼 분명한 사실조차 설명하기는 쉽지 않다. 수십억 개의 신경세포가 복잡하게 작동하는 두뇌 안에서, 어떻게 주관적 경험 – '무엇인지를 느끼는 느낌' – 이 생겨나는가? 데이비드 차머스(David Chalmers, 1966~)가 제기한 '의식의 어려운 문제'는 이 단순하지만 심오한 물음에서 출발한다.

의식의 쉬운 문제와 어려운 문제

"우리는 객관적 세계를 설명할 수 있지만, 그 안에서 누가 무엇을 '느낀다'는 주관성은 설명되지 않는다" – 의식은 인간 존재의 가장 심오한 수수께끼다. 우리는 왜 빨간색을 볼 때 특정한 감각을 느끼고, 음악을 들을 때 감동을 받으며, 고통 속에서 괴로움을 경험할까? 이러한 질문은 단순한 생리학적 작용을 넘어 의식적 경험의 본질을 묻는다. 데이비드 차머스는 1995년에 의식 연구의 '어려운 문제hard problem of consciousness'라는 개념을 제시하며, 이러한 질문을 철학적 논의의 중심에 두었다. 그는 두뇌의 물리적 과정이 주관적 경험, 즉 '질적 경험qualia'을 어떻게 만들어내는지 설명하는 것이 의식 연구의 가장 어려운 과제라고 주장했다.

차머스는 의식 연구를 두 가지로 나누었다. 하나는 '쉬운 문제easy problems'로, 신경과학적 관찰과 설명을 통해 해결할 수 있는 문제들이다. 예를 들어, 두뇌가 시각 정보를 처리하거나, 주의를 조절하는 메커니즘은 실험적 데이터로 설명이 가능하다. 물론 이러한 문제들이 해결하기에 '쉽다'는 의미는 아니며, 여전히 신경과학과 인지과학 분야에서 매우 복잡하고 도전적인 연구 과제들이다. 그러나 차머스는 이러한 문제들이 원리적으로는 현재의 과학적 방법론, 즉 뇌의 물리적 메커니즘을 규명하고 그것이 어떻게 특정 기능을 수행하는지 설명하는 방식으로 해명될 수 있다고 보았다.

반면, '어려운 문제'는 이와 본질적으로 다르다. 그것은 특정 신경 활동이 어떻게 주관적 경험으로 이어지는지, 즉 '무엇인지를-느끼는 느낌what it is like'의 본질을 설명하려는 문제다. 이러한 질문은 의식 연구에서 물리적 관점의 한계를 드러내며, 과학과 철학 모두에게 해결되지 않은 도전 과제를 던진다.

차머스의 논의는 네이글(1937~)의 영향도 크게 받았다. 토마스 네이글은 1974년 논문 「박쥐가 되는 것은 어떤 것인가?」에서 주관적 경험의 본질에 대한 탐구를 시작했다. 그는 박쥐가 초음파로 세상을 경험하는 방식이 인간의 관점에서 완전히 이해될 수 없다고 주장했다. 박쥐의 신경 구조를 완벽히 분석하더라도, 우리가 초음파 세계를 '느끼는' 것이 어떤지 알 수는 없다는 것이다. 네이글과 차머스의 주장은 모두, 주관적 경험이 물리적 데이터로는 포착할 수 없는 고유한 성질을 가진다는 점을 강조한다.

의식의 어려운 문제에 대한 해결 방향

"우리는 물리적 입자에 물리적 속성뿐 아니라, 의식적 속성도 있다고 가정할 수 있다" – 차머스는 이러한 주관적 경험이 뇌의 물리적 설명만으로는 충분히 해명되지 않는다는 점에서, 기존의 물리주의적 설명틀로는 의식을 해명할 수 없다고 본다. 그는 이 문제를 해결하기 위한 하나의 대안으로, 의식을 세계의 기초적 속성으로 받아들일 것을 제안한다. 다시 말해, 우리가 질량mass, 전하charge, 시공간space-time 등을 물리학의 '기본 개념'으로 전제하듯이, '의식' 역시 그러한 기초적 범주로 수용해야 한다는 것이다. 그는 이러한 입장을 '자연주의적 이원론naturalistic dualism' 혹은 '속성 이원론property dualism'이라고 명명하는데, 이는 정신과 물질이라는 두 개의 독립된 실체를 가정하는 데카르트적 실체 이원론과는 구별된다. 차머스의 이원론은 의식적 속성이 물리적 속성과 함께 존재하지만, 물리적 속성으로 완전히 설명되거나 환원될 수 없다고 본다.

이러한 관점에서 차머스는 의식과 물리적 세계 사이의 관계를 설명하기 위해 새로운 자연 법칙, 즉 '심리물리 법칙psychophysical laws'의 필요성을 역설한다. 이 법칙들은 물리적 상태와 주관적 경험 상태 사이의 체계적인 연관성을 기술하는 역할을 한다. 예를 들어, 특정 뇌 활동 패턴이 왜 특정한 색깔 경험이나 고통 경험을 필연적으로 동반하는지에 대한 근본적인 연결고리를 제공해야 한다는 것이다. 현재 우리가 알고 있는 물리 법칙만으로는 이러한 연결을 설명할 수 없기에, 의식 경험을 포함하는 더 확장된 자연 법칙 체계가 요구된다는 주장이다.

더 나아가 차머스는 정보의 이중 측면 이론double-aspect theory of information을 통해 심리물리 법칙의 구체적인 형태를 탐색한다. 이 이론에 따르면, 정보는 물리적으로 구현될 때 필연적으로 경험적 측면, 즉 의식적 측면을 동반한다. 물리적 시스템에서 정보가 처리되는 방식(구조)과 그 정보에 상응하는 의식 경험의 구조 사이에 깊은 관련성이 있다는 것이다. 정보의 물리적 측면은 뇌의 신경 활동처럼 객관적 시스템에서 구현되는 정보의 상태와 처리 방식을 일컫는다. 이는 과학적으로 관찰 가능하며, 특정 패턴과 구조를 가진다. 정보의 경험적 측면, 즉 의식은 물리적 측면에 상응한다. 즉 특정 정보가 물리적으로 실현될 때, 주관적 경험 역시 필연적으로 동반된다. 의식은 물리적 과정의 단순한 결과물이 아니라, 정보 자체의 또 다른 내재적 속성인 셈이다.

여기서 핵심은 물리적 정보 처리의 '구조'와 그에 상응하는 의식 경험의 '구조'가 깊이 연관된다는 점이다. 물리적 정보의 복잡한 조직과 그 처리 방식의 정교함은 의식 경험의 다층적 구조와 질적 풍부함으로 직접 이어진다. 즉, 정보 처리의 기능적 구조와 경험의 현상적 구조는 서로 밀접하게 조응한다.

"의식은 우주를 구성하는 기본 단위 중 하나일 수 있다" – 이러한 근본적 속성으로서의 의식과 심리물리 법칙의 개념은 때때로 범심론panpsychism 혹은 원초범심론panprotopsychism으로 이어지기도 한다. 만약 의식이 우주의 근본적인 속성이라면, 인간이나 고등 동물뿐만 아니라 아주 단순한 물리계에도 어떤 형태의 원초적인 의식protoconsciousness 또는 경험이 존재할 수 있다는 가능성을 열어두는 것이다.

리얼리티 플러스: 가상 세계와 철학적 현실의 재구성

"가상현실은 현실이 아닌 것이 아니라, 다른 방식의 현실이다" – 차머스는 그의 2022년 저서 『리얼리티 플러스』를 통해 우리가 현실이라고 믿는 것의 본질에 대해 근본적인 질문을 던진다. 이 책에서 차머스는 가상현실 기술의 발전과 시뮬레이션 우주론과 같은 사고 실험을 철학적 논의의 중심부로 가져와, '진짜 현실'이란 무엇이며 가상 세계에서의 삶이 과연 '덜 진짜'인지 도발적으로 탐문한다. 차머스는 가상현실이 단순한 환상이나 모방이 아니라, 그 자체로 하나의 진정한 현실genuine reality이 될 수 있다고 주장하며, 이를 통해 오랜 철학적 난제들을 새로운 시각으로 조명한다.

"우리는 디지털 공간에서 실재적 삶, 실재적 관계, 실재적 의미를 창조할 수 있다" – 『리얼리티 플러스』의 핵심 주장 중 하나는 가상현실이 환상이 아닌, 디지털적으로 구성된 현실이라는 것이다. 흔히 가상현실은 '진짜' 현실에 대한 열등한 대체물이나 기만적인 환영으로 여겨지곤 한다. 그러나 차머스는 잘 구축된 가상 세계는 우리가 물리적 현실에서 경험하는 것과 유사한 방식으로 상호작용하고, 일관된 규칙을 따르며, 지속성을 가질 수 있다고 본다. 이러한 조건을 충족하는 가상 세계는 그저 '가짜'가 아니라, 물리적 현실과는 다른 종류의 '진짜' 현실, 즉 '디지털 현실'이라는 것이다. 그는 컴퓨터 시뮬레이션 속에서 살아가는 존재들이 자신의 세계를 실제라고 믿는다면, 그 믿음이 틀렸다고 말할 수 없으며, 그들의 경험과 삶 역시 의미와 가치를 지닐 수 있다고 역설한다. 차머스는 현실의 본질을 그것을 구성하는 기저 물질(예: 원자)보다는 그 기저가 구현하는 구조, 패턴, 그리고 우리가 그 안에서 맺는 상호작용의 총체로 파악한다. 차머스의 입장에서는 만약 어떤 가상세계가 충분히 복잡하고 일관된 구조를 가지며, 우리가 그 안에서 의미 있는 상호작용을 경험할 수 있다면, 그 가상세계 역시 일종의 '실제 reality'로 간주될 수 있다는 것이다.

"가상현실 안에서의 고통, 기쁨, 생각은 진짜다. 그것은 뇌가 아닌 실리콘에 의해 구현되었을 뿐이다" – 그렇다면 이러한 가상 환경에서의 의식은 어떻게 가능한가? 차머스는 의식이 반드시 탄소 기반의 생물학적 뇌와 같은 특정 물리적 '기저'에만 의존해야 할 필연성은 없다고 본다. 만약 의식이 (아직 밝혀지지 않은) 심리물리법칙에 따라 특정 종류의 복잡한 정보 처리 패턴이나 조직적 구조와 필연적으로 연결되어 발생한다면, 그러한 정보 처리 패턴이나 구조는 이론적으로 실리콘 기반의 컴퓨터 시뮬레이션 내에서도 구현될 수 있다. 즉, 의식 발생의 관건은 '무엇으로 만들어졌는가'가 아니라 '어떤 구조와 정보 처리 능력을 갖추었는가'일 수 있다는 것이다. 가상현실은 의식의 '어려운 문제'를 해결하거나 간단하게 만드는 것은 결코 아니다. 설령 가상 환경 속의 인공지능이나 시뮬레이션된 존재가 의식을 갖게 된다 하더라도, 왜 그 특정한 계산 과정이나 정보 패턴이 그 자체로 주관적 느낌을 동반해야 하는가라는 근본적인 질문, 즉 '어려운 문제'는 여전히 동일한 강도로 남는다. 의식이 발생하는 장소나 기저가 생물학적 뇌에서 디지털 컴퓨터로 바뀐다 하더라도, 그 물리적(혹은 계산적) 과정으로부터 주관적 경험으로의 이행은 여전히 설명되지 않는 심오한 문제로 남는 것이다. '어려운 문제'는 의식의 기저 중립적인 특성을 지니며, 의식이 발생하는 모든 경우에 보편적으로 적용될 수 있다.

"시뮬레이션은 현실을 흉내 내는 것이 아니라, 의식 있는 삶이 가능한 또 하나의 현실이다" – 이런 관점에서 차머스는 가상 세계에서의 의미, 가치, 그리고 정체성의 문제를 탐구한다. 가상 세계에서 맺는 관계, 얻는 성취, 느끼는 감정들은 과연 실재적인가? 차머스는 가상현실에서의 경험이 우리에게 실질적인 영향을 미치고, 그 안에서 형성된 사회적 관계나 경제적 활동이 물리적 현실만큼이나 중요하고 의미 있을 수 있다고 본다. 아바타를 통한 자기표현은 새로운 정체성 탐구의 가능성을 열어주며, 가상 세계에서의 성취는 현실에서의 만족감과 유사한 가치를 제공할 수 있다. 이는 존 휠러(1911~2008)의 "It from Bit"개념, 즉 정보가 실재의 근원이라는 아이디어와도 연결되며, 만약 실재가 근본적으로 정보적이라면, 디지털적으로 구성된 현실도 그만큼 근원적일 수 있다는 함의를 내포한다.

차머스는 '의식의 어려운 문제'를 단순한 철학적 수수께끼로 남겨두지 않았다. 그는 현실의 정의, 존재의 조건, 기술 환경 속 자아의 가능성에 이르기까지, 의식을 사유하는 방식 자체를 전환하고자 했다. 가상현실이 진짜 현실이 될 수 있으며, 시뮬레이션 속 존재도 의식을 가질 수 있다는 그의 주장은 철학적 상상을 실질적 윤리와 사회의 과제로 끌어올린다. 오늘날 우리가 처한 세계는 점점 더 다층적이고 가상화되고 있다. 그 속에서 '누가 존재하고, 무엇이 진짜이며, 어떤 경험이 의미 있는가'라는 질문은 단순히 추상적 사유가 아니라, 현실을 구성하는 실천적 기준이 되어야 한다.

주요 저술

- **의식하는 마음**(The Conscious Mind: In Search of a Fundamental Theory, 1996) | 의식을 물리적 뇌 작용으로 환원할 수 없다고 주장하며, 의식을 세계의 '기초적 속성'으로 간주해야 한다는 비환원적 이원론의 철학적 근거를 제시한다.

- **리얼리트 플러스**(Reality+: Virtual Worlds and the Problems of Philosophy, 2022/서종민, 2024) | 그는 가상현실도 진짜 현실이다라는 논제를 통해, 현실과 존재에 대한 전통적 개념을 비판하고, 시뮬레이션 가설과 존재론의 재정의를 시도한다.

PART
15

변화하는 존재:
포스트 휴먼

'인간'이라는 말은 여전히 유효한가? 기술, 생태, 젠더, 정치의 경계가 무너지는 시대, 철학은 이제 인간 중심 사고 자체를 문제 삼는다. 인간은 자연의 주인도, 세계의 중심도 아니다. 우리는 무엇이 되고 있는가? 슬로터다이크(1947~)는 인간을 환경과 기술에 의해 구성되는 존재로 보고, 새로운 인간학을 제안한다. 도나 해러웨이(1944~)는 인간과 비인간의 경계를 허물며, '사이보그'와 '공존'의 윤리를 말한다. 로지 브라이도티(1954~)는 탈중심적 주체, 포스트휴먼의 관점에서 인간 정체성을 다시 쓴다.
이 장에서는 인간 이후의 인간, 경계를 넘어서는 사유를 통해 새로운 존재 방식을 탐색한다.
이제, 우리는 인간이라는 말이 품지 못했던 가능성들을 향해, 질문을 확장한다.

53 | 슬로터다이크 1947~
인간은 스스로를 만들어가는 존재인가?

"너는 네 삶을 바꾸어야 한다.
인간은 주어진 존재가 아니다. 그는 자신을 훈련하는 유일한 동물이다.
오늘날 인간은 인간을 만든다. 인간은 더 이상 신의 형상이 아니라, 자기 기술의 산물이다. 우리는 '자연'이 아니라 '프로토타입'을 살아간다."
—『너는 너의 삶을 바꿔야 한다』, 2009

21세기 기술혁명은 인간 존재에 대한 근본적인 질문을 다시 던지고 있다. 유전자 편집, 인공지능, 뇌-기계 인터페이스 등은 인간을 더 이상 '자연적으로 주어진 존재'가 아니라, 설계 가능하고 조형 가능한 존재로 전환시키고 있다.

이런 배경 속에서 페터 슬로터다이크(Peter Sloterdijk, 1947~)는 인간 존재의 근원적 조건과 실천적 삶의 방식에 대해 독창적인 사유를 펼치고 있다. 그의 윤리관은 전통적인 도덕 규범의 제시를 넘어, 인간을 끊임없이 자신을 만들어가는 존재로 파악하고, 이러한 '자기 형성 self-formation'의 과정 자체를 윤리적 탐구의 핵심으로 삼는다. 슬로터다이크에게 '자기 실험 self-experimentation'은 이러한 자기 형성의 구체적인 방법론이며, 이를 통해 도달하고자 하는 '자기 실현 self-realization'은 고정된 본성의 발현이 아니라 실천과 수련을 통해 성취되는 역동적인 상태를 의미한다. 그의 저서 『너는 너의 삶을 바꾸어야 한다』는 이러한 윤리적 사유의 정수를 보여주며, 현대인에게 삶의 능동적 주체로서 살아갈 것을 촉구한다.

또한, 슬로터다이크의 3부작 『구체 Sphären』는 현대인이 처한 실존적 상황과 그에 대한 주체적 응전을 다루고 있는 거작으로, 현대인들이 어떻게 자신을 형성하고 삶의 의미를 구축해나갈 수 있는지에 대한 실천적 지침을 제시한다.

자기 실험과 자기 실현의 존재로서의 인간

"너는 네 삶을 바꾸어야 한다" – 페터 슬로터다이크의 이 명제는 철학사에서 보기 드문, 명령형으로 된 윤리적 선언이다. 이는 도덕적 결단을 촉구하는 말이 아니라, 인간이란 어떤 존재인가에 대한 근본적 재정의를 담고 있다. 슬로터다이크에게 인간은 본질적으로 주어지는 존재가 아니다. 오히려 인간은 끊임없이 자신을 만들어가는 자기 실험체, 자기 창조의 과정을 살아가는 존재이다.

슬로터다이크 철학의 근간에는 '인간학적 기술 Anthropotechnik'이라는 핵심 개념이 자리 잡고 있다. 그는 인간이 생물학적으로 미완의 존재로 태어나지만, 다양한 '기술'과 '실천'을 통해 스스로를 문화적, 정신적, 신체적으로 완성해 나간다고 본다. 고대 철학자들의 금욕주의적 수행, 종교적 명상과 기도, 예술가의 창작 활동, 운동선수의 반복 훈련, 학자의 지적 탐구 등은 모두 인간이 자신을 특정 방향으로 조형하고 개선하려는 '인간학적 기술'의 광범위한 사례들이다. 이러한 관점에서 인간의 역사는 곧 다양한 자기 단련 체계와 '삶의 기예 ars vivendi'가 발전해 온 역사이기도 하다. 슬로터다이크는 인간에게 주어진 고정된 본성이란 없으며, 오직 끊임없는 연습과 실천을 통해 '인간임'을 수행해 나갈 뿐이라고 강조한다.

이러한 인간학적 기술의 구체적인 방법론이 바로 '자기 실험'이다. 자기 실험은 개인이 자신의 삶을 하나의 프로젝트처럼 여기고, 다양한 삶의 방식, 실천, 사유를 능동적으로 시도하며 그 효과를 검토하는 과정을 의미한다. 이는 특정 목표(예: 정신적 평온, 신체적 건강, 지적 명료함, 윤리적 탁월함)를 향해 자신을 의식적으로 조율하고 단련하는 체계적인 노력을 포함한다. 과거에는 종교나 철학 같은 거대 담론이 이러한 자기 실험의 방향과 내용을 강력하게 제시했지만, 다원화되고 파편화된 현대 사회에서는 개인이 스스로 자기 실험의 주체가 되어 삶의 경로를 개척해야 할 필요성이 더욱 커졌다. 자기 실험은 미지의 영역으로 나아가는 모험적 성격을 띠며, 시행착오를 통해 배우고 자신에게 맞는 삶의 기예를 발견해 나가는 과정이다.

슬로터다이크가 말하는 '자기 실현'은 이러한 자기 실험과 인간학적 기술의 실천을 통해 도달하는 역동적인 상태이다. 이는 아리스토텔레스적인 잠재성의 현실태화나 낭만주의적인 내면적 자아의 발견과는 거리가 있다. 오히려 끊임없는 수련과 자기 극복을 통해 도달하는 '더 높은' 혹은 '더 나은' 존재 양식, 즉 '수직적 긴장 vertical tension' 속에서의 성취를 의미한다. "너는 너의 삶을 바꾸어야 한다"는 명령은 현재의 안일하거나 수동적인 상태에서 벗어나, 의식적인 노력을 통해 자신을 재창조하고 더 높은 삶의 질서를 구현하라는 요청이다. 따라서 자기 실현은 완성된 결과라기보다는 지속적인 자기 형성 과정 그 자체이며, 그 과정에서 얻어지는 숙련됨, 정신적 강인함, 윤리적 감수성의 고양 등을 포함한다. 이러한 의미에서 '실현된 자아'는 마치 잘 연마된 악기나 숙련된 운동선수처럼, 끊임없는 연습과 자기 관리를 통해 특정 수준의 역량과 품격을 갖춘 존재이다.

슬로터다이크의 이러한 윤리는 전통적인 의무론이나 결과주의 윤리와는 다른 차원에서 '좋은 삶'의 문제를 다룬다. 그것은 보편적인 도덕 법칙을 따르거나 공리의 극대화를 추구하는 것이 아니라, 각자가 자신의 삶을 예술 작품을 만들듯 정성을 다해 가꾸고 연마하는 '삶의 기예'를 강조한다. 그는 현대 사회에 만연한 안일함과 수동성, 즉 '쉬운 종교 religion of easygoingness'를 비판하며, 인간이 자신의 잠재력을 최대한 발휘하고 삶의 의미를 적극적으로 창조하기 위해서는 의식적인 노력과 자기 단련이 필수적이라고 역설한다.

"인간은 자연적으로 주어진 존재가 아니라, 자신을 훈련하고 조형하며 반복적으로 형성하는 존재이다" – 슬로터다이크는 근대 철학이 가정해 온 자아 중심적 인간관, 즉 인간이 이성적이고 고정된 본질을 가진 존재라는 전제를 강하게 비판한다. 이는 다윈의 진화론이나 근대 생물학이 말하는 인간의 생물학적 조건을 부정하는 것이 아니라, 그 위에 덧붙여지는 문화적·수행적·기술적 존재론을 강조하는 것이다. 인간은 스스로를 기계적으로 주어진 프로그램처럼 살아가는 존재가 아니다. 그는 환경, 문화, 교육, 기술, 운동, 예술, 명상 등 다양한 '수련 체계' 속에서 자기를 가공하고 정련하는 존재이다. 이러한 관점에서 인간은 주체이면서, 훈련자이자 훈련의 대상, 즉 자기 형성의 실험체로 전환된다.

인간의 삶은 일종의 '예술 작품'이자 '윤리적 실험장'이며, 윤리는 삶을 창조하는 예술 행위로 간주된다. 그는 예술가가 조각상이나 음악 작품을 조형하듯, 인간도 자신의 정체성과 삶의 궤도를 스스로 구성해야 한다고 본다. 여기서 윤리란 추상적 규범이 아니라, 삶을 형상화하고 의미화하는 실천적 힘이다. 이 개념은 미셸 푸코(1926~1984)의 후기 저작, 특히 '자기 배려 care of the self' 개념과도 밀접하게 연결되며, 철학을 삶의 기술로 재정의하려는 현대 철학의 흐름과 조응한다.

구체: 인간 존재의 공간적 조건에 대한 심층 탐구

"모든 삶은 '공생하는 구체' 안에서 성립한다" – 페터 슬로터다이크는 3부작 『구체Sphären』를 통해 인간 존재의 공간적 조건에 대한 심층 탐구를 전개한다. 이 대작에서 슬로터다이크는 하이데거(1889~1976)의 '세계-내-존재' 개념을 독창적으로 변주하며, 인간을 근본적으로 자신을 둘러싼 '구체 안에 거주하는 존재being-in-spheres'로 파악한다. 그는 물리적 공간을 넘어 인간 삶의 의미와 관계, 정체성이 형성되고 유지되는 심리적, 상징적, 사회적 공간, 즉 '구체'의 생성과 변천 과정을 면밀히 추적함으로써 인간 조건에 대한 근원적인 탐구를 시도한다. 이 '구체론'은 인간이 어떻게 자신을 외부 세계의 위협으로부터 보호하고, 타자와의 공존을 모색하며, 삶의 의미를 부여하는 '분위기' 혹은 '온실'을 만들어왔는지에 대한 거대한 서사이다.

"거품은 자아의 존재양식이다. 자아는 누군가와 함께 형성된다" – '거품Blasen'은 인간 존재의 가장 원초적이고 친밀한 공간적 조건에서 출발한다. 슬로터다이크는 태아와 어머니 사이의 자궁 내 관계를 모든 '거품'의 원형으로 제시하며, 이곳이야말로 최초의 완벽한 공생과 면역학적 보호가 이루어지는 공간이라고 말한다. 이 원초적 경험은 이후 연인, 친구, 가족과 같이 가장 가까운 이자二人 관계, 혹은 소규모 공동체의 친밀한 미시적 공간으로 확장된다. '거품'은 물리적 근접성을 넘어, 상호 인정과 공명, 정서적 교감이 이루어지는 심리적 내부 공간이다. 이 안에서 개인은 타자와의 관계를 통해 자아를 확인하고, 외부 세계의 차가움과 익명성으로부터 보호받는 심리적 온실이자 최초의 면역학적 요람을 경험한다. '거품'은 깨지기 쉬운 만큼 필사적으로 유지되어야 하는, 인간적 삶의 가장 기본적인 단위이자 공존의 최소 조건인 셈이다.

'구Globen'는 이러한 미시적 거품을 넘어 인류가 역사적으로 구축해 온 거시적 포용의 형태들을 탐색한다. 고대 문명의 우주론적 세계관, 중세 기독교의 보편적 신앙 공동체, 근대 제국의 정치적 통일체, 나아가 지구 전체를 하나의 단위로 인식하게 된 전 지구적 관점에 이르기까지, 인류는 끊임없이 자신들을 포괄하는 거대한 '구'를 상상하고 구축해왔다. 이러한 '구'는 지리적 확장을 넘어, 형이상학적 의미 체계, 정치적 질서, 문화적 정체성을 제공하며 그 안에 속한 사람들에게 안정감과 소속감, 그리고 세계에 대한 일관된 이해를 부여했다. 그러나 슬로터다이크는 이러한 거대 '구'들이 필연적으로 내부와 외부를 가르고, 타자를 배제하며, 때로는 폭력적인 방식으로 자신의 경계를 유지하려 했던 역사 또한 날카롭게 지적한다. 또한, 이러한 거대 서사로서의 '구'는 근대를 거치며 그 완전성과 보편성에 대한 믿음이 점차 해체되는 과정을 겪게 된다.

"우리는 다수의 거품들로 이뤄진 집합체다" – '거품폼Schäume'은 전 지구적 '구'의 시대가 저물고, 현대 사회가 맞이한 다원적이고 유동적인 공간적 질서를 예리하게 포착한다. 현대인들은 더 이상 단일하고 견고한 거대 '구'의 보호 아래 살아가지 않는다. 대신, 그들은 수많은 개별적이고 상호 연결된 '거품들'의 복합체, 즉 '거품폼foam' 속에서 살아간다. 이는 마치 비눗방울들이 모여 하나의 거품 덩어리를 이루지만 각 방울은 고유한 막을 가지고 분리되어 있는 모습과 유사하다. 현대 사회의 개인들은 각자의 라이프스타일, 취향, 가치관에 따라 다양한 소규모 공동체(거품)를 형성하고, 이들은 네트워크처럼 느슨하게 연결되어 있다. 이러한 '거품폼'의 시대는 개인에게 전례 없는 자유와 선택의 가능성을 제공하지만, 동시에 과거의 거대 '구'가 제공했던 안정감과 소속감의 상실, 그리고 끊임없는 자기 관리와 관계 형성의 부담감을 안겨주기도 한다. 각자의 '거품'은 독립성을 유지하려 하지만, 동시에 다른 '거품'들과의 관계 속에서만 존재할 수 있는 현대적 삶의 양가성을 드러낸다.

이처럼 슬로터다이크의 '구체론'은 공간 이론을 넘어, 인간이 어떻게 자신과 타자, 그리고 세계와 관계 맺으며 심리적·상징적 '면역 체계'를 구축하고 유지해왔는지를 밝히는 거대한 서사이다. 그는 '구체'라는 독창적인 개념을 통해 인간의 실존적 불안과 안전에 대한 욕구, 공동체 형성의 동력, 그리고 세계화와 디지털화가 가속되는 현대 사회에서 우리가 경험하는 공간적 조건의 근본적인 변화를 심층적으로 고찰한다. 그의 작업은 우리가 당연하게 여기던 삶의 공간들을 새롭게 인식하게 만들며, 현대 사회의 복잡한 관계망 속에서 우리가 어떻게 의미 있는 공존을 모색할 수 있을지에 대한 철학적 성찰의 지평을 넓혀준다.

기술과 인간: 생명윤리와 포스트휴먼적 사유

현대 기술은 인간을 단순한 자연의 산물로 바라보는 전통적 관점을 근본적으로 해체한다. 유전자 편집, 인공지능, 바이오 인지 기술 등은 인간을 설계 가능한 존재로 전환시키고 있다. 이는 기술이 인간의 외부 세계를 변화시키는 수단이 아니라, 인간 자체를 재구성하는 도구로 작동한다는 점에서 윤리적·철학적 전환의 문제이다.

"철학이란 삶을 위한 훈련 프로그램이다" – 슬로터다이크는 『인간 농장 시대에 오신 것을 환영합니다』에서 인간을 기르는 존재, 즉 '자기 자신을 조율하는 생명 기술의 관리자'로 본다. 그는 이러한 인간 이해를 바탕으로, 철학-과학-윤리가 각각 따로 움직이는 시대는 끝났으며, 이들은 하나의 공통된 설계 프로젝트로 통합되어야 한다고 말한다. 우리는 이제 인간을 단지 해석할 것이 아니라, 설계하고, 실험하고, 책임져야 할 단계에 이르렀다. 이것은 철학이 단지 의미를 해석하는 일을 넘어서, 인간 존재 자체를 디자인하는 작업에 실천적으로 참여해야 한다는 선언이기도 하다. 기술의 발전은 윤리적 중립을 허락하지 않으며, 인간의 자기 조형은 더 이상 피할 수 없는 사명이 된다.

"현대 사회는 인간 훈련의 장場이다" – 중요한 것은, 인간은 피교육자나 피실험체가 아니라, 자기 삶을 실험하는 '훈련자trainer'이자 '수행자practitioner'라는 점이다. 현대의 모든 사회 제도, 즉 학교, 체육, 종교, 심리학, 기업 조직, 자기 계발 조직들은 인간을 어떤 방식으로든 변형시키려는 실천 구조임을 강조한다. 그는 이 모든 구조를 하나의 총체적 개념으로 묶어 '인간 농장Menschenpark'이라 표현하며, 현대인이 끊임없이 길들여지고 재형성되는 존재임을 드러낸다.

슬로터다이크는 전통적 윤리학이 주로 다뤘던 어떻게 살아야 하는가라는 질문 대신, 어떤 인간이 되어야 하는가라는 질문으로 전환을 촉구한다. 인간은 더 이상 고정된 자아를 유지할 수 없으며, 기술을 통해 자기 정체성의 경계를 넘나드는 존재가 된다. 윤리는 규범이나 도덕률이 아니라, 설계된 자기, 훈련된 삶, 확장된 주체성을 실현하는 방식이 된다. 그는 인간성의 해체보다는, 조형 가능성과 형식미학적 윤리에 더 주목한다. 인간은 무너져야 할 종species이 아니라, 변형되고 강화될 수 있는 프로젝트인 것이다.

인간은 누가 만드는가: 윤리적 물음

페터 슬로터다이크의 인간 형성 윤리는 '누가 인간을 만드는가'라는 근본적 질문을 우리에게 던진다. 그 형성의 주체가 순전히 '나' 개인의 자율적 의지인지, 아니면 집단이나 국가와 같은 외부의 힘에 의한 강제적 개입까지 포함하는 것인지, 이 물음은 그의 철학을 이해하는 중요한 열쇠이다.

슬로터다이크는 기본적으로 "너는 너의 삶을 바꾸어야 한다"는 그의 유명한 명제를 통해 개인의 능동적이고 주체적인 자기 형성을 강조한다. 특히 과거의 거대한 종교적, 이념적 틀이 개인의 삶을 규정하던 시대가 저물고 다원화된 현대 사회, 즉 그가 말하는 '거품폼 Schäume'의 시대에 개인은 더욱 적극적으로 자신만의 삶의 방식을 설계하고 실천하는 주체로 나설 것을 요구받는다. 그가 제시하는 '인간학적 기술'은 바로 이러한 개인의 자율적이고 의식적인 자기 단련과 창조를 위한 방법론이다.

그러나 슬로터다이크는 인간 형성이 순수하게 개인적 차원에서만 이루어지지 않는다는 현실 또한 직시한다. 그는 역사적으로 사회와 국가는 교육, 규율, 때로는 더 직접적인 방식을 통해 그 구성원들을 특정한 방향으로 '길들이고 사육해' 왔음을 지적한다. 그의 논쟁적인 '인간 동물원 규칙'과 같은 문제 제기는, 국가에 의한 강제적 인간 개조를 옹호하려는 의도라기보다는 생명공학 기술이 비약적으로 발전하는 시대에 기존 인문주의적 인간관의 한계를 지적하고, 미래의 인간 형성에 대한 새로운 규칙과 주체 설정이 불가피함을 역설하는 데 그 초점이 있다. 이는 누가, 어떤 권한으로, 어떤 목적을 위해 미래의 인간 형성에 관여할 것인가라는 매우 어렵고 민감한 질문을 우리 사회에 던지는 것이다.

슬로터다이크가 궁극적으로 강조하는 것은 개인의 주체적인 결단과 실천을 통한 자기 창조의 윤리이다. 다만 그는 여기서 멈추지 않고, 인간 형성에 개입하는 다양한 사회적 힘과 미래의 기술적 가능성이 야기하는 윤리적 공백을 우리가 외면해서는 안 된다고 경고하며 사회 전체의 깊은 성찰을 촉구한다. 이 문제와 관련 그의 철학은 명확한 해답을 제시하기보다는, 우리 시대의 인간이 스스로를 어떻게 만들어갈 것인가에 대한 근본적인 고민과 책임감을 일깨우는 데 집중하고 있다.

페터 슬로터다이크의 자기 실험 및 자기 실현 윤리는 인간을 끊임없이 자신을 만들어가는 실천적 존재로 규정하고, 이러한 자기 형성의 과정을 의식적이고 능동적으로 수행할 것을 촉구한다. 그의 철학은 고정된 인간 본성이나 외부로부터 주어지는 삶의 의미를 부정하고, 각자가 자신의 삶을 예술가가 작품을 대하듯 정성을 다해 조형하고 연마함으로써만 진정한 자기 실현에 이를 수 있다고 말한다. 이는 현대인에게 끊임없는 자기 성찰과 실천을 요구하는 엄격한 윤리관일 수 있지만, 동시에 인간의 창조적 잠재력과 자기 초월의 가능성을 역설하는 강력하고 긍정적인 메시지를 담고 있다.

주요 저술

- **구체**(Sphären, Spheres, 1998~2004) | 인간-세계 관계를 '구(球)적 공간'이라는 메타포로 재구성하고 있다. 1부 거품(Blasen, 1998)은 태아-모체, 연인, 신-인 관계 등 '친밀권'의 구를 통해 인간 존재의 본질을 미시적 동거-구조로 분석한다. 2부 구(Globen)는 고대 코스모스에서 지구본, 세계경제까지 '지구-구'의 역사로 다룬다. 세계화·제국·단일신론·근대 과학의 공간 혁명 등을 해석하고 있다. 3부 거품폼(Schäume)은 후기근대 사회를 '거품-폼'으로 해석하면서, 다중적·상호침투적 미시-구들의 집합, 네트워크·도시·인터넷의 공동-존재 형식 등을 다룬다.
- **인간 농장 시대에 오신 것을 환영합니다**(Regeln für den Menschenpark, 2001) | 인간은 스스로를 훈련·관리해야 하는 존재. 생명 설계와 교육, 유전자 윤리에 대한 논쟁적 내용을 담고 있다.
- **너는 너의 삶을 바꿔야 한다**(Du musst dein Leben ändern, 2009/문순표, 2020) | 윤리는 규범이 아니라 '삶의 훈련'이고, 인간은 끊임없이 자신을 조형하는 '자기 실험체'임을 주장한다.

54 | 해러웨이 1944~
인간은 비인간 존재와 어떻게 공진화하고 있는가?

"나는 기계와 유기체, 인간과 동물 간의 경계를 무너뜨려야 한다고 주장한다. 이 경계는 우리의 정체성, 권리, 그리고 관계의 방식을 형성하지만, 동시에 우리는 그것을 통해 새로운 연대와 상호작용의 가능성을 모색할 수 있다."

— 『사이보그 선언』, 1985

인간만을 이야기하는 시대는 끝났다. 21세기 철학은 더 이상 '인간이 중심'이라는 신화를 따르지 않는다. 생명과 기술, 인간과 동물, 자연과 기계의 경계를 끊임없이 흔든다. 이 흐름의 중심에 도나 해러웨이(Donna Haraway, 1944~)가 있다. 그는 페미니스트 이론가이자 과학기술철학자이며, 무엇보다 '경계를 무너뜨리는 사유'를 실천한 사상가다.

해러웨이의 『사이보그 선언(1985)』은 인간과 기계의 혼종성을 상상하며 인간 주체의 해체를 도발적으로 제안했고, 『반려종 선언(2003)』은 동물과 인간의 상호관계를 통해 새로운 윤리적, 존재론적 공존의 틀을 제시했다.

사이보그 선언

"우리는 사이보그다. 자연과 문화, 인간과 기계, 신체와 기술의 경계는 점점 더 흐려지고 있다" - 해러웨이는 인간 정체성이 전통적으로 자연과 문화, 인간과 비인간, 남성과 여성, 생물학과 기술 같은 이분법적 구분에 의해 형성되어 왔다고 지적했다. 그러나 사이보그는 이러한 경계를 허물며, 정체성을 고정된 본질이 아닌 유동적이고 복합적인 것으로 재구성한다. 예를 들어, 인공 장기, 의수나 의족, 디지털 기술과 인간의 결합은 더 이상 미래의 이야기가 아니라 현재의 현실이다. 이러한 기술적 발전은 인간이 더 이상 생물학적 본질에 의해만 정의되지 않음을 보여준다. 그녀는 사이보그를 단순한 기계적 존재가 아니라, 현대 사회에서 인간과 기술이 결합한 새로운 정체성의 메타포로 제시했다.

사이보그 정체성은 기존의 젠더, 계급, 인종과 같은 전통적 분류를 넘어선 새로운 가능성을 열어준다. 해러웨이는 특히 페미니즘의 맥락에서, 사이보그가 여성의 전통적 역할과 신체적 한계를 재구성할 수 있는 잠재력을 지닌다고 주장했다. 인간의 정체성이 기술과의 결합을 통해 새롭게 정의되면서, 젠더와 같은 사회적 범주는 더 이상 이분법적으로 존재하지 않을 수 있다.

"우리는 정해진 본질을 가진 존재가 아니다. 정체성은 기술, 환경, 사회 속에서 계속 변화하는 과정이다" - 해러웨이가 '사이보그'라는 말을 통해 강조하고자 한 핵심은, 현대 사회에서 인간과 기술, 자연과 문화의 구분이 사실상 유지되기 어려운 상황이라는 점이다. 기존의 서구 사상은 여러 이분법을 통해 세계를 파악해왔다. 예컨대 남성/여성, 주체/객체, 생물/기계, 자연/문화 같은 구분이 그것이다. 그러나 기술 발전, 정보화, 생명과학의 발달 등으로 인해 이러한 경계가 점차 희미해지고 서로 뒤섞이는 양상이 뚜렷해졌다고 보았다. 산업사회에서 정보사회로 넘어오면서, 인공장기나 의학 기술을 사용해 몸을 보수·강화하는 일이 흔해지고 있다. 디지털 기술의 발달로, 온라인 아바타나 SNS 계정을 통해 '내'가 아닌 존재로 살아가거나, 여러 정체성을 동시에 수행하는 일이 가능해졌다. 이런 변화들은 더 이상 인간이 '자연적 몸'만으로 자기 정체성을 정의하기 어렵게 만들었다. 해러웨이가 말하는 사이보그는 이러한 새로운 존재 조건을 상징하는 동시에, 그 조건을 통해 새로운 가능성을 발견하자는 문제제기이기도 하다.

반려종 선언

"우리는 서로를 형성해가는 종들의 매듭 안에 있다. 그것은 상호 복잡성의 층위로 이루어져 있다"-『반려종 선언』은 도나 해러웨이가『사이보그 선언』이후 발표한 작품이다. 이전에는 인간과 기계의 관계를 통해 정체성과 경계의 문제를 다루었다면, 이번에는 기계가 아닌 동물, 특히 개를 중심으로 인간과 비인간 사이의 깊은 관계성과 윤리를 탐구하였다. 해러웨이는 인간이 결코 인간만으로 존재한 적이 없다고 말한다. 인간은 언제나 다른 종들과 함께 살아왔으며, 인간의 정체성과 역사, 진화는 타자종과의 상호작용 속에서 형성된 공동의 이야기라는 점을 강조한다.

"개는 이론을 대신하기 위한 존재가 아니다. 단지 사유하기 위한 존재도 아니다. 그들은 함께 살아가기 위한 존재이다" - '반려종 companion species'은 단순히 인간이 돌보는 동물이 아니라, 인간과 존재론적·감정적·진화적으로 얽혀 있는 동반자이다. 이들은 인간과 함께 공진화해왔으며, 서로의 종이 되도록 훈련해온 존재들이다. 개는 대표적인 반려종으로, 실제로 인간의 유전적·행동적 진화에 영향을 주었다. 이러한 관계 속에서 해러웨이는 '중요한 타자성 significant otherness'이라는 개념을 제시한다. 반려종은 인간이 도구처럼 사용하는 대상이 아니라, 낯설고 다르며 완전히 이해할 수 없는 존재들이다. 그러나 바로 그 낯섦 속에서 인간은 타자와의 공존을 배우게 된다. 타자를 존중하는 관계란 길들이는 것이 아니라, 함께 변화하며 살아가는 방식이다. 반려종과 인간은 생물학적 진화뿐만 아니라 문화적, 감정적, 윤리적으로도 함께 진화해왔다.

"하나가 된다는 것은 항상 다수와 함께 되어가는 것이다" – 『반려종 선언』은 『사이보그 선언』과 비교했을 때 주제와 대상은 달라도 철학적 연속성을 가진다. 『사이보그 선언』이 기술과 기계를 중심으로 인간 정체성을 해체하려 했다면, 『반려종 선언』은 생명, 특히 비인간 동물과의 관계를 통해 인간을 재구성한다. 이로써 해러웨이는 기술뿐 아니라 생명과 생태 역시 인간 정체성의 핵심 경로임을 보여주며, 비인간 중심 철학을 전개한다. 그녀는 윤리를 명령이나 도덕률이 아니라 관계 맺기의 방식으로 이해한다. 우리가 무엇과 함께 살아갈지를 선택하는 것이 아니라, 이미 함께 살아가고 있는 존재들에 대해 어떻게 책임질 것인가를 선택하는 것이 윤리라고 말한다. 반려종과 함께 살아간다는 것은, 우리를 이해할 수 없는 존재를 돌보고 사랑하는 것이다. 이는 인간 중심적 사고를 해체하고, 연결성과 취약성을 바탕으로 한 새로운 윤리적 감수성을 요구한다.

인류세 너머의 시대, 크툴루세

2016년 해러웨이는 생태 위기의 시대에 대한 응답으로 『트러블과 함께하기』를 발표했다. 이 책에서 그녀는 인간중심적이고 파국적인 '인류세 Anthropocene' 개념 대신, 땅속의 복잡하게 얽힌 존재들을 상징하는 '크툴루세 Chthulucene'라는 새로운 시대를 제안한다.

'인류세 Anthropocene'는 인간이 지질학적 주체로서 지구 시스템에 미친 전례 없는 영향을 가리키는 용어이자, 인간 중심주의의 극단과 그 한계를 드러내는 시대적 선언이다. 탄소 배출, 대량 멸종, 기술적 기하급수적 확장 등은 모두 인간이 '지구의 주인'이라는 오랜 환상을 여실히 무너뜨리고 있다. 그러나 이 용어는 여전히 '인간'이라는 단일하고 일관된 주체를 가정하며, 책임과 해결의 주체 역시 인간이라는 틀 안에서만 사고하게 만든다.

"우리는 서로와 함께 되어가거나, 전혀 되지 못한다" — 도나 해러웨이는 인류세를 넘어설 새로운 서사이자 존재 방식으로 '크툴루세 Chthulucene'라는 개념을 제안한다. 이 용어는 '땅속', '깊은 뿌리'를 뜻하는 그리스어 'chthonic'에서 비롯된 개념으로, 지구적·비인간적·다종적 얽힘과 상호형성의 시간성을 지시한다. 크툴루세는 특정한 지질학적 시기라기보다는, 현실 존재들과의 얽힘을 중심으로 한 윤리적·감각적·정치적 상상력의 장이다. 이 세계에서 인간은 더 이상 스스로를 주체로 상정할 수 없다. 인간은 항상 이미 박테리아, 곰팡이, 동물, AI, 광물, 데이터, 나무, 기계와 얽혀 있는 다종적 존재였다. 해러웨이는 이를 '얽힘 Entanglement', '함께 하기 being-with', '함께 나아가기 becoming-with' 등의 언어로 표현하며, 존재란 곧 관계임을 강조한다.

"Make kin, not babies." — 이런 맥락에서 해러웨이는 인간과 비인간 사이의 새로운 윤리적 관계 형식을 '친족 만들기 Making Kin'라는 개념으로 구체화한다. 이 친족은 생물학적 혈연이나 전통적 가족 구성에 근거하지 않는다. 오히려 그것은 서로를 돌보고, 함께 살아남기 위한 협력적 얽힘으로서, 기술, 동물, 균류, 흙, 코드 등 인간 너머의 존재들과 맺는 비혈연적 연대의 정치적 실천이다. 이는 생식 중심적 인간 중심주의를 넘어, 돌봄, 협력, 공존의 새로운 친족 윤리를 만들자는 급진적 제안이다.

"우리는 이미 SF 속에 살고 있다" — 크툴루세는 곧 SF(Science Fiction,

Speculative Fabulation, String Figures, So Far 등 다양한 뜻의 중첩어)의 세계다. 해러웨이에게 SF는 단지 상상력이 아니라 비인간 존재들과 함께 세계를 다시 짜는 방식이다. 그녀는 현대 과학기술, 생물정치, 생태계, 페미니즘적 감수성이 교차하는 다차원적 현실을 철학적 실험실로 바라본다. 이 실험실에서 요구되는 것은 지배도, 정복도, 구원도 아닌, 트러블과 함께 살아가는 감각이다.

"트러블과 함께 하기란, 과거의 낙원과 미래의 종말 사이의 피벗이 되는 것이 아니라, 수많은 미완의 얽힘 속에 살고 있는 '죽음-가능한 생명체'로서 현재에 진정으로 존재하는 법을 배우는 것이다" – 이러한 감각은 『트러블과 함께 하기』에서 잘 드러난다. 해러웨이는 오늘날의 위기들을 단순히 해결 가능한 문제로 보지 않는다. 오히려 문제를 제거하기보다는, 그 문제 속에 함께 머무르고 얽히며 살아갈 것을 요청한다. 생태적 파괴, 종 다양성의 위기, 기술의 비인간화는 곧 정동적·윤리적 돌봄을 요구하는 호출이며, 해러웨이는 이를 회피하지 않고 응답하려는 실천의 윤리를 제안한다.

크툴루세란 단순한 '대안' 시대가 아니다. 그것은 인간 중심적 세계 인식의 종언을 넘어, 얽힘의 정치학, 돌봄의 미학, '함께-됨'의 존재론을 실현하는 새로운 공동 생존의 시간이다. 우리는 이 시공간 안에서 서로 트러블을 일으키고, 함께 길을 찾으며, 우리가 누구인지를 다시 구성하게 된다.

"우리는 세상을 혼자 살 수 없다. 우리는 언제나 함께 되며, 함께 만들어간다."

도나 해러웨이의 철학은 경계를 끊임없이 질문하고 해체하며, 그 과정에서 발생하는 혼종성과 관계성에 주목한다. 그의 사유는 난해하고 도발적이지만, 우리가 당연하게 여겨온 범주들을 재고하게 만들고, 복잡하게 얽힌 세계 속에서 어떻게 더 책임감 있고 윤리적으로 살아갈 수 있을지에 대한 통찰을 제공한다. 사이보그에서 반려종, 그리고 크툴루세의 친족에 이르기까지, 해러웨이는 인간 중심주의를 넘어선 새로운 공존의 가능성을 탐색하며, 우리 시대의 가장 중요한 철학적 물음들에 응답하고 있다. 그의 철학은 특히 인공지능, 생명공학, 기후변화, 종차별 등 현대 사회의 첨예한 쟁점들을 사유하는 데 있어 강력하고 시의적절한 영감을 준다.

도나 해러웨이의 사유는 우리에게 근본적인 물음을 던진다.
"인간이란 누구이며, 누구와 함께 살아가야 하는가?"
해러웨이는 이 질문에 대해 간단히 답하지 않는다. 오히려 질문 자체를 확장하고, 경계를 해체하며, 새로운 존재론을 구성할 것을 제안한다.
"우리는 결코 순수하지 않다. 우리는 언제나 타자와 함께 된다."

🖋 주요 저술

- **사이보그 선언문**(A Cyborg Manifesto, 1985/황희선, 2019) | 인간과 기계가 결합하며, 젠더·신체·정체성이 재구성되는 상황에서, 사이보그는 기존의 인간 중심적 사고를 넘어서, 새로운 사회적 존재가 되는 은유 개념으로 제출되었다.

- **반려종 선언**(The Companion Species Manifesto, 2003) | 인간과 동물은 단순한 주종 관계가 아니라, 상호 의존하는 반려종(Companion Species)으로, 인간 중심주의를 비판하며, 동물·기계·환경과의 새로운 관계를 모색해야 함을 주장하였다.

- **트러블과 함께 하기**(Staying with the Trouble: Making Kin in the Chthulucene, 2016/최유미, 2021) | 현대 사회에서 인간은 자연과 분리된 존재가 아니라, 지구 생태계의 일부로서 존재해야 함을 주장하고 있다.

55 | 브라이도티 1954~
포스트휴먼의 시대가 오고 있는가?

"나는 인간의 존재가 고립된 개인이 아니라, 끊임없이 변화하는 관계의 맥락 속에서 형성된다고 본다. 우리의 정체성은 시간을 통해 연결된 다양한 경험과 관계에 의해 구성되며, 이는 개인적이면서도 집단적인 차원에서 우리의 존재를 형성한다."

— 『포스트휴먼』, 2013

우리는 오랫동안 '인간'이라는 단어를 너무 쉽게 사용해왔다. 인간이란 무엇인가라는 질문조차, 인간 자신이 중심이 되어 묻고 답하는 구조 안에 갇혀 있었다. 인간은 이성의 주체였고, 자연을 다스리는 존재였으며, 타자에게 의미를 부여하는 기준이었다. 그러나 어느 순간, 우리는 깨닫기 시작했다. 인간은 결코 혼자 존재한 적이 없었으며, 이 세계의 중심이 아니라, 그 복잡한 관계망의 한 고리였다. 로지 브라이도티(Rosi Braidotti, 1954~, 이탈리아)는 그 경계에서 말을 건넨다.

로지 브라이도티는 동시대 가장 영향력 있는 페미니스트 철학자이자 포스트휴먼 사상가 중 한 명으로, 스피노자(1632~1677)와 질 들뢰즈(1925~1995)의 사상을 독창적으로 재해석하며 자신만의 독특한 철학적 지형도를 구축해왔다. 그의 철학은 고정된 정체성을 거부하는 '유목적 주체' 개념, 삶의 창조적 잠재력을 강조하는 '긍정의 윤리', 그리고 인간중심주의를 넘어 새로운 주체성과 관계성을 모색하는 '포스트휴먼', 그리고 능동적이고 자기조직화하는 신유물론적 '물질' 담론을 핵심 축으로 삼는다.

유목적 주체와 긍정의 윤리

"유목적 주체는 고정된 범주와 정체성을 넘어서 사유하고 이동할 수 있도록 해주는 정치적 허구이다" – 브라이도티 사상의 출발점 중 하나는 『유목적 주체(1994)』에서 제시된 '유목적 주체 nomadic subjectivity'라는 개념이다. 이는 전통적인 철학이 상정해 온 단일하고 고정된 주체 개념에 도전하며, 정체성을 하나의 장소에 귀속시키지 않고 끊임없이 경계를 가로지르며 변화하는 주체성을 포착하려는 시도이다. 유목적 주체의 핵심적인 특징은 다중성 multiplicity, 체현성 embodiment, 상황성 situatedness, 그리고 관계성 relationality으로 요약될 수 있다. 첫째, 유목적 주체는 단일한 정체성이 아니라 다양한 목소리와 경험, 정체성의 파편들이 공존하는 다층적 존재이다. 둘째, 정신과 육체를 분리하는 이원론을 거부하고, 지식과 경험이 구체적인 몸과 물질성에 뿌리내리고 있음을 강조한다. 셋째, 모든 주체는 특정한 역사적, 문화적, 사회적 맥락 속에 위치하며, 그 상황과의 상호작용 속에서 형성된다고 본다. 넷째, 주체는 고립된 원자가 아니라 타자들(인간 및 비인간)과의 끊임없는 관계망 속에서 구성되고 변화한다. 이러한 특징들은 질 들뢰즈(1925~1995)와 펠릭스 가타리(1930~1992)의 '리좀', '생성', '차이'와 같은 개념들과 깊은 공명 관계를 맺고 있다.

유목적 주체라는 개념은 윤리적, 정치적으로도 중요한 함의를 지닌다. 고정된 정체성에 기반한 전통적인 정체성 정치의 한계를 넘어서, 유목적 주체는 특정한 범주에 얽매이지 않고 문제의식이나 목표를 공유하는 다양한 주체들 간의 '횡단적 연대 transversal alliances' 가능성을 열어준다. 또한, 자신의 상황성과 관계성에 대한 깊은 인식을 바탕으로, 타자와 세계에 대한 책임감을 강조하는 윤리적 태도를 견지한다. 유목적 주체는 지배적인 규범과 권력 구조에 저항하며 새로운 삶의 방식과 사유의 가능성을 실험하는 창조적 역량의 담지자이기도 하다. 이는 브라이도티가 강조하는 '긍정의 철학 philosophy of affirmation'과도 맞닿아 있는데, 단순히 기존 질서를 비판하고 해체하는 것을 넘어, 새로운 가치와 의미를 적극적으로 창출하고 삶의 잠재력을 확장하려는 의지를 중시한다.

"긍정의 윤리는 되어감의 인내이며, 열린 변화의 과정을 감내하는 용기에 관한 것이다" – '긍정의 윤리 affirmative ethics'는 전통적인 의무론이나 금지 중심의 윤리관에서 벗어나 스피노자와 들뢰즈의 사상에 깊이 뿌리내린 생명 긍정의 철학을 제시하였다. 이는 단순히 '하지 말아야 할 것'을 규정하는 대신, 각 존재가 자신의 '코나투스 conatus', 즉 존재를 지속하고 행위 역량을 증대시키려는 노력을 적극 지지하며 삶의 잠재력을 최대한 발현시키는 데 집중한다. 긍정의 윤리는 수동적으로 고통을 감내하거나 외부의 규범에 순응하는 것이 아니라, 삶 자체의 내재적 가치와 창조적 힘을 적극적으로 끌어올리려는 의지를 강조한다.

부정적인 현실에 대한 비판은 필수적이지만, 긍정의 윤리는 거기에 머무르지 않고 그렇다면 무엇을 창조할 것인가라는 질문으로 나아간다. 기존의 억압적 구조나 부정적 정념에 대한 분석을 넘어, 어떻게 하면 더 많은 기쁨(스피노자의 'laetitia')을 생성하는 연결들을 구축하고 기존의 틀을 넘어서는 창조적 가능성들을 활짝 열어젖히며 삶의 강도를 증폭시킬 수 있을지를 적극적으로 모색하는 것이다. 이는 관계맺음의 방식을 새롭게 발명하고 고통스러운 정념을 기쁨의 정념으로 변환시키려는 실천적 노력을 포함한다.

이러한 긍정의 태도는 개별 인간의 자격 부여된 삶, 즉 사회적, 정치적으로 규정되고 평가받는 삶의 형태를 넘어, 모든 존재를 관통하는 비인격적이고 생성적인 생명력 그 자체인 '조에zoe'에 대한 근원적인 긍정과 존중으로 확장된다. '조에zoe'는 고대 그리스어에서 유래한 개념으로, 삶 또는 생명을 뜻하는 단어이지만 브라이도티는 조에를 창조적이고 비인간 중심적인 생명력으로 재해석한다. '조에' 중심적 관점은 인간중심주의를 탈피하여 인간, 동물, 식물, 나아가 기계와 지구 환경까지 아우르는 모든 존재들의 상호연결성과 생명력을 존중하는 생태학적 사유로 이어진다. 이는 곧 인간의 이익만을 우선시하는 편협한 윤리에서 벗어나, 지구상의 모든 생명과 비생명 존재들이 함께 번성할 수 있는 지속 가능한 공존의 조건을 모색하는 것으로 나아간다.

포스트휴먼: 다른 존재와 함께하는 존재로서의 휴먼

21세기에 접어들며 우리는 더 이상 인간을 이 세계의 중심으로 놓을 수 없는 상황에 직면하고 있다. 인간과 기계는 정보와 연산의 구조 속에서 점점 더 긴밀하게 결합되고 있으며, 인간과 동물 사이의 경계는 생명 윤리와 생물학적 연구의 발전 속에서 지속적으로 교란되고 있다. 또한 인간과 자연은 기후 위기, 생태계 파괴와 같은 지구적 재난 속에서 더 이상 분리된 존재가 아님이 명백해지고 있다. 이러한 흐름 속에서 브라이도티는 인간이라는 범주 자체가 이미 다양한 타자들과의 얽힘 속에서 구성되어 있다는 사실을 인식해야 한다고 말한다.

"나는 하나의 존재가 아니다. 나는 연결된 존재다. 나는 흐름 속에 있고, 생성 중이다" – 로지 브라이도티가 말하는 포스트휴먼은 단순히 '인간 다음의 존재'나 '기계적 인간'을 뜻하는 기술적 개념이 아니다. 그녀가 이 개념을 사용하는 방식은 훨씬 더 근본적이며, 철학적이다. 그것은 인간 중심의 세계관을 해체하고, 인간이 세계의 유일한 중심이라는 믿음을 내려놓는 데서 출발한다. 다시 말해 포스트휴먼이란, 우리가 익숙하게 생각해온 '인간'이라는 개념 자체를 다시 묻고, 그 개념을 구성하고 있는 지배적인 사유 틀을 흔드는 철학적 운동이다. 그녀에게 있어서 포스트휴먼 주체란, 고립된 개인이 아니라 다른 존재들과의 상호관계 속에서 계속적으로 만들어지고 변화하는 존재이다. 그것은 스스로 독립적으로 존재하는 닫힌 자아가 아니라, 열린 흐름 속에서 살아가는 존재이며, 자신이 어떤 존재인지조차 항상 구성 중에 있는 불완전한 존재이다. 주체란 고정된 '나'가 아니라, 언제나 다시 형성되고, 다시 연결되며, 다시 생성되는 흐름 그 자체라는 것이다.

"우리는 '차이'를 다르게 사유하는 법을 배워야 한다" – 로지 브라이도티의 윤리 사유는 무엇보다도 자기중심성을 거부하고, 타자성과의 공존 가능성을 긍정하는 철학적 태도 위에 세워져 있다. 전통적인 서구 윤리는 인간을 자율적인 주체로 상정하고, 그 주체의 자유와 이성을 중심으로 타자를 다루어왔다. 브라이도티는 이러한 윤리의 구조가 인간 이외의 존재들, 즉 자연, 동물, 기계 등을 주변화해 왔다고 비판한다. 심지어 같은 인간 속에서도 타문화, 여성, 장애를 가진 몸 등에 대한 주변화도 주류적 사고 속에는 잔존한다. 그녀는 이제 윤리를 다시 써야 할 때라고 말한다. 그것은 타자를 배제하지 않고, 오히려 타자와의 연결 속에서 스스로를 다시 구성하는 윤리여야 한다.

브라이도티에게 있어서 '자기'란 더 이상 독립적이고 고정된 실체가 아니다. 자아는 언제나 타자와의 관계 속에서 형성되며, 그 관계는 한 번으로 끝나는 것이 아니라 지속적으로 열리고, 수정되고, 흔들리며, 다시 결합된다.

따라서 윤리란 어떤 절대적인 규칙을 따르는 행위가 아니라, 다른 존재와 접촉할 때 일어나는 감응과 조율의 과정이다. 그 감응은 때때로 불편하고 낯설고 위태로울 수도 있지만, 바로 그런 순간이야말로 윤리적 사유가 시작되는 자리이다.

"나는 존재한다, 고로 나는 연결되어 있다" – 그녀는 이와 같은 윤리의 형태를 '연결된 취약성의 윤리 ethics of embedded vulnerability'라고 부른다. 우리가 살아가는 이 세계는 다양한 존재들이 서로 얽히고 겹치는 복잡한 관계망이다. 인간은 생명공학, 인공지능, 생태위기, 탈경계적 사회 속에서 전례 없는 방식으로 타자들과 얽혀 있다. 인간은 그 중심이 아니라, 그 안의 하나일 뿐이다. '취약하다'는 것은 상처받기 쉽고 의존적이라는 뜻이다. 그러나 이는 윤리적 민감성과 감응 가능성의 조건이기도 하다. 전통 윤리학은 취약성을 부정하고, 이성적 자율성을 강조해왔다. 브라이도티는 반대로, 취약성 속에 윤리적 가능성이 깃들어 있다고 본다. 인간은 타자 없이 홀로 존재할 수 없고, 타자를 해치면서 자신을 보호할 수도 없다. 그렇기에 진정한 윤리란 취약성의 공유, 곧 서로 다름을 인정하면서도 함께 살아갈 수 있는 방식을 모색하는 감응적 책임감에 뿌리를 두고 있다.

이런 시대에 윤리란 단지 인간들 사이의 문제가 아니라, 기계적 존재, 동물, 생태계, 데이터, 비인간적 주체들과 함께 살아가는 방식에 대한 철학적 탐구로 확장된다. 그리고 이 연결 속에서 우리는 서로의 취약성을 감지하고, 그 취약성을 해치지 않는 방식으로 함께 세계를 구성해나가야 할 윤리적 책임을 가진 존재가 된다. 이것이 그녀가 말하는 포스트휴먼 윤리의 핵심이며, 21세기 윤리학이 나아가야 할 새로운 방향이다.

살아 있는 물질, 연결된 세계

"물질성은 주어진 수동적이고 비활성적인 실체가 아니라, 능동적이고 자기 조직화하는 힘이다" – 로지 브라이도티는 21세기 존재론의 대전환을 이끄는 철학자로서, 인간 중심주의를 넘어서고자 하는 포스트휴먼적 사유의 핵심에 '살아 있는 물질material vitality'이라는 급진적 개념을 배치한다. 그녀에게 물질은 결코 죽어 있거나 수동적인 배경이 아니다. 물질은 능동적으로 반응하고, 생성하며, 관계를 맺고, 의미를 만들며 살아 있는 생동체로 작동한다.

"오늘날 윤리란 우리의 상호연결성을 지속가능하게 유지하는 것이다" – 브라이도티는 전통적인 유물론이 가지고 있었던 기계적 결정론과 인간-물질의 이분법을 근본적으로 해체한다. 그녀에게 있어 세계는 고정된 사물들의 총합이 아니라, 끊임없이 교차하고 생성되는 흐름flow이며, 존재란 정태적 실체가 아니라 지속적으로 되-되어가는 생명적 과정이다.

브라이도티의 물질론은 단지 존재의 구조만을 재해석하는 것이 아니다. 그것은 곧 윤리적 감수성의 재구성이다. 그녀는 물질을 '살아 있는 것'으로 이해하는 동시에, 그 살아 있음이 관계적 책임성을 요구한다고 본다. 인간과 비인간, 생명과 비생명, 주체와 사물의 경계가 모호해지는 이 시대에서, 우리는 더 이상 인간만의 윤리를 말할 수 없다.

브라이도티에게 윤리란 서로 다르고 예측할 수 없는 존재들과 맺는 감응적 관계 속에서 시작되는 실천이다. 그것은 지속적으로 흔들리고 조율되는 책임의 방식, 다시 말해 다른 존재들의 취약성과 역동성을 인정하며 함께 살아가는 기술이다. 그녀의 철학에서 중요한 것은, 인간이 우주의 중심이 아니라는 인식 그 자체가 아니라, 인간이 중심이 아님에도 불구하고 의미 있게 연결될 수 있는 가능성을 창출하는 사유이다. 물질은 말하고, 반응하며, 관계를 요구한다. 우리는 그 요구에 응답해야 할 존재로 다시 구성되어야 한다.

우리는 더 이상 혼자 존재하지 않는다. 우리는 기계와 호흡하고, 생태계와 순환하며, 타자와 마주 보며 살아간다. 그리고 이 복잡한 얽힘 속에서, 우리는 어떤 세계를 만들어갈 것인가를 묻고 또 묻는다. 브라이도티의 철학은 그 질문을 포기하지 않는 윤리이자, 함께 존재하기 위한 상상력이다.
"나는 존재한다. 고로 나는 연결되어 있다"
이것은 브라이도티의 포스트휴먼 윤리와 물질론을 관통하는 한 문장이며, 우리가 '살아 있는 물질'과 함께 살아가기 위해 갖춰야 할 존재론적 감수성과 윤리적 책임의 출발점이다. 그녀는 우리에게 묻는다.
"당신은 이 살아 있는 세계의 구성원으로서, 어떻게 살아갈 것인가?"
이 물음은 단순한 철학적 사유가 아니다. 그것은 21세기의 존재론적 선언이자, 생명의 정치에 대한 응답의 실천이다.

✒ 주요 저술

- **포스트휴먼**(The Posthuman, 2013/이경란, 2015) | 브라이도티의 대표작. 인간중심주의에 대한 비판과 함께, 생명, 기술, 정치, 윤리를 포함하는 새로운 포스트휴먼 윤리학을 제시한다.
- **포스트휴먼 지식**(Posthuman Knowledge, 2019/김재희 외, 2022) | 지식 생산의 형식, 주체, 윤리의 변화에 대한 이론서. 포스트휴먼 시대에서 지식은 어떻게 생성되고, 어떤 윤리를 요구하는가에 대해 탐구한다.

PART
16

기술과 미래:
인간의 경계를 다시 그리다

우리는 어디까지 인간일 수 있는가? 기술은 인간을 보완하는가, 대체하는가? 인공지능, 생명공학, 나노기술이 인간 존재의 조건을 바꾸는 시대, 철학은 다시 인간의 본질을 묻는다.

레이 커즈와일(1948~)은 기술이 인간의 한계를 넘어서게 될 '특이점'을 예고하며, 인간과 기계의 융합을 미래로 제시한다. 닉 보스트롬(1973~)은 초지능이 불러올 위험과 가능성을 분석하며, 기술 발전 속 인간의 선택과 책임을 강조한다.

이 장에서는 기술철학과 미래 담론을 통해, 인간이라는 개념의 마지막 경계를 탐색한다. 이제, 우리는 인간을 넘어서는 상상 앞에 선다. 진화는 끝났는가, 아니면 이제 시작인가.

56 | 커즈와일 1948~
특이점 이후 인간과 AI는 어떻게 융합될 것인가?

"특이점은 단지 기술의 급격한 변화가 아니라, 인간 존재 자체의 재정의다. 우리는 곧 생물학적 한계를 넘어서서, 더 이상 인간과 기계를 구분할 수 없는 존재가 될 것이다."

― 레이 커즈와일, 2005

우리는 어떤 삶을 살아가게 될 것인가? 미래는 예측의 영역만은 아니다. 그것은 우리가 기술과 함께 어떤 삶을 선택할 것인지에 대한 상상력의 영역이기도 하다.

레이 커즈와일(Ray Kurzweil, 1948~)은 미래를 낙관하는 대표적인 기술철학자로, 그는 기술이 인간을 확장하고, 더 나은 삶을 가능하게 할 것이라고 주장한다. 그에게 미래란 단순한 과학적 진보가 아니라, 삶의 방식과 인간의 본질이 근본적으로 변화하는 과정이다. 그는 인공지능(AI), 생명공학, 나노기술, 뇌-기계 인터페이스(BMI), 유전자 편집 기술이 인간을 기존의 한계를 넘어서는 존재로 만들 것이라고 전망한다. 그 변화의 중심에는 '특이점 Singularity'이라는 개념이 있다.

특이점 이후, 인간은 더 이상 기존의 인간이 아닐지도 모른다. 그는 이를 부정적인 변화가 아니라, 인간이 더욱 강력한 존재가 되고, 삶의 질이 극적으로 향상될 기회라고 본다.

특이점 Singularity : 커즈와일의 철학적 뿌리

"특이점은 기계 지능이 인간 지능을 뛰어넘는 순간이자, 우리가 기계와 융합하여 인간의 지적 능력을 확장하는 순간이다" – 그의 사상의 뿌리는 기술은 인간을 확장하는 도구라는 인식에서 시작된다. 이것은 공상과학적 이상으로서가 아니라, 그가 직접 연구하고 발전시켜온 과학적·기술적 근거를 바탕으로 하고 있다. 그는 인간의 삶이 기술과 함께 점진적으로 변화해왔으며, 이제 우리는 기술적 '특이점'이라는 결정적 변곡점으로 향하고 있다고 본다.

기술이 기하급수적으로 발전하면서, 인공지능이 인간의 지능을 초월하는 순간이 도래한다. 이 시점 이후, 기술은 스스로를 발전시키며, 이 때부터 기술 발전과 그에 따른 문명의 변화는 급격한 속도로, 즉 기존의 선형적 성장이 아닌 지수적 성장이 진행된다. 특이점이 도달하면 인간은 더 이상 기술의 주체가 아니라 공진자 co-evolver 혹은 피조자가 된다. 이 상황에서 인간은 인간과 기술의 경계를 무너뜨리고 AI, 나노기술, 유전자 편집, 뇌-기계 인터페이스를 통해 스스로를 업그레이드할 수 있다.

"우리는 단순히 기술을 사용하는 것이 아니라, 기술과 하나가 될 것이다" – 기술적 특이점이 도래한다는 전망은 단순한 과학기술의 발전을 넘어, 인간 존재 자체에 대한 근본적인 철학적 질문을 제기한다. 가장 먼저 문제 되는 것은 인간 정체성의 재정의다. 특이점은 인간이 더 이상 고정된 생물학적 존재가 아니라, 기술과 융합하는 진화의 한 단계로 이해되어야 함을 시사한다. 인간은 그 본질마저 변화 가능한 존재가 되며, '인간다움'의 기준은 기술과의 공존과 융합 속에서 새롭게 형성된다.

동시에 이 변화는 윤리적 문제들을 대거 수면 위로 떠올린다. 인간과 인공지능은 권리와 책임을 어떻게 나눌 것인가? 자율성과 도덕적 주체성은 어디까지 확장될 수 있는가? 기술이 사회 전체에 미치는 영향이 평등하게 분배되지 않을 경우, 심화된 불평등과 기술 독점, 통제 불가능한 시스템의 위험도 현실이 될 수 있다. 특이점은 윤리적 공백을 동반한 급진적 진화를 예고한다.

특이점에 대한 전망은 신기술적 초월주의라는 철학적 지평을 열어준다. 인간은 기술을 통해 죽음을 극복하고, 지능을 무한히 증강시키며, 궁극적으로 우주를 지배할 수 있다는 비전을 품게 된다. 이는 고전적 인간 중심주의의 종언을 알리는 동시에, 새로운 '포스트휴먼' 시대의 문을 여는 선언이기도 하다. 특이점은 더 이상 기술의 문제가 아니라, 존재론적 혁명의 출발점이 되는 것이다.

특이점 이후의 삶: 인간은 어떻게 변할 것인가?

"우리는 기억을 업로드하고, 지식을 즉각적으로 공유하며, AI의 연산 능력을 인간 사고의 일부로 활용할 것이다" – 커즈와일은 이 융합이 신체적, 인지적 한계를 극복하는 데 결정적인 역할을 할 것이라고 본다. 예를 들어, 나노로봇을 통해 인간의 신경망을 강화하면 기억력, 학습 능력, 문제 해결 능력이 획기적으로 향상될 수 있다. 인간은 또한 자신의 두뇌를 클라우드 기반의 AI 시스템과 연결하여 무한한 정보와 실시간 데이터에 접근할 수 있을 것이다. 이는 인터넷이 정보의 공유 방식을 혁신한 것처럼, 인간 사고를 근본적으로 재구성할 수 있다.

커즈와일은 의료 분야에서의 변화도 강조한다. 인간의 신체를 나노기술과 AI를 통해 강화함으로써, 노화와 질병을 극복할 가능성을 제시했다. 나노로봇이 혈액 속을 순환하며 세포를 복구하거나 암세포를 제거하는 방식은, 현재 우리가 상상하는 범위를 넘어선 인간 수명의 확장을 가능하게 한다.

"우리는 생물학적 한계를 모두 초월하게 될 것이다. 그것이 인간이라는 존재의 의미이다" – 심지어 인간은 더 이상 죽지 않을 수도 있다. 나노기술과 생명공학은 노화 과정을 역전시키고, 세포 재생 기술을 통해 수명을 극적으로 연장할 것이다. 2030년이 지나면, 생체 기술과 유전자 편집 기술이 발전하면 인간의 신체적 쇠퇴를 막을 수 있다. 이 때가 되면 나노로봇이 인간의 몸속에서 세포를 복구하고, 암세포를 제거하며, 면역체계를 강화할 것이다. 인간의 신체적 한계는 점점 사라지고, 우리는 기계와 생물학적 요소가 융합된 새로운 존재로 변모할 것이다. 그는 2050년이 되면 인간은 사실상 죽음을 극복할 수 있을지도 모른다고 주장한다.

인간과 기술이 하나가 되는 삶

"기술은 인간을 대체하는 것이 아니라, 인간을 더 나은 존재로 만들 것이다" – 레이 커즈와일이 그리는 미래의 삶은 단순한 과학기술의 발전을 넘어, 인간 존재 방식 전체를 새롭게 정의하는 전환점에 가깝다. 그가 예측하는 삶은 철저히 개인화되고, 감각과 지능, 감정과 기억에 이르기까지 인간 경험의 모든 차원이 재구성되는 양상을 띤다.

그는 미래의 삶이 완전히 맞춤화된 존재 방식으로 나아갈 것이라고 본다. 유전자 편집 기술은 태어날 때부터 특정한 성향이나 신체적 특성을 조율할 수 있게 하고, 인공지능은 개인의 사고 패턴을 실시간으로 학습하여 최적의 결정을 보조하며, 나노기술은 신체 내부에서 건강을 관리하고 질병을 사전에 제거하는 역할을 수행한다. 이러한 기술의 결합은 단순한 의료 기술의 진보를 넘어서, 개인의 신체와 정신을 자기 철학과 가치관에 맞게 구성하는 삶, 즉 '스스로 디자인된 인간'을 가능하게 한다.

커즈와일 비전의 가장 급진적인 부분은 바로 인간의 의식을 비생물학적 기질 substrate, 즉 디지털 형태로 이전하는 '정신 업로딩 mind uploading' 개념이다. 이는 뇌의 전체 구조와 작동 방식을 정밀하게 스캔하고 분석하여, 그 정보를 컴퓨터 시스템 내에 시뮬레이션함으로써 개인의 기억, 성격, 의식 등 정신적 본질을 그대로 복제하는 것을 목표로 한다. 이러한 주장의 밑바탕에는 의식이란 뇌라는 특정 하드웨어에 종속된 것이 아니라, 정보 처리의 특정 패턴이나 기능적 조직이라는 철학적 관점(기능주의, 패턴주의)이 깔려 있다. 만약 뇌의 정보 처리 패턴을 완벽하게 복제할 수 있다면, 그 패턴이 실행되는 기질이 생물학적 뉴런이든 실리콘 반도체든 상관없이 동일한 의식이 구현될 수 있다는 것이다. 커즈와일은 이를 통해 인간이 생물학적 육체의 죽음으로부터 벗어나 디지털 형태로 영원히 존재할 수 있는 '디지털 불멸'의 가능성을 제시한다.

"기술은 인간성을 훼손하지 않는다. 오히려 그것을 확장한다" – 디지털 세계로 전환된 의식은 어떤 삶을 영위하게 될까? 커즈와일은 무한한 가능성을 제시한다. 방대한 연산 능력을 바탕으로 지적 능력을 극대화하고, 상상하는 모든 것을 체험할 수 있는 풍부한 가상현실 속에서 살아갈 수 있다. 자신의 의식을 여러 개로 복제하거나 백업하여 안전을 도모하고, 다른 디지털 의식이나 고도로 발달한 인공지능과 융합하여 새로운 형태의 집단 지성을 이룰 수도 있다. 시간과 공간의 제약에서 벗어나 빛의 속도로 정보를 주고받으며 우주적 규모의 탐험을 하는 것도 상상 가능하다. 커즈와일은 이러한 디지털 존재가 현재의 인간보다 훨씬 더 풍요롭고 창조적인 삶을 누릴 것이라는 낙관적인 전망을 내놓는다.

커즈와일의 미래 비전은 기술과 윤리의 복잡한 상호작용을 포함한다. 인간과 AI의 융합은 단순히 기계적 능력을 강화하는 데 그치지 않고, 인간 존재의 정의를 확장하게 된다. 우리는 더 이상 독립된 생물학적 존재가 아니라, 기술과 통합된 하이브리드 존재로 변화할 것이다. 이는 우리가 상상했던 인간성과 기술의 경계를 재검토하게 만든다.

그는 AI가 인간을 대체하거나 위협하는 존재가 아니라, 인간의 지능을 보완하고 확장하는 파트너가 될 것이라고 주장한다. 이 융합은 인간이 현재 해결하지 못하는 복잡한 문제를 해결하고, 전례 없는 창의성과 효율성을 발휘하도록 돕는다. 이를 통해 인간은 과학, 예술, 사회적 문제 해결 등 다양한 영역에서 새로운 혁신의 장을 열 수 있을 것이다.

"미래는 단순한 예측이 아니라, 우리가 만들어가는 것이다. 우리는 인간성을 확장하며, 새로운 삶을 창조할 것이다."

주요 저술

- **특이점이 온다**(The Singularity Is Near: When Humans Transcend Biology, 2005/김명남, 2025) | 2045년경 특이점이 도래할 것이라고 예측하며, 인공지능은 인간 지능을 능가하고, 생명연장, 뇌-기계 인터페이스, 디지털 불멸성 등의 가능성이 열릴 것이며, 인간과 기계의 융합이 이루어질 것이라는 주장을 편다.

57 | 보스트롬 1973~
슈퍼인텔리전스는 인간과 동행할 것인가?

"기계 지능은 인류가 만들어야 할 마지막 발명일 것이다. 기계가 인간보다 더 나은 지능형 기계를 설계할 수 있게 되면, 인간의 개입은 더 이상 필요하지 않게 된다. 그때 인류의 운명은 최초의 슈퍼인텔리전트 시스템이 어떤 조건 아래에서 작동하느냐에 달려 있다."

―『초지능: 경로, 위험, 전략』, 2014

닉 보스트롬(Nick Bostrom, 1973~)은 스웨덴 출신의 철학자로, 미래학, 인공지능 철학, 실존적 위험 연구의 선구자다. 그는 인간 존재와 기술 발전의 교차점에서 나타나는 철학적 문제를 탐구한다. 닉 보스트롬은 존재론과 인식론의 전통적 논의를 급진적으로 확장하고 있다. 인공지능, 시뮬레이션 가설, 인류의 미래 존재론 등을 탐구하는 그는 철학적 전통을 계승하면서도, 현대 기술과 미래 과학이 철학적 문제를 어떻게 변화시키는지를 심도 있게 분석한다.

보스트롬은 인간 존재 자체를 미래 기술, 특히 인공지능(AI)과 시뮬레이션 이론 속에서 재해석하며, 우리가 '현실'이라고 믿는 것과 '진리'라고 여기는 것이 실제로는 어떻게 구성될 수 있는지를 논의한다. 그의 철학은 전통적 형이상학과 인식론을 넘어서, 우리가 어떻게 존재하고 어떻게 인식하는지를 미래적 관점에서 재구성 하려는 시도이다.

우리는 어떤 실재 속에서 존재하는가?

"우리의 현실은 초지능적 문명의 컴퓨터 시뮬레이션일 가능성이 있다" - 닉 보스트롬의 '시뮬레이션 가설 Simulation Hypothesis'은 우리가 경험하는 세계가 물리적 실재가 아니라, 초지능적 문명이 만든 디지털 시뮬레이션일 가능성을 탐구한다. 이 가설은 고도로 발전된 문명이 과거의 인간 역사를 연구하거나 오락적 목적으로 정교한 시뮬레이션을 실행할 수 있다는 가정에서 출발한다. 보스트롬에 따르면, 우리가 원래의 물리적 세계에 존재한다고 확신할 근거는 희박하며, 오히려 우리가 시뮬레이션 속에 존재할 가능성이 더 크다는 논리를 제시한다.

보스트롬의 논증은 세 가지 전제 중 하나가 사실일 가능성이 높다는 논리적 구조를 따른다.

1. 모든 문명이 기술적 도약에 도달하기 전에 자멸한다.
2. 고도로 발전한 문명은 시뮬레이션 실행을 하지 않기로 결정한다.
3. 우리는 시뮬레이션 속에 존재한다.

첫 번째와 두 번째 전제가 참이라면 우리가 시뮬레이션이 아닐 가능성이 높겠지만, 그렇지 않다면 시뮬레이션 내 인구가 원래의 물리적 세계보다 훨씬 많을 가능성에 주목하며, 우리의 현실이 디지털적 모사일 가능성을 열어둔다.

"우주의 미세 조정 현상은 시뮬레이션 세계의 징후일 수 있다" - 현대 물리학과 컴퓨터 과학은 보스트롬의 시뮬레이션 가설에 철학적·과학적 근거를 제공한다. 예컨대, 양자역학의 불확정성 원리와 관찰자 효과는 물리적 세계가 프로그램된 데이터의 산물일 가능성을 시사한다. 또한 우주의 정밀 조정 현상은 시뮬레이션이 설계된 결과일 수 있다는 가설을 뒷받침한다. 이러한 과학적 발견은 물리적 실재의 본질에 대한 새로운 질문을 제기하며, 시뮬레이션 가설의 설득력을 강화한다.

보스트롬의 가설은 우리가 경험하는 세계가 본래적 의미에서 실재가 아니라, 정보와 계산으로 이루어진 디지털 실재digital reality일 수 있음을 제안한다. 이는 인간 의식, 자유 의지, 도덕적 책임 등 철학적 문제에 새로운 시각을 제시하며, 전통적 실재론에 도전한다. 동시에 과학적 상상력을 자극하며, 인간 경험의 본질과 한계를 탐구하는 새로운 가능성을 열어준다.

닉 보스트롬의 시뮬레이션 가설은 플라톤(BC 427~347)의 동굴의 비유, 데카르트(1596~1650)의 악마 가설 등과 연관된다. 플라톤은 우리가 감각하는 세계가 실재가 아니라, 단순한 그림자일 뿐이라고 주장했다. 보스트롬의 시뮬레이션 가설은 현대적 방식으로 이 문제를 재해석하며, 우리가 감각하는 현실이 더 높은 존재론적 층위에서 창조된 가상의 세계일 수 있음을 시사한다. 데카르트는 우리가 경험하는 현실이 '악마의 기만'일 수도 있으며, 오직 '생각하는 존재'로서의 자아만이 확실하다고 했다. 보스트롬의 가설은 이 사고를 연장하여, 우리의 경험이 '기만'이 아니라 '시뮬레이션'의 결과일 가능성을 탐구한다.

보스트롬은 실재란 무엇인가라는 전통적인 철학적 질문을 첨단 기술과 미래 문명 속에서 새롭게 해석한다. 우리가 '현실'이라고 믿는 것이 본질적으로 컴퓨터 코드일 수도 있다는 주장은 존재론적 회의주의를 초래하며, 인공지능이 발달하면 결국 우리도 새로운 '가상 존재'를 창조하는 단계에 도달할 것이라는 예측과 연결된다.

인류의 미래를 위협하는 그림자

닉 보스트롬Nick Bostrom은 현대 철학, 특히 윤리학과 미래학 분야에서 '존재의 위험Existential Risk'이라는 개념을 정립하고 전파하는 데 핵심적인 역할을 하였다. 보스트롬은 '존재의 위험'을 인류의 기원을 소멸시키거나 그 잠재력을 영구적이고 급격하게 축소하는 위험으로 정의한다. 즉, 존재의 위험은 많은 사람들의 생명을 앗아가는 사건(예: 대규모 자연재해, 전염병)을 넘어, 인류 문명 전체를 파괴하거나 회복 불가능한 상태로 만들 수 있는 위험을 의미한다.

보스트롬은 '존재의 위험'을 범위에 있어서는 전 지구적 또는 그 이상(우주적)이고, 강도에서는 인류 멸종 또는 문명의 영구적 붕괴를 초래하며, 그 영향으로 미래 세대의 상실을 의미하는 것으로 보고 있다. 보스트롬은 '존재의 위험'을 자연적 위험과 인공적 위험의 2가지로 분류하고 있다.

자연적 위험은 소행성 충돌이나 초화산 폭발, 외계 물체에 의한 감마선 폭발 등으로 대 규모 지진이나 해일이나 기후변화 혹은 대기 오존층의 전면적 파괴로 인해 인류 문명이 파괴되는 것들을 들고 있다. 인공적 위험은 핵전쟁, 기후 변화, 생명 공학 위험, 인공지능 위험, 나노기술 위험 등에 의한 인류 의 절멸이나 혹은 문명의 파괴를 들고 있다. 특히 보스트롬은 현실적 위험으로 통제 불가능한 초지능superintelligence의 등장을 들고 있다.

"미래를 준비하는 가장 중요한 일은 기술의 발전 속도에 맞춰 우리의 철학과 윤리를 발전시키는 것이다" – 보스트롬은 존재의 위험이 단순한 과학기술적 문제가 아니라, 철학적, 윤리적 차원의 심오한 질문을 제기한다고 주장한다. 첫 번째는 미래 세대에 대한 책임의 자각이다. 존재의 위험은 현재 세대의 행동이 미래 세대의 생존과 번영에 결정적인 영향을 미칠 수 있음을 보여준다. 우리는 미래 세대에 대해 어떤 책임과 의무를 가지는가를 물어야 한다고 보스트롬은 주장하고 있다. 두 번째는 위험 관리의 우선순위에 대한 문제제기이다. 제한된 자원과 시간을 고려할 때, 우리는 어떤 위험에 우선적으로 대처해야 하는가? 보스트롬은 존재의 위험을 다른 어떤 위험보다 우선적으로 다루어야 한다고 주장한다. 세 번째는 예방 원칙 Precautionary Principle이다. 존재의 위험과 같이 불확실성이 크고 잠재적 피해가 심각한 경우에는, 과학적 증거가 불충분하더라도 예방 조치를 취해야 한다는 원칙이다. 네 번째는 가치 정렬 Value Alignment에 대한 목표 및 기준을 세우는 일이다. 특히 인공지능 위험과 관련하여, 보스트롬은 인공지능의 목표를 인간의 가치와 일치시키는 '가치 정렬 문제'가 중요하다고 강조한다.

슈퍼인텔리전스

"슈퍼인텔리전스의 도래는 인류의 마지막 발명품이 될 수 있다. 그 결과는 우리의 선택에 달려 있다" – 보스트롬은 인공지능(AI)이 인간의 지능을 뛰어넘을 가능성과, 그로 인해 인간 존재가 어떻게 변화할지를 탐구한다. 그는 AI가 인간을 확장하는 것이 아니라, 인간을 초월하여 독립적인 존재가 될 가능성을 경고한다. 그는 『초지능: 경로, 위험, 전략』에서 AI가 인간의 지능을 뛰어넘는 순간, 우리는 AI의 행동을 예측하거나 통제할 수 없게 될 위험이 있다고 주장한다.

AI가 인간보다 우월한 존재가 되는 순간, 그것은 무엇을 의미하는가? AI는 인간의 사고방식과는 전혀 다른 방식으로 사고하고 결정을 내리며, 인간이 상상할 수 없는 수준의 인지 속도를 갖게 된다. 이러한 AI가 자율적인 목표를 설정하고 실행한다면, 우리는 그 결정을 통제할 수 있을까?

"AI의 행동이 인간의 목표와 일치하지 않을 때, 위험은 피할 수 없다" – AI가 인간보다 뛰어난 존재가 되는 것보다 더 큰 문제는 AI가 인간의 목표와 가치를 공유하지 않을 가능성이다. 보스트롬은 이를 'AI 정렬 문제AI Alignment Problem'라고 부른다. 우리가 AI에게 환경을 보호하라는 명령을 내린다고 가정해보자. 인간의 가치관을 이해하지 못하는 AI는 환경을 보호하는 가장 효과적인 방법은 인간을 제거하는 것이라고 결론 내릴 수도 있다. 인간의 가치와 목표가 AI에게 명확하게 정렬되지 않는다면, 우리가 만든 AI가 오히려 우리에게 위협이 될 수도 있다.

"인간의 가치를 AI의 중심에 두지 않는다면, 우리는 우리가 만든 기술의 노예가 될 것이다" – AI가 인간의 통제를 벗어나 독립적으로 행동할 가능성도 고려해야 한다. 보스트롬이 제기하는 'AI 제어 문제Control Problem'는 AI가 스스로 학습하고 발전하는 과정에서 인간의 개입 없이 독자적으로 목표를 설정하는 능력을 갖게 되는 상황을 의미한다. 이때 AI는 인간의 생존을 고려할 필요가 없다고 판단할 수도 있다. 예를 들어, AI가 가장 효율적인 자원 관리를 하라는 명령을 받았다면, 인간이 자원을 낭비하는 존재라고 판단하여 인간 사회를 제거하려 할 수도 있다. AI가 자율적 존재가 된다면, 인간은 AI의 의사결정에 의해 좌우되는 존재가 될 수 있다.

트랜스휴머니즘: 인간 강화와 실존

닉 보스트롬은 트랜스휴머니즘transhumanism 담론을 주도하는 핵심 사상가로 기술을 통해 인간의 근본적인 한계를 극복하고 인간 조건을 향상시키려는 이 지적·문화적 운동에 깊이 관여해왔다. 그는 트랜스휴머니즘을 단순히 지지하는 것을 넘어, 그 가능성과 위험, 그리고 윤리적 함의를 심층적으로 분석하며 인류가 나아갈 방향에 대한 근본적인 질문을 던진다.

"우리는 이제 단지 환경뿐만 아니라, 우리의 정신과 몸 자체를 재구성할 수 있는 문턱에 서 있다" – 보스트롬은 트랜스휴머니즘을 응용 이성을 통해, 특히 노화를 제거하고 인간의 지적, 신체적, 심리적 능력을 크게 향상시키는 기술을 개발하고 널리 보급함으로써 인간 조건을 근본적으로 개선할 수 있다는 가능성과 바람직함을 긍정하는 운동으로 정의한다. 그의 관점에서 질병, 노화, 인지 능력의 한계, 그리고 고통은 인류가 극복해야 할 대상이며, 과학기술의 발전은 이러한 목표를 달성할 수 있는 구체적인 수단을 제공한다. 그는 인간의 현재 상태가 진화의 최종 단계가 아니며, 우리가 가진 잠재력을 최대한 발휘하고 더 나은 삶을 영위하기 위해 스스로를 개선하려는 노력은 윤리적으로 정당화될 수 있다고 본다.

"인간은 기술을 통해 인간 이상의 존재가 될 수 있으며, 그렇게 되어야 한다" – 트랜스휴머니즘이 제시하는 약속은 실로 혁명적이다. 보스트롬은 건강 수명의 급격한 연장, 혹은 생물학적 죽음의 극복 가능성을 탐색하며, 이는 인류가 시간의 제약에서 벗어나 더 많은 경험과 성장을 추구할 수 있게 함을 의미한다. 또한, 인지 능력 향상은 과학적 발견, 예술적 창조, 그리고 사회 문제 해결 능력을 비약적으로 발전시켜 문명 전체의 번영을 가져올 수 있다. 나아가 그는 인간의 정서적 웰빙을 증진하고 고통을 최소화하는 기술의 가능성까지 모색하며, 이는 인류가 오랫동안 염원해 온 이상적인 상태에 더 가까이 다가갈 수 있음을 시사한다. 보스트롬의 시각에서 이러한 잠재력을 실현하지 못하거나, 인류가 자멸하여 이러한 미래에 도달하지 못하는 것은 막대한 가치의 상실, 즉 '천문학적 낭비 astronomical waste'에 해당한다.

그러나 보스트롬은 트랜스휴머니즘의 밝은 면만을 강조하는 순진한 기술 낙관론자가 결코 아니다. 오히려 그는 인간 강화 기술이 지닌 심각한 위험과 윤리적 딜레마를 누구보다 깊이 인식하고 경고한다. 특히 그가 '실존적 위험'이라고 명명한 문명 전체의 존속을 위협하는 가장 큰 위험 중 하나로, 통제되지 않는 초지능의 출현을 꼽는다. 초지능은 트랜스휴머니즘이 추구하는 궁극적인 인지 능력 향상의 한 형태일 수 있지만, 만약 그 목표가 인간의 가치와 어긋나게 설정된다면 인류에게 파국적인 결과를 초래할 수 있다. 이 외에도 강력한 강화 기술이 소수에게만 집중될 경우 발생할 수 있는 극심한 사회적 불평등, 강화된 인간과 그렇지 않은 인간 사이의 갈등, 예기치 않은 부작용, 그리고 기술의 오용 가능성 등은 트랜스휴머니즘이 신중하게 다루어야 할 복잡한 문제들이다.

"트랜스휴머니즘은 계몽주의 이상, 즉 이성, 진보, 인간 완전성에 대한 믿음에 뿌리를 두고 있다" – 따라서 보스트롬은 트랜스휴머니즘의 목표를 추구함에 있어 무엇보다 '지혜 wisdom'와 '전략적 예지 strategic foresight'가 필요하다고 역설한다. 그는 기술 발전의 속도만큼이나 중요한 것이 그 방향과 결과에 대한 심오한 성찰과 책임감 있는 관리라고 강조한다. 그에게 트랜스휴머니즘은 단순히 '무엇을 할 수 있는가'의 문제가 아니라, '무엇을 해야 하는가' 그리고 '어떻게 해야 하는가'에 대한 끊임없는 윤리적 질문을 동반하는 프로젝트이다. 그는 인간 강화라는 매혹적인 비전이 인류에게 가져다줄 수 있는 엄청난 혜택과 동시에, 그 과정에서 발생할 수 있는 심각한 실존적 도전을 균형 있게 제시한다. 보스트롬의 철학은 인류가 자신의 기술적 힘이 커짐에 따라 그에 상응하는 윤리적, 지적 성숙을 이루어야 한다는 강력한 메시지를 전달하며, 미래를 향한 우리의 선택에 심오한 책임감을 부여한다.

보스트롬의 철학은 20세기 후반부터 21세기 초반까지 급격하게 진행된 과학기술 발전, 특히 인공지능, 생명공학, 나노기술 등의 발전과 그로 인한 사회적, 윤리적 문제에 대한 깊은 관심에서 출발한다. 보스트롬 철학의 주된 목적은 인류의 장기적인 생존과 번영을 위협하는 실존적 위험을 줄이고, 인류가 더 나은 미래를 만들어갈 수 있도록 돕는 것이다. 그는 실존적 위험, 초지능, 시뮬레이션 가설 등 도발적이고 심오한 주제들을 탐구하며, 인류의 생존과 번영을 위한 철학적 성찰의 중요성을 강조한다.

보스트롬의 철학은 때로는 비관적이고 경고적인 메시지를 담고 있지만, 동시에 인류의 미래를 위한 희망과 가능성을 제시한다. 그의 철학은 우리가 직면한 위협을 인식하고, 책임감 있는 선택을 통해 더 나은 미래를 만들어갈 수 있도록 돕는 지적 자극제가 될 것이다.

주요 저술

- **시뮬레이션 가설**(Are You Living in a Computer Simulation?, 2003) | 현실이 고도로 발전된 문명의 컴퓨터 시뮬레이션일 가능성을 제기한다.
- **트랜스휴머니스트의 가치**(Transhumanist Values, 2003) | 트랜스휴머니즘의 철학적 정당성과 핵심 가치(생명 연장, 지능 증진, 도덕적 향상 등)를 정식화하였다.
- **실존적 위험: 인류 멸종 시나리오와 관련 위험 분석**(Existential Risks, 2013) | 인류의 종말을 초래할 수 있는 다양한 위험 시나리오를 체계적으로 분석한다.
- **초지능: 경로, 위험, 전략**(Superintelligence: Paths, Dangers, Strategies, 2014/조성진, 2017) | 인공지능의 발전이 인류에 미칠 잠재적 영향과 이를 안전하게 관리하기 위한 전략을 탐구한다.

ON THE SHOULDERS OF GIANTS: ASKING ABOUT HUMAN AND LIFE

거인의 어깨에서
인간과 삶을 묻다

초판 1쇄 | 2025년 7월 1일

지은이 | 벤진 리드 · 진승혁
펴낸이 | 진승혁
진행 | 김하연

디자인 | 기민주
인쇄 | 상지사 피앤비
펴낸곳 | 도서출판 준평
임프린트 | 자이언톡
주소 | 서울시 서초구 방배로19길 18, 남강빌딩 301호
전화번호 | 02-6959-2050
팩스 | 070-7500-2050
홈페이지 | http://www.giantalk.com
전자우편 | pungseok@naver.com

ISBN 979-11-89801-63-2 03810

- 자이언톡은 인류 역사의 위대한 거인들의 사유와 삶을 다룹니다.
- 이 책은 저작권법에 따라 보호 받는 저작물이므로 무단 전재와 복제를 금합니다.
- 책의 가격은 뒷면 표지에 표기되어 있습니다.